全国高等职业教育立体化精品教材

管理学基础

GUANLIXUE JICHU

主编 刘 艳

西南财经大学出版社
Southwestern University of Finance & Economics Press

图书在版编目(CIP)数据

管理学基础/刘艳主编. —成都:西南财经大学出版社,2019.8
ISBN 978-7-5504-4034-0

Ⅰ.①管…　Ⅱ.①刘…　Ⅲ.①管理学—高等职业教育—教材
Ⅳ.①C93

中国版本图书馆 CIP 数据核字(2019)第 152528 号

管理学基础

主编　刘　艳

策划编辑:关振兴
责任编辑:陈佩妮
装帧设计:刘文东
责任印制:朱曼丽

出版发行	西南财经大学出版社(四川省成都市光华村街 55 号)
网　　址	http://www.bookcj.com
电子邮件	bookcj@foxmail.com
邮政编码	610074
电　　话	028-87353785
印　　刷	北京海石通印刷有限公司
成品尺寸	185 mm×260 mm
印　　张	16.5
字　　数	396 千字
版　　次	2019 年 8 月第 1 版
印　　次	2019 年 8 月第 1 次印刷
书　　号	ISBN 978-7-5504-4034-0
定　　价	45.00 元

前言 Preface

在现代社会中，只要有组织就存在着管理，只要在组织之中，每个人都会涉及管理，管理无处不在。不管从事何种职业，无论职位高低，每个人每天都在进行着有意识和无意识的管理活动。管理是人类基本的活动之一，广泛存在于现实社会生活之中，并成为一切组织活动中必不可少的组成部分。管理学作为一门运用多个领域的知识和方法研究、分析与论述管理的科学，为人们提供了一套比较完整的有关组织管理的理论和方法。管理学广泛的指导性使其成为一门普及性的科学。

管理是与人类社会的生产和公共生活相伴而生的活动。随着社会共同劳动规模的日益扩大，劳动分工协作的日益精细化，社会化大生产的日趋复杂，管理在人们社会生活中的作用日益凸显，科学、民主、高效的管理早已经成为人类社会发展和文明进步的重要途径，成为社会运行和职业分工的专门领域。在生产和生活的过程中，人们为了能更有效地实现组织目标或个人愿望，需要通过各种途径去探索、总结和学习管理的经验，这就促进了管理学的理论和实践不断发展。

本书根据高等职业教育教学的要求，本着体现内容的系统性、理论的够用性、实训的可操作性等特色的宗旨，通过设置“知识目标”“能力目标”“导入案例”“资料卡”“案例赏析”“项目小结”“巩固与提高”等栏目安排教材的体系、结构、布局，尽量做到融知识、能力、素质教育为一体，突出职业型和应用型人才培养的特点，以适应培养高等职业院校学生管理素质和管理技能的需要。

本书学时分配建议如下表所示。

内　　容	学时分配	
	理　　论	实　　践
项目一　管理、管理者与管理学	3	1
项目二　管理理论的形成与发展	4	1
项目三　计划	3	1
项目四　组织	4	1
项目五　领导	3	1
项目六　控制	4	2
项目七　决策	4	2
项目八　激励	4	1
项目九　沟通	3	1
项目十　人员配备	4	1
合计	36	12

本书由沈阳职业技术学院刘艳主编。全书系统地介绍了与管理有关的基本理论、基本职能和应用方法。项目一、项目二属于管理基础部分，主要介绍了管理、管理者、管理学及管理理论的形成与发展。项目三至项目六属于管理职能部分，主要介绍了管理的四大职能，即计划、组织、领导和控制。项目七至项目十属于管理应用部分，主要包括决策、激励、沟通和人员配备。

在本书的编写过程中，编者直接或间接地参考了相关书籍及网络资源，在此向相关作者表示由衷的感谢。

由于编者水平有限，书中难免存在不足之处，恳请广大读者批评指正，以便我们改进与完善。

编　者

目 录

Contents

项目一

管理、管理者与管理学

知识目标

- 掌握管理的概念和特征；
- 掌握管理的性质和职能；
- 了解管理者的分类；
- 掌握管理者的角色应具备的素质和基本技能；
- 理解学习和研究管理学的重要意义。

能力目标

- 能够运用管理的理念思考和分析问题；
- 能够通过管理的职能分析管理活动的本质；
- 能够区分管理者的角色；
- 能够熟练运用学习和研究管理学的方法。

导入案例

优秀的企业家

优秀企业家马恩华是河北省保定棉纺厂厂长。在他上任之初，由于企业经营困难，有2 000多名职工要求调走，另谋出路，许多仍旧来上班的职工心也不在厂里。马恩华没有怨职工，他说："职工的凝聚力涣散，关键是领导没有把大家的心凝聚在一起。企业越是困难的时候，领导越要关心职工的疾苦，这样职工才能和企业共渡难关。"他任厂长的第二天，就到职工反映问题较多的食堂与食堂管理人员研究如何提高饭菜质量。他让厂工会建立职工家庭经济、住房条件、健康状况等小档案，并定期调阅，实实在在地为职工解决实际困难，排除后顾之忧。他赢得了职工的信任，也充分调动了职工的劳动积极性和主动性。经过10年的努力，他使一个濒临倒闭的企业焕发了生命力，并达到全国同行业一流水平，实现的利润居全国同行业之首。

马恩华为国家和人民创造了财富，他当厂长的10年间，始终在住房面前不伸手，在金钱面前不动心，在生活待遇面前不特殊。因积劳成疾，马恩华不幸病逝。这位曾荣获"全国劳动模范"等光荣称号的企业领导者，被誉为"社会主义企业家"。

案例提示：管理是一项非常复杂的工作，企业管理者往往面临着工作繁重、活动琐碎、时间紧迫、责任重大等情况。如何做好管理工作，是摆在管理者面前的一道难题。在现代社会，管理工作对企业的经营至关重要。学会管理的基础知识，掌握管理的基本技能，逐步培养管理的能力和素质，是做好管理工作、提高管理效率的基础和前提。

任务一　管　理

一、管理的概念

管理是指在一定的社会组织中，为了实现预期目标，以人为中心，通过计划、组织、领导、控制等职能活动，对组织的各种资源进行有效的配置和协调的过程。这个定义包含了以下几个基本观点。

（一）管理的主要目的是实现预期的目标

整个管理活动就是围绕实现组织目标而进行的一系列社会活动。世界上既不存在无目标的管理，也不可能实现无管理的目标。离开了目标讲管理就是空谈。

（二）管理必须在一定的组织中进行

各种各样的组织都不会无缘无故地产生，当个人的目标仅仅凭借自己的努力无法实现的时候，往往需要寻找他人合作，这就形成了组织。组织一经出现，个人目标就变成了组织目标。组织内各成员的观念、行动不可能自发地一致，因此一个组织细致的专业化分工和密切的合作要有一定的章程、规范。离开了组织，管理就成了一句空话。

（三）管理的任务是实现组织各种资源的有效配置

组织要实现自己的目标，需要把各种资源集合起来综合运用。组成组织资源的要素有很多，有人力、财力、物力、资源等硬要素，也有科学技术、智慧、管理等软要素。若各种要素量足、质优就有利于组织目标的实现。即使组织中某项要素弱一些，只要管理做得好，也能使其得到补偿。但是如果仅有要素的量足、质优，而管理这个“黏合剂”不佳，不能实现对要素的最佳组合，也难以达到组织目标。可见，管理就是对资源的配置和协调工作。

（四）管理的中心是协调人与人之间的关系

在一个组织的人和人、人和物的组合中，它们所处的地位并不是平等的。在现代社会中，科学技术在社会经济发展中所处的地位日显突出，人是科学技术的载体，人与人之间的协调无疑处于领先地位。人际关系协调好了，能激励人的主观能动性，充分发挥每个人的聪明才智；能减少内耗，形成合力；能实现优势互补，克服各种困难，实现组织目标。

（五）管理需要各环节的协调

计划、组织、领导、控制是管理的基本职能，也是管理的基本环节，它们彼此之间并不是孤立存在的，而是互相联系、互相影响、互相渗透和互相包容的。做好各项管理工作，应当把握好每个管理环节，做好各个管理环节之间的协调。

管理的定义

关于管理的定义，许多中外学者从不同的研究角度出发做出了不同的解释。

(1) 美国著名管理学家哈罗德·孔茨(Harold Koontz)认为："管理就是设计和保持一种环境，使人在群体里高效率地完成既定目标。"

(2) 法国著名管理学家亨利·法约尔(Henry Fayol)认为："管理就是计划、组织、指挥、协调和控制。"

(3) 美国管理学家、决策学派的代表人物、诺贝尔经济学奖得主赫伯特·西蒙(H. Simon)认为："管理就是决策。"

(4) 美国管理学者斯蒂芬·罗宾斯(S. P. Robbins)认为："管理是指同别人一起或通过别人使活动完成得更有效的过程。"

(5) 美国著名管理学家、哈佛大学管理学教授彼得·德鲁克(P. F. Drucker)认为："管理是一种以绩效责任为基础的专业职能。"

(6) 我国管理学者周三多认为："管理是社会组织为了实现预期的目的，以人为中心进行的协调活动。"

(7) 我国学者杨文士、张雁认为："管理是一定组织中的管理者通过计划实施、组织、人员配备、指导与领导、控制等职能来协调他人的活动，使他人同自己一起实现既定目标的活动过程。"

(8) 我国学者芮明杰认为："管理是对组织的资源进行有效整合以达成组织既定目标与责任的动态创造性活动。计划、组织、指挥、协调和控制等行为活动是有效整合资源所必需的活动，故它们可以归入管理的范畴，但它们又仅仅是帮助有效整合资源的部分手段或方式，因而它们本身并不等于管理，管理的核心在于对现实资源的有效整合。"

二、管理的特征

(一) 管理的主体是管理者

管理者是在管理中指挥和领导他人活动的人，他们构成了管理活动的主体。在现代条件下，管理主体呈现多样性的特点，既包括国家的统治者、政府的领导者、生产资料的所有者及由他们以各种形式委托的代理人，也包括各种非政府的公共组织的领导者。管理主体可以是以个体形式存在的领导者，也可以是以集体形式出现的决策者和领导者。

(二) 管理活动是在特定的组织内外部环境约束下进行的

任何组织都存在于一定的内外部环境之中，并受到环境的约束。所谓外部环境，主要是管理者所管理的组织面对的自然环境和社会环境。其中，自然环境包括生产力水平、自然资源状况、气候和地理状况等；社会环境包括特定的社会文化、制度、法律和政策等。所谓内部环境，是指管理者所管理的内部状况，包括组织性质、组织制度、人员状况、组织技术水平等。

(三) 管理采用的措施是四项基本活动

管理采用的措施是计划、组织、领导和控制这四项，它们又被称为管理的四大基本职能。所谓职能，是指人、事物或机构应有的作用。管理的职能是管理者在管理过程中的各种基本活动及其功能。每个管理者工作时都是在执行这些职能中的一个或几个。

(四) 管理是为实现组织目标服务的

管理活动具有目标性,其目标是实现组织的目标。管理的目标是管理的出发点和归宿,因此管理活动都是围绕着管理的目标而进行的。实现特定的目标是一切管理活动的共性。

(五) 管理需要有效地协调和配置组织资源

特定管理目标的实现需要有效资源的支撑,这就要求管理者在可能的范围内协调和配置组织资源,以保证管理目标的实现。管理者需要协调和配置的资源既包括人力、物力、财力、组织等方面的资源,也包括机会、时间、信息等方面的资源。

(六) 管理是一个过程

管理是一个包含多阶段、多项工作的综合过程。管理以其目标为出发点和终点,以有效配置组织资源为实现管理目标的支撑,以四大基本职能为实现管理目标的环节和措施。因此,管理是在特定的目标引导下,计划、组织、领导和控制这样一系列相互关联、连续进行的活动的一个过程。

(七) 管理的核心是处理人与人之间的关系

管理活动是一项社会的活动,不是个人的活动,它需要推动他人和自己一起去实现组织目标。管理者在进行管理的过程中需要处理许多事务,实际上处理事务就是处理人际关系,因为这些事务是由人来解决和处理的。

三、管理的性质

(一) 管理的两重属性

管理具有两重属性,即自然属性和社会属性。管理是人类共同劳动的产物,具有同生产力和社会化大生产相联系的自然属性;同时,管理又具有同生产关系、社会制度相联系的社会属性。

1. 管理的自然属性

管理的自然属性是指管理要处理人与自然的关系,要合理组织生产力,故也称管理的生产力属性。管理是一切共同活动所要求的,是为适应社会生产力发展和社会分工发展的要求而产生的,是社会协作过程本身的要求。在管理活动中,为了有效地实现管理目标,需要对一个组织的资源进行合理配置,对社会再生产的各个环节及其职能活动进行协调,以促进生产力发展。管理的自然属性是管理的共性,因为与生产力相联系的生产力配置,以及生产力诸要素的结合形式、手段和方法在任何社会制度下都没有本质的区别。它取决于生产力发展水平和劳动社会化程度,不取决于生产关系的性质。

2. 管理的社会属性

管理活动既要反映生产力的要求,也要反映生产关系的要求。管理的社会属性是指管理要处理人与人之间的关系,维护一定的社会生产关系的属性,表现为管理的特殊职能。因为管理实际上是通过别人把事情做成的行为,所以管理过程必然涉及人与人之间的关系;又因为不能不涉及经济利益的调节,所以管理体现着阶级、社会集团、劳动者之间的经济利益。这种调整生产关系的管理功能,反映的是生产关系与社会制度的性质,故称管理的社会属性,也称管理的个性。

（二）学习管理两重属性的意义

（1）从生产力方面看，其意义在于研究如何合理配置组织中的人、财、物，使各要素充分发挥作用的问题；研究如何根据组织目标的要求和社会的需要，合理地使用各种资源，以求得最佳的经济效益和社会效益的问题。

（2）从生产关系方面看，其意义在于研究如何正确处理组织中人与人之间的关系问题；研究如何建立和完善组织机构及各种管理体制等问题；研究如何激励组织内成员，从而最大限度地调动各方面的积极性和创造性，为实现组织目标而服务。

（3）从上层建筑方面看，其意义在于研究如何使组织内部环境与其外部环境相适应的问题；研究如何使组织的规章制度与社会政治、经济、法律、道德等上层建筑保持一致的问题，从而维持正常的生产关系，促进生产力的发展。

四、管理的职能

管理是人们进行的一项实践活动，是一项实际工作、一种行动。人们发现，在不同的管理工作中，管理者往往采用程序类似、内容具有某些共性的管理行为，如计划、组织、控制等，人们对这些管理行为加以系统性归纳，逐渐形成了“管理职能”这一被普遍认同的概念。所谓管理的职能，是在管理过程中对各项行为内容的概括，是人们对管理工作应有的一般过程和基本内容所做的理论概括。

管理的职能一般根据管理过程的内在逻辑划分为几个相对独立的部分。划分管理的职能，并不意味着这些管理的职能是互不相关、截然不同的。划分管理的职能，其意义在于把管理过程划分为几个相对独立的部分，在理论研究上能更清楚地描述管理活动的整个过程，有助于实际的管理工作及管理教学工作的开展；有助于管理者在实践中实现管理活动的专业化，使管理者更容易从事管理工作。在管理领域中实现专业化，如同在生产中实现专业化一样，能大大提高效率。同时，管理者可以运用职能观点去建立或改革组织机构，根据管理的职能规定出组织内部的职责、义务和权力及它们的内部结构，从而确定管理人员的数量、素质、学历、专业、技能、知识结构等。

（一）计划

由于组织的存在是为了实现某些目标，因此就需要有人来规定组织要实现的目标和实现目标的方案，这就是管理的计划职能应做的工作。计划是管理的首要职能，管理活动从计划工作开始。计划工作主要包括评估机会和确定目标，分析测量条件、环境和资源，制订实现目标的备选行动方案，比较分析不同的行动方案，选择方案，根据实际情况调整计划等。

（二）组织

组织职能是管理者为实现组织目标而建立与协调组织结构的工作过程。组织工作一般包括组织的设计与建立、职权的分配与职责的落实、人员的选拔与配置、组织的协调与变革等。组织目标决定着组织结构的具体形式和特点。组织职能是管理活动的根本职能，是其他一切管理活动的保证和依托。组织职能是一个动态的过程，随着管理条件和环境的变化，组织结构必须相应地进行变革和调整。

（三）领导

组织机构各种岗位上所配备的人员，在个人目标、需求、偏好、性格、素质、价值观及工作职责和掌握信息量等方面存在很大差异，在相互合作中必然会产生各种矛盾和冲突。而组织目标的实现要依靠全体成员的努力，因此必须有领导者来指导和协调组织成员的思想与行为，激励每个成员自觉为实现组织目标共同努力，这就是管理的领导职能。领导职能的内容包括激励、沟通、协调、奖励、处罚、示范等。

（四）控制

控制职能是管理者为保证实际工作与计划目标一致而采取的一切活动。控制是一个包括制定标准、衡量成效与纠正偏差的动态过程。控制职能是管理过程的监视器和调节器，控制不仅要对以前的组织活动情况进行检查和总结，而且可能要求在某时间或节点以后对组织业务活动进行局部甚至全局的调整。因此，控制是整个管理过程的重要链条，对于管理过程的顺利进行具有重要的保证作用。

一方面，在管理实践中，计划、组织、领导和控制职能一般是按顺序履行的，即先要执行计划职能，然后执行组织、领导职能，最后执行控制职能。另一方面，上述顺序不是绝对的，在实际管理中这四大职能是相互融合、相互交叉的。原则上讲，各级各类管理者的管理职能具有共同性，都在执行计划、组织、领导、控制四大职能；但同时，不同层次、不同级别的管理者执行这四大职能时的侧重点与具体内容又是各不相同的。

木桶、石块、沙子和水

一天，老师为商学院的学生们做了一个实验。他首先把大石块一一放进一个大木桶里，直到放不下为止。然后问学生："木桶装满了吗？"学生们回答："满了。"老师又把一堆小石块放进去，并将桶摇了摇，小石块填满了大石块的缝隙。他又问学生："现在装满了吗？"有些学生小声道："可能还没有。"老师又将一堆沙子放了进去，又摇了摇木桶，沙子填满了小石块的缝隙。他再一次问学生："装满了吗？"这次学生们已经明白了实验的用意，大声说："没满。"最后老师又将水倒了进去，水充满了沙子的缝隙。老师又让学生们按照相反的顺序把水、沙子和石块放进木桶，结果无论怎样都无法将这些东西再放到木桶里去。

通过这个实验我们看出，不仅计划、组织、领导、控制这四项管理工作的顺序不能随意颠倒，而且高层管理者、中层管理者和基层管理者的作用也不能混淆。否则，组织的目标就难以实现。

五、管理系统

（一）管理系统的含义

管理系统是指由管理者、管理对象等若干个相互联系、相互作用的要素和子系统，按照管理整体目标结合而成的有机整体。管理系统的概念应从以下几个方面理解：

（1）管理系统是整体的，发挥着整体功能，管理系统中任何一个子系统都必须是为实现管理的整体功效和目标而服务的。

（2）管理系统是由若干要素或子系统构成的，各要素或子系统之间是相互联系、相互依存的。

（3）管理系统在结构上分层次，系统内划分为若干个子系统，而管理系统又从属于更大的社会系统。

管理系统因具体对象的不同而千差万别，如政治管理系统、经济管理系统、教育管理系统等。管理系统的整体是由相对独立的不同部分组成的，因此我们既可以根据人、财、物、信息、时间等划分，也可以根据管理的职能或部门设置来划分，但要看到组成管理系统整体的各个组成部分。更重要的是，要从系统的观念出发，整体地观察、分析和解决管理问题。

（二）管理系统的构成

管理系统主要由管理目标、管理者、管理对象、管理环境、管理方法等要素构成。

1. 管理目标

任何管理系统都应有明确的、既定的目标。管理目标是管理整体功能的集中体现，是管理系统建立与运行的出发点，也是管理系统正常运行的管理效果。管理系统必须围绕管理目标正常运行，管理者所有的管理行为都是为了实现管理目标。管理目标为组织与成员的考核提供了主要依据，这些依据又反过来成为各部门、各成员正确的工作方向。组织目标可以为管理者运用人、财、物等资源提供依据和标准。

马和驴的故事

贞观年间，长安城西的一家磨坊里，有一匹马和一头驴，它们是好朋友。这匹马在外面拉车，驴在屋里拉磨。后来，这匹马被玄奘大师选中，随他前往西天取经。多年后，这匹马驮着佛经回到长安。马谈起这次旅途的经历，让驴目瞪口呆，惊叹道："你有那么多的见闻啊，那么遥远的道路，我想都不敢想。"马说："其实，我们走的路程差不多，不同的是，我同玄奘大师有一个远大的目标，并始终如一地朝着目标前进，所以取得了较好的成绩；而你却被蒙住了眼睛，年复一年围着磨盘转，所以始终走不出这个狭隘的天地。"

组织都有一个远大的目标，而管理是为实现组织的目标服务的，组织的目标就是管理的目标，不能为管理而管理。就像那匹马，只有与玄奘大师取经的目标一致，才能体现出它本身的价值。

2. 管理者

管理者是管理行为的主体。管理者一般由拥有相应的权力和责任，具有一定的管理能力并从事现实管理活动的人或人群组成。管理者是管理系统中最核心、最关键的要素，管理系统中的许多活动和行为都要靠管理者去实施，管理者是整个管理系统的统帅，是发挥管理系统整体功效、实现管理目标的关键力量。

3. 管理对象

管理对象是管理者为实现管理目标，将管理行为作用于其上的客体。管理对象的外延包括社会组织、社会组织内部的单位或部门、组织的资源或要素及职能活动。

（1）社会组织。社会组织是指为达到特定的目的、完成特定的任务而结合在一起的人的群体。社会组织是按照组织的社会功能性质来划分的，包括政治组织、经济组织、文化组织、宗教组织、军事组织和其他社会组织。

（2）社会组织内部的单位或部门。社会组织内部的单位或部门是指在各种社会组织内部设置的各种单位或部门。例如，某公司内部划分为经理办公室、人力资源部、财务部、生产技术部、计划营销部、安全监察部、党群工作部、工会办公室、保卫部、后勤部等部门。

(3) 组织的资源或要素。作为管理的对象，组织的资源或要素各有其特定的属性和功能。为保证目标的实现，只有对这些资源或要素进行科学的配置与组织，才能使其有效地发挥作用。管理要素包括人员、财和物、信息、时间、技术五个方面。

① 人员。人是管理的主要对象。人在管理中具有双重地位：既是管理者，又是被管理者。管理过程是一种社会行为，是人们相互之间发生复杂作用的过程。管理过程各个环节的主体是人，各个环节的工作都是由人去做的。因此，人的行为是管理过程的核心。

② 财和物。财和物是一个组织赖以实现其目标的重要物质基础。财是组织所拥有的货币资金，资金是组织经营活动的"黏合剂"。对资金进行管理，就要对资金筹措、资金运用、资金耗费与经济核算等过程加强管理，以降低成本，提高资金使用效率。对物资进行管理，就要制订好物资采购计划，做好定额管理，加强库存管理，降低库存，提高物资利用率。

③ 信息。在信息时代，信息已成为重要的管理对象。信息是能够反映管理内容并可以传递和加工处理的文字、数据、图表等。信息系统是管理过程中的"神经系统"。人流、物流的管理，都要通过信息来反映和实现。管理职能要发挥作用也需要信息的支持。只有通过信息的不断交换、传递，把各要素有机地结合起来，才能形成现实的管理活动。

④ 时间。任何管理活动都是在特定时间下进行的，管理离不开时间。现代社会的一个重要特点是时效性日益突出。管理活动处于不同的时间区域，就会产生不同的管理效果。管理效率的提高主要表现为时间的节约。管理活动及其要素的分配有一个时序性问题，管理者要加强时间管理，科学地运筹时间，提高工作效率。

⑤ 技术。科学技术是第一生产力。在知识经济时代，科学技术在一个组织的发展中起着十分重要的作用。现代组织，尤其是现代企业必须加大科技投入，加大科技开发的力度，积极进行技术改造，推进科技进步，建立自己的科技研发体系，进行技术创新，形成企业的核心竞争力，才能保证组织可持续发展。

(4) 职能活动。管理是使组织的活动效率化、效益化的行为，出现频次最高、数量最多的管理对象就是社会组织实现基本职能的各种活动。管理的功效主要体现在组织的各种职能活动在管理的作用下更有秩序、更有效率、更有效益。管理者正是在对各种活动进行筹划、组织、协调和控制的过程中发挥着管理的功能。

4. 管理环境

任何组织都是在一定环境中从事活动的，任何管理也都要在一定的环境中进行，这个环境就是管理环境。管理环境是指存在于社会组织内部与外部的影响管理实施和管理功效的各种因素的总和。管理环境的特点制约和影响着管理活动的内容与进行。管理环境的变化要求管理的内容、手段、方式、方法等随之调整，以趋利避害，更好地实施管理。管理环境分为外部环境和内部环境。外部环境是组织之外的客观存在的各种影响因素的总和。它是不以组织的意志为转移的，是组织在管理过程中必须面对的重要影响因素。外部环境包括政治环境、社会文化环境、经济环境、科技环境和自然环境。内部环境是指组织内部的各种影响因素的总和。它是随着组织产生而产生的，在一定条件下，内部环境是可以控制和调节的。内部环境包括人力资源环境、物力资源环境、财务资源环境及内部文化环境。任何管理活动都存在于一定的管理环境之中，既受管理环境的影响，又对管理环境起反作用，所以管理环境也是管理系统的组成部分。

5. 管理方法

管理方法是管理者为实现组织目标，组织和协调管理要素的工作方式、途径或手段。管理方法是实施管理行为的途径或手段，对管理功效及目标实现具有直接的意义，所以管理方法是管理系统的重要因素。任何管理都要选择、运用相应的管理方法。

任务二　管　理　者

一、管理者的概念

管理者是指组织中从事管理活动的全体人员，即在组织中担负计划、组织、领导、控制等工作，以期实现组织目标的人。管理者是影响组织活动最为重要的一个因素。

任何组织都是由一群人组成的集合体，根据其在组织中的地位与作用不同，组织成员可以分为操作者和管理者两类。操作者是组织中直接从事具体业务且不承担对他人工作监督职责的人，如汽车装配线上的装配工人、商场营业员、饭店里的厨师等，他们的任务就是做好组织分配的具体的操作性的工作。管理者则是行使管理职能、指挥别人进行劳动的人，他们处于操作者之上的组织层次中。管理者是管理的主体，对管理活动的顺利进行、组织活动及其目标的实现起着十分重要的作用。

"胆怯"的CEO

雀巢公司CEO彼得·布拉贝克从小喜爱登山，10岁起就开始用绳索攀登阿尔卑斯山，多年的登山锻炼给了他强健的体魄和过人的勇气。2000年，已经就任雀巢公司CEO 3年的布拉贝克第一次攀登海拔4 478米的马特霍恩峰，当他只差一个半小时的路程就能到达山顶时，山上突然下起了大雪。虽然向导明确地告诉他大雪不会造成生命危险，但布拉贝克仍然坚持要转身下山。向导对他的行为感到吃惊，但布拉贝克说："相对于我肩负的责任而言，这个风险太高了。"2年后，已经57岁的布拉贝克第二次攀登马特霍恩峰，才登上顶峰。

布拉贝克身为企业管理者，肩上担负着的绝不是一个人的前途和责任，而是整个企业所有员工的未来。因此，无论是说话还是做事，万万不可图一时之痛快、逞一时之英雄，要时刻铭记作为管理者的责任。

二、管理者的分类

一个组织有各种类型的管理者，可以根据不同的标准进行划分。

（一）按管理层次划分

按管理层次划分，管理者可分为高层管理者、中层管理者和基层管理者。

1. 高层管理者

高层管理者也称为决策层，是指组织中的高级领导人，对管理承担全面责任，如企业的董事会成员。其主要任务是制定战略目标，把握发展方向，进行资源分配，沟通组织与外界等。

2. 中层管理者

中层管理者也称为执行层，介于高层管理者和基层管理者之间，在组织中起承上启下的作用，对上下信息沟通、政令通行等均负有重大责任，如企业中各部门的负责人。其主要职责是执行重大决策和管理意图，监督和协调基层管理者的工作活动，进行具体工作的规划及参谋。

3. 基层管理者

基层管理者也称为作业层，是最直接的一线管理者，是整个管理系统的基础，是实际监察操作人员的管理者，如企业中的工长、组长。其主要职责是直接给下属分派任务，直接指挥和监察现场作业活动，保证上级下达的各项计划和指令的完成。

这三个管理层的管理者的工作内容和性质有很大的差异。基层管理者非常关心具体工作任务的完成，而高层管理者则对长远目标、战略计划和重大的方针政策感兴趣；基层管理者处理问题时往往通过个体劳动或一些技能就能解决，而高层管理者处理的问题则必须通过细致而认真的思考才能解决；基层管理者考虑的往往是日常工作安排和机器维修之类的问题，而高层管理者所关心的可能是如何通过制订战略计划把竞争对手的市场夺过来，扩大自己的市场份额等具有战略性的问题。总之，基层管理者所关心的主要是非管理性的具体工作，而高层管理者所关心的则主要是管理性的工作，中层管理者则介于两者之间。管理者的工作特征和工作内容如表 1-1 所示。

表 1-1　管理者的工作特征和工作内容

工作特性	高层管理者	中层管理者	基层管理者
经营方针、战略	重要	适当考虑	不重要
管理目标	适当考虑	重要	重要
工作范围	极为广泛、全面	全部工作职能	单项工作职能
管理工作时间跨度	1～5 年	1 年	每日
复杂程度	变量较多、很复杂	一般性复杂	不复杂
工作内容	计划、战略、政策	按计划实施	日常管理控制
计量与评价	困难	不困难	容易
决策所需信息	组织外部与内部	组织外部	组织内部
人数	少数	适当人数	多数
决策工作性质	创造性	有效性	业务性

（二）按管理工作的范围与管理者的职责领域划分

按管理工作的范围与管理者的职责领域划分，管理者可分为综合管理者和职能管理者。

1. 综合管理者

综合管理者是指负责整个组织或部门全面管理工作的管理者。他们是一个组织或部门的主管，如企业的厂长、车间主任等，对整个组织或该部门目标的实现负有全部责任，可以指挥和支配该组织或该部门的全部资源及职能活动，而不是只对单一资源或职能负责。

2. 职能管理者

职能管理者是在组织内只负责某种职能的管理者。他们只对组织中某一职能或专业领域的工作目标负责，只在本职能或专业领域内行使职权、指导工作。职能管理者大多具有某种专业或技术专长，如企业的人力资源部部长、财务部部长、营销部部长等。

（三）按职权关系的性质划分

按职权关系的性质划分，管理者可分为直线管理人员和参谋人员。

1. 直线管理人员

直线管理人员是指有权对下级进行直接指挥的管理人员。他们与下级之间存在着领导隶属关系，是一种命令与服从的职权关系。这种命令式的职权关系自上而下，从组织的最高层，经过中间层，一直延伸到基层，形成一种等级链。直线管理人员的主要职能是决策和指挥。直线管理人员主要指组织等级链中的各级主管，即综合管理者。

2. 参谋人员

参谋人员指对上级提供咨询、建议，对下级进行专业指导的管理人员。他们与直线管理人员的关系是一种服务与协助的关系，上级直线管理人员通常授予参谋人员的是思考、谋划和建议的权力。参谋人员通常是指各级职能管理者。

丙吉问牛

西汉有一个丞相叫丙吉，有一天他到长安城外去视察民情，走到半路就有人拦轿喊冤，查问之下原来是有人打架斗殴致死，死者家属来告状。丙吉回答说："不要理会，绕道而行。"走了没多远，发现有一头牛躺在路上大口喘气，丙吉下轿围着牛查看了很久，问了很多问题。人们议论纷纷，觉得这个丞相不称职，死了人不管，对一头生病的牛却那么关心。

皇帝听到传言之后就问丙吉为什么这么做，丙吉回答："这很简单，打架斗殴是地方官员该管的事情，他们自会按法律处置，如果他们渎职不办，再由我来查办他们，我绕道而行没有错。丞相管天下大事，现在天气还不热，牛就躺在地上喘气，我怀疑今年天时不利，可能有瘟疫要流行。要是瘟疫流行，我没有及时察觉就是我丞相的失职。所以，我必须了解清楚这头牛生病是因为吃坏了东西还是因为天时不利。"这一番话令皇帝非常赞赏。

管理者应该清楚自己的职责，明白什么该管，什么不该管，要有所为，有所不为。

三、管理者的角色

（一）管理者扮演的角色

管理者究竟干什么？他们在组织中扮演什么角色？这是管理学关注的问题。1955 年，"现代管理学之父"彼得·德鲁克提出了"管理者的角色"的概念。德鲁克认为，管理是一种无形的力量，这种力量是通过各级管理者体现出来的。20 世纪 70 年代末期，加拿大麦吉尔大学的管理学教授亨利·明茨伯格通过对 5 位总经理的工作进行长期的仔细研究，提出了与人们对管理者的长期认识所不同的观点，从而成为管理角色理论的著名人物。他认为，管理者并不是深思熟虑的思考者，他们在做决策之前，并不总是仔细研究和系统地处理信息，相反，管理者经常陷入大量变化的、无一定模式的和短期的活动中，他们几乎没有时间静下来思考，因为他们的工作经常被打断。有半数的管理者活动持续时间少于 9 分钟。在大量观察的基础上，明茨伯格提出，管理者在管理工作中主要扮演 10 种不同的但却高度相关的角色。这 10 种角色可以进一步归纳为 3 个方面：人际角色、信息角色和决策角色。

1. 人际角色

人际角色直接产生于管理者的正式权力基础之上，通常包括代表人角色、领导者角色、联络者角色。

(1) 代表人角色：作为领导，管理者必须扮演一些具有礼仪性质的角色。

(2) 领导者角色：管理者和员工一起工作并通过员工的努力来确保组织目标的实现。

(3) 联络者角色：管理者与组织内个人、小组一起工作，与外部利益相关者建立良好的关系。

2. 信息角色

管理者负责确保与其一起工作的人具有足够的信息，从而顺利完成工作。整个组织的人依靠管理结构和管理者来获取或传递必要的信息，以便完成工作。管理者所扮演的三种信息角色是监督者角色、传播者角色和发言人角色。

(1) 监督者角色：持续关注内外环境的变化以获取对组织有用的信息，接触下属或从个人关系网获取信息，依据信息识别工作小组和组织潜在的机会及威胁。

(2) 传播者角色：分配作为监督者获取的信息，保证员工具有必要的信息，以便切实有效地完成工作。

(3) 发言人角色：把信息传递给单位或组织以外的个人，让相关者(股东、消费者、政府等)了解并感到满意。

3. 决策角色

管理者要处理信息并得出结论，要通过决策让工作小组按照既定的路线行事并分配资源以保证计划的实施。管理者所扮演的四种决策角色是企业家角色、干扰对付者角色、资源分配者角色、谈判者角色。

(1) 企业家角色：对监督者发现的机会进行投资以利用这种机会。

(2) 干扰对付者角色：处理组织运行过程中遇到的冲突或问题。

(3) 资源分配者角色：决定组织资源(财力、设备、时间、信息等)用于哪些项目。

(4) 谈判者角色：花费大量时间与员工、供应商、客户或其他工作小组进行必要的谈判，以确保朝着组织目标迈进。

跟屁虫的悲哀

有一种名为列队虫的小昆虫，它就是我们常说的跟屁虫。它之所以有这么难听的名字，是因为它有一种独特的爬行方式。当很多列队虫在一起走的时候，它们会一只只首尾相接，成一列前进。带头的那只列队虫负责找桑树叶——它们最主要的食物。不管这只虫爬向哪里，后面那些一定会跟着。

有位科学家以一组列队虫做了一个有趣的试验，将它们绕成一个圆圈，让带头的一只和最后一只首尾相接，这样一来就没有了领导者和跟随者之分了。在圆圈的中央，它放上一盘桑叶。这位科学家想知道，这种没有领导者和跟随者之分的情景能维持多久。他认为，等它们饿得厉害时，这个圆圈一定会解散，大家会抢着去吃桑叶。但结果却出乎他的意料。这些列队虫最后饿得奄奄一息，仍然首尾相接形成一个圆圈，食物虽然就在中间，离它们仅几英寸（1 英寸≈2.54 厘米）远，但它们仍然只知道一只跟着一只爬行，没想过自己应该去寻找食物。

组织中的每个成员处在不同的地位，扮演着不同的角色。这就像演戏，如果大家都扮演一样的角色，这个戏就没办法演了。

（二）影响管理者角色的因素

1. 管理者本身在组织层次中的地位

因为高层管理者决策质量的高低将会影响到组织的生存与发展，所以决策角色是高层管理者最重要的角色（当然另外两种角色也决不能忽视）。中层管理者在这三方面角色的分配上基本是平均的，这也是由他们的工作性质所决定的，他们承上启下，独当一面。基层管理者最重要的角色是人际角色，因为他们主要面对下属成员，在工作时进行团队合作是他们最主要的任务。所以，一般而言，管理层次越高，就越注重非结构化的、非程序化的工作安排和组织的长远规划。基层管理者注重的是当前具体的、具有短期性和集中性的工作，他们对组织内部工作的稳定运转负有责任。

2. 组织规模的大小

组织规模的大小对管理者的工作有明显影响，在不同规模的组织中，管理者的工作和角色是大不一样的。相比之下，一个规模较小的组织的管理者将更有可能成为一个多面手，他的工作内容将可能上至最高领导层的工作，下至基层管理者的工作。

3. 管理者个人因素

管理者个人的价值观、思想品格、工作作风、习惯思维、潜意识及工作经历都会影响管理者的工作。

4. 其他随机因素

管理者的工作必然随着许多随机因素的变动而变动。因为现实生活中许多环境因素将会影响管理者的工作，这些因素有社会文化、社会变迁、产业的性质、政策、技术变革的动态发展及其他威胁因素等。

资料
他们各自扮演什么管理角色

四、管理者应具备的素质

虽然管理者在组织的管理工作中扮演着多种角色，但不论是哪类管理者，他们在履行管理的各项职能时，都应该具备以下素质。

（一）品德

品德作为管理者最根本的素质，体现了一个人的世界观、价值观、道德观和法治观。品德是一个管理者行为方式和态度的基础。例如，责任感，如果一个人不愿意、不敢对他所负责的工作承担责任，那么他将无法知难而进，勇挑重担。

（二）心理素质

由于所从事工作的特殊性，管理者除了具备一般的管理品质以外，还需要有创新精神，要敢于采用新的管理方式，敢于用新人，如果没有一定的承受风险的心理素质，是无法成为一个优秀的管理者的。在组织发展的过程中，往往会遇到各种意想不到的困难，甚至面临挫折和失败，这就要求管理者具有百折不挠的拼搏精神和良好的心理素质。

（三）知识素质

优秀的管理者应该使自己努力成为“通才”。他们应掌握包括政治、法律、经济学、管理学、心理学、社会学及工程技术等方面的知识。

（四）能力素质

所谓能力，是指管理者将各种管理理论和业务知识应用于管理实践，解决实际问题的本领。对管理者的能力要求是多方面的，主要包括以下方面。

1. 创造能力

管理者要思维敏捷，见解独到，能够创造性地解决组织所遇到的各种问题。创造能力要求管理者有移植、综合、嫁接的能力。

2. 决策能力

决策能力是一种综合能力，主要表现为分析问题的能力、逻辑判断能力、创新能力、决断能力等。

3. 应变能力

管理者应该能根据环境和条件的变化做出新的决策或采取新的措施，不断开拓进取。

4. 组织和指挥能力

组织和指挥能力是指善于运用组织的各种资源，综合、协调、充分发挥各方面的力量，运用各种科学方法和技术手段提高工作效率与经济效益的能力；是指管理者通过以往积累的经验及新学到的知识，运用现代管理原理和现代管理方法、技术、手段、计算工具去进行指挥的能力。

（五）身体素质和个人气质

从心理学和生理学的角度来分析，人的身体、年龄与智力的发展变化有密切的关系。气质是个人的心理特征，主要表现在性格、情绪、意志、爱好和追求等方面。对于一个优秀的管理者和领导者来说，具有成熟的性格、稳定的情绪、坚强的意志、有益的爱好、美好的追求，就能以自身的人格魅力来影响组织的发展和组织工作的开展。

五、管理者的基本技能

管理者在行使四种管理职能和扮演三类角色时，必须具备以下三种技能。

（一）技术技能

技术技能是指使用与某一专业领域有关的工作程序、技术和知识完成任务的能力，如会计师、计算机程序设计师、医生、教师、工程师和音乐家都在他们各自不同的领域内具有技术技能。对于管理来说，虽然没有必要使自己成为精通某一领域技能的专家，但要掌握一定的技术技能，否则就难以与其所主管的组织内的专业技术人员进行有效的沟通，也就无法对其所管辖的业务范围内的各项工作进行具体指导。技术技能可以通过教育、培训、学习等途径获得和掌握，专业知识掌握得越多，技术技能的水平一般就越高。

不听工匠言

《吕氏春秋·别类》中讲了这样一个故事：为了兴建一幢房屋，宋国大夫高阳应派人在自己的封邑内伐了一批木材，木材刚一运到，他就找来工匠，催工匠即日动工建房。工匠对高阳应说："目前还不能开工，刚砍下来的木料含水太多、质地柔韧，承重后很容易变弯。刚开始看起来，用这种木料盖的房子与用干木料盖的房子差别不大，但时间长了，用湿木料盖的房子很容易倒塌。"高阳应听了工匠说的话后，自作聪明地说："依你所见，不就是一个湿木料承重后容易弯曲的问题吗？可你有没有想到木料越干就会越结实，泥越干就会越轻，等房屋盖好以后，用不了多久，木料和泥土都会变干，那时房屋是用变硬的木料支撑着变轻的泥土，肯定会倒塌。"虽然工匠在实践中懂得了用湿木料盖的房屋寿命不长这一道理，但主家这么说，他们也感到很为难，所以工匠只好遵照高阳应的吩咐去办。虽然在湿木料上拉锯用斧、下凿推刨很不方便，但他们还是克服了种种困难，按尺寸、规格搭好了房屋的骨架，抹上泥以后，一幢新屋就落成了。刚开始的日子里，房子很好，可时间一长，高阳应的新屋开始向一侧倾斜。他的乐观情绪没有了，开始忧心忡忡。高阳应一家怕出事故，从这幢房子搬了出去。没多久，这幢房子果然倒塌了。

技术技能是指从事自己管理范围内的工作所需要的技术和方法。具备了这种技能便被称为"内行"，否则就是"外行"。过去关于外行能不能领导内行的问题引起过争论，现在看来，在知识经济时代，外行领导内行确实存在很多困难。

（二）人际技能

人际技能是指与处理人际关系有关的技能或者与组织内外的人打交道的能力，即理解、激励他人并与他人共事的能力。对一个企业而言，针对不同的层次和领域，管理者可能分别需要处理与上层管理者、同级管理者、下属的人际关系。与技术技能不同的是，决定一个人人际技能水平高低的因素不仅仅是掌握的书本知识，更重要的是个人的性格。从这一意义上说，一个人要成为成功的管理者，其先天性格是一个主要因素。因此，在进行管理者的分工和确定管理集体结构时，应该考虑不同管理工作对性格的特殊要求，以提高管理者的管理效率。

（三）概念技能

概念技能是指纵观全局、洞察组织与环境相互影响和作用的复杂性，在此基础上加以分析、判断、抽象、概括并迅速做出正确判断的能力。具体地说，概念技能包括感知和发现环境中的机会与威胁的能力，理解事物的相互关联性并找出关键影响因素的能力，以及权衡不同方案的优劣和内在风险的能力等。任何管理者都会面临一些混乱而复杂的环境，这时管理者应能看到组织的全貌和整体，并认清各种因素之间的相互联系，如组织与外部环境是怎样互动的，组织内部各部分是怎样相互作用的，经过分析、判断、抽象、概括，抓住问题的实质，并做出正确的决策。

尽管上述三种技能在各个管理层中都是很重要的，但其相对重要性则取决于管理者在组织中所处的管理层次的高低。

技术技能对于基层管理者而言是至关重要的，随着管理层次的提升，管理者对技术技能的需要逐渐下降，高层管理者对技术技能的需要最少。尽管许多高级管理者都有一定的技术技能，但和基层管理者不同，他们很少需要在日常工作中动用具体的技术技能。例如，有的工程公司总裁，虽然自己也是一个训练有素的工程师，但他不必亲自进行设计。企业的最高领导往往因他们具有一定的专业技术知识而深受下属的尊敬。

人际技能对各级管理人员都很重要。一项研究表明，人际技能在领班一级极为重要。领班作为基层的行政管理者，其主要职能就是取得生产小组成员的合作。另一项研究也加强了这种看法，并把这一观点扩展到了中层管理者，指出管理者关心的主要事项应该是为组织中的联系开方便之门。还有一项研究主要与高层管理者有关，它指出高层管理者要有自知之明，也应对人与人之间的关系具有敏感性。这些观点都表明，人际技能对各级管理者都很重要，但需注意其着重点是不一样的。

随着职位的升高，概念技能的需要也随之增大。在组织的最高层，概念技能是所有成功的行政管理中最重要的技能。一个行政负责人可能在技术技能和人际技能上有所欠缺，但只要他的下属在这些方面较强，他仍可以成为一个有效的行政管理者。但是，若他的概念技能不强，则将危及整个组织的成功。

任务三　管　理　学

一、管理学的概念

管理学是一门研究人类社会管理活动中各种现象及规律的学科，是在近代社会化大生产条件下和自然科学与社会科学日益发展的基础上形成的。

管理学是在自然科学和社会科学两大领域的交叉点上建立起来的一门综合性交叉学科，涉及数学（概率论、统计学、运筹学等）、社会科学（政治学、经济学、社会学、心理学、人类学、生理学、伦理学、哲学、法学）、技术科学（计算机科学、工业技术等）、新兴科学（系统论、信息科学、控制论、耗散结构论、协同论、突变论）及领导学、决策学、未来学、预测学、创造学、战略学、科学学等。

资料卡

管理学的诞生与发展

管理活动自有人群出现便有，管理思想随之逐步产生。事实上，无论是在东方还是在西方，我们均可以找到古代哲人在管理思想方面的精彩论述。现代管理学的诞生是以弗雷德里克·温斯洛·泰勒的名著《科学管理原理》（1911 年）及法约尔的名著《工业管理与一般管理》（1916 年）的出版为标志的。现代意义上的管理学诞生以来，管理学有了长足的进步与发展，管理学的研究者、管理学的学习者、管理学方面的著作文献等均呈指数上升，显示了作为一门年轻学科勃勃向上的生机和兴旺发达的景象。进入 21 世纪，随着人类文明的进步，管理学仍然需要大力发展其内容和形式。

二、管理学研究的内容

管理学是研究管理活动的基本规律、普遍原理及其应用的学科。管理活动是普遍存在的，虽然不同性质的组织活动有差异，方法也不尽相同，在此基础上进行科学总结和概括形成了各具特色的管理方法，但是，现代管理学所研究的是管理中的一般规律和一般原理，它不是研究某一特殊领域的管理活动，而是研究共同的原理和共同的原则。管理学是各类管理活动的基础理论。

管理学研究的内容广泛，大体有三个层次：第一，根据管理活动总是在一定的社会生产方式下进行的特点，研究内容可分为生产力、生产关系和上层建筑三个方面；第二，从历史角度研究管理实践、管理思想和管理理论的形成与演变过程；第三，着重从管理者的工作或职能出发来系统研究管理活动的原理、规律和方法。

人类社会产生后，人们的社会实践活动表现为集体协作劳动的形式，而有集体协作劳动的地方就有管理活动。在漫长而重复的管理实践中，管理思想逐步形成。而随着生产力的发展，人们把各种管理思想加以归纳和总结就形成了管理理论。管理理论是对管理思想的提炼、概括和升华，是较成熟、系统化程度较高的管理思想。人们运用管理理论去指导管理实践，以取得预期的效果，同时又用管理实践去检验管理理论，并且在管理实践中修正和完善管理理论。

(1) 管理思想。管理思想是在管理实践的基础上进行科学分析而得出的，研究这些管理思想在管理的各个过程中是如何发挥作用的，有利于把握管理思想、理论和方法及其演变的历史脉络，以便总结管理的经验教训。

(2) 管理理论。管理的基本原理及原则是在管理实践中掌握行动的准则。这种研究可提示管理全过程的内在联系，实现最优化。

(3) 管理实践与管理创新。管理原理、原则的运用及管理职能的发挥都受限于管理的环境条件。不同的国家有不同的管理特色，各国之间相互学习、借鉴管理经验，要从实际出发，不可生搬硬套。管理的移植要与管理创新相结合。环境差异分析与管理创新研究是取得管理成效的保证。

南风法则

有一天，北风和南风比威力，看谁能把行人身上的大衣吹掉。

北风自恃力大，先刮起了寒冷刺骨的北风，结果，为了抵御北风的侵袭，行人便把大衣裹得紧紧的。

与北风不同的是，南风徐徐到来，顿时风和日丽，行人感到温暖惬意，开始解开衣扣、脱掉大衣。

于是，南风获得了这场比赛的胜利。

管理学既是一种遵循规律、照章办事的科学，更是一门讲究方法、注重感情的艺术。有时运用艺术的方法、真挚的情感比科学的制度更为有效。

三、管理学的特点

(一) 管理学是一门交叉科学

交叉科学又称边缘性科学，是近几十年来随着科学技术的发展和各学科之间的交叉渗透而日益发展起来的，如生物物理、生物化学、科学学、管理学等。

管理学既涉及生产力，又涉及生产关系和上层建筑，它与经济学、政治学、心理学、数学及各种技术科学有密切的关系，也是这些科学交叉渗透的产物。所以，管理学不同于一般的文科，也不同于一般的理科，而是文理交叉的学科。正因为这样，国外一些院校主张读管理专业的学生要在先读一个技术专业的基础上再读管理专业。

（二）管理学是一门软科学

随着计算机的发展，软科学有了很大的发展。软科学是研究社会经济、科技管理等方面内在联系及其发展规律的科学，它不研究具体的实物，而是把研究对象作为整体系统来研究，探索其有关规律，以提高整体的效率和功能。管理学这门软科学，不具体研究企事业单位的具体业务，而是从企事业单位或地区的总体出发，研究如何充分利用资源，合理组织生产力，调整生产关系和上层建筑，以提高组织与地区整体的工作效率和经济效益。

（三）管理学是一门应用科学

应用科学不同于基础科学。基础科学是研究基础理论的，如自然科学方面的物理学、化学、生物学等，社会科学方面的哲学、经济学、法学，等等。应用科学则是将基础理论和技术用于实际，以转化为现实生产力的科学，如工业技术、农业技术和管理学等。

管理学这门应用科学，在宏观经济方面主要是研究战略决策、计划调控、组织协调等，使总体发展的规模、速度和效益优化；在微观经济方面主要是通过计划、组织、领导、控制等职能，对产、供、销过程中的人、财、物等要素进行优化组合，以提高经济效益和社会效益。

（四）管理学既是一门科学，也是一门艺术

管理学有自身独特的研究对象，既有自己的理论基础，又有严密的结构体系。管理必须遵循一定的原则和方法，它不仅具有普遍性，还反映了客观规律性，这是它科学性的充分体现。

管理的艺术性表现在管理有时具有非精确的科学性。管理活动需要一定的管理经验和技巧，还要有一定的灵活性，有时还要有机遇。管理者应具体情况具体分析，不能生搬硬套管理模式。所以，管理者需要懂人，会审时度势；需要打破常规，懂得变化、变革与创新；需要权衡利弊、有所取舍；要懂得妥协。这些都反映了管理的艺术性。

管理的科学性和艺术性是不可分割的。艺术总是以科学为基础，科学与艺术相互补充。管理者首先要具备管理的科学知识，不能仅靠直觉或运气；其次要在管理实践中不断积累成功的管理经验和失败的教训，懂得在某一具体的环境中如何灵活地应用管理理论，这就是管理的艺术魅力所在。

宝洁公司的尿布

宝洁公司是美国一家有名的公司，它生产婴儿尿布的历史悠久，很多美国人都是从小屁股上包着宝洁生产的尿布长大的。20 世纪 80 年代，宝洁公司决定把婴儿尿布引入中国香港市场和德国市场。在一般情况下，宝洁公司每进入一个市场都要经过“买地试营销”以发现存在的问题。但这一次宝洁公司却认为，不管是中国香港的婴儿还是德国的婴儿，都是婴儿，都要尿尿，都需要尿布，不会有什么问题。殊不知当他认为没问题的时候，问题却恰恰出现了。

中国香港的消费者反映，宝洁公司的尿布太厚，而德国的消费者却反映，宝洁公司的尿布太薄！同样的尿布，怎么能有两种不同的反馈呢？

宝洁公司经过仔细调查才发现，中国香港婴儿和德国婴儿的尿量大体相同，问题不是出在婴儿身上，而是出在婴儿的母亲身上。原来香港的母亲把婴儿的舒适当作头等大事，孩子一尿就换尿布，而宝洁公司的尿布一次可以兜几泡尿，自然就显得太厚了。而德国的母亲就比较制度化，早上给孩子换一次尿布，到晚上再换一次，这中间孩子要尿好多次尿，宝洁公司的尿布兜不了那么多，自然就显得薄了。

同样的商品在不同的地区销售会有不同的反馈，同样的角色在不同的地方表演会有不同的效果。管理既是科学，又是艺术，只有根据环境、时间的变化不断变化，才能奏出美妙的乐章。

四、管理学的学习和研究方法

（一）唯物辩证法是学习和研究管理学的方法论基础

唯物辩证法是学习和研究管理学的强大思想武器。管理学源于管理的实践活动，在长期的管理实践中，人们运用历史的、全面的、发展的观点去观察和分析各种管理现象与管理问题，通过对感性积累的经验进行加工提炼，将其上升为理性认识，即管理理论；反过来又能动地运用有关管理理论去指导管理实践，验证管理理论的正确性和有效性，并进一步发展和完善管理理论。因此，学习和研究管理学，必须以唯物辩证法为总的方法论基础，坚持实事求是的科学态度，深入管理实践进行调查研究，总结管理实践经验，并运用判断和推理的方法使管理实践经验上升为管理理论。在学习和研究中还要认识到一切现象都是相互联系和相互制约的，一切事物也都是不断发展变化的。因此，必须用全面的、联系的、历史的、发展的观点去观察和分析管理问题，重视管理学的历史，考察它的过去、现状及其发展趋势，不能固定不变地看待组织及组织的管理活动。

（二）系统方法是学习和研究管理学的主要思维方法

所谓系统方法，是指用系统的观点和方法来研究与分析管理活动的全过程。系统是由相互作用和相互依赖的若干组成部分结合而成的具有某种特定功能的有机整体。系统本身又是它所从属的一个更大系统的子系统。

从管理的角度看，系统有两层含义。

(1) 第一层含义。系统是一种实体，如组织系统。作为实体系统的组织，一般具有整体性、目的性、动态性、层次性、开放性、功能性、结构性等特征。既然组织是一个系统，为了更好地研究组织与组织管理，就必须用系统理论来理解、分析和研究组织。

(2) 第二层含义。系统是一种方法或手段，它要求在研究和解决组织管理问题时，必须具有整体观、过程观、开放与相对封闭观、反馈观、分级观等有关系统的基本观点。尽管在现代管理学领域，各学派在管理系统的定义、系统的具体特征等问题上还很不统一，存在较大的理论分歧，但没有一个管理学派不运用系统理论来研究组织与组织管理。系统原理也是公认的管理的基本原理，几乎每本管理学著作都离不开系统概念。

因此，学习、研究管理学，必须用系统方法作为主要的思维方法。在学习与研究管理理论和管理活动时，应首先把组织与组织管理活动看作一个系统，对影响管理过程的各种因素及其相互之间的关系进行总体的、系统的分析研究，对管理的概念、职能、原理、方法等管理理论进行系统的分析和思考。唯有如此，才能形成科学的管理理论和有效的管理活动。

（三）理论联系实际的方法

管理学是一门应用性、实践性很强的科学，它是科学性与艺术性的统一。这决定了管理学应更多地采用理论联系实际的方法进行学习和研究。具体来说，可以是管理案例的调查和分析、边学习管理理论边从事管理实践，以及带着问题学习等多种形式。这有助于提高学习者运用管理的基本理论与方法去发现问题、分析问题和解决问题的能力。同时，由于管理学是一门生命力很强的建设中的年轻的学科，因而还应以探讨研究的态度来学习，通过理论与实践的结合，使管理理论在管理实践中不断地加以检验，同时，通过对管理实践经验的总结和提升，不断丰富、深化和发展管理理论。

（四）学习和研究管理学的具体方法

1. 观察总结的方法

按照理论联系实际的要求，研究管理学必须掌握观察管理实践，总结管理经验，并进行提炼概括，使其上升为理论的方法。人们的管理实践，特别是众多优秀管理者的管理经验，蕴藏着深刻的管理哲理、原理和方法，因此有必要运用综合、抽象等逻辑方法，总结人们的管理实践经验，从而形成系统的管理理论，进一步指导管理实践。这样研究和学习管理学，就会收到事半功倍的效果。

2. 比较研究的方法

有比较才有鉴别。当代世界各国都十分重视管理和管理学的研究，各自形成了有特色的管理科学。学习和研究管理学时，要注意管理学的二重性，既要吸收发达国家管理学中科学性的东西，又要去其糟粕；既要避免盲目照搬，又要克服全盘否定；要从我国国情出发加以取舍和改造，有分析、有选择地学习和吸收西方管理的理论与实践经验。在学习和研究外国的管理经验时，至少要考虑到四个不同：社会制度的不同、生产力发展水平的不同、自然条件的不同、民族习惯和传统文化的不同。这就要求我们学会用比较研究的方法对世界上先进的管理理论和实践进行比较研究，分辨出一般性的东西和特殊性的东西，可以被我们借鉴的东西和不可被借鉴的东西，真正做到兼收并蓄，丰富我国管理学的内容，建立具有中国特色的管理科学体系。

3. 历史研究的方法

历史研究的方法是指要研究管理发展演变的历史，要考察管理的起源、历史演变、管理思想和管理理论的发展历程、重要的管理案例，从中揭示管理规律和管理学的发展趋势，寻求具有普遍意义的管理原理、管理原则、管理方式和管理方法。无论是中国历史还是外国历史，都有大量的关于管理方面的文化典籍，有许多值得研究的管理事例。只要坚持正确的指导思想，通过细致的工作方法，深入地研究前人留下的管理思想精华，就会有所收获，有所创新，有所发展。

4. 案例研究的方法

案例研究的方法是指对有代表性的案例进行剖析，从中发现可以借鉴的经验、方法和原则，从而加强对管理理论的理解与方法的运用，这是管理学研究和学习的重要方法。哈佛商学院因其成功的案例教学，培养出了大批的优秀企业家。案例研究的方法是当代管理科学比较发达的国家在管理学教学中广为推行的学习研究方法，效果甚佳。学习、研究管理学，必须掌握案例教学法、案例研究法，将自己置身于模拟的管理情景中，学会运用所学的管理原理、原则和方法去指导管理实践。

5. 试验研究的方法

试验研究的方法是指有目的地在设定的环境下认真观察研究对象的行为特征，并有计划地变动试验条件，反复考查管理对象的行为特征，从而揭示出管理的规律、原则和艺术的方法。试验研究不同于案例分析，案例分析是将自己置于已发生过的管理情景中，一切都是模拟的，而实验研究则是在真实的管理环境中对管理的规律进行探讨。只要设计得合理，组织得好，通过试验方法就能够得到很好的结果。例如，在管理学发展史上，泰勒的科学管理理论就以"时间-动作"的实验性研究为基础；著名的"霍桑试验"就是运用试验研究方法研究管理学的又一典范，通过试验所得到的重要成果是扬弃了传统管理学将人视为单纯的"经济人"的假说，建立起了"社会人"的观念，从而为行为科学这一管理学的新分支的形成和发展奠定了基础。因此，试验研究的方法是管理学研究的一种重要方法。

总之，研究和学习管理学，要以马克思主义的唯物辩证法为总的方法论进行指导，同时综合运用各种方法，吸收和采用多学科的知识，从系统的观点出发，理论联系实际，实事求是，这样才能真正掌握和发展管理科学，为提高我国的管理水平做出有益的贡献。

五、学习和研究管理学的重要意义

（一）管理的重要性决定了学习和研究管理学的必要性

管理是有效地组织共同劳动所必需的。随着生产力和科学技术的发展，人们逐渐认识到了管理的重要性。从历史上看，经过了两次转折，管理学才逐步形成并发展起来。第一次转折是泰勒的科学管理理论的出现，意在加强生产现场管理，使人们开始认识到管理在生产活动中所发挥的作用。第二次转折是第二次世界大战后，人们看到，不依照管理规律办事，就无法使企业兴旺发达，因此要重视管理人员的培养，这促进了管理学的发展。

管理也日益表现出它在社会中的地位与作用。管理是促进现代社会文明发展的三大支柱之一，它与科学和技术三足鼎立。管理是促成社会经济发展基本的、关键的因素。先进的科学技术与先进的管理是推动现代社会发展的"两个轮子"，二者缺一不可。管理在现代社会中占有重要地位。经济的发展固然需要丰富的资源与先进的技术，但更重要的还是组织经济的能力，即管理能力。从这个意义上说，管理本身就是一种经济资源，作为"第三生产力"在社会中发挥作用。先进的技术要有先进的管理与之相适应，因为落后的管理不能使先进的技术得到充分发挥。管理在现代社会的发展中起着极为重要的作用。

（二）学习和研究管理学是培养管理人员的重要手段之一

判定管理有效性的标准是管理者的管理成果。通过实践可验证管理是否有效，因此，实践是培养管理者的重要一环。而学习和研究管理学也是培养管理者的一个重要环节。只有掌握扎实的管理理论与方法，才能很好地指导实践，并可缩短或加速管理者的成长过程。目前，我国的管理人才，尤其是合格的管理人才是缺乏的。因此，学习和研究管理学，培养高质量的管理者成为当务之急。

（三）学习和研究管理学是未来的需要

管理是由共同劳动引起的。随着社会的发展，共同劳动的规模日益扩大，专业化分工会更加精细，社会化大生产将会日益复杂，而日新月异的社会将需要更加科学的管理。因此，管理在未来的社会中将处于更加重要的地位。

（四）学习和研究管理学是我们每个人在社会中生存的需要

人们在生活中可以切实地感受到高效的管理对整个社会乃至每个人的重要性。试想一下，假如去学校食堂办一张卡要耗时几小时，到商场购物时售货员爱答不理，多次打电话询问机票价格得到不同的回复，你会有什么样的感受。沮丧？困惑？生气？这些都是低水平的管理导致的不良后果，而这些都直接影响我们每个人的生活质量。当我们从学校毕业开始职业生涯时，我们所面对的现实是：不是去管理别人，而是被别人管理。有些人渴望成为管理者，那么学习管理以获得管理的基础知识，将有助于其成为优秀的管理者；有些人不想成为管理者，但为了生活不能不工作，那就必须要面对某个组织，服从组织或者领导者的管理。学习和研究管理学，可以帮助我们更好地了解管理者的行为方式和所在组织的内部运作方式，从而有助于更好地适应组织，增强生存竞争能力。

管理是指在一定的社会组织中，为了实现预期目标，以人为中心，通过计划、组织、领导、控制等职能活动，对组织的各种资源进行有效的配置和协调活动的过程。管理具有两重属性，即自然属性和社会属性。管理具有计划、组织、领导、控制四大职能。

管理系统是指由管理者、管理对象等若干个相互联系、相互作用的要素和子系统，按照管理整体目标结合而成的有机整体。管理系统一般主要由管理目标、管理者、管理对象、管理环境、管理方法等要素构成。

管理者是指组织中从事管理活动的全体人员，即在组织中担负计划、组织、领导、控制等工作，以期实现组织目标的人。管理者是影响组织活动最为重要的一个因素。按管理层次划分，管理者可分为高层管理者、中层管理者和基层管理者。按管理工作的范围与管理者的职责领域划分，管理者可分为综合管理者和职能管理者。按职权关系的性质划分，管理者可分为直线管理人员和参谋人员。管理者扮演的角色分为人际角色、信息角色和决策角色。影响管理者角色的因素包括管理者本身在组织层次中的地位、组织规模的大小、管理者个人因素、其他随机因素等。管理者应具备的素质包括品德、心理素质、知识素质、能力素质、身体素质和个人气质等。管理者必须具备技术技能、人际技能和概念技能。

管理学学习和研究方法有唯物辩证法、系统方法、理论联系实际的方法和观察总结、比较研究、历史研究、案例研究、试验研究的方法等具体方法。学习和研究管理学具有重要意义。

巩固与提高

一、单项选择题

1. 管理对象是指组织中的(　　)。

A. 人员　　B. 技术

C. 设备等资产　　D. 人、财、物、信息等一切资源

2. 管理者是指(　　)。

A. 组织的高层领导　　B. 组织的中层领导

C. 从事管理活动的人员　　D. 组织的所有员工

3. 管理者平息客户的怒气，对员工的争端进行调解，扮演着(　　)角色。

A. 企业家　　B. 干扰对付者
C. 资源分配者　　D. 谈判者

4. 基层管理者所需的技能中，最重要的是(　　)。

A. 技术技能　　B. 人际技能　　C. 组织技能　　D. 概念技能

5. 管理的首要职能是(　　)。

A. 计划　　B. 组织　　C. 领导　　D. 控制

6. 管理的主体是(　　)。

A. 工人　　B. 管理者　　C. 技术人员　　D. 所有成员

7. 管理的核心是处理(　　)。

A. 人和物的关系　　B. 财和物的关系
C. 人与人之间的关系　　D. 隶属关系

8. 管理是为(　　)服务的。

A. 企业效益　　B. 管理者
C. 社会　　D. 实现组织目标

9. (　　)是学习和研究管理学的方法论基础。

A. 唯物辩证法　　B. 系统方法
C. 理论联系实际的方法　　D. 试验研究的方法

10. 管理者的(　　)主要表现为分析问题的能力、逻辑判断能力、创新能力、决断能力等。

A. 创造能力　　B. 决策能力　　C. 应变能力　　D. 组织能力

二、多项选择题

1. 按管理层次划分，管理者可分为(　　)。

A. 高层管理者　　B. 中层管理者
C. 综合层管理者　　D. 基层管理者
E. 专业管理者

2. 管理者在管理工作中扮演的角色分为(　　)。

A. 领导角色　　B. 人际角色
C. 综合角色　　D. 信息角色
E. 决策角色

3. 管理者必须具备的技能有(　　)。

A. 技术技能　　B. 决策技能
C. 人际技能　　D. 领导技能
E. 概念技能

4. 概念技能是指对事物的(　　)的能力。

A. 洞察　　B. 分析
C. 判断　　D. 抽象
E. 概括

5. 关于管理学的说法正确的是(　　)。

A. 管理学是一门综合产学　　B. 管理学是一门软科学

C. 管理学是一门应用科学　　D. 管理学既是一门科学，也是一门艺术

E. 管理学是一门交叉科学

三、简答题

1. 什么是管理？管理的基本特征是什么？
2. 简述管理的职能。
3. 什么是管理系统？管理系统是由哪些要素构成的？
4. 如何对管理者进行分类？
5. 管理者要扮演哪些角色？应具备哪些技能？
6. 管理学的研究方法有哪些？

四、案例分析题

保利公司的总经理

保利公司是一家中美合资的专业汽车生产制造企业，总投资600万美元，其中固定资产350万美元，中方占有53%的股份，美方占有47%的股份，主要生产针对工薪家庭的轻便、实用的汽车，在中国有广阔的潜在市场。

谁出任公司的总经理呢？美方认为，保利公司的先进技术、设备均来自美国，要使公司发展壮大，必须由美国人来管理。中方也认为，由美国人来管理，可以学习借鉴国外企业的管理方法和经验，有利于消化吸收先进技术和提高工作效率。因此，董事会形成决议：聘请美国的山姆先生任总经理。山姆先生有20年管理汽车生产企业的经验，对振兴公司胸有成竹。谁知事与愿违，公司开业一年不但没有赚到钱，反而亏损80多万美元。山姆先生被公司辞退了。

这位曾经在日本、德国、美国等地成功地管理过汽车生产企业的经理何以在中国失败呢？多数人认为，山姆先生是个好人，在技术管理方面是内行，为公司吸收和消化先进技术做了很多工作。他对管理好保利公司怀有良好的愿望——要让保利公司变成一个纯美国式的企业。他工作认真负责，反对别人干预他的管理工作，并完全按照美国的模式设置了公司的组织结构并建立了一整套规章制度。在管理体制上，山姆先生实行分层管理制度：总经理只管两个副总经理，下面一层管一层。但这套制度的执行结果造成了管理混乱，人心涣散，员工普遍缺乏主动性，工作效率大大降低。山姆先生强调"我是总经理，你们要听我的"。他甚至要求工作进入正轨后，除副总经理外的其他员工不得进入总经理的办公室。他不知道，中国企业负责人在职工面前总是强调自己和大家一样，以求得职工的认同。最终，山姆先生在公司陷入非常被动、孤立的局面。

山姆先生走后，保利公司选派了一位懂经营管理、富有开拓精神的中方年轻副厂长担任总经理，并随之组建了平均年龄只有33岁的领导班子。新班子根据实际情况和组织文化，迅速制定了新的规章制度，调整了组织结构，调动了全体员工的积极性。在销售方面，他们采取了多种促销手段。半年后，保利公司宣告扭亏为盈。

【问题】

试运用管理的有关原理分别分析保利公司两位总经理失败和成功的原因。

项目二 管理理论的形成与发展

知识目标

- 了解西方和中国管理思想的形成与发展历史；
- 了解不同阶段管理思想的代表人物和主要思想；
- 理解现代管理理论的主要观点；
- 了解现代管理的发展趋势。

能力目标

- 能够用相关的管理理论对现代管理活动进行分析；
- 能够用现代管理思想处理实际问题；
- 能够树立正确的管理观念。

导入案例

公司规矩和朋友规矩

美国国际农机公司创始人、世界第一台收割机的发明者——西洛斯·梅考克从不滥用职权，他既坚持制度的严肃性，又不伤害员工的感情。

有一次，一个老员工违反了工作制度，醉酒闹事，迟到早退。按照公司管理制度的有关条款，应当予以开除。管理人员做出这一决定，梅考克表示同意。决定一公布，这个老员工火冒三丈，他气愤地对梅考克说："当年公司债务累累时，我与你共患难，三个月不拿工资我也毫无怨言，而今我犯这点错误就把我开除了，你真是一点情分都不讲！"听完老员工的话，梅考克平静地说："你知不知道这是公司，是个讲规矩的地方，这不是你我两个人的私事，不能有一点例外。"

随后，梅考克了解到这个老员工的妻子去世了，留下两个孩子，一个摔断了一条腿，另一个因吃不到妈妈的奶水啼哭不止。老员工是在极度的痛苦中借酒消愁，才违反了公司的规定。梅考克为之震惊，安慰老员工说："你真糊涂，现在你什么都不要想，赶紧回家去，料理你妻子的后事，照顾好孩子们。你不是把我当成你的朋友吗？所以，你放心，我不会让你走上绝路的。"说着，从包里掏出一沓钞票塞到老员工手里。老员工感动得流下眼泪，哽咽地说："我想不到你会这样好！"梅考克认为，比起当年风雨同舟时员工对自己的帮助，这事简直不值一提。他嘱咐老员工说："安心照顾家吧，不必担心自己的工作。"

听了老板的话，老员工转悲为喜，说："你是想撤销开除我的命令吗？"

"你希望我这样做吗？"梅考克亲切地问。

"不，我不希望你为我破坏了规矩。"老员工坚定地说。

"对，这才是我的好朋友，你放心地回去吧，我会适当安排的。"

事后，梅考克安排这名老员工到一家牧场当了管家。

梅考克处理工作不感情用事。有几个同他一起工作多年的员工，在公司遇到困难的时候背离了他，十几年后，公司情况得到好转，这几个人又找上门来。对这样的人任何人都难以忍受，梅考克当时也为此深感痛心，并气愤地说："我希望永远不再见到你们！"如今，公司兴隆，事业大振，梅考克早已把自己的话放在脑后，他欣然接受了这几名员工。老板不念旧恶，使这几名员工深受教育。从此以后，他们同梅考克同心协力，为国际农机公司的强盛做出了重要的贡献。

案例提示：俗话说："没有规矩，不成方圆。"公司有公司的规矩，朋友有朋友的规矩，一般人认为两者是相悖的。梅考克用公司的规矩处理工作问题，用朋友的规矩善待朋友，把事情处理到感人的程度，堪称典范。企业发展的道路不可能是平坦的，困难和挑战时刻都在等待每个管理者。国际农机公司之所以取得成功，梅考克在为人处世中表现出的坚持规矩、不伤感情、不念旧恶、不计前嫌等品格起到了非常重要的作用。

任务一　西方管理思想的形成与发展

在人类历史上，自从有了有组织的活动，就有了管理活动。管理活动的出现促使一些人对这种活动加以研究和探索。经过长期的积累和总结，人们对管理活动有了初步的认识和见解，从而开始形成一些朴素、零散的管理思想。随着社会的发展和科学技术的进步，一些人又对管理思想加以提炼和概括，找出管理中带有规律性的东西，并将其作为一种假设，结合科学技术的发展，在管理活动中进行检验，近而对检验结果加以分析研究，从中找出属于管理活动的普遍原理。这些原理经过抽象和综合就形成了管理理论。这些理论又被应用于管理活动，在指导管理活动的同时对自身进行实践检验。这就是管理理论的形成过程。

管理活动、管理思想和管理理论这三者之间的关系是：管理活动是管理思想的根基，管理思想来自管理活动中的经验；管理思想是管理理论的源泉，管理理论是对管理思想的提炼、概括和升华；管理理论对管理活动有指导意义，同时又要经受得住管理活动的检验。

资料
亚当·斯密
简介

一、西方早期管理思想的产生

西方早期管理思想的特点是管理更多地依赖经验，人们对管理原理、管理方法的认识还不够深刻，最具代表性的人物是亚当·斯密和查尔斯·巴贝奇。

（一）亚当·斯密的劳动分工观点和经济人观点

英国经济学家亚当·斯密在 1776 年（当时正值英国的工厂手工业开始向机器工业过渡时期）出版了《国民财富的性质和原因研究》一书，系统地阐述了劳动价值论及劳动分工理论。

斯密在分析提高劳动生产力的因素时，特别强调了分工的作用。他对比了一些工艺和一些手工制造业实行分工前后的变化，对比了易于分工的制造业和当时不易分工的农业的情况，提出分工可以提高劳动生产率。他认为：劳动分工可以使工人重复完成单项操作，从而提高劳动熟练程度，提高劳动效率；劳动分工可以减少由于变换工作而损失的时间；劳动分工可以使劳动简化，使劳动者的注意力集中在一种特定的对象上，有利于创造新工具和改进设备。

他的上述分析和主张，不仅符合当时生产发展的需要，也成了后来企业管理理论中的一条重要原理。

斯密在研究经济现象时认为，经济现象是基于具有利己主义目的的人们的活动所产生的。人们在经济行为中，追求的完全是私人的利益，但是每个人的利益又被其他人的利益所限制，这就迫使每个人必须顾及其他人的利益。由此，就产生了相互的共同利益，进而产生和发展了社会利益。这种认为人都要追求自己的经济利益的“经济人”观点，正是以“看不见的手”为标志的资本主义生产关系的反映。

（二）查尔斯·巴贝奇的作业研究与报酬制度

查尔斯·巴贝奇是英国著名的数学家和机械学家，他发展了斯密的观点，提出了许多关于生产组织机构和经济学方面带有启发性的问题。

1832年，他在《论机器和制造业的经济》一书中，赞同斯密的劳动分工能提高劳动效率的观点，但认为斯密忽略了分工可以减少支付工资这一好处。巴贝奇对制针（普通直针）业做了典型调查。他把制针业的生产过程划分为七个基本操作工序，并按工序的复杂程度和劳动强度雇用不同的工人，支付不同的工资，工厂主必须按照全部工序中技术要求最高、体力要求最强的标准来支付工资。由此，巴贝奇提出了“边际熟练”原则，即对技术水平、劳动强度定出界限，作为给予报酬的依据。

在斯密和巴贝奇之后，在生产过程中进行劳动分工的做法有了迅速的发展。到了20世纪，大量流水生产线的形成，使劳动分工的主张得到了充分的体现。巴贝奇也没有忽视人的作用。他认为工人同工厂主之间存在利益共同点，并竭力提倡所谓的利润分配制度，即工人可以按照其在生产中所做的贡献，分到工厂利润的一部分。他认为工人的收入应该由三部分组成，即按照工作性质所确定的固定工资、按照生产效率及所做贡献分得的利润、为提高劳动效率而提出建议所应给予的奖励。提出按照生产效率不同来确定报酬这一具有刺激作用的制度，是查尔斯·巴贝奇做出的重要贡献。

资料
查尔斯·巴贝奇简介

二、古典管理理论

早期管理思想实际上是管理理论的萌芽。管理理论比较系统的建立是在19世纪末20世纪初。这个阶段所形成的管理理论被称为古典管理理论。

（一）泰勒的科学管理理论

科学管理理论的创始人是美国的弗雷德里克·泰勒。泰勒22岁到钢铁公司当学徒，在技术水平、管理能力方面得到过锻炼，后来陆续被资本家提拔为工头、中层管理人员和总工程师，泰勒的经历使他对生产现场很熟悉，对生产基层很了解。泰勒做了“搬运铁块实验”“铁锹实验”“金属切削实验”三个著名的实验，他认为单凭经验进行管理的方法是不科学的，必须加以改变。

资料卡

泰勒与三大著名实验

泰勒出生在美国费城，18 岁进入费城的一家工厂学习制作模具，4 年之后到费城钢铁厂工作，由于工作刻苦，表现突出，他从一个普通的车间杂工，逐步被提拔为技师、工长、维修组长、车间主任、设计室主任和总工程师。

★"搬运铁块实验"得出工作定额原理

这一实验是在钢铁公司五座高炉的产品搬运班组大约 75 名工人中进行的。他们把 92 磅(1 磅≈0.454 千克)重的铁块搬运 30 米的距离并装到铁路货车上，每人每天平均搬运 12.5 吨(1 吨=1 000 千克)，日工资 1.15 美元。泰勒找了一名工人进行了实验，测试搬运的姿势、行走的速度、手放的位置对搬运量的影响及休息多长时间为好。经过分析他确定了装运铁块的最佳方法，并提出工人应把 57%的时间用于休息，这样能使每个工人日搬运量达到 47～48 吨，同时使得工人的日工资提高到 1.85 美元。

★"铁锹实验"是工具标准化的典型事例

当时各公司的铲运工人拿着自家的铁锹上班，这些铁锹各式各样，大小不一。堆料场中有铁矿石、煤粉、焦炭等，每个工人的日工作量为 16 吨。泰勒经过观察发现，由于物料的密度不一样，每铁锹的重量也不一样。如果是铁矿石，一铁锹有 38 磅；如果是煤粉，一铁锹只有 3.5 磅。那么，一铁锹到底负载多少才合适呢？经过反复测试，他最后确定一铁锹 21 磅对工人来说是最适合的。根据实验的结果，泰勒针对不同的物料设计不同形状和规格的铁锹。以后，工人上班时都不用自带铁锹，而是根据物料情况从公司领取特制的标准铁锹，工作效率大大提高。这一研究的结果是非常杰出的，堆料场的劳动力从 400～600 人减少为 140 人，平均每人每天的操作量从 16 吨提高到 59 吨，每个工人的日工资从 1.15 美元提高到1.88 美元。

★"金属切削实验"使管理成了一门真正的科学

为了解决工人的怠工问题，泰勒进行了金属切削实验。他自己具备一些金属切削的作业知识，于是他对车床的效率问题进行了研究，开始了预期 6 个月的实验：在用车床、钻床、刨床等工作时，用什么样的刀具、多大的速度等可获得最佳的加工效率。这项实验非常复杂和困难，原来预定时长为 6 个月，实际却用了 26 个月，耗费了 80 多万吨钢材，总共耗费约 15 万美元。最后在巴斯和怀特等十几名专家的帮助下，实验取得了重大的进展。这项实验还获得了一个重要的副产品——高速钢，并取得了专利。

泰勒提出了以下管理制度：

(1) 对工人提出科学的操作方法，以便合理利用工时，提高工效。具体做法是从执行同一种工作的工人中挑选出身体最强壮、技术最熟练的一个人，把他的工作过程分解为许多个动作，在其最紧张劳动时，用秒表测量并记录其完成每个动作所消耗的时间，然后按照经济合理的原则加以分析研究，对其中合理的部分加以肯定，对不合理的部分进行改进或省掉，制定出标准的操作方法，并规定出完成每个标准动作的标准时间，制定出劳动时间定额。

(2) 在工资制度上实行差别计件制。按照作业标准和时间定额规定不同的工资率。对完成和超额完成工作定额的工人，以较高的工资率计件支付工资；对完不成定额的工人，则按较低的工资率支付工资。

(3) 对工人进行科学的选择、培训和提高。泰勒曾经对经过科学选择的工人用上述的科学作业方法进行训练，使他们按照作业标准工作，以改变过去凭个人经验选择作业方法及靠师傅带徒弟的办法培养工人的落后做法。这样改进后，工厂的生产效率大为提高。

(4) 制定了科学的工艺规程，并用文件的形式固定下来以利于推广。泰勒用了十年以上时间进行金属切削实验，制定出了切削用量规范，使工人选用机床转数和走刀量都有了科学标准。

(5) 使管理和劳动分离。泰勒把管理工作称为计划职能，将工人的劳动称为执行职能。泰勒指出，在旧的管理中，所有的计划都是由工人凭个人经验制订的，实行新的管理制度后，就必须由管理部门按照科学规律来制订计划。他主张把计划职能从工人的工作内容中分离出来，由专业的计划部门去做。计划部门的任务是规定标准的操作方法和操作规程，制定定额，下达书面计划，监督控制计划的执行。管理者和劳动者在工作中必须互相呼应、密切合作，以保证工作按照科学的设计程序进行。

1903 年，泰勒开始把自己的实践经验和研究成果上升到理论高度，著书立说。他的代表作是 1911 年出版的《科学管理原理》。泰勒被誉为“科学管理之父”。

(二) 法约尔的一般管理理论

法国的亨利·法约尔和泰勒虽是同时代人，但个人经历不同。法约尔曾在较长时间内担任法国一个大煤矿公司的领导工作和总经理职务，积累了管理大企业的经验。与此同时，他还在法国军事大学做过管理教授，对社会上其他行业的管理进行过广泛的调查。他退休后还创办了管理研究所。法约尔的经历决定了他的管理思想要比泰勒开阔。他的管理理论发表在 1916 年法国工业协会的刊物上。1925 年出版的《工业管理与一般管理》一书是他的代表作。

1. 企业的基本活动

法约尔指出，任何企业都存在六种基本活动，管理只是其中的一种。这六种基本活动如下：

(1) 技术活动，即设计制造。

(2) 商业活动，即进行采购、销售和交换。

(3) 财务活动，即确定资金来源及使用计划。

(4) 安全活动，即保证员工劳动安全及设备使用安全。

(5) 会计活动，即编制财产目录，进行成本统计。

(6) 管理活动，包括计划、组织、指挥、协调、控制五项职能。

2. 管理的五种职能

法约尔认为，管理是有效地对各种资源进行配置，以实现企业的目的而实施的一个过程。它包括计划、组织、指挥、协调、控制五大基本职能。

(1) 计划是指预测未来并制订行动方案。

(2) 组织是指建立企业的物质结构和社会结构。

(3) 指挥是指使企业人员发挥作用。

(4) 协调是指让企业人员团结一致，使企业中的所有活动和努力统一和谐。

(5) 控制是指保证企业中进行的一切活动符合制订的计划和所下达的命令。

3. 管理的 14 条原则

法约尔还提出了管理人员解决问题时应遵循的 14 条原则。

(1) 分工。劳动专业化是各个机构和组织前进与发展的必要手段。由于减少了每个工人所需掌握的工作项目,因此可以提高生产效率。劳动的专业化使实行大规模生产和降低成本有了可能。同时,每个工人工作范围的缩小,也可使工人的培训费用大为减少。

(2) 权力与责任。法约尔认为,权力即"下达命令的权力和强迫别人服从的力量"。权力可分为管理人员的职务权力和个人权力。职务权力是由职位产生的,个人权力是指由担任职务者的个性、经验、道德品质及能使下属努力工作的其他个人特性而产生的权力。个人权力是职务权力不可缺少的条件。它特别强调权力与责任的统一。有责任必须有权力,有权力就必然产生责任。

(3) 纪律。法约尔认为,纪律的实质是遵守公司各方达成的协议。要维护纪律就应做到:对协议进行详细说明,使协议明确而公正;各级管理者要称职;在纪律遭到破坏时,要采取惩罚措施,但制裁要公正。

(4) 统一命令。一个员工在任何活动中只应接受一位上级的命令。违背这个原则,就会使权力和纪律遭到严重的破坏。

(5) 统一领导。为达到同一目的而进行的各种活动,应由一位首脑根据一项计划开展,这是统一行动、协调配合、集中力量的重要条件。

(6) 员工个人要服从整体。法约尔认为,整体利益大于个人利益的总和。一个组织谋求实现总目标比实现个人目标更为重要。协调这两方面利益的关键是领导阶层要有坚定性和做出良好的榜样。协调要尽可能公正,并经常进行监督。

(7) 人员的报酬要公平。报酬必须公平合理,尽可能使职工和公司双方满意。对贡献大、活动方向正确的职工要给予奖赏。

(8) 集权。集权就是降低下级的作用。集权的程度应视管理人员的个性、道德品质、下级人员的可靠性及企业的规模、条件等情况而定。

(9) 等级链。等级链即从最上级到最下级各层权力连成的等级结构。它是一条权力线,用以贯彻执行统一的命令和保证信息传递的秩序。

(10) 秩序。秩序即人和物必须各尽其能。管理人员首先要了解每个工作岗位的性质和内容,使每个工作岗位都有称职的职工,每个职工都有适合的岗位。同时还要有条不紊地安排物资、设备的合适位置。

(11) 平等。平等即以亲切、友好、公正的态度严格执行规章制度。雇员们受到平等的对待后,会以忠诚和献身的精神去完成他们的任务。

(12) 人员保持稳定。生意兴隆的公司通常都有一批稳定的管理人员。因此,最高层管理人员应采取措施,鼓励职工尤其是管理人员长期为公司服务。

(13) 首创精神。给人以发挥主动性的机会是一种强大的推动力量。必须大力提倡、鼓励职工认真思考问题和进行创新,同时也应使职工的主动性受到等级链和纪律的限制。

(14) 集体精神。职工的融洽、团结可以使企业产生巨大的力量。实现集体精神最有效的手段是统一命令。在安排工作、实行奖励时不要引起嫉妒,以避免破坏融洽的关系。此外,还应尽可能直接地交流意见。

法约尔的贡献是在管理的范畴、管理的组织理论、管理的原则方面提出了崭新的观点,为以后管理理论的发展奠定了基础。法约尔被称为"现代经营管理之父"。

资料卡

泰勒与法约尔

泰勒和法约尔是古典管理理论的开创者和重要代表人物，是互补的管理大师。

泰勒与法约尔不同的人生经历导致了他们对管理研究的着眼点的差异，使他们对管理理论形成了各自不同的看法和见解。泰勒是以普通工人的身份进入工厂的，其后主要从事工程技术工作，把工作的重点放在作业现场上，因此他所研究的重点内容是企业内部具体工作的作业效率；而法约尔则从进入企业开始就加入了企业的管理集团，以后又担任了大公司的最高领导，并在法国的多个机构从事过管理方面的调查和教学工作，所以他是把企业作为一个整体加以研究的。

泰勒是从“车床前的工人”出发，从微观、具体的企业操作研究入手向上发展；而法约尔则是从“办公桌前的总经理”开始向下引申，他以大企业的整体作为研究的对象，对管理理论进行了较为全面、系统的研究。换言之，泰勒把重点放在管理的技术上，他第一次从理论上把管理从群体的直觉活动中分离出来，将管理从经验层次提升到科学层面上来。法约尔则把重点放在管理的职能和组织原则上，他以更加概括、系统的形式从管理的组织和职能关系上提示了管理的本质，确立了管理的普遍性原则，使管理理论更加趋于理论化。

（三）韦伯的行政管理理论

德国社会学家马克斯·韦伯的研究主要集中在组织理论方面，被后人称为“组织理论之父”。他的代表作是1921年出版的《社会组织和经济组织理论》（去世后由他妻子整理出版）。他的主要贡献是提出了所谓理想的行政组织体系理论（也称官僚行政组织理论）。这一理论的核心是：组织活动要通过职务或职位而不是通过个人或世袭地位来管理。他所讲的“理想的”，不是指最合乎需要的，而是指现代社会最有效和最合理的组织形式。

韦伯认为，等级、权威和行政制是一切社会组织的基础。任何一种组织都是以某种形式的权威为基础的。他认为有魅力型权威、传统型权威和法理型权威三种权威，这三种权威当中只有法理型权威是理想的现代行政组织（官僚行政组织）的基础。这种理想的现代行政组织形式是被法律化了的，在这种组织中存在着一系列的行为规则和程序，组织成员必须依法行事。

韦伯理想的行政组织体系主要有以下特点。

1. 明确的分工

每个职位的权力和责任都应有明确的规定，人员按职业专业化进行分工。

2. 形成自上而下的等级体系

一个组织应遵循等级原则，上一级部门应控制和管理下一级部门，直到每个成员都被控制为止，形成一个自上而下的指挥链或等级体系。

3. 人员的任用

人员任用应通过正式选拔，要完全按照职务的要求，通过考试和教育、训练来实行。

4. 职业管理人员

组织中的管理人员是专业的公职人员，而不是该组织的所有者。这些管理人员有固定的薪水和明文规定的升迁考核制度。

5. 正式的规则和纪律

管理人员必须严格遵守组织规定的规则和纪律，明确办事的程序。

6. 非人格化

组织中成员之间的关系应以理性准则为指导，只受职位关系而不受个人情感的影响。这种公正不倚的态度，不仅适用于组织内部的关系，也适用于组织与外界的关系。

韦伯认为，这种体现劳动分工原理并有着明确定义的等级和详细的规则与制度，以及非个人关系的组织模型是最符合理性的原则，是达到目标、提高劳动生产率最有效的形式，可使组织在精确性、稳定性、纪律性及可靠性等方面均优于其他组织。这是因为程序化的工作方式和结构化的正式关系网络，并用规则和法规来规范人们的行为，能够消除管理者的主观判断，即使是人事变动也不会影响组织的正常运行。同时，这种组织模式对人没有偏见，无论是上级还是下属，无论是顾客还是员工，都应当一视同仁地遵守规则，这使得领导的权威更多地来源于职位而不是个人。这样，组织可以更加公正有效地运作。所以，它适用于所有的大型组织，如教会、国家机构、军队、政党、经济企业和各种团体。韦伯的这一理论，是对泰勒、法约尔理论的补充，对后来的管理学家，特别是组织理论家产生了很大的影响。

蚂蚁式管理

蚂蚁群有很好的分工合作，其分工模式是弹性分工。一只蚂蚁搬食物往回走时，遇到下一只蚂蚁，会把食物交给它，自己再回头，遇到上游的蚂蚁时，将食物接过来，再交给下一只蚂蚁。蚂蚁要在哪个位置换手不一定，唯一固定的是起始点和目的地。

一家大型零售连锁店就运用这个模式来管理其物流仓储中心。以前该仓储中心用区域方式来拣货，上一手未完成工作，下一手不能接手。以书为例，一个人专门负责装商业书，另一个人专门负责装儿童书。问题是，每个人的速度可能差距非常大，订单对每种商品的需求差异也有大小，因此，总有人在等待别人完成才能接手。

经过研究，该物流仓储中心改用"蚂蚁模式"，一个人不断拣出产品，一直到下游人员有空来接手工作后，再回头接手上游工作。研究人员用计算机模拟运算发现，运用这个模式时，应该将速度最快的员工放在最末端，将速度最慢的员工放在一开始，如此是最有效率的。通过这种方法，该物流仓储中心的生产能力比之前提高了30%。

蚂蚁式管理是制度经济学的一种体现。蚂蚁集结的时候能够自我组织——不需要任何领导人监督，就可以形成一支很好的团队；更重要的是，它们能够根据环境变动迅速调整，找到解决问题的办法。著名的企业管理顾问邦纳保和梅耶把这种能力称为"蜂群智慧"，并把这种智慧运用到工厂排程、人员组织甚至策略拟定上。

三、行为科学理论

行为科学理论最早形成于20世纪30年代，早期被称为人际关系学说，后来进一步发展为行为科学，现代则更多地称其为组织行为理论。

（一）行为科学的早期理论——人际关系学说（霍桑实验）

人际关系学说的代表人物是埃尔顿·梅奥。梅奥曾参加1927—1932年在芝加哥西方电气公司霍桑工厂进行的实验工作，即引起管理学界重视的霍桑实验。霍桑实验的目的是要找出工作条件对生产效率的影响，以寻求提高劳动生产率的途径。

霍桑实验

1. 照明实验

实验时间从1924年11月开始至1927年4月结束。实验假设“提高照明度有助于减少疲劳，使生产效率提高”。可是经过两年多实验发现，照明度的改变对生产效率并无影响。具体结果是：当实验组照明度增大时，实验组和控制组都增产；当实验组照明度减弱时，两组依然都增产，甚至当实验组的照明度减至0.06烛光时，其产量亦无明显下降；直至照明度减至如月光一般、实在看不清时，产量才急剧降下来。研究人员面对此结果感到茫然，失去了信心。从1927年起，以梅奥教授为首的一批哈佛大学心理学工作者将实验工作接管下来，继续进行。

2. 福利实验

实验时间从1927年4月开始至1929年6月结束。实验目的是查明福利待遇的变换与生产效率的关系。经过两年多的实验发现，不管福利待遇如何改变，都不影响产量的持续上升，甚至工人自己对生产效率提高的原因也说不清楚。后经进一步的分析发现，导致生产效率上升的主要原因有两个：一是员工有参加实验的光荣感，实验开始时6名参加实验的女工曾被召进部长办公室谈话，她们认为这是莫大的荣誉。这说明被重视的自豪感对人的积极性有明显的促进作用。二是成员间具有良好的相互关系。

3. 访谈实验

研究者在工厂中开始了访谈计划。工人想就工作提纲以外的事情进行交谈，他们认为重要的事情并不是公司或调查者认为意义重大的那些事。访谈者了解到这一点，及时把访谈计划改为事先不规定内容，每次访谈的平均时间从30分钟延长到1～1.5个小时，多听少说，详细记录工人的不满和意见。访谈计划持续了两年多，工人的效率大幅提高。工人们长期以来对工厂的各项管理制度和方法存在许多不满，无处发泄，访谈计划的实行恰恰为他们提供了发泄机会。发泄过后工人们心情舒畅，士气提高，使效率得到提高。

4. 群体实验

实验选择14名男工人在单独的房间里从事绕线、焊接和检验工作。对这个班组实行特殊的工人计件工资制度。实验者原来设想，实行这套奖励办法会使工人更加努力工作，以便得到更多的报酬。但结果发现该班组的产量只保持在中等水平上，每个工人的日产量平均都差不多，而且工人并不如实地报告产量。这一实验表明，为了维护班组内部的团结，工人可以放弃物质利益的引诱。由此，实验者提出了“非正式群体”的概念，认为在正式的组织中存在着自发形成的非正式群体，这种群体有自己特殊的行为规范，对人的行为起着调节和控制作用，同时，加强了内部的协作关系。

5. 态度实验

实验者对两万多人次进行态度调查，规定实验者必须耐心倾听工人的意见、牢骚，并做详细记录，不做反驳和训斥，而且对工人的情况要深表同情，结果产量大幅度提高。这是因为谈话内容缓解了工人与管理者之间的矛盾冲突，形成了良好的人际关系。实验者从而得出人际关系比人为的措施更为有力的结论。

梅奥等人就实验及访问交谈结果进行了总结，得出的主要结果是：生产效率不仅受物理因素、生理因素的影响，而且受社会环境、社会心理的影响。这一点是与科学管理的观点截然不同的。

以霍桑实验为基础提出的人际关系学说的观点主要表现在以下几方面。

1. 企业的职工是“社会人”，而不是“经济人”

梅奥等人创立了“社会人”的假说，即认为人不是孤立存在的，而是属于某一工作集体并受这一集体影响的。他们不仅追求金钱收入，还追求人与人之间的友情、安全感、归属感等社会欲望和心理欲望的满足。

资料
梅奥简介

2. 生产效率主要取决于工人的工作态度及其与周围人的关系

霍桑实验表明，生产效率与工作条件之间并没有必然的直接联系，生产效率的提高关键在于工作态度的改变，即工作士气的提高。士气取决于安全感、归属感等社会、心理方面的欲望的满足程度。满足程度越高，士气就越高，生产效率也越高。士气又取决于家庭、社会生活的影响及企业中人与人之间的关系。因此，满足工人欲望、提高工人的士气是提高生产效率的关键。

3. 企业中实际存在着一种非正式组织

人际关系学说认为，企业职工在共同工作、共同生产中必然产生相互之间的人群关系，产生共同的感情，自然形成一种行为准则或惯例，要求个人服从，这就构成了非正式组织。非正式组织以感情为主要标准，要求其成员遵守人际关系中形成的非正式的不成文的行为准则。这种非正式组织对于工人的行为影响很大，是影响生产效率的重要因素。

4. 企业应采用新型的领导方法

新型的领导方法主要是要组织好集体工作，采取措施改善人与人的关系，消除不良的人与人的关系，提高职工的士气；促进协作，使企业的每个成员都能与领导真诚持久地合作。

人际关系学说是行为科学管理学派的早期思想，它只强调要重视人的行为；而行为科学还要求进一步研究人的行为规律，找出产生不同行为的影响因素，探讨如何控制人的行为以达成预定目标。

（二）行为科学学派的主要理论

1949 年，在美国芝加哥大学召开了一次有哲学家、精神病学家、心理学家、生物学家和社会学家等参加的跨学科的科学会议，讨论了应用现代科学知识来研究人类行为的一般理论。会议给这门综合性的学科定名为“行为科学”。此后，行为科学蓬勃发展，产生了一大批影响力很大的行为科学家和理论，主要有马斯洛的需要理论、麦格雷戈的 XY 理论、麦克利兰的成就需要论、赫茨伯格的双因素理论、弗鲁姆的期望理论。

四、现代管理理论主要学派

哈罗德·孔茨在 1961 年 12 月发表了《管理理论的丛林》一文，19 年后又发表了《再论管理理论的丛林》，他对管理流派进行分类，指出管理已由 6 个学派发展成了 11 个学派。

（一）管理过程学派

管理过程学派是在法约尔一般管理理论的基础上发展起来的，代表人物有哈罗德·孔茨、亚历山大·丘奇、詹姆斯·穆尼等。该学派的主要观点是：管理是一个过程，即让别人或同别人一起实现既定目标的过程。管理是由一些基本步骤（如计划、组织、控制等）所组成的独特过程。该学派注重把管理理论、管理者的职能和工作过程联系起来，目的在于分析过程，从理论上加以概括，确定出一些管理的基本原理、原则和职能。由于过程是相同的，因此实现这一过程的原理与原则具有普遍适用性。

（二）人类行为学派

人类行为学派的代表人物是劳伦斯·阿普莱。该学派的主要观点是：既然管理是让别人或同别人一起去把事情办好，因此就必须以人与人之间的关系为中心来研究管理问题。该学派注重心理学，注重个人，注重人的行为的动因，把人的动因视作一种社会心理现象。这一学派把管理看作对组织行为的领导和协调，坚持认为抓好对人的管理是企业成功的关键。

分苹果

美国一位著名心理学家为了研究母亲对人一生的影响，在全美选出50位成功人士和50名罪犯，请他们谈谈母亲对他们的影响。有两封回信给他的印象最深。一封来自白宫一位著名人士，另一封来自一名在监狱服刑的犯人。他们谈的都是同一件事：小时候母亲给他们分苹果。

来自监狱的犯人在信中写道：小时候，有一天妈妈拿来几个苹果，红红绿绿，大小各不同。中间的一个又红又大，我非常想要。这时，妈妈把苹果放在桌上，问我和弟弟："你们想要哪个？"我刚想说要最大最红的那个，却被弟弟抢先说了出来。妈妈听了，瞪了他一眼，责备他说："要学会把好东西让给别人，不能总想着自己。"我灵机一动，改口说："妈妈，我想要那个最小的，最大的留给弟弟吧！"妈妈听了非常高兴，在我的脸上亲了一下，并把那个又红又大的苹果奖励给我。

来自白宫的著名人士是这样写的：小时候，有一天妈妈拿来几个苹果，红红绿绿，大小各不同。我和两个弟弟争着要大的，妈妈把那个最大最红的苹果举在手中对我们说："谁都想得到这个苹果，很好。现在，让我们来比赛，我把门前的草坪分成三块，你们一人一块负责修剪好，谁干得最快最好，谁就有权得到它。"我赢得了那个最大的苹果。

来自监狱的犯人说了谎，却得到了想要的东西，从此，学会了说谎。以后又学会了打架、偷、抢，为了得到想要的不择手段，最终被送进了监狱。来自白宫的人明白了一个最简单也最重要的道理：要想得到最好的，就必须努力争第一。这很公平，你想要什么，想要多少，就必须为此付出多少努力和代价。

（三）经验主义学派

经验主义学派的代表人物是美国的彼得·德鲁克，德鲁克的代表作为《有效的管理者》。该学派主张通过分析管理者的实际管理经验或案例来研究管理学问题。他们认为，成功的组织管理者的经验和一些成功的大企业的做法是最值得借鉴的。因此，他们重点分析许多组织管理人员的经验，然后加以概括和总结，找出他们成功经验中具有共性的东西，然后使其系统化、理论化，并据此为管理人员提供在类似情况下应采取的有效的管理策略和技能，以实现组织的日标。

（四）社会系统学派

社会系统学派的代表人物是被誉为"现代管理理论之父"的美国人切斯特·巴纳德，巴纳德的代表作为《经理的职能》。该学派的主要观点如下。

(1) 组织是一个系统，是由人的行为构成的整体协作系统的核心部分。这一协作系统由人的系统、物的系统和社会系统组成。

(2) 一个组织必须具备三个要素：协作的意愿、共同的目标、成员间的信息沟通。经理人员是组织成员协作活动相互联系的中心，他的基本任务是：建立整个组织的信息系统并保持其畅通，保证其成员进行充分协作，确定组织目标。

(3) 权力来源原理——权力来源于生产资料的占有者；权力大小的确定——权力发出后被接受的程度。

(4) 组织对外平衡是指一个组织对外部环境的适应性；组织对内平衡是指组织成员愿意并能够进行真正的协作，为实现组织目标而做出贡献。

（五）系统管理学派

系统管理学派的代表人物是美国的弗里蒙特·E. 卡斯特和詹姆斯·E. 罗森茨韦克。该学派的观点是：强调应用系统的观点全面考查与分析研究企业和其他组织的管理活动、管理过程等，以便更好地实现企业的目标。他们认为，组织是由人们建立起来的相互联系并且共同工作着的要素所构成的系统。其中，这些要素可称为子系统。系统的运行效果是由各个子系统相互作用的效果决定的。组织中任何子系统的变化都会影响其他子系统的变化。为了更好地把握组织的运行过程，就要研究这些子系统及它们之间的相互关系，以及它们怎样构成了一个完整的系统。

（六）决策理论学派

决策理论学派的代表人物是美国的赫伯特·西蒙。该学派的主要观点是：管理就是决策，决策贯穿于整个管理过程；把决策分为程序化决策和非程序化决策，两者的解决方法一般不同；信息本身及人们处理信息的能力都是有一定限度的，现实中的人或组织都只是“有限理性”而不是“完全理性”的；决策一般基于“满意原则”而非“最优原则”；组织设计的任务就是建立一种制定决策的“人-机系统”。决策理论学派重点研究决策理论，片面地强调决策的重要性，但认为决策不是管理的全部。

（七）管理科学学派

管理科学学派的代表人物是美国的埃尔伍德·斯潘塞·伯法。该学派将管理作为数学模型或过程加以处理。他们认为，管理全过程（计划、组织、控制）的工作是一个合乎逻辑的过程，把管理看成一个类似于工程技术、可精确计划和严格控制的过程，因此他们也被称为技术学派。其局限性是适用范围有限，不是所有管理问题都能定量，在实际解决问题的过程中存在许多困难。管理人员与管理科学专家之间容易产生隔阂。此外，采用此种方法大都需要相当数量的费用和时间，往往只用于大规模复杂项目。

（八）权变理论学派

权变理论学派的代表人物有劳伦斯和洛尔希。他们把管理看成一个根据企业内外部环境选择和实施不同管理策略的过程，强调权宜应变。该学派的主要观点是：权变主要体现在计划、组织与领导方式等方面，即计划要有弹性、组织结构要有弹性、领导方式应权宜应变。权变管理理论强调随机应变，主张灵活应用各学派的观点，但过于强调管理的特殊性，忽视了管理的普遍原则与规律。按权变的观点，管理者可以针对一条装配线的具体情况来确定一种适合它的高度规范化的组织形式，并考虑两者之间的相互作用。

（九）人际关系学派

B. F. 斯金纳是人际关系学派最负盛名的代表人物。人际关系学派是从 20 世纪 60 年代的人类行为学派演变来的。这个学派认为，既然管理是通过别人或同别人一起去完成工作，那么，对管理学的研究就必须围绕人际关系这个核心来进行。这个学派注重管理中人的因素，认为在人们为实现其目标而结成团体一起工作时，他们应该互相了解。

（十）群体行为学派

群体行为学派是从人类行为学派中分化出来的，因此同人际关系学派关系密切，甚至易于混同。但它关心的主要是群体中人的行为，而不是人际关系。它以社会学、人类学和社会心理学为基础，而不以个人心理学为基础。它着重研究各种群体的行为方式，从小群体的文化和行为方式，到大群体的行为特点，都在它研究之列。它也常被叫作组织行为学。"组织"一词在这里可以表示公司、政府机构、医院或其他任何一种事业中一组群体关系的体系和类型，有时则按切斯特·巴纳德的用法，用来表示人与人之间的协作关系。而所谓正式组织则指一种自觉精心筹划的有共同目的的组织。克里斯·阿吉里斯甚至用"组织"一词来概括"集体事业中所有参加者的所有行为"。

（十一）经理角色学派

经理角色学派的代表人物是美国的亨利·明茨伯格。这个学派主要通过观察经理的实际活动来明确经理角色的内容。明茨伯格系统地研究了不同组织中 5 位总经理的活动，得出结论：总经理并不按人们通常认为的那种职能分工行事——只从事计划、组织、协调和控制工作，而是还进行许多别的工作。

如何补充国库

有一次，安东尼皇帝派使者到朱丹·哈·尼撒拉比那里问了这样一个问题："帝国的国库快要空了，你能给我一个补充国库的建议吗？"

朱丹·哈·尼撒拉比听后，对使者一句话也没有说，直接把他带到了他的菜园，然后默默地干起活来。他把大的甘蓝拔掉，种上小甘蓝，对甜菜和萝卜也是如此。

使者看到他无意回答他的问题，心中大为不悦，没好气地对他说："你总得给我一句话吧，我回去也有个交代。"

"我已经给你了。"朱丹·哈·尼撒拉比不紧不慢地说道。

使者满脸的愕然，无奈之下，只好返回皇帝那里。

"朱丹·哈·尼撒拉比给我回信了吗？"

"没有。"

"他给你说什么了吗？"

"也没有。"

"那他做了什么？"

"他只是把我领到他的菜园里，然后把那些大蔬菜拔掉，种上小的。"

"噢！他已经给我建议了！"皇帝兴奋地说。

第二天，安东尼立刻遣散了他所有的官员和税收大臣，换成少量的有能力、诚实的人。不久，国库就得到了补充。

要想提高企业效率，就要下狠心"减肥"，裁去不必要的机构和人员，将那些没有能力却依旧在重要岗位的人撤下，代之以有干劲、有活力的新锐。

任务二　中国管理思想的形成与发展

中国作为四大文明古国之一，是一个具有几千年文明史的国家，中国古代各族人民以自己的智慧和辛勤劳动创造了许多令现代人叹为观止的管理实践和极为丰富的管理思想。万里长城、京杭大运河等伟大工程，无不凝聚了我们祖先的管理才能和光彩夺目的管理思想。在浩瀚的古史卷中，如《论语》《易经》《老子》《孙子兵法》《资治通鉴》《史记》《西游记》《菜根谭》等，也蕴含着十分丰富的管理思想，至今仍备受世界各国管理界的推崇。

一、中国古代传统管理思想

中国古代传统的管理思想可分为两个方面：宏观管理的治国理论和微观管理的治生理论。我国的封建社会是个中央集权的社会形态，国家的财政赋税管理、人口田制管理、市场管理、货币管理、漕运驿递管理、国家行政管理、科举管理、通关管理等各方面都贯穿着系统的治国理论，迎合着统治阶层的政治经济发展需要。治生理论则是在长期的生产发展和经济运行的各个阶段，集合官、民的实践逐步积累起来的，包括农副业、手工业、运输业、建筑业、商业等方面的生产、经营实践理念。这些管理思想因受当时的生产力和科学技术发展的限制，没有形成一系列系统的理论基础，只是零星存在于社会发展的各个阶段，局部性地向前渐进。归纳起来，我国传统的管理思想大致有以下几方面。

（一）以人为本的管理思想

儒家管理思想的基本精神是以人为本，讲"为政以德""正己正人"，把人及人际关系作为管理理论的出发点。老子在《道德经》中就提出"城中有四大，而人居其一焉"，把"重人"作为传统管理的一大要素，提示要奇取天下、治好国家、办成大事，人是第一位。儒家认为管理的本质是治人，管理的前提是人性，管理的方式是人治，管理的关键是择人。中国儒家思想的开创者孔子的"为政在人"说的是搞好管理的决定因素是充分发挥人的作用；孟子的理论"善教得民心"集中体现了儒家以教育为管理手段所得的效果。贾思勰在《齐民要术》中提出的"欲善其事，先利其器，悦以使人，人忘其劳"则强调提高人与工具的作用。在用人方面，中国一向有"选贤任能""任人唯贤""求贤若渴"的主张，能否得到贤才，关乎国家兴亡和事业的成败。《吕氏春秋·求人》中说："得贤人，国无不安；失贤人，国无不危。"而诸葛亮在总结三国的历史经验时也说："亲贤臣，远小人，此先汉所以兴隆也；亲小人，远贤臣，此后汉所以倾颓也。"

（二）组织方面的管理思想

在周朝，周公制定了一套官僚组织和制度，之后的历代封建王朝为提高国家管理效率，都非常重视组织管理，封官定职，加官晋爵，编制详细的官职表，层次分明，权责明确，很好地体现了领导、控制的管理思想。而春秋时期孙武所著的《孙子兵法》，可以看作我国最早、最系统的管理丛书。他在书中提出军、旅、卒、伍的军队编制，层次关系明晰，编制比较完备。他的管理思想虽然源于军事和军事管理，可其基本原则对于任何社会组织和任何社会活动都普遍适用。《三国演义》是一部包含大量军事、政治谋略的古典小说，其中包含了一系列的科学决策思想，在现代社会被很多的中外企业家引用借鉴。

资料卡

墨家的管理思想

墨子是战国时期墨家学派的创始人，其早年曾“学儒者之业，受孔子之术”，但后来发现孔门仿周制而立的礼乐理论烦琐且劳民伤财，于是由师儒转向非儒，建立了自己生徒弥众的墨家学派。墨家的管理思想是针对当时社会的现实问题，站在劝说当权者治国的立场阐述有关管理问题的，有丰富的内容和值得借鉴之处。

1. 管理目标——民富治国

墨子认为，统治者治理国家的目标是政治清明、法纪井然、国富民众、民富国治。

2. 人际关系——兼相爱，交相利

兼相爱即长幼贵贱皆爱；交相利即利人才能利己，利人也是为了利己。只有这样才能万民和、国家富，百姓暖衣温饱无忧虑的理想便可达到了。

3. 用人之道——尚贤

墨子主张用人唯贤，“不辨贫富，贵贱，远迩，亲疏，贤者举而尚之，不肖者抑而废之”，这是为政之本。

4. 行政管理——尚同

尚同是与尚贤相辅而行的行政管理原则。墨子认为，政令不一，只能导致社会纷乱。墨子的尚同思想是高度的集权主义，主张实施自上而下的控制与有效管理。

5. 消费原则——节用

墨子是主张节俭最突出的代表，墨子的消费观实质是小生产者的消费观。

（三）经营方面的管理思想

中国古代有很多善于经营的工商人士，他们在经营中体现出了卓越的理财思想和较有成效的经营管理艺术，形成了一些至今仍有借鉴价值的经营思想。其中经商最负盛名并系统总结精辟的经营之道的是春秋时期的范蠡。他用计然之策管理国家，使国富兵强；他经营有方，成为天下巨富。他有两条著名的经营之道：一是待乏原则，他执行“水则资车、旱则资舟、夏则资裘、冬则资稀”，依据季度预测行情需要，预先存储以待时机，方可有利可图；二是积蓄之理，在获取利润的方式方面，他强调货币的流动性，通过商品数量预测价格的贵贱，获取好的收益，这些思想在现今的社会都已是普遍采用的财务管理方式。

（四）生产劳动及其他管理思想

“民以食为天，国以食为政”，中国历代王朝都非常重视农业生产管理，形成了比较集中的管理思想。例如，注重农业生产结构管理，以粮为主、多行业发展；根据气候和地理条件进行农业生产，还重视农业生产技术和耕作工具的作用。在系统运作上，古时候的人提出运筹谋略，造就了大量传世佳作，如秦昭王时期的李冰父子主持修建的都江堰水利工程，秦代修建的万里长城，隋朝修建的大运河等。在领导方式上，儒家提出的“仁政德治”、法家提出的“法制行治”、道家提出的“无为而治”，都是基于传统文化沉淀的高境界的管理思想。

丁谓施工

传说宋真宗在位时，皇宫曾起火。一夜之间，大片的宫室楼台殿阁亭榭变成了废墟。为了修复这些宫殿，宋真宗派当时的晋国公丁谓主持修缮工程。当时，要完成这项重大的建筑工程，面临着三个大问题：第一，需要把大量的废墟垃圾清理掉；第二，要运来大批木材和石料；第三，要运来大量新土。不论是运走垃圾还是运来建筑材料和新土，都涉及大量的运输问题。如果安排不当，施工现场会杂乱无章，正常的交通和生活秩序都会受到严重影响。

丁谓研究了工程之后，制订了这样的施工方案：首先，从施工现场向外挖了若干条大深沟，把挖出来的土作为施工需要的新土备用，于是就解决了新土问题。接着，从城外把汴水引入所挖的大沟中，就可以利用木排及船只运送木材石料，解决了木材石料的运输问题。最后，等到材料运输任务完成之后，再把沟中的水排掉，把工地上的垃圾填入沟内，使沟重新变为平地。

这个蕴含着运筹学思想的方案简单归纳起来，就是这样一个过程：挖沟（取土）—引水入沟（水道运输）—填沟（处理垃圾）。这个施工方案不仅节约了许多时间和经费，而且使工地秩序井然，使城内的交通和生活秩序不太受施工的影响，确实是很科学的施工方案。这一方案合理、高效地同时解决了三个问题，堪称中国古代管理实践的典范。

二、中国近代管理思想

动画
丁谓"一举三得"修复皇宫

中国近代管理思想主要是指中国民族资本企业学习、引进西方先进管理方法，在继承和发扬我国传统管理方法精华的基础上，积累、探索的一些有价值的管理经验和方法。管理有其普遍性，也有其特殊性。管理科学本无国界，可用于西方国家，也可用于东方国家。然而各民族有各自的文化背景，管理理念受文化变数的影响会产生不同的理念，中国近代这一阶段的拿来主义受当时统治制度的影响，不仅在技术和设备方面落后，在管理制度和方法上都带有半封建半殖民地的色彩，而且民族企业从诞生之日起，就在帝国主义、官僚资本和封建势力的重重挤压下求存。当时的一些有识之士开始从国外引进一些新的管理方法，在企业中推行科学管理，以寻求企业生存和最大化发展。当时主要的做法可以概括为以下几方面。

（一）兴办企业，采用科学管理

近代时期，民族企业发展势头良好，产生了很多纺织厂、手表厂、矿厂，民族商业也蓬勃发展，这些企业有固定营业时间，有上下班和休假制度，有工资福利制度和财务制度，还有行规铺规，甚至还设经理在董事局领导下具体管理企业。通过开辟多种购销渠道，搞活经营，同时实行机械化、半机械化提高生产效率；企业内部实行严格的规章制度，在财务上重视资金的积累，灵活有效地运用资金。民族企业通过一系列的现代管理手段，提高企业生存和发展的能力。

（二）坚持以人为本的管理传统

民族企业在管理中注重贯彻以人为本的传统管理思想，有针对性地学习和引用外来的管理理念。企业重视对人才的培养，合理使用人才。荣氏集团早在 1928 年就开办了职员养成所，通过半日上课、半日实习的方式培养纺织专业人才。一些企业实行以“福利”为特色的薪酬制度，以体现以人为本的管理思想。例如，员工除工资外，还设置有花红、馈送、伙食、医药、婚丧、日常福利等类别，体现企业与员工的紧密联系。

（三）将民族特色与西洋市场竞争结合起来

民族企业依然带有浓厚的本地色彩，它们一方面继承和发扬中国传统的经营思想，如“诚实守信，童叟无欺”“以和为贵”“欲取之，先舍之”，创造性地使用儒家、道家的管理哲学；另一方面也接受西方资本市场中竞争的思想，“没有竞争就没有发展”，在相互竞争和与国外资本竞争的过程中寻求有价值的管理实践及经营思想，并将我国传统的形式和现代竞争相融合。例如，在对产品的宣传上多以中国传统易见易懂的诗词对联，以一些喜闻乐见的民风民俗为表达方式进行促销；针对洋产品的倾销，亦以推广国货，宣扬爱国之心的销售策略来保卫民族企业的成果。

（四）革命根据地公营企业的管理

革命根据地公营企业产生于土地革命战争时期，是为了保障战争和根据地生活的需要，而在根据地开办的一些小型工业工厂。这类企业受战争和政治影响，管理制度多采用集权制，企业自主经营权不强，所需的人、财、物多以上级主管调拨分配为主要来源，产品和利润亦全部上缴。多采用的是小生产的管理方法和自给自足的“小而全”的经营方式，办企业的指导思想非常明确，即以政治导向和精神鼓励人心，发展生产，保障打仗供给。这些管理方法对中华人民共和国成立以后社会主义的企业管理思想、制度和方法都有重大影响。

从 18 世纪到 19 世纪末，即从资本主义工厂制出现到资本主义自由阶段的结束，西方管理理论的思潮非常活跃，新的管理理论层出不穷，生产力发展和劳动方式的变革对管理提出了新要求，出现了一些现代管理理论的萌芽。例如，亚当·斯密系统地论述了劳动组织问题，强调分工；欧文在自己的工厂实行了改善工作条件与生活条件、缩短劳动时间的一系列改革。而我国在这段时期处于封建社会末期，受外来政治经济思潮的冲击，国家又处在内忧外患、社会动荡的不稳定时代，要冲破旧统治、旧经济禁锢的呼声一浪高过一浪，许多有志人士走出国门，学习西方先进的管理思想和经验，学习新技术，试图以发展经济来使国家富强。通过这 100 多年摸爬滚打的摸索、学习，形成了一些结合国情的新的管理方法，在企业中推行科学管理，积累创造了一些好的管理经验，起了一个承前启后的桥梁作用。

联合经营

刘鸿生，中国近代著名爱国实业家，以经营煤炭起家，后将资本投资于火柴、水泥、毛织等行业，被誉为中国的“火柴大王”和“毛纺业大王”。

他在 1928 年指出：“外来火柴充斥，营业竞争，危机潜伏，再三思维，唯有合并数厂为一，以厚集资力人才，藉图竞存。”经过反复磋商和协调，鸿生、荧昌和中华三家火柴厂就合作问题达成共识，于 1930 年 7 月组成大中华火柴股份有限公司，刘鸿生出任总经理。次年，他又合并了汉口燮昌、九江裕生、扬州耀杨、芜湖大昌等华资火柴厂。1934 年他又将杭州光华火柴厂并入大中华火柴股份有限公司，从而使该公司发展成一个拥有 8 家火柴厂、主导华东和华中火柴行业及市场的垄断企业集团。1935 年华中地区火柴产销管理委员会成立。次年中华全国火柴产销联营总社成立，划分了以大中华火柴股份有限公司为首的华资火柴厂商和日资火柴厂商的势力范围。产销联营总社的成立，控制了全国火柴产销数量，阻止了走私漏税，在一定程度上把日资火柴势力稳在东北和鲁豫地区，以维持国产火柴的销售市场。由于竞争减弱，销路稳定，售价上升，大中华火柴股份有限公司开始获得大量的盈余。此外，刘鸿生还在其他行业多次实施了合并联营的战略。例如，1930—1934年，他的中华煤球厂就和上海的其他煤球厂达成了数份同业联营协定；1934—1936年，他的中华码头公司、章华毛纺厂也和几家运输公司、毛纺厂搞了几份同业联营协定。

同业合并、联合经营的战略，减少了民族企业间的内部竞争，抵挡了外国商品的冲击，同时为民族企业增加了资本，改进了生产技术，提高了管理效率，因此，可以说在一定程度上挽救了摇摇欲坠的民族工业，保护了本国市场。

三、中国当代管理思想

20世纪40年代以来，整个世界科学技术迅猛发展，极大地推动了人类文明和社会的进步，涌现了大批跨国公司等新兴企业。经济组织中的竞争，尤其是国际市场中的竞争更加激烈，原来的经营管理理论已不能完全适应新的形式，管理界又出现了许多新的、科学的管理学派，如管理程序派、行为科学派、系统管理派、决策理论派等，呈现出管理学派林立的局面，它们都基于现代科技进步，运用新科技下科学的管理实践，极大地推动了社会生产力的发展。中华人民共和国成立后，开始了社会主义经济管理的历史。我国先后经历了三年国民经济恢复时期、第一个五年计划时期、社会主义建设探索时期、"文化大革命"时期及改革开放新时期，从社会主义计划经济阶段走到了社会主义市场经济阶段。70年来，我国的经济管理理论也和我国的社会主义经济建设一样，走的是曲曲折折的道路，经历了从艰难举步到大踏步的发展。随着改革实践的深入，我国学术界正在探索并逐步建立具有中国特色的社会主义企业管理的理论体系。

1. 中华人民共和国成立后的初创与发展

这个时期是社会主义计划经济基础上的集权型、政治性管理思想的集中代表，一切的管理活动都以实现政治目标为最高要求，计划是最重要的管理形式和手段，并相应采取高度集权的管理方式。这一阶段，上层建筑决定物质基础，政治斗争超越生产发展，特别是在"文化大革命"时期，许多企业甚至撤销了管理机构，废除了管理制度，国内企业管理遭受了一场空前的大灾难，在经济上造成了严重的混乱、破坏甚至倒退状态。直至十一届三中全会后工作重点转移到"以经济建设为中心"上来，我国的企业管理才旧貌换新颜，进入一个新时期。

2. 改革开放后的探索与创新

这个阶段是我国社会主义管理理论得到全面开创和发展的历史新阶段，本着"以我为主、博采众长、融会贯通、自成一家"的原则，初步形成了具有中国特色的管理科学理论体系。改革开放是我国与世界接轨的创造性举措，经济建设为政府的工作重心，在管理上也由政治性管理转变为经济性管理，后进一步转变为经济与社会并重性管理。进一步理顺国家和企业的关系，探索建立现代企业制度，并以立法的形式规范下来，使我国的企业管理逐步走上法治化的轨道。我国的企业管理改革也如火如荼，从改革初期对西方管理理论的大量引进、兼收并蓄，到结合我国国情，消化吸收西方的管理理论，又从我国古代管理思想中吸取精华，大胆创新，探索建立既具有中国特色又与国际接轨的管理理论。

管理思想既是政治、经济、文化环境的产物，又是政治、经济、文化的实现过程，而管理实践活动也是随着文化模式、道德水准、社会制度的变迁而不断向前发展的，世界管理理论的发展和变迁都见证了这个过程；而从我国古代到现代管理思想的变迁，也都是从历史长河的流动中派生出来的。管理者应秉承我国固有的经营理念，赋予其新的精神，运用新的工具和方法，并且持续改善。对于外来文化不仅不排斥，还要给予适当的安置和调整，保持管理的科学性，并且进一步将其运用得更合适、更有效。

草帽和猴子的故事

从前，有一个卖草帽的老人，他每天都很努力地卖帽子。一天，他卖得很累，刚好旁边有一棵大树，他就把帽子放在树下，坐在树下打起盹来。等他醒来时，发现身旁的帽子都不见了，抬头一看，树上有很多猴子，每个猴子的头上都有一顶草帽，他很惊慌，因为如果帽子不见了，他就无法养家糊口了。他着急地向猴子喊道："你们不还我草帽，我就把你们抓起来！"这时猴子也像他一样指手画脚。他更生气了，捶胸顿足道："我要把你们抓起来！"这时猴子也像他一样捶胸顿足。突然他想到猴子很爱模仿别人，他就试着举左手，果然猴子也跟着他举手，他拍拍手，猴子也拍拍手。机会来了，他赶紧把头上的帽子拿下来狠狠地丢在地上，猴子也将帽子纷纷丢在地上，于是他高高兴兴地捡起帽子回家去了。回家之后，老人将今天发生的事告诉了他的儿子和孙子。

多年后，老人的孙子继承了家业。有一天，在他卖草帽的途中，也跟爷爷一样在大树下睡着了，帽子被猴子拿走了。孙子想到了爷爷曾经告诉他的方法。于是，举左手，猴子也举左手，拍拍手，猴子也跟着拍拍手。果然，爷爷说的话很有用，最后，他摘下帽子狠狠地丢在地上，可是，猴子竟然没有跟着他做，还瞪着他看。不久，一个大猴子从树上跳下来，把他丢在地上的帽子捡了起来。

不能总以老眼光看人，总凭经验办事。世间万物瞬息万变，对生活中的新事物、新问题，应该从新的角度寻求解决的对策、方法。过去成功的经验极可能成为今天失败的原因。

任务三　现代管理的发展趋势

20世纪80年代以后，世界经济政治格局发生了重大变化。国与国之间的政治文化交流越来越频繁，经济全球化的趋势更加明确，并引发了世界范围内政治经济的不断变革。这场深刻而全面的变革，正引导着经济、技术和社会的全面彻底转型，并预示着新的创造财富机制的到来，甚至标志着传统工业时代的大变革。在此过程中，无论人们的生活形态、行为方式还是社会的生产形态、组织方式，都在发生着重大的、多元的变化。

这些变化对企业而言，则意味着传统战略决策的基础发生变化，因为快速的、非线性的、不连续的变化造成了环境的不可预测性，竞争的基本指导原则也不再有效。以信息化网络为基础的市场模式的变化，不断对工业时期行之有效的传统管理教条、范式、规则、战略及成功的理论提出挑战。事实上，传统的以垂直整合、协同效应、规模经济、成本控制、层级制组织、命令统一模式等为特征的工业经营管理方式，正逐步被以资源外包、规模小型化、定制化、利润中心、网络型组织、以知识为依据的分工等为特征的全新经营管理方式所取代。

管理是组织实现目标的关键因素，是社会进步的重要力量，随着时间的推移和社会的发展进步，其本身也在不断地变化和发展。归纳起来，现代管理出现了以下发展趋势。

一、战略化趋势

随着社会化大生产的发展，社会生产日趋复杂，社会环境变幻莫测，组织与环境联系得日益紧密，管理所涉及的因素日益增多、日趋复杂，组织(尤其是企业)间的竞争日趋激烈，组织能否制定和实现正确的战略构想，关系到组织的兴亡。

就企业而言，过去企业家往往追求企业战略的稳定性、长期性，期望对企业的发展施以长远的影响。但事实证明，多变的技术革新浪潮、意想不到的环境变化，往往使追求稳定性的企业措手不及。企业要适应全球市场的激烈竞争，必须对自己的发展有一个战略规划，要在彻底了解和准确把握企业内部条件和外部环境变化的同时，结合本企业的特点，制定出最佳的企业战略。企业如果没有科学的战略目标和长远的打算，只顾眼前和一时的成就，便不可能持续发展，更不可能在竞争中取胜；企业唯有运筹帷幄、深谋远虑，才能战略制胜，才能不断壮大发展。

现代中国企业已由面向计划的传统管理时代进入面向市场的战略经营时代，制定战略已在企业的经营管理中越来越显示出其突出的地位和作用。战略经营要求管理者必须审时度势，及时做出反应。因此，具有迅速适应新变化的能力比周密的计划更加重要。而战略研究的成功与否则取决于对客观事实的实际了解，分析能力和预测技术的发展使战略计划研究成为左右组织或企业成败的关键因素。因此，从实际出发，注重对长期计划和战略的研究，必将成为管理中突出的热门课题。

会喝牛奶的山雀

20世纪初期，英国乡村配送到顾客家门口的牛奶瓶是没有盖子的，这使得山雀与红知更鸟得以不费力气地享用。然而，随着厂商加装铝制封装，这个食物通路就此中断。

但是到了20世纪50年代，所有的山雀都学会了刺穿铝制封装，重新开启这个食物通路的大门，而红知更鸟却只有少数学会，也没有扩散到其他的红知更鸟。

虽属同类，两者却有如此大的差距。原来，山雀在年幼时期就开始习惯群体行动，8～10只为一个方队，以一个不变的队形在乡间成群飞行，维持两三个月之久。而红知更鸟是排他性较强的鸟类，势力范围内是不允许其他鸟侵入的，彼此没有太多交流，基本上是以敌对方式来沟通。集体行动的山雀彼此学习互助，具有更加有效的学习效应，使自己拥有了更多生存空间与进化的机会。

企业的生命力取决于创新能力，而创新能力源于更活跃、更开放的团队交流。管理者应适应现代社会的发展，组建优秀的团队，制定相应的战略。

二、信息化趋势

随着以微型电脑、激光技术、新型材料、生物工程和新能源开发为中心的新科技革命的兴起与发展，生产技术、社会需求及市场竞争等日新月异、瞬息万变，在这种情况下，信息进入重要资源的行列。丰富而准确的信息是正确、迅速决策的前提，一个企业能否在激烈的竞争中得以生存和发展，它的产品和服务能否跟上时代的要求，首先在于该企业能否及时掌握必要和准确的信息，能否正确地加工和处理信息，能否迅速地在员工之间传递和分享信息，特别是能否把信息融合到产品和生产服务过程之中，融合到企业的整个经营与管理工作之中。各级管理者在这个瞬息万变的时代越来越重视信息的作用，把如何获取有效的信息作为自己的首要任务。企业管理者发挥各种职能作用，都要以掌握大量真实、准确、及时的信息为前提。在这种情况下，传统的企业管理已经不能适应现代的信息处理要求，也不能满足企业经营管理对信息的要求，企业管理面临着信息化的挑战，信息管理成为企业竞争制胜的重要法宝。

组织对信息管理的能力，将集中表现在不仅需要有强大的信息网络和信息收集能力，更为重要的是要有出色的信息分析、传递和利用的能力。对信息的管理就成了现代管理的一个突出特点。随着信息技术的推广应用和对信息资源的不断开发利用，管理信息化正在往更广和更深发展，这导致信息管理在整个管理中地位的提升。信息管理渗透于和体现在各种管理中——政府管理、企业管理等的一切方面和全部过程。可以说，现代企业和组织若无信息管理，也就谈不上任何管理了。

一日厂长

韩国精密机械株式会社实行了“一日厂长”这一独特的管理制度，即让职工轮流当厂长管理厂务。一日厂长和真正的厂长一样，拥有处理公务的权力。当一日厂长对工人有批评意见时，要详细记录在工作日记上，并让各部门的员工收阅。各部门、各车间的主管，要依据批评意见随时核正自己的工作。这个工厂实行“一日厂长”制度后，大部分当过“厂长”的职工对工厂的向心力都得到了增强，工厂管理成效显著，开展的第一年就节约生产成本300多万美元。

让企业的每个成员都更深刻地体会到自己也是企业这个大家庭中的一员，并身体力行地做一回管理者，不仅仅能够充分调动他们的积极性，也对从多方面看到管理上的不足有重要作用。现代企业管理的重大职责就在于谋求企业目标与个人目标的一致，两者越一致，管理效果就越好。

三、人性化趋势

在传统管理中，大生产以机器为中心，工人只是机器系统的配件，人被当作物，管理的中心是物。但是，随着信息时代的到来，组织中最缺乏的不是资金和机器，而是高素质的人才。人的作用在组织中显得越来越重要。这就促使管理部门日益重视人的因素，管理工作的中心也从物转向人。现代管理和传统管理的一个重要区别，就是管理中心从物本管理转到了人本管理。

在任何管理中，人都是决定性因素。管理的这一特征，要求管理理论研究也要坚持以人为中心，把对人的研究作为管理理论研究的重要内容。事实上，在管理理论的研究中，几乎所有的管理理论都建立在人性的假设理论基础上。许多学派管理理论不同，主要是因为对人的本性认识不同。20世纪初泰勒的科学管理是基于“经济人”这一假设的，20世纪30年代梅奥等人的行为管理是基于“社会人”这一假设的，20世纪50年代又有了基于“自我实现的人”这一假设的马斯洛的人性管理，20世纪80年代以来出现的文化管理，强调实现自我的企业文化和企业现象。管理研究发展史表明，管理学理论明显地存在着以人为本的管理思想。

为此，管理都要以人为中心，把提高人的素质，处理人际关系，满足人的需求，调动人的主动性、积极性和创造性放在首位。在管理方式上，现代管理更强调用柔性方法，尊重个人的价值和能力，通过激励、鼓励人，以感情调动职工的积极性、主动性和创造性，充分地调动所有员工的工作积极性，以实现人力资源的优化及合理配置。

水至清则无鱼

在香港的一家动物园，有位饲养员特别爱干净，对动物也特别有爱心，每天都把小动物住的小屋打扫得干干净净。但那些小动物一点也不领他的情，在干净舒适的环境里，动物们开始慢慢变得萎靡不振了，有的厌食消瘦，有的患病拒食，有的甚至死亡了。

原因是什么呢？

后来，通过观察才发现，那些动物都有自己的生活习性，有的喜欢闻混浊的膻气，有的看到自己的粪便反而感到安全。

有效的管理必须针对组织内个体的需求，包容个体的差异性，并在此基础上灵活应对、多元化管理。无视个体的差异，一味追求看似完美的统一，这样的组织最终一定会因抹杀了个体的个性而导致组织的解体或僵死。

四、弹性化趋势

随着社会的发展，管理从固定的组织系统向富有弹性的组织系统发展。这是社会管理发展又一个重要趋势。

过去，在组织管理中建立起的一套完整的组织系统是长期固定不变的，显得僵硬。但现在，由于社会环境的不断变化，组织机构应该趋于灵活而富有弹性，以求信息畅通并行动敏捷，具有很强的适应环境的能力。为了简化发号施令和相互沟通的渠道，组织管理者将缩小机构，减少层次。在企业各下属机构变小的同时，它们获得了更大的自主权，实现了经营权和管理权下放。这既有利于发挥下属人员的专长和创造精神，又有利于使企业领导把主要精力集中在高层战略决策问题上。

20世纪80年代初，日本和美国的一些管理学者对日美几家著名企业的组织机构进行比较后指出，美国企业规模过大，组织机构过于复杂，企业内部各部门之间划分很细，部门间沟通少，管理集权程度高，灵活性差。而日本企业的组织结构相对简单，部门之间的横向联系多，各部门在经营上有很大的灵活性，许多企业可以根据生产和经营的需要及时扩充或收缩某些业务部门，以适应现代化的生产。这种组织具有较强的应变能力，机动灵活而不僵化，形式多种多样，有较高的工作效率。这种富有弹性的组织称为柔性组织。

社会正在发展的这种柔性组织是组织机构的一种发展趋势。虚拟公司就是其中的一种。这种正在发展中的新型公司是由许多独立的公司、供给者、主顾甚至是从前的竞争对手，通过信息技术联系起来的临时性网络。他们分享技术、分摊成本，互相进入共同的市场。它既没有组织机构，也没有领导层级，而是一种为利用某种特定的机遇而迅速联合起来的协作集团。一旦机遇来临，就采取行动；而一旦机遇不存在了，就解体。在一个虚拟公司内，取众家之长，各公司分摊费用、分享技术，共同来占领全球市场。

随着信息技术的不断进步和网络经济的不断发展，组织机构必然会越来越趋于随意和多样，相应于组织的管理，也必将日趋弹性化。

研究管理的历史可以理解现代的管理理论和实践，现代管理理论是一个不断地发展、检验、修正、再检验的结果。

20 世纪前在管理方面的主要贡献包括亚当·斯密的劳动分工观点和经济人观点、查尔斯·巴贝奇的作业研究与报酬制度等。

早期管理思想实际上是管理理论的萌芽。管理理论比较系统的建立是在 19 世纪末 20 世纪初。这个阶段所形成的管理理论被称为古典管理理论。

科学管理理论创始人是美国的弗雷德里克·泰勒，被誉为“科学管理之父”。他完成了“搬运铁块实验”“铁锹实验”“金属切削实验”三个著名的实验，并提出了一些管理制度，代表作是 1911 年出版的《科学管理原理》。

亨利·法约尔将管理职能定义为计划、组织、指挥、协调和控制。他还提出了管理人员解决问题时应遵循的 14 条原则，在管理的范畴、管理的组织理论、管理的原则方面提出了崭新的观点，为以后管理理论的发展奠定了基础。

马克斯·韦伯将理想的官僚行政组织定义为实行劳动分工，明确规定等级，有详细的规则和制度及非人格化关系的组织。

霍桑的研究引起了管理学界对组织中人的因素的重视，并提供了有关群体的规范和行为的新见解。管理者开始积极地寻求提高员工的工作满意度和士气的途径。

行为科学学派的主要理论包括需要理论、双因素理论、X 理论和 Y 理论等。

哈罗德·孔茨发表的《再论管理理论的丛林》中对管理流派进行了分类，指出管理已由 6 个学派发展成了 11 个学派。

中国作为四大文明古国之一，是一个具有几千年文明史的国家，创造了许多令现代人叹为观止的管理实践和极为丰富的管理思想。

现代管理呈现出战略化趋势、信息化趋势、人性化趋势、弹性化趋势等发展趋势。

巩固与提高

一、单项选择题

1. （　　）被誉为“科学管理之父”。

A. 泰勒　　B. 韦伯　　C. 法约尔　　D. 梅奥

2. 霍桑实验结论中对职工的定义是(　　)。

A. 经济人　B. 社会人　C. 复杂人　D. 自我实现的人

3. X理论和Y理论的代表人物是(　　)。

A. 麦格雷戈　B. 赫兹伯格　C. 梅奥　D. 马斯洛

4. 社会系统学派的代表人物是(　　)。

A. 法约尔　B. 西蒙　C. 巴纳德　D. 卢桑斯

5. 法约尔管理理论的代表作是(　　)。

A.《车间管理》　B.《管理决策新科学》

C.《工业管理与一般管理》　D.《全面质量管理》

6. (　　)被称为"现代经营管理之父"。

A. 泰勒　B. 韦伯　C. 法约尔　D. 梅奥

7. 科学管理的实践目的是(　　)。

A. 训练工人,提高工人素质　B. 建立完善的激励性报酬制度

C. 解决劳资矛盾　D. 提高工人生产效率

8. 韦伯在管理思想发展史上被人们称为(　　)。

A."动作研究之父"　B."组织理论之父"

C."科学管理之父"　D."实验心理学之父"

9. (　　)可以看作是我国最早、最系统的管理丛书。

A.《齐民要术》　B.《吕氏春秋·求人》

C.《孙子兵法》　D.《三国演义》

10. 现代管理和传统管理的一个重要区别就是(　　)。

A. 能否正确地加工和处理信息

B. 管理中心从物本管理转到人本管理

C. 管理从固定的组织系统向富有弹性的组织系统发展

D. 网络经济的不断发展

二、多项选择题

1. 以下关于泰勒和法约尔的论述正确的是(　　)。

A. 泰勒和法约尔都是美国人

B. 泰勒职业生涯的最高职位是总工程师,而法约尔是总经理

C. 泰勒提出的职能工长制与法约尔的统一指挥原则是对立的

D. 泰勒从生产角度提出科学管理理论,而法约尔则从组织角度提出一般管理理论

E. 泰勒的代表作是《工厂管理》,法约尔的代表作是《公共精神的觉悟》

2. 欧洲著名管理学家法约尔所论述的管理要素包括(　　)。

A. 计划　B. 组织　C. 人事　D. 协调

E. 控制

3. 下列表述中属于古典理论历史贡献的是(　　)。

A. 古典管理理论是现代管理理论的基础

B. 对如今的企业具有巨大的指导作用

C. 古典理论适应了当时的生产力发展水平

D. 在提高产量、提高生产和工作效率方面具有不可替代的作用

E. 古典管理理论是当时生产力发展的产物

4. 韦伯的理想行政组织的主要特点有(　　)。

A. 组织目标的实现必须实行劳动务工

B. 组织中应该统一领导

C. 合理的法定权力是行政组织的基础

D. 按等级制度形成一个指挥链

E. 管理者不是企业的所有者

5. 泰勒的实验包括(　　)。

A. 搬运铁块实验

B. 车间照明实验

C. 继电器装配实验

D. 铁锹实验

E. 金属切削实验

三、简答题

1. 泰勒所提出的科学管理制度有哪些主要内容?

2. 法约尔是怎样划分企业的基本活动和管理的各种职能的? 法约尔所提出的管理人员解决问题时应遵循的原则有哪些?

3. 韦伯提出的理想的行政组织体系主要有哪些特点?

4. 梅奥的人际关系学说与泰勒的科学管理理论的观点有何不同?

5. 以霍桑实验为基础提出的人际关系学说的观点主要表现在哪几个方面?

6. 权变管理理论的主要观点是什么?

7. 现代管理的发展趋势有哪些?

四、案例分析题

联合邮包服务公司

联合邮包服务公司雇了15万名员工,平均每天将900万个包裹送到美国各地和180个国家或地区。为了实现其"在邮运业中办理最快捷的运送"的宗旨,联合邮包服务公司的管理当局系统地培训员工,使他们以尽可能高的效率从事工作。联合邮包服务公司的工业工程师对每位司机的行驶路线都进行了研究,并对运货、暂停和取货活动都设立了标准。这些工程师记录了红灯、通行、按门铃、穿过院子、上楼梯、中间休息喝咖啡的时间,甚至上厕所的时间,将这些数据输入计算机中,从而给出每位司机每天工作的详细时间标准。

为了完成每天取送130件包裹的目标,司机必须严格遵循工程师设计的程序。当他们接近发送站时,松开安全带,按喇叭,关发动机,拉起紧急制动,把变速器推到1挡上,为送货完毕的启动离开做好准备,这一系列动作严丝合缝。然后,司机从驾驶室来到地面上,右臂夹着文件夹,左手拿着包裹,右手拿着车钥匙。他们看一眼包裹上的地址后把它记在脑子里,然后以每秒钟3英尺(1英尺≈0.305米)的速度快步走到顾客的门前,先敲一下门以免浪费时间找门铃。送货完毕后,他们在回到卡车的途中完成登录工作。

【问题】

1. 案例主要体现了什么管理理论? 是谁提出来的?

2. 这一管理理论的指导思想有哪些?

3. 这一管理理论主要有哪些内容?

4. 你如何评价这一管理理论?

项目三 计划

知识目标

- 了解计划的概念与类型；
- 掌握计划编制的过程；
- 掌握计划编制的常用方法；
- 理解目标管理的方法和实施过程。

能力目标

- 能够运用滚动计划法、甘特图法编制计划；
- 能够运用 PERT 绘制网络图，确定关键路线；
- 能够建立企业的目标体系。

导入案例

越灭吴

孙子曰："兵者，国之大事，死生之地，存亡之道，不可不察也。"

历史上，战争是国家的大事，除了关系到人民生死、国家存亡，还涉及政治、经济、文化、法制等社会各个方面。领导者的运筹谋划是决定战争胜负的首要因素和前提条件。

春秋末年，越王攻灭吴国之战，就全面体现了谋划的重要性。

公元前 494 年，越国进攻吴国而战败，越王勾践在危急关头，决定委曲求全和保存国土，以谋东山再起，并根据本国国情和吴国情况，制定了一系列国家复兴、转败为胜的战略，即"破吴七计"。勾践卑言慎行，忍辱负重，一边收买吴国重臣，麻痹吴王夫差；一边实行内政改革，发展生产，恢复国家元气，赢得了百姓的拥戴；还利用外交活动实施离间计，挑拨夫差与伍子胥之间的关系；最后，知人善用，抓住时机，终于完成了长达十三年的灭吴计划。

案例提示：一个领导者在战前对战争的谋划同管理学原理中的计划职能是一致的。孙武以始计篇作为十三篇之首，可见计划的重要性。计划是有预见性的，计划周密、条件充分，胜利的可能性就大。"多算胜，少算不胜""知己知彼，百战不殆"。做计划要收集信息，调查对方，考察己方；制订行动方案，明确方案实施的措施，要合理配置资源，符合实际，顺应民心，调动全体人员的积极性，为目标而努力。

任务一 计划概述

计划是管理的首要职能，现代复杂的组织运转离不开计划。计划给组织提供了通向未来目标的明确道路，给组织、领导、控制等一系列管理工作提供了基础。

一、计划的概念

计划的概念有广义和狭义之分。广义的计划是指管理者制订计划、执行计划和检查计划执行情况的全部过程；狭义的计划仅指制订计划，是指管理者根据实际情况，通过科学、准确的预测，提出在未来一定时期内的目标及实现目标的方法。实际上，广义的计划是指计划的编制过程，可以称为计划工作；狭义的计划是一种行动方案，可以是目标、策略、政策、程序或预算方案等。

计划的内容包括“5W1H”，即计划必须清楚地确定和描述下述内容：

(1) Why ——为什么做，即说明计划制订的理由、意义、重要性等。

(2) What ——做什么，即计划活动的内容、工作要求及工作重点等。

(3) Who——谁去做，即计划中的人员安排、部门安排、奖惩措施等。

(4) Where——在什么地方做，即计划实施的地点、场所、空间组织和布局等。

(5) When ——在什么时间做，即计划中各项活动的开始时间、进度安排、结束时间等。

(6) How ——怎样做，即实施计划的手段、途径、战术等。

二、计划的作用

在纷繁复杂的市场环境中，每个组织都要适应来自内外部的压力和变化，只有科学周密地计划，才能协调多方面的活动，以获得企业的发展。计划是企业管理中不可或缺的环节，具体包括以下内容。

（一）预测未来，降低风险

未来的组织生存环境具有很大的不确定性，计划的重要作用之一就是通过对未来环境变化规律的把握和对变化趋势的充分分析、认真研究，了解并掌握未来组织可能出现的机会和面临的挑战，从而将不确定性降到最低程度。这就要求管理者进行周密的预测，把计划做得科学、准确，避免被动和不利因素的影响。

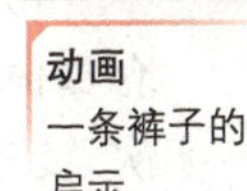

动画
一条裤子的启示

（二）统一行动，实现目标

每个计划及其派生出来的计划，都是为了促进实现组织的总体目标。计划明确了实现组织的决策目标所应采取的方法和途径及应该完成的工作和任务，明确了有利于组织实现目标的方案，以促进人们实现既定的目标。周密、细致、全面的计划工作可以统一部门之间的行为。

资料
游泳的故事

（三）规范流程，科学管理

计划工作强调效率、效益和规范性。在具体的方案中，计划明确了组织中每个部门的职能和分工，使得各个职能部门的工作能够协调一致，用均匀的工作流程代替不均匀的工作流程，从而有利于组织资源的合理配置。同时，计划工作对人力、物力、财力和时间都做出了明确而具体的规定，保证人、财、物得到合理的安排，能把经营活动的费用降到最低限度。因此，计划工作能规范、合理地组织经营活动，有效地提高组织的经济效益。

（四）明确标准，进行控制

计划和控制是一个事物的两个方面，没有计划的活动是无法控制的，计划是控制的基础和标准。控制活动通过纠正计划执行过程中产生的偏差，使组织活动保持既定的方向。计划工作为组织活动确定了目标和标准，使得控制职能能够将实际的业绩与计划目标进行对比、发现偏差，以便及时纠正。因此，没有计划也就没有控制。

三、计划的形式

从管理的实践过程来看，一项计划常常需要包含所有将来行动的方针，这就需要各种各样的计划。计划的形式多种多样，如目的或使命、目标、战略、策略、政策、程序、规则、规划、预算。

（一）目的或使命

目的或使命是为了说明组织存在的根本价值和意义，也是不同组织相互区别的根本标志。例如，企业的职责是生产、分配商品和劳务，公路局的任务是设计建设公路系统，人民法院的职责是解释执行法律，大学的职责是从事教学与研究活动，等等。

（二）目标

组织的目的或使命是组织价值的高度抽象，然而，组织的运行还需要一定时空范围内的具体目标。目标是组织活动所要达到的结果，它是在组织的目的或使命指引下确立的，是目的的具体化和数量化。

（三）战略

战略是为实现组织目标所确定的关于发展方向、行动方针、行为原则、资源分配的总体谋划。战略是指导全局和长远发展的方针，对于组织的思想和行动具有引导作用。

（四）策略

策略是实现目标的具体谋略，它是指管理者对未来行动的总体构想与实现目标的一整套具体谋略方案。组织要制定切合实际的、有用的策略，首先必须进行彻底的自我评价。其次，要遵循以下基本原则：策略要为组织目标的实现与计划的完成服务；策略的制定应具有连贯性；策略应有弹性；策略应当是成文的。

（五）政策

政策是组织对成员做出决策或处理问题所应遵循的行动方针的一般规定。政策不要求采取行动，而是用来指导决策和行动。政策与战略虽然经常混同使用，但两者是有明显区别的：战略给出了组织决策和行动的方向、目标和资源分配方案，政策则指导组织成员如何决策和行动。例如，某企业制定的一项人事方面的战略是“在5年内大大提高职工的素质”，相应的一项人事政策是“在今后5年中仅招收学有专长的职工”。政策要规定范围或界限，但制定政策本身的目的不是要约束有关人员的行为，而是鼓励有关人员在规定范围内自由地处置问题。政策通常被列入计划之中，成为人们思考和行动的指南。政策具有稳定性，一经制定，就要持续到新政策出台为止。

（六）程序

程序也是一种计划，它规定了一个具体问题应该按照怎样的时间顺序来进行处理。程序就是用来指导行动的一系列工作步骤。大多数的政策都伴有说明该项政策下的行动该如何得到执行的程序方面的书面规定。例如，招聘一名职工，可能要经过刊登招聘广告、初选、面试和试用等环节，参与这一招聘工作的可能既有人事部门的人员，也有所聘任职位的直接主管，有时甚至还要报请上级主管部门批准或备案。借助程序，企业就可以对那些重复发生的常规或例行性问题规定出标准操作方法，以此规范有关人员的行为。

（七）规则

如果说程序是对一系列相互关联的活动确定出各项工作开展的先后次序，那么规则就是执行程序中的每步骤工作时所应遵循的原则和规章。规则是在具体场合和具体情况下，允许或不允许采取某种特定行动的规定，如“厂内禁止吸烟”就是一条规则。规则与政策的区别在于前者不留有任何的灵活处理空间，后者则保持有一定的自由度。所以，规则对人的行为具有最强大的约束力。

（八）规划

规划亦称工作计划，是针对某一特定行动而制订的综合性计划，它指明组织如何用一定资源通过一定的工作活动来实现特定的目标。规划必须明确行动的具体步骤，各步骤的任务和执行的方法，完成这些任务的先后顺序、时间进度和资源安排等。规划可大可小，如一项新产品的开发需要有规划，新产品销售人员的招聘和培训也需要有规划。

（九）预算

预算是一种数字化的计划，它是以数字来表示预期结果的一种特殊的计划形式。西方企业中所制定的预算并不仅仅是财务预算。其预算中所用的数字既可以是财务性的，也就是用货币形式来表示的，如现金、开支和收入等方面的指标；也可以是非财务性的，即用非货币形式来表示的，如消耗的工时、完工期限和产品生产量等。借助预算，企业可以对工作计划的内容加以数量化、精确化。不仅如此，预算也为汇总有关数字提供了便利的手段，同时它还可以直接作为控制工作的依据。所以，预算的编制受到了许多企业的普遍重视。但应该注意到，编制和执行预算本身并不是目的，而应该将其作为手段来看待。预算不是孤立存在的，不能为了执行预算而置其所服务的计划于不顾，也不能在编制预算时一味地考虑过去预算中的数字而忽视当前预算所服务的特定对象。无论是预算的制定还是考核，都必须紧密结合其所要落实的具体任务的要求和上一层次的计划及目标。

四、计划的类型

根据不同的划分标准，计划可以分为各种不同的类别。

（一）根据计划时间的长短划分

1. 长期计划

长期计划一般是 5 年以上的计划，具有方向性和长远性，包含了组织的长远目标和发展方向等问题，对组织活动起着指导作用，包括经营目标、战略、方针、远期的产品发展计划、规模等，绘制了组织长期发展的蓝图。

2. 中期计划

中期计划一般是1年以上、5年以下的计划，它介于长期计划和短期计划之间。中期计划是根据长期计划制订的，比长期计划更具体、更详细，是结合组织内部和外部条件与环境变化情况制订的可执行计划。

3. 短期计划

短期计划一般是1年以内的计划，是指导组织具体活动的行动计划，一般是对中期计划的分解和落实。短期计划具体规定了在相对较短的时间段内应该从事的各种活动及从事该活动所应达到的水平。

（二）根据计划对企业经营影响范围和影响程度划分

1. 战略性计划

战略性计划多是关系到组织全局的总体计划，由组织高层管理者制订。战略性计划的期限相对较长，一次计划可以决定在相当长的时期内大量资源的运动方向，是为实现组织的长期目标而进行的总体设计和谋划，因而较为抽象和相对稳定。战略计划对制订者的要求也比较高，他们至少要具有构思宏大、眼光深远、认识超前的能力。

2. 战术性计划

战术性计划是规定总体目标如何实现的细节方面的计划，所涉及的时间跨度比较短，覆盖的范围也较窄。战术性计划具有内容具体、明确和可操作性强的特点。战术性计划一般包括管理计划和作业计划。

(1) 管理计划。管理计划由组织中层管理者制订。它将战略计划中具有广泛性的目标和政策转变为确定的目标和政策，并规定了达到各种目标的确切时间。战略性计划以问题为中心，而管理计划以时间为中心，一般情况下，管理计划是按年度分别制订的。

(2) 作业计划。作业计划往往是由具体部门的基层管理者制订的，是针对某个部门或个人的具体业务活动而制订的计划，因而非常细致和具体，一般是必须执行的命令性计划。作业计划制订者要具有精微的构思、细致的眼光。

战略性计划和战术性计划是相互关联的，战术性计划服务于战略性计划，是在战略性计划的指导下制订的，是战略性计划的落实。战略性计划往往是高层领导者制订的，而战术性计划往往是中层、基层管理者制订的。

资料卡

战略与战术的区别

从范围上讲，战略是国家或一方势力根据形势需要，在整体范围内为经营和发展自己的势力或能力而制定的一种全局性的有指导意义的规划和策略；而战术是指在特定的局部地区，为维持和发展本地区的作用和能力、扫除已经或将要出现的威胁而采取的手段。

从时间上讲，战略是依据形势需求制定的长期方略，往往可以维持几年或几十年。而战术是有特定时间的，持续的时间相对较短，一般在1年以内。

从形式上讲，战略是全局的、全境的，是指导战术形成的总体构思；而战术是局部的、个体的，是围绕战略思想、地区环境制定的有效的方法，是战略思想的特殊体现。

（三）根据计划内容的详尽程度划分

1. 指导性计划

指导性计划只规定一些一般的方针，它指出重点但不把管理者限定在具体的目标或者特定的行动方案上。计划的制订一定要与环境因素联系起来，要具有一定的灵活性，以防意外变化，当存在较高程度的不确定性时，指导性计划就具有更大的现实意义。

2. 具体性计划

具体性计划具有明确的目标，不存在模棱两可的内容，没有容易引起误解的问题。

（四）根据计划的重复性程度划分

1. 程序性计划

程序性计划是对例行活动所做的计划。例行活动是重复进行的，对于这一类问题，企业在长期的金融活动中已经形成了一套固有的解决方案，员工只需要遵照程序办事，如工人的操作规程、原材料的出入库等。

2. 非程序性计划

非程序性计划是对非例行活动所做的计划。非例行活动不仅是不重复出现的情况，而且有可能是企业经营和管理中比较重要的事情，是不能程序化的，如新产品的开发、重大的技术革新等。

五、计划工作原理

计划工作是一个指导性、科学性、预见性很强的管理活动，但同时又是一项复杂而又困难的任务。为了搞好计划工作的职能，必须注意以下基本原理。

（一）限定因素原理

限定因素是指妨碍目标得以实现的因素。也就是说，在其他因素不变的情况下，抓住这些因素，就能实现期望目标。所谓限定因素原理，是指在计划工作中，越能够了解和找到对达成所要求目标起限制性和决定性作用的因素，就越能准确地、客观地选择可行方案。限定因素原理是决策的精髓。决策的关键就是解决抉择方案所提出的问题，即尽可能地找出和解决限定性的或策略性的因素。否则，如果对问题面面俱到地检查，不仅会浪费时间和费用，还会把主要注意力转移到决策的非关键性问题上，从而影响目标的预期实现。

（二）许诺原理

一般来说，由于计划工作和作为计划工作基础的预测工作耗费资金，因此如果在经济上不合算的话，就不应把计划时期定得太长，当然短期计划也有风险。那么合理的计划期限如何确定呢？所谓许诺原理，是指任何一项计划都是对完成某项工作所做出的许诺，许诺越大，所需的时间越长，因而实现目标的可能性就越小。从许诺原理出发，就要求计划的许诺不能太多，因为许诺（任务）越多，计划时期就越长，时间越长相应的计划工作就越费力，耗资就越大。计划期限越长，未来的不确定性就越大，从而影响计划工作的准确性，这在人力、物力、财力上都是不合算的。因此，在计划工作中选择合理的期限应加强短期计划和长期计划之间的协调，即长计划短安排，如果短期计划实现了，那么长期计划就能实现。这样，计划工作的期限不至于拉得太长，从而确保计划工作的质量。

（三）灵活性原理

所谓灵活性原理，是指计划本身要体现一定的灵活性，以应对由于未来意外事件引起的损失。计划工作必须具有灵活性,即当出现意外情况时有能力改变方向而不必花太多的费用。例如,制订某项工程的施工进度计划时要考虑到可能出现在雨季不能进行露天作业的情况,因而对完成任务的时间的估计要留有余地。计划工作是面向未来的,而未来又是不确定的,所以在制订计划时,就要尽可能地预见计划在实施过程中可能出现的问题,并安排具体的应对措施,一旦发现问题,可以及时解决,从而确保计划能尽可能地顺利实施。为了确保计划本身具有灵活性,在制订计划时应量力而行,不留缺口,留有余地,要能以十二分措施来保证十二分指标,即预防一部分措施因故不能实现时对计划带来的风险。在国外,现在也多强调实行所谓的弹性计划,即能适应变化的计划。

(四) 改变航道原理

所谓改变航道原理,是指计划工作为将来许诺得越多,主管人员定期地检查现状和预期前景及为保证所要达到的目标而重新制订计划就越重要。计划制订出来后,相关人员就要管理计划、促进计划的实施,而不能被计划所管理、被计划框住。必要时可以根据当时的实际情况做必要的检查和修订,因为未来的情况随时都可能发生变化,制订出来的计划不能一成不变。尽管我们在制订计划时预见了未来可能发生的情况,并制定出相应的应对措施,但正如前面所提到的,一是措施不可能面面俱到,二是情况在不断变化。另外,计划往往赶不上变化,因此需要调整计划或重新制订计划。就像航海家一样,必须经常核对航线,一旦遇到情况就可绕道而行,故此原理称为改变航道原理。这个原理与灵活性原理不同,灵活性原理是使计划本身具有适应性,而改变航道原理是使计划执行过程具有应变能力,为此,计划制订者应经常检查计划,重新制订计划,以此达成预期的目标。

不拉马的士兵

一位年轻的炮兵军官上任伊始到部队视察操练情况。他在几个部队都发现了一个奇怪的现象,就是操练时每门炮的炮管下面都有一个士兵站在那里一动不动。军官不解,就向士兵询问原因。士兵的答复是,他们也不知道,操练条例就是这么要求的。军官回去反复查阅有关军事文献,终于知道为什么会这样了。原来过去的大炮是由马来拉的,站在炮管下的士兵的任务就是负责拉住马的缰绳。现在大炮不用马拉了,全是自动化的,但操练条例却没有及时调整,因此出现了"不拉马的士兵"。军官打报告请求修改操练条例,受到国防部的嘉奖。

俗话说,"计划不如变化快",管理者在从事计划工作过程中必须充分注意前提条件的变化,不仅要能根据情况变化及时调整计划,还要能预见到变化,并能根据情况变化采取行动。

任务二　计划的编制

一、计划编制的原则

为了使计划具有科学性,并得以顺利实施,编制计划时应遵循以下基本原则。

（一）与国家宏观经济政策、计划和规划相一致原则

在编制计划时，应该考虑所处的宏观环境并与之相适应，以求得国家在财政、税收、金融等方面的支持，至少不受国家大政方针的限制。

（二）综合平衡原则

综合平衡原则既是计划管理的基本原则，也是计划工作的主要方法。做好综合平衡的关键是实事求是，要全盘考虑长、中、短期计划，人、财、物，目标与措施，任务与时间。

（三）经济效益原则

提高经济效益是企业经营管理的中心任务，也是计划管理的中心任务。企业在安排经营计划时，首先要做好市场预测，按照市场需求来安排生产；其次要进行可行性研究和量、本、利分析，做到以最少的消耗取得最大的收益。

（四）灵活性原则

过低的指标没有激励的效果，只有先进的计划才能激发和调动员工的积极性，但脱离实际的高指标也会挫伤员工的进取心，因而计划指标必须是广大员工经过努力拼搏能够达到的。同时，为了预防企业内外各种条件的意外变化，计划应留有余地，具有一定的弹性，要有一定的应变能力。

（五）远粗近细、宏粗微细原则

时间越长、涵盖面越广、各种情况的变化越复杂，不确定因素就越多。因而，宏观长期计划要用粗线条勾画，微观短期计划则应细些，以具有可操作性。

（六）跟踪反馈原则

计划的编制、执行、反馈和调整是一个动态的系统，计划执行过程中存在的问题一定要及时反馈给计划部门，以便及时纠正偏差。

一颗马蹄钉亡了一个帝国

1485 年，英国国王理查三世在波斯沃斯战役中被击败，莎士比亚的名句“马，马，一马失社稷！”使这一战役永载史册。

国王理查三世准备和李奇蒙德伯爵亨利拼死一战，这场战斗将决定谁统治英国。战斗进行的当天早上，理查三世派了一个马夫备好自己最喜欢的战马。

“快点给它钉好马蹄铁，”马夫对铁匠说，“国王希望骑着它打头阵。”

“你得等等，”铁匠回答，“我前几天给国王全军的马都钉了马蹄铁，现在我得多找点铁片来。”

“我等不及了，”马夫不耐烦地叫道，“敌人正在推进，我们必须在战场上迎击敌兵，有什么你就用什么吧。”

铁匠埋头苦干，用一根铁条弄好了四个马蹄铁，把它们砸平、整形，固定在马蹄上，然后开始钉钉子。钉了三个马蹄铁后，他发现没有钉子来钉第四个马蹄铁了。

“我需要一两枚钉子，”他说，“得需要多一点时间砸出两个。”

“我告诉过你我等不及了。”马夫急切地说。

"我听见军号了！你能不能找东西凑合凑合？"

"我能把马蹄铁钉上，但是不能像其他几个那么牢固。"

"能不能撑住？"马夫问。

"应该能，"铁匠回答，"但我没把握。"

"好吧，就这样，"马夫叫道，"快点，要不然国王会怪罪到我们头上的。"

两军交锋，理查三世就在军队的阵中，他冲锋陷阵，鞭策士兵迎战敌人。"冲啊！冲啊！"他喊着，率领部队冲向敌阵。

远远地，他看见战场另一头几个自己的士兵退却了。如果别人看见他们这样，也会后退的，所以理查三世策马扬鞭冲向那个缺口，召唤士兵掉头战斗。

他还没走到一半，一个马蹄铁掉了，战马摔倒在地，理查三世也从马背上摔下来跌到地上。

理查三世还没有抓住缰绳，惊恐的马就跳起来逃走了。理查三世环顾四周，他的士兵们纷纷转身撤退，亨利的军队包围了上来。

他在空中挥舞宝剑，"马！"他喊道，"一匹马！我的国家倾覆就因为这一匹马！"

他没有马骑了，他的军队已经分崩离析，士兵们自顾不暇。不一会儿，亨利的士兵俘获了理查三世，战斗结束了。

一个明智的管理者，应从计划工作的制订开始就认真对待，防微杜渐。因为计划工作居管理职能的首位，计划工作的合理性是组织目标管理得以实现的重要前提。

二、计划编制的过程

计划编制本身是一个过程。为了保证编制的计划合理，能够实现决策的组织落实，计划编制必须采用科学的方法。任何计划工作，其工作步骤都是相同的，管理者在编制各类计划时，都应遵循以下步骤。

（一）估量机会

首先管理者应对环境中的机会做一个扫描，确定能够取得成功的机会。管理者应该考虑的内容包括组织期望的结果，存在的问题，成功的机会，把握这些机会所需的资源和能力，自己的长处、短处和所处的地位。

（二）确定目标

目标是指期望的成果，即组织预期在一定时期内达到的数量和质量指标。目标是计划的灵魂，也是组织行动的方向，主要计划要根据企业目标规定各个主要部门的目标，而主要部门的目标又依次控制下属各部门的目标。确定企业计划中的目标要注意三点：一是高低适中，二是尽可能做到指标量化，三是目标要具体明确。计划中的企业目标一般包括营利性目标、增长性目标、竞争性目标、人事类目标、财务类目标等。

（三）确定前提条件

所谓计划工作的前提条件，就是计划工作的假设条件，换而言之，即计划实施时的预期环境。负责计划工作的人员对计划工作的前提了解得越清楚、越深刻，计划工作就越有成效。由于预期的环境是极其复杂的，要把将来环境的每个细节都做出假设是不切合实际的，因此前提条件应限于那些对计划贯彻实施影响最大的假设条件。

按照企业的内外环境，可将计划工作的前提条件分为外部前提条件和内部前提条件；也可按可控程度，将计划前提条件分为不可控的、部分可控的和可控的三种。外部前提条件多为不可控的和部分可控的，而内部前提条件大多是可控的。不可控的前提条件越多，不确定性越大，因此必须认真做好市场调研和预测工作。

（四）拟订各种可行方案

拟订可行的行动计划要求拟订尽可能多的方案，以便在评估和选定计划方案时有比较与鉴别，为最优方案的选定提供前提条件。在拟订方案时要发扬民主，广泛发动群众，充分利用组织内外专家，集思广益，拓展思路，大胆创新，拟订出多种备选方案以供选择。

（五）评价备选方案

评价备选方案是指按照前提和目标来权衡各种因素，比较各个方案的利弊，进行可行性的论证。评价实质上是一种价值判断，它一方面取决于评价者所采取的标准，另一方面取决于评价者对各个标准所赋予的权数。评价时一般采用总体的效益观点来衡量计划，评价方法分为定性和定量两类。

（六）选择方案

选择方案无疑是整个计划流程中的关键一步。这一步的工作完全建立在前五步的工作基础之上。为了保持计划的灵活性，往往可能会选择两个甚至两个以上的方案，并且决定首先采取哪个方案，并将其余的方案也进行细化和完善，作为后备方案。

（七）编制派生计划

完成选择之后，计划编制工作并没有结束，还必须帮助涉及计划内容的各个下属部门编制支持总计划的派生计划。几乎所有的总计划都需要派生计划的支持和保证，完成派生计划是实施总计划的基础。

（八）预算

编制计划的最后一步工作就是将计划转变为预算，使之数字化。编制预算，一方面是为了计划的指标体系更加明确，另一方面是为了使企业更易于对计划执行进行控制。定性的计划往往在可比性、可控性和奖惩方面比较困难，而定量的计划具有较强硬的约束。

最短的路和最快的路

一个乘客上了一辆出租车，并说出了自己想要到达的目的地。

司机问：“先生，您是要走最短的路还是最快的路？”

乘客很是不解地问：“最短的路难道不是最快的路？”

司机摇头回答说：“当然不是。现在是上班的车流高峰期，最短的路交通正拥堵，糟糕的时候，车速甚至赶不上步行的速度，所以用的时间肯定很长，您要有急事，我劝您不妨绕一下道，多走一段路，反而会早到。”

管理者在管理过程中往往扮演的是乘客的角色。例如，在制订计划时忽视了计划对象的“车流高峰”或“堵车”状态，而在管理时，误认为最短的路就是最快的路。所以管理者在制订计划时，应该通观全局和预见未来，知道什么时候走最短的路，什么时候走最快的路。

三、计划编制的方法

计划工作效率的高低和质量的好坏在很大程度上取决于所采用的计划方法。现代计划方法为制订切实可行的计划提供了手段。在计划的质量方面，现代计划方法可以确定各种复杂的经济关系，提高综合平衡的准确性，能够在众多的方案中选择最优方案，还能够进行因果分析，科学地进行预测。在编制计划的效率方面，由于采用了现代数学工具并以计算机技术作为基础，大大加快了计划工作的速度，这就使得管理者从繁杂的计划工作中解脱出来，能够集中精力考虑更重要的问题。总之，现代计划方法具有许多优点，已经逐渐被更多的计划工作所采用。下面介绍其中几种主要方法。

（一）滚动计划法

滚动计划法是一种定期修订计划的方法。这种方法根据计划的执行情况和环境变化情况定期修订计划，并逐期向前推移，将短期计划、中期计划和长期计划有机地结合起来制订计划。由于在计划工作中很难准确地预测影响未来发展的各种因素的变化，而且计划期越长，这种不确定性就越大，因此，若硬性地按几年前制订的计划实施，可能会导致重大的损失。滚动计划法则可避免这种不确定性可能带来的不良后果。

滚动计划法的具体做法是，在制订计划时，同时制订未来若干期的计划，但计划内容采用近细远粗的办法，即近期计划尽可能地详尽，远期计划的内容则较粗；在计划期的第一阶段结束时，根据该阶段计划执行情况和内外部环境变化情况，对原计划进行修订，并将整个计划向前滚动一个阶段，以后根据同样的原则逐期滚动。图 3-1 所示为五年的滚动计划示意。

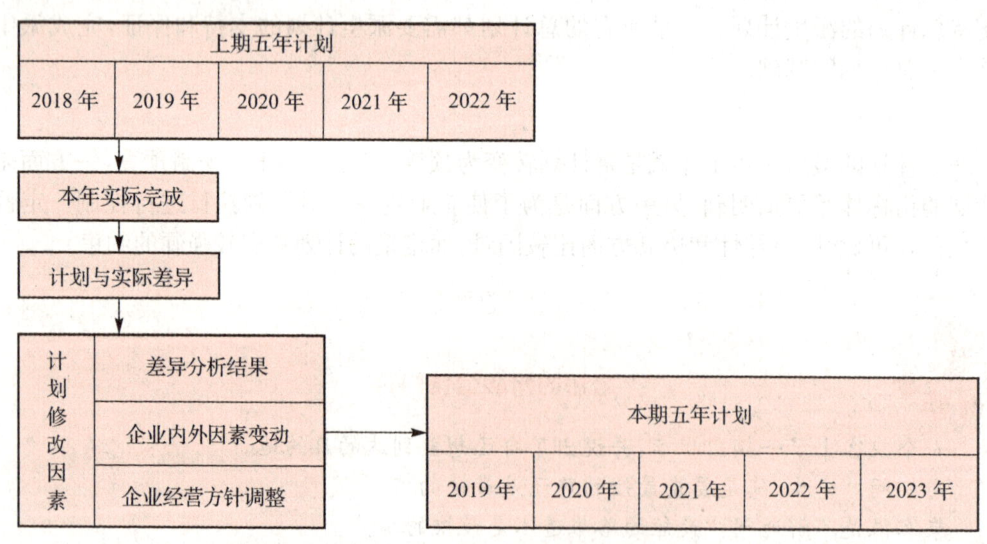

图 3-1　五年的滚动计划示意

滚动计划法适用于任何类型的计划，其优点如下：

(1) 使计划更加切合实际。由于滚动计划相对缩短了计划周期，加大了对未来估计的准确性，能更好地保证计划的指导作用，从而提高了计划的质量。

(2) 使长期计划、中期计划和短期计划相互衔接，短期计划内部各阶段相互衔接。这就保证了能根据环境的变化及时进行调节，并使各期计划基本保持一致。

(3) 大大增强了计划的弹性，从而提高了组织的应变能力。

滚动计划法的缺点是计划编制的工作量较大。滚动计划法一般适用于品种比较稳定的情况下的生产计划和销售计划的调整。

(二) 甘特图法

甘特图法是在 20 世纪初由亨利·甘特开发的。甘特图是一种线状图，横轴表示时间，纵轴表示安排的活动，线条表示在整个阶段计划的活动和实际的活动完成情况，又称横道图。甘特图直观地表明了任务计划在什么时候进行，以及实际进展与计划要求的对比。它虽然简单但却是一种重要的工具，它可使管理者很容易搞清楚一项任务或项目还剩下哪些工作要做，并且能够评估工作是提前了还是拖后了或是正在按计划进行。图 3-2 所示为某单位工程施工计划甘特图。

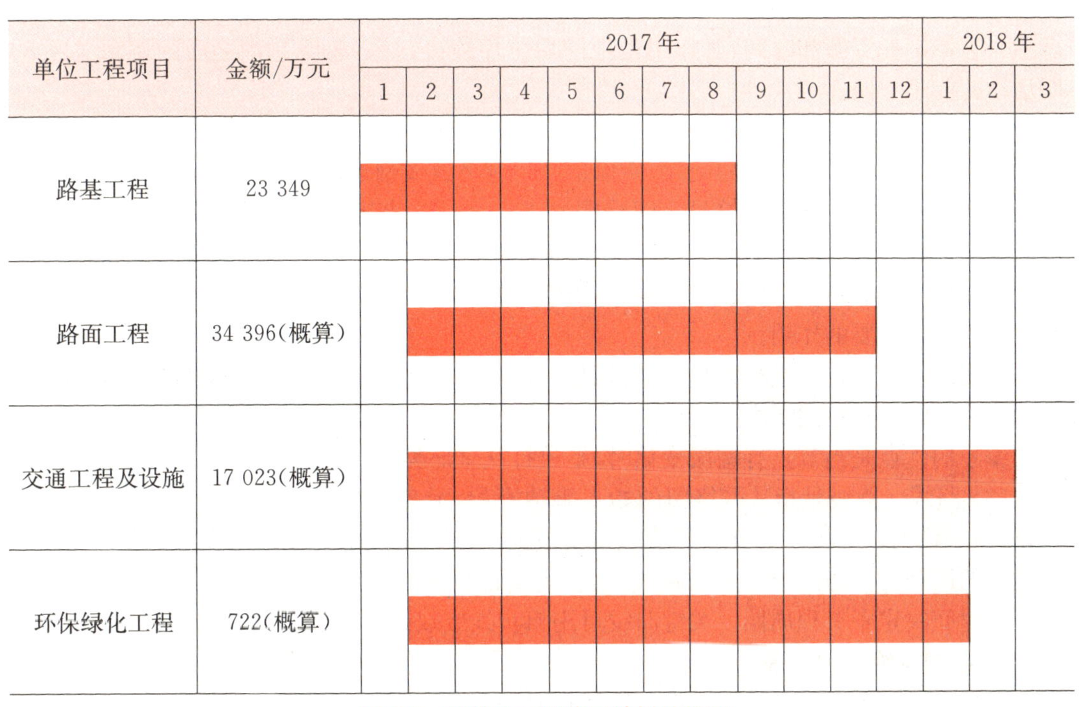

单位工程项目	金额/万元	2017 年												2018 年		
		1	2	3	4	5	6	7	8	9	10	11	12	1	2	3
路基工程	23 349															
路面工程	34 396(概算)															
交通工程及设施	17 023(概算)															
环保绿化工程	722(概算)															

图 3-2　某单位工程施工计划甘特图

(三) 计划评审技术

简单地说，计划评审技术(program evaluation and review technique，PERT)是利用网络分析制订计划及对计划予以评价的技术，是 20 世纪 50 年代末开发出来的。PERT 网络是一种类似流程图的箭线图，它描绘出项目包含的各种活动的先后次序，标明每项活动的时间或者相关的成本。对于 PERT 网络，项目管理者必须考虑要做哪些工作，确定时间之间的依赖关系，辨认出潜在的可能出问题的环节，借助 PERT 还可以方便地比较不同行动方案在进度和成本方面的效果。因此，PERT 可以使管理者监控项目的进程，识别可能的瓶颈环节，以及必要时调度资源确保项目按计划进行。

1. PERT 的基本原理

PERT 的基础是绘制网络图。利用网络图表示某项计划任务中各项活动(各道工序)的先后顺序和相互关系；在此基础上进行网络分析，计算网络时间，确定关键工序和关键路线，通过对网络的时间、费用和资源分析，不断改善网络计划，求得工期、资源与成本的优化方案；在计划执行过程中，通过信息反馈进行监督和控制，以保证预期计划目标的实现。PERT应用范围很广，它不仅适用于单件小批产品的生产、新产品试制、设备大修等工作，还特别适用于编制长远规划及工程项目预算、油田开发、管道施工、电站、建筑施工工程等大规模项目的计划。

2. 网络图的组成

网络图由活动、事项和路线三部分组成。

（1）活动。活动（作业或工序）是指一项工作或一道工序，其活动内容可多可少。在网络图中，活动用一条箭线"→"表示，箭线上方标明活动名称，下方标明该项活动的所需时间，箭尾表示该项活动的开始，箭头表示该项活动的结束。但箭线长短与活动消耗时间长短无关。

网络图中还要引用一种虚活动。所谓虚活动，是指作业时间为零的一种活动，以"--->"表示。它不消耗资源和时间，其作用是把前后工序连接起来，表明它们之间的逻辑关系，指明活动的前进方向。

（2）事项。事项（节点、网点、时点）是指某一项活动的开始或结束，一般用圆圈表示。圆圈是两条或两条以上箭线的交点，所以事项又称节点或网点。事项不消耗资源和时间，它只是表示活动开始和结束的符号。网络图中有一个始点事项和一个终点事项，它们表示一项活动的开始和一项活动的结束，其余事项都叫中间事项。中间事项的含义是双重的，它既表示前一项活动的结束，又表示后一项活动的开始。掌握双重事项的双重含义，对于网络的时间计算有很重要的作用。

网络图中的节点要进行编号，以便识别、检查和进行计算，并用两个编号数代表某一项活动名称。编号写在圆圈内，其顺序由小到大，可采用连续编号，也可采用非连续编号。非连续编号的优点是当节点有增减变化时，不致打乱全部编号。

（3）路线。路线是指从网络图的始点事项开始，沿着箭线方向连续到达网络终点事项为止，由一系列首尾相连的节点和箭线所组成的通路。路线中各项活动作业时间之和就是该路线的周期。网络图中有多条路线，其中周期最长的一条路线称为关键路线。关键路线的延续时间决定了工程周期。关键路线可用粗实线或双线表示。

3. 绘制网络图的步骤

（1）划分作业项目。划分作业项目就是对项目活动任务进行分解，即把任务分解为许多小的作业或工序，划分的粗细程度可根据情况而定。

（2）分析和确定作业之间的逻辑关系。分析和确定作业之间的逻辑关系即分析各项作业之间的工艺要求和组织条件，确定作业之间的先后顺序。网络图中的逻辑关系依据作业之间的先后顺序有两种表示形式：一种是紧前作业形式，另一种是紧后作业形式。

（3）确定各项作业时间，最后汇总，并绘制作业明细表。作业时间的确定通常有单一时间估计法和三点估计法两种方法。

单一时间估计法即对各项活动的作业时间只确定一个时间值。这种方法适用于不可知因素较少、有类似项目的工时资料可供借鉴的情况。

在没有肯定可靠的工时资料时，只能用三点估计法来确定。三点估计法就是针对活动的作业时间预估三个时间值（最乐观时间、最保守时间和最可能时间），然后求出可能完成的平均值。其计算公式为：

$$T_{均}=(a+b+4m)\div 6$$

式中，$T_{均}$ 为平均作业时间；a 为最乐观时间；b 为最保守时间；m 为最可能时间。

(4) 作图并给节点编号。有了作业清单和各项活动之间的逻辑关系，就可绘制网络图。网络图应能正确反映出整个工程的各项活动及活动之间的相互关系。根据作业清单中各项活动的逻辑关系绘制网络图时，可以从始点开始画，也可以从终点开始画。但一般来说，逻辑关系若表示的是紧后关系，则从始点开始画比较方便；若表示的是紧前关系，则从终点开始画比较方便。

4. 绘制网络图的规则

(1) 不允许出现封闭的循环路线。网络图是有向图，从左向右前进，不能有回路。

(2) 箭线的首尾都必须有节点，不能从一条箭线的中间引出另一条箭线来。

(3) 进入某一个节点的箭线可以有很多条，但相邻两节点间只能有一条箭线。如果在两个相邻节点间有几项平行进行的活动，应增设节点，并利用虚箭线表明作业之间的相互关系。

(4) 节点编号不能重复使用。

(5) 在网络图上，除始点和终点外，其他所有事项前后都要用箭线连接起来，不允许没有紧前作业或没有紧后作业的中间事项(不允许图中有缺口)。

5. 计算网络时间和确定关键路线

PERT 的核心是找出关键路线。为此，需要分别计算作业的最早开始时间、最迟开始时间、最早结束时间、最迟结束时间及作业总时差这五个时间参数。其计算方法如下：

(1) 作业的最早开始时间。一项作业必须等到它的紧前作业完成之后才能开工，在此之前是不具备开工条件的，这个时间称为作业的最早开始时间，用 $ES(i,j)$ 表示。其中 i、j 是该项作业的编号。计算作业的 $ES(i,j)$ 是按照从始点到终点顺推的。各项作业的最早开始时间的计算结果标在图中的各个“□”符号中。计算过程中可能遇到两种情况。

① 从始点开始的作业的最早开始时间为 0，即 $ES(i,j)=0$。

② 网络中任意一项作业的最早开始时间等于它的紧前作业的最早开始时间与该紧前作业的作业时间之和，若紧前作业有多个，取时间之和中最大的一个，即：

$$ES(i,j)=\max\{ES(h,i)+t(h,i)\} \quad (i,j=1,2,3,\cdots,n)$$

式中，$ES(h,i)$ 为紧前作业的最早开始时间；$t(h,i)$ 为紧前作业的作业时间。

(2) 作业的最早结束时间。一项作业的最早结束时间就是该项作业的最早开始时间加上它的作业时间，用 $EF(i,j)$ 表示，即：

$$EF(i,j)=ES(h,i)+t(i,j) \quad (i,j=1,2,3,\cdots,n)$$

(3) 作业的最迟结束时间。一项作业的最迟结束时间是指截止到这个时间，工作必须全部完成，否则就要影响它紧后的各个作业的按时开始。作业的最迟结束时间用符号 $LF(i,j)$ 表示，其计算顺序是从终点向始点倒推。计算过程中也可能遇到两种情况。

① 与终点相接的作业的最迟结束时间等于这些作业的最早结束时间中最大的一个，即：

$$LF(i,j)=\max_{i}\{EF(i,j)\}$$

② 网络中任意一项作业的最迟结束时间等于它的紧后作业的最迟结束时间减去该紧后作业的作业时间，若紧后作业有多个，则取时间之差中最小的一个，即：

$$LF(i,j)=\min_{k}\{LF(j,k)-t(j,k)\} \quad (i,j=1,2,3,\cdots,n-1)$$

式中，对 k 求最小。

各项作业的最迟结束时间的计算结果标在网络图中各个"△"符号中。

(4) 作业的最迟开始时间。为了不影响其紧后作业的按时开始,每项作业应有一个最迟开始时间,用 $LS(i,j)$ 表示。它等于作业的最迟结束时间减去该作业的作业时间,即:

$$LS(i,j)=LF(i,j)-t(i,j) \quad (i,j=1,2,3,\cdots,n)$$

(5) 作业总时差。作业总时差是指在不影响整个计划完工期限的条件下,该项作业可以推迟开始或完工的最大机动时间,用符号 $TF(i,j)$ 表示。因此,作业总时差等于该项作业的最迟结束时间减去最早开始时间再减去作业时间,即:

$$TF(i,j)=LF(i,j)-ES(i,j)-t(i,j) \quad (i,j=1,2,3,\cdots,n)$$

从式中可以看出,作业总时差还可以用一项作业的最迟结束时间减去该项作业的最早结束时间,或者用该项作业的最迟开始时间减去最早开始时间求得。

某项作业作业的总时差越大,则其推迟开始或完成的机动时间也越大。因此,根据作业总时差可以确定关键作业和找出关键路线。作业总时差为零的作业就是关键作业,也就是没有任何机动余地的作业。而关键路线是指从工程开始到结束占用时间最长的作业路线,即所有作业总时差均为零的作业连接而成的从始点到终点的路线。

计算网络时间、确定关键路线一般用图上法和表格法,复杂的网络图要运用计算机进行计算。图上法就是根据前面介绍的网络时间的计算方法和程序,一边看图,一边计算,并将计算的结果标在图上。将作业总时差为零的活动连接起来的路线即网络图的关键路线。关键路线的所用时间就是工程项目的总工期。网络图的关键路线一般为一条,但也可能有多条关键路线。为了突出关键路线,可用粗实线或双线将它标出来。表格法是先把工序总时差通过用节点表示的计算公式制成一个合适的表格,然后按照已画好的网络图和节点时间函数将有关数据填入表内,再在表上计算各工序的总时差,找出关键工序和关键路线。表格法计算结果与图上法一致。表格法的优点是当网络图的工序数目很大时可避免计算出错或遗漏,并可用计算机进行计算。

现以某项计划为例,该项计划的作业明细如表 3-1 所示。根据表中资料绘制网络图。

表 3-1 某项计划作业明细

作业代号	紧后工序	作业时间/天
A	D	3
B	E、G	2
C	F	4
D	G	5
E	H	7
F	H	8
G		8
H		6

解:第一步,绘制初步网络图,如图 3-3 所示。

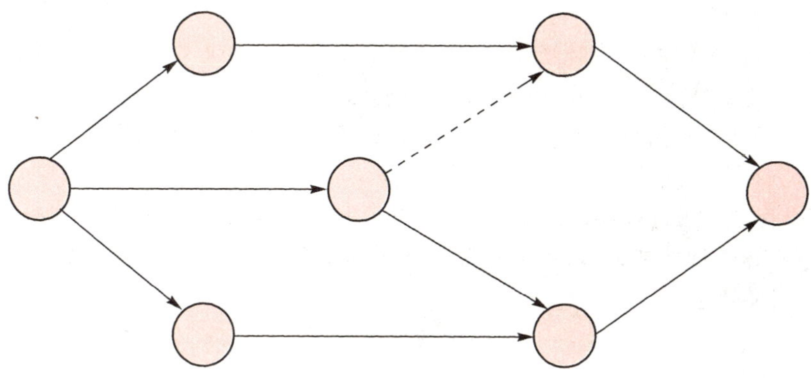

图 3-3 初步网络图

第二步：计算网络时间，标于网络图上。确定关键路线为①→③→⑥→⑦，即 C—F—H 作业，总工期为 18 天，如图 3-4 所示。

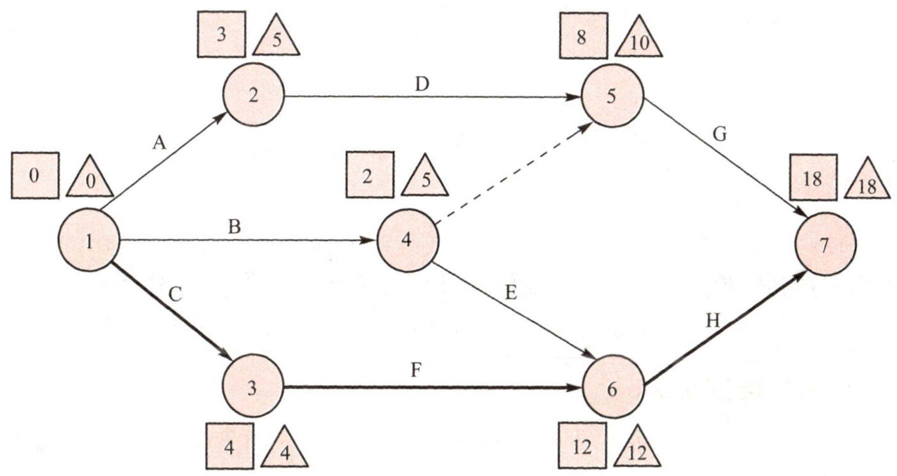

图 3-4 完整的网络图

谁来管仓库

有一家企业准备淘汰一批落后的设备。

董事会说："这些设备不能扔，得找个地方存放。"于是企业专门为这批设备建造了一间仓库。

董事会说："防火防盗不是小事，应找一位看门人。"于是企业找了一位看门人看管仓库。

董事会说："看门人没有约束，玩忽职守怎么办？"于是企业又委派了两个人成立了计划部，一个人负责下达任务，另一个人负责制订计划。

董事会说："我们应当随时了解工作的绩效。"于是企业又委派了两个人，成立了监督部，一个人负责绩效考核，另一个人负责写总结。

董事会说："不能搞平均主义，收入应当拉开差距。"于是企业又委派了两个人，成立了财务部，一个人负责计算工时，另一个人负责发放工资。

董事会说："管理没有层次，出了岔子谁负责？"于是企业又委派了4个人，成立了管理部，一个人负责计划部工作，一个人负责监督部工作，一个人负责财务部工作，一个人是总经理，对董事会负责。

一年之后，董事会说："去年仓库的管理成本为35万元，这个数字太大了，你们一周内必须想办法解决。"

于是，一周之后，看门人被解雇了。

企业通常都有一种不因事设人而因人设事的倾向，造成企业机构臃肿、层次重叠、人浮于事、效率低下，使企业难以摆脱多头管理、办事环节多、手续繁杂的困境，难以随市场需要随时调整经营计划和策略，从而使企业难以形成竞争力。

任务三　目标管理

目标是使命或宗旨的具体化，它是指个人或组织根据自身的需求而提出的在一定时期内经过努力要达到的预期成果。目标能够为管理决策确立方向，并可作为标准用以衡量实际的成效。良好的目标是组织获得成功的基础和保障，也是实现组织战略的必备手段。

一、目标管理的概念

当今有许多组织都在帮助其员工设定绩效目标，以便实现组织目标，这可以通过一种叫作目标管理的过程加以实现。

目标管理是指这样一个过程：由上下级共同决定具体的绩效目标，首先确定出整体目标，将组织的整体目标转换为组织和成员的目标，层层分解，逐级展开，采取保证措施，定期检查目标的进展情况，依据目标完成过程中的具体情况来进行考核，从而有效地实现组织目标。

简而言之，所谓目标管理，就是指组织内部各部门乃至每个人为实现组织目标，自上而下地制定各自的目标并自主地确定行动方针、安排工作进度并有效地组织实施和对成果进行严格考核的一种系统的管理方法。

目标管理是一个全面的管理，它用系统的方法将许多关键管理活动结合起来，把整体目标细分为组织中部门与个人的具体目标，所以目标管理既是自下而上进行的，也是自上而下进行的，其结果是形成了一个不同层次之间目标相连的层级体系。如果组织中所有人都实现了各自的目标，那么部门的目标也就实现了，这样，组织的整体目标也就会实现。所以，可以把目标管理看作将每个工作的目标导向整个组织的目标。

绳子不宜过长

大清早，小明和父亲牵着牛下了河滩，父亲钉下一根铁橛把牛缰绳往上一拴，就忙别的去了。牛似乎总是对缰绳以外地方的草感兴趣，无奈缰绳太短了，尽管牛很用力，但总是够不着。小明一口气奔回家，又找了一截绳子接了上去，缰绳长了很多。但牛并没有认真吃几口，便又昂着头扯着缰绳走向了更远的地方。父亲来了以后，见小明把缰绳放得那么长，告诉小明："你千万记住，绳子放长了，它就不会好好吃了。"父亲把接上去的一截绳子去掉，果然，那头牛挣扎过几次后，见没有希望，便埋下头仔细地吃起来。小明和父亲牵它回去时，它的肚子已经吃得溜圆。

在组织的任何一个阶段，目标的绳子都不宜太长。即便环境留给了你一个很大的发展空间，你可以有一个远大的目标，那也应该将它分解到各个阶段、各个部门，毕竟饭是要一口一口吃的，活是要大家干的。

二、目标管理的基本思想

(1) 一个组织的任务必须转化为目标，以求有效地进行工作。若一个领域没有特定的目标，则这个领域必然会被忽视。因为组织的工作往往以目标为准绳，工作的目的就是实现目标。

(2) 目标管理是一种程序，由上下级共同决定目标。各级管理人员只有通过这些目标对下级进行领导，并且依这个目标来衡量下级的工作或贡献大小，适当给予必要的物质和精神激励，才能保证总目标的实现。如果员工没有一个共同目标，其组织也不会有效地进行工作，并且组织规模越大，人员越多，产生冲突和浪费的可能性就越大。

(3) 目标分解与落实，强调自我控制。由于一个共同目标具有存在的必要性，因此应让组织中的每个员工都根据总目标来制定个人目标，并积极努力达成个人目标，进而实现组织的总目标，然后在目标管理的实施阶段和评价阶段充分信任员工，发扬民主并下放权力，让员工实行自我控制，依靠个人力量独立完成各自的目标。

(4) 考核依据。在考核时，严格依据每个员工的实际贡献如实进行评定，做到实事求是，这也是尊重员工的表现，这样可以进一步激发员工的工作热情，充分发挥员工的积极性、主动性和创造性。

目标管理与危机管理、压制管理不同。危机管理是指管理者平时无所事事，只有在发生意外时才忙成一团，是一种"消防队救火式"的管理方式。压制管理是指管理者每时每刻都紧盯着他的下属，是一种"监工式"的管理方式。而目标管理与这两种管理方式截然不同，企业的管理者在进行计划、组织、领导、控制等管理工作时，事先已确立目标，在执行过程中，充分相信员工，有条不紊，紧张而不慌乱，以达成目标的程度评价管理效能的优劣，因此目标管理既融合了泰勒的科学管理学说，又渗入了梅奥的人际关系学说，是一种根据工作目标来控制每个员工行动的管理方法。它的目的是通过目标的激励来刺激员工的上进心和成功欲，以达成总目标。

三、目标管理的基本特点

（一）整体性

目标管理体现了系统论和控制论的思想，它是把组织目标作为一个系统看待的，是经过总体思考而产生的。也就是说，在确定总目标的时候，就已经充分考虑了分目标的分解和落实，形成了完整的目标体系。

（二）目的性

目标管理要求组织确定下来的目标必须明确、具体，具有较高的清晰度。清晰度就是指目标的简洁程度。第一，组织在确定具体项目时应突出重点，在结构上，每个工作方面最好有一项目标；第二，目标的文字表达要简单明了，使员工易于记忆和理解。

（三）层次性

目标具有层次性，目标管理相应也有层次性，总目标经过逐级分解之后，层次就显示出来了，重要的是怎样才能保持层次性。如果层次稳定下来，也就实现了目标管理；如果层次稳定不下来，实际上目标分解就没有落实，目标管理必然流于形式。

层次性稳定的根本问题在于合理授权。在目标管理中，科学的领导应当只抓两项工作：一是根据组织的总体目标向下一层次发出指令信息，最后考核指令的执行结果；二是协调下一层次各单位（部门）之间的关系，对有争议的问题做出裁决。

（四）民主性

目标管理的民主性体现在制定目标时要广泛实行民主参与，使员工对目标的意义有充分的了解，满足员工自我表达的需要，而且员工主动介入制定和控制目标，能促使他们约束自己的行为。当目标确定之后，对于选择什么样的方法去实现目标，应当给执行者留有较大的自由度。无论目标分解得多么细，不体现民主性都不是真正的目标管理。

四、目标管理的基本过程

纵观目标管理工作的实践取得成功的过程，我们便能看出目标管理的重要性。由于各组织的活动性质截然不同，目标管理的过程也不尽一样，可以分为以下几个步骤。

（一）确定总目标

企业在确定总目标时，必须注意到目标的可分解性，也就是说，不是主观地分解目标，而是根据目标的实际需要分解目标。总体目标的可分解性涉及许多方面的问题，但最主要的是利益问题。就我国企业的现状来看，职工利益与企业利益相背离是实行目标管理的障碍。这一问题若不能解决，职工便不会主动去关心企业的目标，企业目标便得不到落实，也就失去了可分解性。企业必须承认员工的利益和权利，但员工的利益只有与企业的利益挂起钩来才能实现。解决这一问题是实行目标管理的前提条件。

决策理论学派的代表人物西蒙和马奇指出，确定企业目标应看成经营者、员工、股东、消费者、中间商的共同行为，个人的目的在企业中是通过诱因和贡献的平衡来实现的。企业目标的确定应遵循的原则是：第一，要以市场需求为依据，体现企业发展的战略思想；第二，在一定的价值观的支配下，提高企业的经济效益；第三，从实际出发，有效地利用企业的有限资源；第四，要先进合理，应当是经过努力可以达到的；第五，要提高目标的清晰度。

按照系统论的原则，确定目标时应当保证目标之间的整体性，要按照先整体后局部的原则，经过由整体到局部、由长远到近期、由专业到岗位、由总体到层次的全面考虑之后，再确定目标体系。

（二）展开目标

当企业总目标确定之后，应具体地将目标落实下去，这就是目标的展开问题。目标展开应包括以下工作。

1. 目标分解

从形式上看，目标分解就是将目标层层划开，大划中，中划小，一直分解到班组和个人。在分解过程中，一定要理解这样做的目的，它的实质是一种自上而下层层展开，自下而上层层保证的过程。在企业中，目标分解是一项具有艺术性的工作，不能把目标分解理解为"目标均摊"，目标分解首先要将总体目标分解为专业目标，然后将专业目标经分解再落实到基层，形成基层的综合目标。经过层层分解，就形成了一个由综合到专业，再由专业到综合的有机分解过程。

2. 目标协商

在目标协商这一点上，充分体现着目标管理的特征。目标协商是指在目标分解过程中，企业上下级之间围绕企业目标的分解、层次目标的落实所进行的沟通和意见商讨。

目标协商是目标管理不可缺少的环节，它从根本上改变了过去上级往下级压任务，下级讨价还价的不正常现象。因此，目标协商有以下作用：

（1）能使上下级的目标统一。由于层次目标主要是各层次根据企业目标自己制定的，有可能产生偏差，而协商可以消除偏差。

（2）可以加深执行者对目标的理解。通过目标协商，下级可以认识实现目标的意义。在协商过程中，上级可以向下级讲解为什么要实现目标，使员工增强完成目标的荣誉感和责任感；同时，还能促使员工树立全局观念，这就为以后进行横向协调打下了基础。

（3）可以消除下级的顾虑。经过协商之后，下级掌握了更多情况，了解了实现新目标的条件，就会提高实现目标的信心。

（4）目标协商实现了员工民主参与。民主参与使员工摆脱了执行者受驱使的感觉，感受到了自身的价值，从而有利于调动员工的工作积极性。

3. 对策展开

当目标确定之后，实现目标的关键在于抓住主要问题，制定措施及时予以解决。对策展开的实质就是解决问题。

4. 明确目标责任

明确目标责任不仅涉及实现目标的质量标准和承担责任的项目，还包括向有关方面提供保证，同时配以奖惩措施。这些都应以明确的方式表示出来。使目标的执行者随时都可以检查自己的目标实现程度。若没有明确的责任加以约束，总体目标最终难以实现。

5. 编制目标展开图

目标展开图可以以图表的方式将目标管理所要实现的内容表示出来。图表方式不仅比较直观，目标的分解、对策、责任、标准一目了然，还能使人们了解目标体系结构和自己在目标体系中所处的地位。将目标展开图公布于众，有利于人们把握实现目标的进度，同时也便于人们讨论和分析问题。

（三）实施目标

目标实施阶段就是目标实现过程，这一阶段的工作质量的高低直接影响着目标能否实现。为了保证各层次、各成员能实现目标，必须授予其相应的权力，使之有能力调动和利用必要的资源，保证目标实施有效地进行。这一阶段包含的内容如下。

1. 编制计划

经过目标分解和协商之后，各个部门和各个岗位所需完成的目标已经确定下来。目标分解解决的是每个部门应该做什么的问题，而编制计划要解决的则是什么时候做什么的问题。因此，在目标分解的基础上还要编制计划。

编制计划实际上就是制定实现目标的措施和确定实现目标的手段，在目标管理中，这一步虽然要由目标执行者自己进行，但决不等于放任自流，领导者要给予必要的协助，如提出各种建议、提供各种信息、组织各种沟通交流活动等，力图使编制出的计划更加严密和切实可行，同时也更加符合总体目标的要求。

2. 自我控制

自我控制是目标管理一个十分重要的特征。它是指员工按照自己所承担的目标责任及其要求，在目标实施过程中进行自主的管理。由于受控于目标，因此不会出现自由放任的现象。

自我控制采用的主要方法是自我分析和自我检查，在实现目标的过程中，还要不断地总结经验与教训，通过一定的反馈方式把握目标的实现程度；通过将实现程度与目标进行对比，找出差距与不足，并研究实现目标的有效方法。自我控制对目标的实现起着积极的作用。

自我控制并不意味着脱离领导，而是要建立新型的上下级协作关系。实现这种类型的关系要做到两点：第一，要保持一定的沟通，及时汇报目标的实施情况和存在的问题，使上级掌握工作进度，以便取得上级的支持和指导；第二，实施的情况要及时反馈给协作部门，以便实现相互间的良好配合，纵向和横向关系要做到制度化。

3. 监督与检查

实施目标主要靠员工自我控制，但并不排斥管理者对目标实施进行必要的监督和检查。这是因为在实施目标的过程中，难免在局部会出现不利于总体目标实现的行为。通过监督和检查，可以对好的行为进行表扬和宣传，及时指出和纠正偏离目标的现象，及时解决实施中遇到的问题，从而保证目标最终实现。

监督和检查的内容包括进度、数量和质量等。监督和检查可以实现对偏差的调整，并保证完成目标的均衡性，实现有效的协作和信息沟通。

（四）评价目标成果

评价目标成果是实施目标管理不可缺少的环节，它可以起到激励先进和教育后进的作用。评价目标成果的步骤大致是这样的：先由执行者进行自我评价，并填入目标卡片中，送交上级主管部门；然后由上级主管部门实事求是地给予评价，确定其等级。

进行评价的依据主要是目标的完成情况，还包括目标的困难程度和为完成目标的努力程度。若在执行目标的过程中，由于各方面情况的变化对目标进行了必要的修正，则还应包括修正部分。对目标完成情况的考核一定要有说服力，能充分体现员工实际成绩的好坏。而且，考核的具体办法应事先就规定好，让员工做到心中有数，具体的考核评价办法可由企业根据自身的实际情况确定，其原则就是要能准确真实地反映员工的绩效。

（五）实行奖惩

根据评价结果实行奖惩。评价考核一定要同物质及精神奖励结合起来，体现多劳多得的原则。评价考核工作是否公平、合理，是否照顾到了大家的利益，对于下期工作的影响是很大的。因此，企业领导人一定要谨慎抓好这项工作。

（六）新的目标管理循环

目标成果评价与奖惩，既是对某一阶段组织活动效果及组织成员贡献的总结，也是在为下一阶段的工作提供参考和借鉴。在此基础上，再制定新的目标，开始目标管理的新一轮循环。

资料卡

关于计划的误解

1. 不准确的计划是在浪费管理者的时间

最终结果仅仅是计划的目的之一，即使最终结果没有完全达到预期的目标，过程本身就很有价值。计划迫使管理者认真思考要干什么和怎么干，搞清这两个问题本身就具有价值。凡是认真进行计划的管理者都有明确的方向和目的，将会使偏离方向的损失减至最小，这就是计划过程本身的价值。

2. 计划可以消除变化

计划不能够消除变化，无论管理者如何计划，变化总会发生。管理者制订计划的目的是预测变化和制定最有效的应对措施。

3. 计划降低了灵活性

计划意味着承诺。有时计划成为一种约束是因为管理者在制订出计划后就不再做任何修正了。计划应当是一种持续进行的活动。事实上，由于正式计划是被推敲过并清楚地衔接在一起的，因此它比只存在于高级管理者脑子里的一套模糊的假设更容易修改。不仅如此，有些计划是可以做得更灵活的。

五、目标管理的应用——PDCA 循环

PDCA 循环的概念最早是由美国质量管理专家戴明提出来的，因此 PDCA 循环又称戴明循环。熟练掌握和灵活运用 PDCA 循环方法，对于提高质量管理体系运行的效果和效率十分重要。PDCA 循环理论可以存在于所有领域，既可以应用于人们的专业工作，也可以应用于日常生活，它被人们持续地、正式或非正式地、有意识或无意识地使用于自己所做的每件事和每项活动。

（一）PDCA 循环的模式

PDCA 方法适用于所有过程。其模式可简述如下：

P(plan)—— 计划：根据顾客的要求和组织的方针，为提供结果建立必要的目标和过程。

D(do)——实施：实施过程。

C(check)——检查：根据方针、目标和产品要求，对过程和产品进行监视和测量，并报告结果。

A(administer)——处理：采取措施，以持续改进过程和业绩。

（二）PDCA 循环的主要步骤

PDCA 循环是现场质量保证体系运行的基本方式，它反映了不断提高质量应遵循的科学程序。这里以全面质量管理为例介绍 PDCA 管理循环的主要步骤。

1. 计划

在开始进行持续改善的时候，首先要进行的工作是计划。计划包括制定质量目标、活动计划、管理项目和措施方案。计划阶段需要检讨企业目前的工作效率、追踪流程、运行效果和收集流程过程中出现的问题点，根据收集到的资料进行分析并制订初步的解决方案，提交公司高层批准。计划阶段包括以下四项工作内容：

（1）分析现状。通过分析现状，找出存在的主要质量问题，尽可能以数字说明。

（2）寻找原因。在所收集到的资料的基础上，分析产生质量问题的各种原因或影响因素。

（3）提炼主因。从各种原因中找出影响质量的主要原因。

（4）制订计划。针对影响质量的主要原因，制订技术组织措施方案，并具体落实到执行者。

2. 实施

将制订的计划和措施具体组织实施与执行。将初步解决方案提交给公司高层进行讨论，在得到公司高层的批准之后，由公司提供必要的资金和资源来支持计划的实施。

在实施阶段需要注意的是，不能将初步的解决方案全面展开，而只在局部的生产线上进行试验。这样，即使设计方案存在较大的问题，也可以将损失降低到最低限度。通过试验形式，可以检验解决方案是否可行。

3. 检查

将执行的结果与预定目标进行对比，检查计划执行情况，判断其是否达到了预期的效果。按照检查的结果来验证生产线的运作是否按照原来的标准，或者原来的标准规范是否合理。

生产线按照标准规范运作后，分析所得到的检查结果，寻找标准本身是否存在偏差。如果发生偏差现象，应重新策划、重新执行。这样，通过暂时性生产对策的实施来检验方案的有效性，进而保留有效的部分。

4. 处理

对总结的检查结果进行处理，对于成功的经验加以肯定，并予以标准化或编制作业指导书，便于以后工作顺利开展；对于失败的教训也要总结。对于没有解决的问题，应提到下一个 PDCA 循环中去解决。

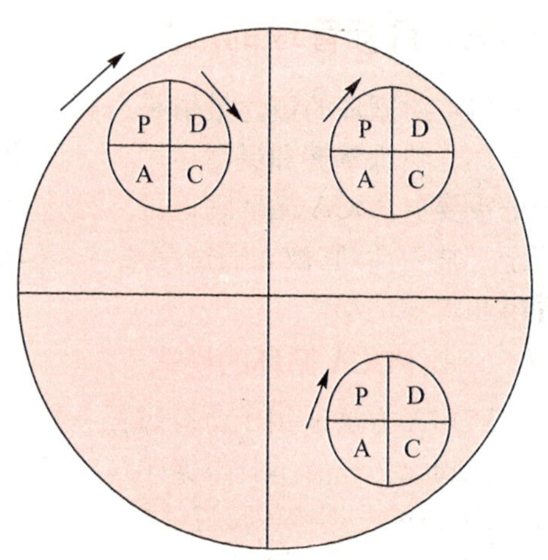

图 3-5　大循环套小循环

（三）PDCA 循环的特点

1. 大环带小环

如果把整个企业的工作作为一个大的 PDCA 循环，那么各个部门、小组等的工作就是各自小的 PDCA 循环，就像一个行星轮系一样，大环带动小环，一级带一级，有机地构成一个运转的体系，如图 3-5 所示。

PDCA 循环中的 A 是关键环节。若没有此环节，已取得的成果无法巩固，即人们的质量意识可能没有明显提高，也提不出上一个 PDCA 循环的遗留问题或新的质量问题。所以，应特别关注 A 阶段。

2. 阶梯式上升

PDCA 循环不是在同一水平上循环，而是每循环一次，就解决一部分问题，取得一部分成果，工作就前进一步，水平就提高一步。到了下一次循环，又有了新的目标和内容，工作便更上一层楼。图 3-6 表示了这个阶梯式上升的过程。

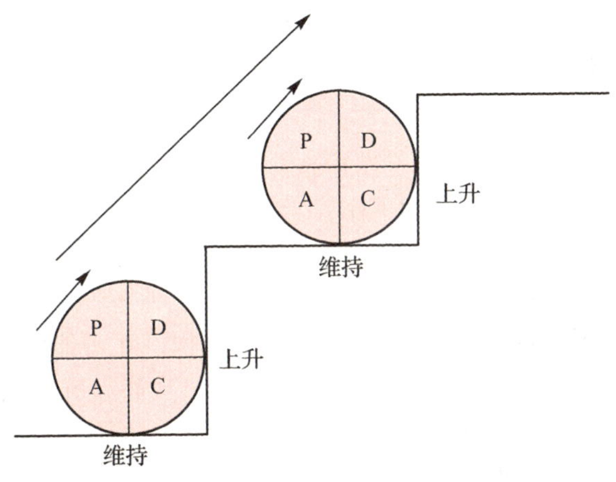

图 3-6 阶梯式上升

目的永远在技巧的前面

在某基层干部培训班上，教授讲到“领导方法”问题时，向大家提出一个问题：“小说《西游记》唐僧师徒四人中，你们认为谁本领最小，最不重要？”

有人说，儿时看小说就知道，唐僧最不重要。孙悟空会七十二变，有火眼金睛，能降妖除魔；猪八戒也能上天入海，打妖斗怪；沙僧虽然能力稍弱，但吃苦耐劳，除了担行李，战妖斗魔时也能当助手。唐僧不仅没有武艺，而且一路要别人照顾，甚至上妖怪的当，给大家添麻烦。

“这样理解就全错了。”教授说，“师徒四人中，最为重要的就是唐僧，因为只有他最明白此行的目的是什么。因此，在孙悟空赌气回了花果山，猪八戒开小差要回高老庄，沙僧每见师兄出走就犹豫的情况下，唯唐僧毅然决然、冒着风险奋勇向前，不达目的誓不罢休。可以说，没有唐僧的大志向和坚定的信仰，他们绝不可能取回真经，而孙悟空等人也不可能功德圆满。”

这个例子是对科学的领导方法一个生动形象的比喻，就是说，我们想问题、做事情、谋发展，必须坚持“目的永远大于技巧和方法”这一原则。唐僧与三位徒弟的关系，实际上就是目的与技巧的关系，有唐僧宏伟远大的目标，加上三位徒弟的技能，最终才实现取回真经的理想。反之，没有唐僧的引领，悟空等再有本领，也只能归于精怪之列，成不了大事。

六、目标管理的优缺点

管理实践表明，要评价目标管理的真正效果是困难的。第一，目标管理是由各种各样的组织给出不同的定义和进行不同的实践的，有的只是指简单地设置目标，而有一些则把它看作一个全面的管理系统；第二，有效性也是不容易下定义的，而且业绩的增减可能是由于目标管理以外的其他因素造成的。要完成一项目标管理计划可能用 2～5 年的时间，在这期间，这个计划以外的许多其他因素都可能对企业的经营有影响。那么，如果一个目标管理方法产生效果，它一定与其特定的环境条件相适应。

（一）目标管理的优点

1. 有利于提高管理效率

用目标和预期结果来定向的计划工作是非常有效的。目标管理迫使管理人员去考虑关于计划的效果，而不仅仅是计划本身的工作。为了保证目标的实现，也需要管理人员去考虑实现目标的方法，考虑必需的组织、人员和物资。

2. 有利于明确组织任务和结构

目标管理可以迫使管理人员弄清组织的任务和结构。在可能的范围内，各个岗位应该围绕所期望的关键目标建立起来，各个岗位应有人负责，从而尽可能地把主要目标所要取得的成果落实到对实现目标负有责任的岗位上。

3. 可以让人们执着于自己的目标

目标管理可以有效地调动人们的积极性、创造性和责任心，鼓励他们专心于自己的目标。人们不再只是被动地工作、执行指示、等待指导和决策；他们实际上参与制定目标，且都是明确规定目标的个人；他们已有机会把自己的想法纳入计划之中；他们了解自行处理的范围，而且还能从上级领导那里获得帮助，以保证完成自己的目标。这些都是有助于承担责任的因素。

4. 更有效地实施控制

控制就是测定工作，就是采取措施以纠正在计划实施中出现的偏差，以确保目标的实现。管理控制系统的一个主要问题是要知道去监视什么，一套明确的考核目标就是进行监视的最好指导。

（二）目标管理的缺点

1. 对目标管理的原则阐明不够

“目标”二字看起来很简单，但是要把它付诸实施，管理人员必须对它进行很好的领会和了解。他们必须依次向下级解释目标管理是什么，它怎样起作用，为什么要实行目标管理，在评价绩效时它起什么作用，以及参与目标管理的人能够得到什么好处。但是实际上，许多管理人员对目标管理的基本思想理解不深。

2. 目标难以确定

真正可考核的目标是很难确定的，为了追求目标的可考核性，人们可能过分使用定量目标，而且在不宜用数字表示的一些领域里也企图使用数字，或者对一些用数量表示有困难的重要目标，他们可能降低等级。例如，一个良好的企业形象，可能成为企业的关键目标领域，但它用数字表示是困难的，为了体现目标管理的思想，可能会导致定量化的目标无法充分反映组织的总体要求，甚至会降低标准。

3. 目标短期化

在大多数的目标管理计划中，所确定的目标一般都是短期的，很少超过一年，常常是一个季度或更短。然而组织强调短期目标是危险的，会损害长期目标的实现。因此，为防止短期目标导致的短期行为，上级管理人员必须从长期角度提出总目标和制定目标的指导准则。

4. 不灵活

目标管理要取得成效，就必须保持其明确性和稳定性，如果目标经常改变，就难以说明它是经过深思熟虑和周密计划的结果，这样的目标是没有意义的。计划是面向未来的，而未来存在许多不确定因素，因此必须根据已经变化了的环境对目标进行修正。目标的改变可能导致目标前后不一致，给目标管理带来困难。

项目小结

计划的概念有广义和狭义之分。广义的计划是指管理者制订计划、执行计划和检查计划执行情况的全部过程；狭义的计划仅指制订计划，是指管理者根据实际情况，通过科学、准确的预测，提出在未来一定时期内的目标及实现目标的方法。一般来说，计划的内容包括“5W1H”。

计划的作用包括预测未来，降低风险；统一行动，实现目标；规范流程，科学管理；明确标准，进行控制。

计划的形式包括目的或使命、目标、战略、策略、政策、程序、规则、规划、预算。

根据不同的划分标准，计划可以分为各种不同的类别。根据计划时间的长短划分，计划可分为长期计划、中期计划和短期计划。根据计划对企业经营影响范围和影响程度划分，计划可分为战略性计划和战术性计划。根据计划内容的详尽程度划分，计划可分为指导性计划和具体性计划。根据计划的重复性程度划分，计划可分为程序性计划和非程序性计划。

计划编制的原则包括与国家宏观经济政策、计划和规划相一致原则，综合平衡原则，经济效益原则，灵活性原则，远粗近细、宏粗微细原则，跟踪反馈原则。

计划编制的步骤包括估量机会、确定目标、确定前提条件、拟订各种可行方案、评价备选方案、选择方案、编制派生计划、预算。

计划编制的方法有滚动计划法、甘特图法、计划评审技术等。

目标管理就是指组织内部各部门乃至每个人为实现组织目标，自上而下地制定各自的目标并自主地确定行动方针、安排工作进度并有效地组织实施和对成果进行严格考核的一种系统的管理方法。目标管理具有整体性、目的性、层次性、民主性等基本特点。目标管理的基本过程是确定总目标、展开目标、实施目标、评价目标成果、实行奖惩、新的目标管理循环。PDCA 循环的主要步骤为 P(计划)—D(实施)—C(检查)—A(处理)。尽管目标管理方法有很多优点，但也有若干的缺点。

巩固与提高

一、单项选择题

1. 在管理的基本职能中，居于首位的是(　　)。

A. 计划　　B. 组织　　C. 领导　　D. 控制

2. 计划编制的过程中第一步是(　　)。

A. 确定目标　　B. 估量机会　　C. 确定前提条件　　D. 拟订各种可行方案

3. 管理的计划职能的主要任务是要确定(　　)。

A. 组织结构的蓝图　　B. 组织的领导方式

C. 组织目标及实现目标的途径　　D. 组织中的工作设计

4. 当环境存在较高程度的不确定性时,(　　)就具有更大的现实意义。

A. 具体性计划　　B. 指导性计划　　C. 战略性计划　　D. 战术性计划

5. 战略性计划通常是由(　　)来制定的。

A. 基层管理者　　B. 中层管理者　　C. 高层管理者　　D. 所有管理者

6. 关键路线是 PERT 网络中(　　)的事件和活动的序列。

A. 花费时间最短　　B. 花费时间最长　　C. 路线最短　　D. 路线最长

7. PERT 是一种利用(　　)实现计划控制的技术。

A. 预算　　B. 程序　　C. 统计资料　　D. 网络图

8. 目标管理中目标分解的方向是(　　)。

A. 自上而下　　B. 自下而上　　C. 自左向右　　D. 自右向左

9. 关于计划,下列说法错误的是(　　)。

A. 计划的制订要具有一定的灵活性以防意外变化

B. 非程序性计划是对非例行活动所做的计划

C. 短期计划具体规定了最近的时间段中应该从事的各种活动

D. 战略性计划服务于战术性计划

10. 对例行活动所做的计划是(　　)。

A. 程序性计划　　B. 非程序性计划　　C. 长期计划　　D. 短期计划

二、多项选择题

1. 计划的作用包括(　　)。

A. 预测未来,降低风险　　B. 统一行动,实现目标

C. 规范流程,科学管理　　D. 明确标准,进行控制

E. 弄清意图,获得利润

2. 战术性计划具有的特点包括(　　)。

A. 内容具体　　B. 内容明确　　C. 长期性

D. 整体性　　E. 可操作性强

3. 非程序性计划可应用于(　　)。

A. 新产品的开发　　B. 工人的操作规程

C. 原材料的出入库　　D. 重大的技术革新

E. 人才招聘

4. 为了对备选方案进行准确的评价,计划工作者需要做好的工作包括(　　)。

A. 确定组织的目标　　B. 确定具体评价指标

C. 确定计划的前提条件　　D. 确定指标的权重

E. 收集必要的信息

5. 战略计划与作业计划相比较,下列说法准确的是(　　)。

A. 战略计划的内容具有纲领性　　B. 战略计划的对象是组织全局

C. 战略计划的任务是设立目标　　D. 战略计划的风险性较高

E. 战略计划的地位低于战术计划

三、简答题

1. 解释计划内容 5W1H 的含义。
2. 计划具有哪些作用?
3. 计划的形式有哪些?
4. 计划是如何划分的?
5. 计划编制的原则有哪些?
6. 简述计划的编制过程。
7. 简述滚动计划法的做法。
8. 目标管理有哪些优缺点?

四、绘图题

1. 假定你是一家建筑公司的施工经理,被分派监督一座办公楼的施工过程,你必须决定建这座办公楼需要多长时间。你仔细地将整个项目分解为活动和事件,表 3-2 概括了主要事件和你对完成每项活动所需时间的估计。要求:绘制网络图,确定关键路线,计算工程完工期。

表 3-2　办公楼建设的主要事件及其时间估计

事　件	描　述	期望时间/周	紧前事件
A	审查设计和批准动工	10	
B	挖地基	6	A
C	立屋架和砌墙	14	B
D	建造楼板	6	C
E	安装窗户	3	C
F	搭屋顶	3	C
G	室内布线	5	D、E、F
H	安装电梯	5	G
I	铺地板和嵌墙板	4	D
J	安装门和内部装饰	3	I、H
K	验收和交接	1	J

2. 某项工程的各工作及其持续时间如表 3-3 所示。要求:绘制网络图,确定关键路线,计算工程完工期。

表 3-3　某项工程的各工作及其持续时间

工作名称	工作持续时间/天	紧前工作
A	15	
B	15	A
C	14	A
D	10	B、C

表 3-3(续)

工作名称	工作持续时间/天	紧前工作
E	6	B
F	6	D
G	1	D
H	30	E、G
I	8	F、H

五、案例分析题

一个价值 2.5 万美元的方法

美国某钢铁公司总裁舒瓦普向一位效率专家艾维·利请教如何更好地执行计划。艾维·利声称可以给舒瓦普一样东西，在 10 分钟内能把他公司的业绩提高 50%。接着，艾维·利递给舒瓦普一张白纸，说："请在这张纸上写下你明天要做的 6 件最重要的事。"舒瓦普用了约 5 分钟时间写完。艾维·利接着说："现在用数字标明每件事情对于你和公司的重要性次序。"舒瓦普又花了约 5 分钟做完。艾维·利说："好了，现在这张纸就是我要给你的。明天早上第一件事是把纸条拿出来，做第一项最重要的。不看其他的，只做第 1 项，直到完成为止。然后用同样的办法对待第 2 项、第 3 项，直到下班为止。即使只做完一件事，那也不要紧，因为你总在做最重要的事。你可以试着每天这样，直到你相信这个方法有价值时，请将你认为的价值通过支票的形式寄给我。"

一个月后，舒瓦普给艾维·利寄去一张 2.5 万美元的支票，并在他的员工中普及这种方法。5 年后，当年这个不为人知的小钢铁公司成为世界知名的钢铁公司。

【问题】

1. 为什么总裁舒瓦普有计划却难以执行？效率专家艾维·利的方法的关键在哪里？

2. 效率专家艾维·利认为"即使只做完一件事，那也不要紧，因为你总在做最重要的事"，你认为制订计划只做最重要的事可以吗？

3. 效率专家艾维·利执行计划的方法使这个不为人知的小钢铁公司成为世界知名的钢铁公司，为什么计划能有这么大的作用？

项目四 组织

知识目标

- 理解组织工作的内容和组织的分类；
- 掌握组织结构的类型；
- 了解横向组织设计和纵向组织设计；
- 掌握组织变革的动因和减少阻力的方法；
- 理解未来组织的特征。

能力目标

- 能够为企业选择适合的组织形式；
- 能够运用组织理论进行组织设计；
- 能够分析组织需要变革的原因并提出措施；
- 能够积极发挥非正式组织的作用。

导入案例

福特汽车公司的组织结构

福特汽车公司是由美国人亨利·福特一世在1905年创立的。经过15年的奋斗，福特汽车公司成为当时世界上知名的企业。20世纪20年代，福特汽车公司差不多垄断了美国的汽车市场，并在世界其他重要市场上占有领导地位。但是，由于整个公司由福特一人掌权，到1927年，福特汽车公司衰落下来，在市场上的份额降到了第三位。其后的20年间，公司几乎都是亏损经营。1944年，亨利·福特二世接管了公司，改组了公司高度集权的组织结构，并换上了一个全新的领导班子，才扭转了公司的局面，使公司又迅速发展起来。

亨利·福特一世之所以失败，原因在于他认为一个公司不论其规模多大，都只需一个老板和一些助手，而不需要专业管理人员，助手只要按照他的决定和命令行事即可。实际上，这是一个高度集权的组织结构形式，它不能适应福特汽车公司这样一个庞大的组织。

亨利·福特二世认识到企业问题的所在，大胆地实施企业组织结构的改革，改组了公司高度集权的组织结构，建立了适合公司发展的组织结构，所以公司又发展了起来。

案例提示：公司组织结构是否合理，对于公司的发展与生存起着至关重要的作用，有人曾这样说，公司组织结构的重要性仅次于公司最高领导人的挑选。对于各层管理人员来说，在一个结构设计良好的公司中工作，能保持较高的效率，并且能充分显示其才能；而在一个结构紊乱、职责不明的公司工作，其工作效率就很难保持在一个较高的状态了。建立适当的组织结构，可以使公司的各项业务活动顺利进行，可以减少矛盾与摩擦，避免不必要的协调，从而提高公司效率。

任务一　组织概述

管理要在组织中进行，如果不存在组织，也就不需要我们来研究管理活动了，没有组织工作，管理活动也无法开展。

一、组织的概念

所谓组织，就是为了达成某些特定的目标，经由分工合作及不同层次的权力和责任制度而构成的人的集合。例如，行政机关、企业、医院、部队等实体都是组织。组织作为人的结合不是简单的毫无关联的人相加，它是人们为实现一定的目的，有意识地协同劳动而产生的群体。它包括以下内容。

（一）目标是组织存在的前提

组织所做的各种努力都是为了最终达成组织目标。例如，企业的目标是通过从事生产、流通和服务等活动而获得利润；医院的目标是通过为患者提供诊治服务获得经济效益和社会效益。

（二）分工与合作是组织运营并发挥效率的基本手段和前提

为了使组织有效运行，必须根据组织目标的需要，按照科学原则设计出组织的层次结构，即将组织划分成不同层次的职能部门，这些部门都将承担组织的部分特定工作，这就是职能分工。这种分工可以使不同性质的任务同步进行，大大提高工作效率。

（三）组织要有不同层次的权力和责任制度

分工之后，要赋予每个部门乃至每个人相应的权力和责任，以便于实现组织的目标。权力和责任是达成组织目标的必要保证。

动画
猴子取食

二、组织工作

组织工作是指在组织目标已经确定的情况下，将实现组织目标所需要的各项业务活动加以分类组合，并根据管理幅度原则划分出不同的管理层次和部门，将监督各类活动所必需的职权授予各层次、部门的主管人员，并规定这些层次和部门间的相互配合关系。组织工作职能的内容包括以下几个方面：

（1）根据组织目标设计和建立一套组织机构与职位系统。

（2）确定职权关系，从而把组织的上下左右联系起来。

（3）与管理的其他职能相结合，以保证所设计和建立的组织结构有效地运转。

(4) 根据组织内外部要素的变化适时地调整组织结构。

三、组织的分类

人们可以根据不同的标准对组织进行不同的分类。在管理学中,管理学者通常将组织的目标和组织是否人为设定作为划分组织类型的两大基本标准。

(一) 根据组织的目标不同分类

在现代社会中,组织的公共目标和非公共目标构成了组织目标的两大类型,并对组织的不同类型具有深刻的影响。据此,人们可以把组织划分为公共组织和非公共组织。

1. 公共组织

公共组织是以实现公共利益为目标的组织,它一般拥有公共权力或者经过公共权力部门的授权,是负有公共责任,以提供公共服务,包括以管理公共事务、供给公共产品为基本职能的组织。政府是典型的公共组织。除此之外,以特定的公共利益为目标,提供公共服务的非营利性的非政府组织,也是现代社会公共组织的重要组成部分。

2. 非公共组织

非公共组织一般不以公共利益为组织的目标,在市场经济条件下,作为市场主体的企业是典型的非公共组织,以营利为目的的社会中介组织也属于非公共组织。另外,在政治生活中,服务于非公共利益的特定利益集团属于非公共组织;在社会生活中,基于特定的宗教信仰而形成的宗教组织,基于特定的生活兴趣而形成的组织,一般也属于非公共组织。

(二) 根据组织是人为设定还是自发形成分类

根据这一标准,可以把组织分为正式组织和非正式组织。

1. 正式组织

正式组织是为了有效实现组织目标,经过人为的筹划和设计,并且具有明确而具体的规范、规则和制度的组织。由此可见,正式组织具有明确的目的性,是管理者按照实现组织目标的要求而设定的,因此,它带有明确的管理者的意图和价值取向。正式组织一般具有如下特点:

(1) 具有专业分工。按照组织总体目标及其分解目标和组织工作的特性,正式组织具有明确的内部专业化分工,并按照这些分工设置相应的工作职位,并配置资源。

(2) 具有明确的科层。根据分工的要求,正式组织按照科层设计配置人员,由此形成了组织人员之间的科层等级。正式组织的科层特点,还使得正式组织一般具有科层协调的要求和特征。

(3) 具有法定的权威。正式组织是经过法定权力配置和进行职位授权的机构,因此正式组织的管理活动具有合法权威性,以保证组织意志的贯彻和信息的沟通,这种权威性对于组织成员具有强制性的约束力。

(4) 具有统一的制度性规范。正式组织一般制定统一的制度、规范和规则,以支撑组织的结构,保证组织的秩序,维持组织的正常运行,实现组织的目标和任务。

(5) 组织形态相对稳定。在正式规划和建立的组织中,组织秩序和结构功能相对稳定,其制度规范和规则程序也相对稳定,因此正式组织具有相对稳定的内部环境。

(6) 职位承担者可以替代。正式组织按照工作要求设置职位,因此担任职位工作的成员必须符合职位的要求,如果特定成员不能达到职位的要求,就随时有被取代的可能。

(7) 内部正式交换关系的存在。正式组织拥有自己的组织资源,因此正式组织可以运用自己拥有的物质资源换取组织成员的工作和能力发挥,这就使得正式组织与成员之间形成了物质交换关系。

2. 非正式组织

非正式组织是组织成员为了满足特定心理或情感需要而在其实际活动与共同相处的过程中自发和自然形成的团体。非正式组织一般具有以下特点:

(1) 非正式组织的形成基于特定的需要。非正式组织成员的心理和情感需要是多种多样的,其中包括组织成员的情感交流、社会交往、获得社会承认和尊重的需要,也包括组织成员获得理解、认同和安全的需要,还包括组织成员在遭受挫折或者威胁时维护自己的权利和权益的需要等。一般来说,组织成员形成非正式组织的心理需要都是正式组织所不能满足的。

(2) 非正式组织没有明确的组织目标。与正式组织具有明确的组织目标不同,非正式组织只是基于组织成员的心理需要而形成的,本身并没有明确的组织目标。非正式组织形成的心理需要可能与它所存在的正式组织的目标指向是一致的,也可能是不一致的,但是它并不以正式组织的目标作为自身追求或反对的目标。

(3) 非正式组织是组织成员自发形成的。非正式组织是组织成员在实际工作接触与相处中自然和自发形成的,而不是组织的管理者按照特定的目的人为构建的,因此在一个正式组织中形成非正式组织是不以管理者的意志为转移的。就此而言,非正式组织是与正式组织共生的必然现象。

(4) 非正式组织没有明确或者成文的制度和规则。一方面,非正式组织的形成源于组织成员的多种心理需要,产生于组织成员的自发行为;另一方面,特定非正式组织的形式和成员是经常变动的。因此,非正式组织的形成和实际存在并没有一定的规则,也没有正式组织那样的明确成文的制度性规定。

(5) 非正式组织一般具有三种基本存在形式。水平集团,一般由地位大致相同,同属一个工作单元或者组织的成员构成,这是非正式组织的常见形式;垂直集团,由一个工作单元或者组织内不同层次和职级的人员组成,垂直集团形成的重要原因是组织成员之间具有特殊的利益或者心理需要;混合集团,由组织不同工作单元、不同地位或职级的成员交叉构成,在非正式组织中,混合集团往往呈现出复杂多样的特点。

资料卡

非正式组织对于正式组织的功能具有两面性

1. 正面功能

它可以增强组织成员对于特定组织的归属感,从而形成有利于组织稳定和目标实现的凝聚力;它可以协调组织成员之间的关系,弥补组织成员之间由于能力高低和职位不同而形成的差异,调节他们之间的矛盾和纠纷,形成有利于组织成员协作的关系和氛围;它有利于组织成员的相互沟通,尤其有利于不同层次和职级的成员之间的沟通,不仅使得组织的管理者获得组织成员工作、心理的真实状况和信息,而且有利于形成和谐的管理者与被管理者的关系,从而有利于管理目标的实现;它可以在一定程度上调节组织成员的精神状态,提供组织成员宣泄其心理紧张、不安、焦虑的途径,从而有利于组织成员工作积极性的发挥;它可以为管理者在执行特殊管理任务时提供制度外的途径。

2. 负面功能

组织成员形成非正式组织的心理需要与正式组织目标指向相反或者相悖时，非正式组织会阻碍正式组织目标的实现；非正式组织以心理需要和情感为联系纽带，在组织实际运行中，往往会破坏以理性为基础的正式组织的制度和规则；非正式组织形成的人际集团，可能造成组织中的成员分裂，甚至形成与管理者抗衡的团体，从而严重妨碍组织的稳定和团结，妨碍管理者意志的贯彻和实际管理活动的进行。

四、组织结构

组织结构是指组织的各部门机构之间根据权责关系而确定的具有从属和并列关系的一种模式。组织结构是企业的流程运转、部门设置及职能规划等最基本的结构依据，决定了工作任务如何进行分工、分组和协调合作。集权与分权反映了组织的纵向职权关系，其意思是指组织中决策权限的集中和分散程度。所谓集权，是指决策权在组织系统中较高层次上一定程度的集中；所谓分权，是指决策权在组织系统中较低层次上一定程度的分散。组织结构是组织的全体成员为实现组织目标，在管理工作中进行分工协作，在职务范围、责任、权力方面所形成的结构体系。组织结构是组织在职、责、权方面的动态结构体系，其本质是为实现组织战略目标而采取的一种分工协作体系，组织结构必须随着组织的重大战略调整而调整。组织结构的类型有直线制组织结构、职能制组织结构、直线职能制组织结构、事业部制组织结构、矩阵制组织结构、集团控股型组织结构、网络型组织结构等。

（一）直线制组织结构

直线制组织结构是最早使用也是最为简单的一种组织结构，又称单线制组织结构或军队式组织结构。直线制组织结构的组织中各种职位是按垂直系统直线排列的，各级主管负责人执行统一指挥和管理的职能，不设专门的职能机构，如图 4-1 所示。

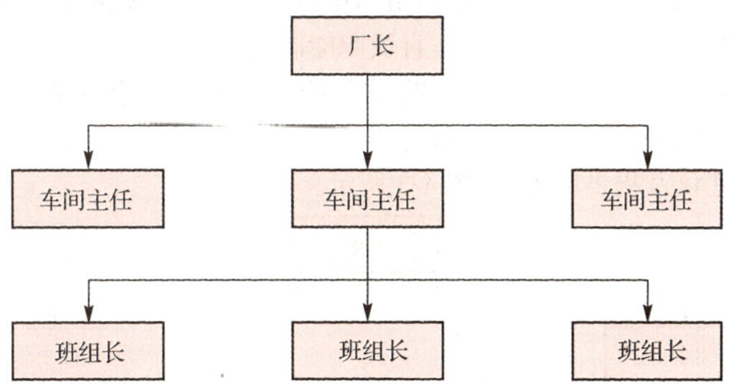

图 4-1　直线制组织结构

直线制组织结构的优点是：结构比较简单，管理权力高度集中，决策迅速，指挥灵活。其缺点是：要求最高管理者通晓多种专业知识，亲自处理各种业务，一旦企业规模扩大，管理工作复杂化，把所有管理职能都集中到最高管理者一个人身上，势必因经验、精力不足而难以胜任。因此，这种形式适用于规模较小、任务比较单一、人员较少的组织。

（二）职能制组织结构

职能制组织结构又称多线制组织结构，是指在最高主管下面设置职能部门，各职能部门在其专项业务分工范围内都有权向下级下达命令和指示，直接指挥下属单位。下属单位既服从直线主管的命令指挥，又服从上级各职能部门的命令指挥。如图 4-2 所示，车间主任既接受厂长的指挥，又接受各职能部门的领导。

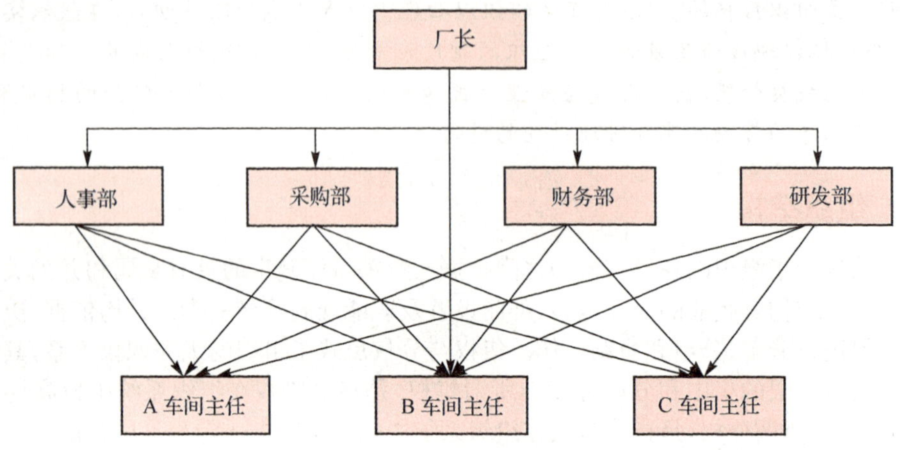

图 4-2　职能制组织结构

职能制组织结构的优点是：能够适应现代生产技术比较复杂、管理分工比较细的特点，提高了管理的专业化程度，减轻了直线领导人员的工作负担。其缺点是：妨碍了必要的集中领导和统一指挥；不利于建立和健全各级行政负责人及职能科室的责任制，在中间管理层往往会出现"有功大家抢，有过大家推"的现象；在上级行政领导和职能机构的指导及命令发生矛盾时，下级就无所适从，影响工作的正常进行，容易造成纪律松弛、生产管理秩序混乱。由于这种组织结构存在明显的缺陷，现代企业一般都不采用。

（三）直线职能制组织结构

直线职能制组织结构也称直线参谋制组织结构。它是在直线制组织结构和职能制组织结构的基础上，取长补短而建立起来的。直线职能制组织结构以直线为基础，既设置了直线行政领导，又在各级领导之下设置了相应的职能部门，分别从事职责范围内的专业管理。其特点是职能科室作为高层领导的助手，仅起参谋作用，不能对直线部门下达指令，但可以给予业务指导，提出建议及提供服务，如图 4-3 所示。

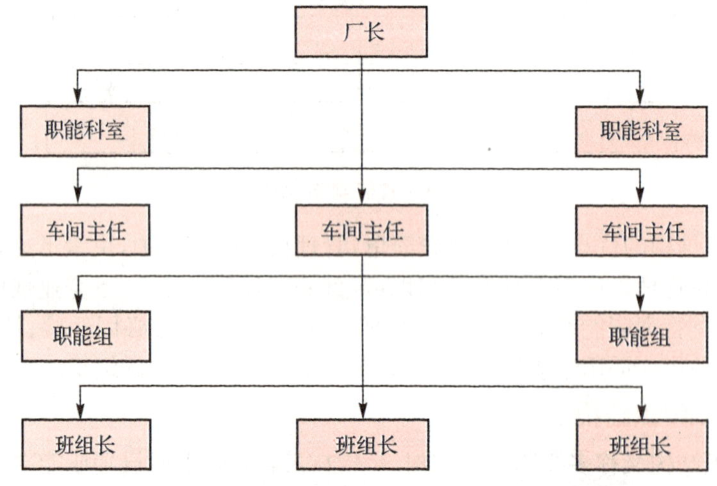

图 4-3　直线职能制组织结构

直线职能制组织结构的优点是:既保证了企业管理体系的集中统一,又可以在各级行政负责人的领导下充分发挥各专业管理机构的作用。其缺点是:职能部门之间的协作和配合性较差,职能部门的许多工作要直接向上层领导报告请示后才能处理,这一方面加重了上层领导的工作负担,另一方面也易造成办事效率低下。为了克服这些缺点,可以设立各种综合委员会或建立各种会议制度,以协调各方面的工作,起到沟通作用,帮助高层领导出谋划策。目前,绝大多数企业都采用这种组织结构形式。

(四) 事业部制组织结构

事业部制组织结构又称分权制组织结构,是指在集权的直线职能制组织结构中通过分权管理而形成的大型现代企业组织结构形式。即在总公司统一领导下,按产品、地区或市场划分成几个事业部,各事业部实行相对独立经营,独立核算,具有从生产到销售的全部职能。这是在总公司控制下的各个利润分中心,以各事业部为单位分别制订利润计划。其主要特点是集中政策、分散管理、集中决策、分散经营,如图 4-4 所示。

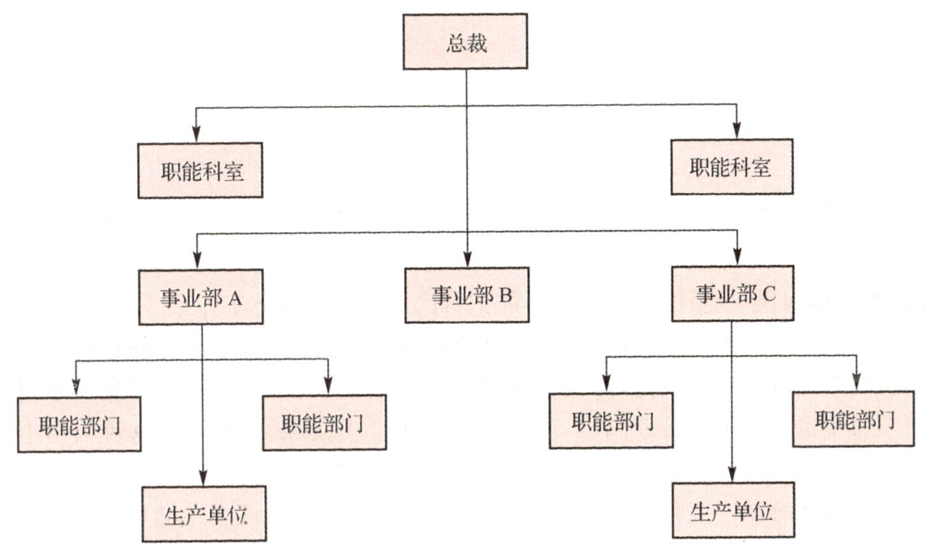

图 4-4 事业部制组织结构

事业部制组织结构的优点是:有利于总公司管理人员摆脱日常行政事务,集中精力考虑全局问题;各事业部主管摆脱事事请示汇报的限制,能自主处理各种日常工作,经营责任和权限明确,物质利益与经营状况紧密挂钩,更能发挥其经营管理的积极性;各事业部可集中力量从事某一方面的经营活动,实现高度专业化,整个企业可以容纳若干经营特点有很大差别的事业部,形成大型联合企业。其缺点是:容易造成组织结构重叠、管理人员膨胀等现象;各事业部独立性强,考虑问题时容易忽略企业整体利益。事业部制组织结构是现代企业组织规模不断扩大的产物,是发达国家大型企业和跨国公司普遍采取的一种企业组织结构形式。

(五) 矩阵制组织结构

矩阵制组织结构也称为规划目标组织结构,是以成果及专业职能两个因素作为部门和人员结合基础的一种组织结构形式,如图 4-5 所示。矩阵制组织结构由两条线组成:一是相对固定的机构，包括组织日常性的业务经营机构，如人事部、财务部、市场开发部、工程部等；二是设立项目或任务小组的临时机构，这类机构的目的是解决组织在一定时期所面临的重要问题，如新产品开发、技术攻关、专项任务突击等。

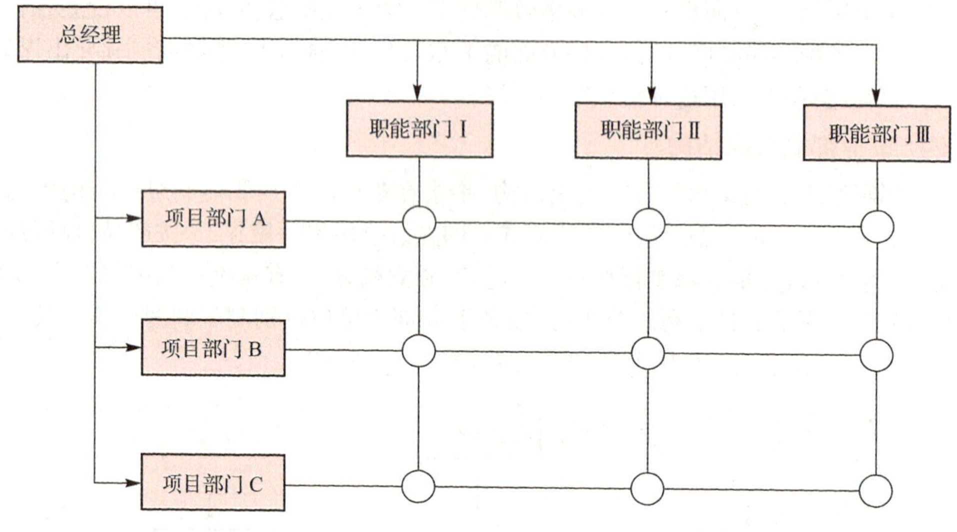

图 4-5　矩阵制组织结构

矩阵制组织结构的优点是：机动、灵活，可随项目的开发与结束进行组织或解散。由于这种结构是根据项目而组织的，任务清楚，目的明确，各方面有专长的人都是有备而来的，因此在新的工作小组里，成员能沟通、配合，能把自己的工作同整体工作联系在一起，为攻克难关、解决问题而献计献策，同时又能保留将职能专家组合在一起所具有的经济性。其缺点是：项目负责人的责任大于权力，因为参加项目的成员都来自不同部门，隶属关系仍在原单位，所以项目负责人对他们管理困难，没有足够的激励手段和惩治手段，这种人员上的双重管理是矩阵制组织结构的先天缺陷；由于项目组成员来自各个职能部门，当任务完成后，仍要回原部门，因而容易产生临时观念，对工作具有一定的影响。该组织结构适用于一些重大攻关项目，企业可用来完成涉及面广的、临时性的、复杂的重大工程项目或管理改革任务，特别适用于以开发与实验项目为主的活动，如科学研究。

（六）集团控股型组织结构

集团控股型组织结构通常是指以一个实力雄厚的组织为核心，以产权联系为主要纽带，通过产品、技术、经营契约等多种方式，把多个组织联系在一起形成的多层次的法人联合体的结构形式。集团控股型组织结构建立在组织资本参与关系的基础上，基于这些持股关系，持股权的大公司便称为母公司，亦称为集团公司。被母公司控制和影响的各组织单位则称为子公司（指被绝对或相对控股的组织）或关联公司（指仅被一般参股的组织）。子公司、关联公司和母公司一起构成了以母公司为核心的组织集团。集团控股型组织结构形式如图 4-6 所示。

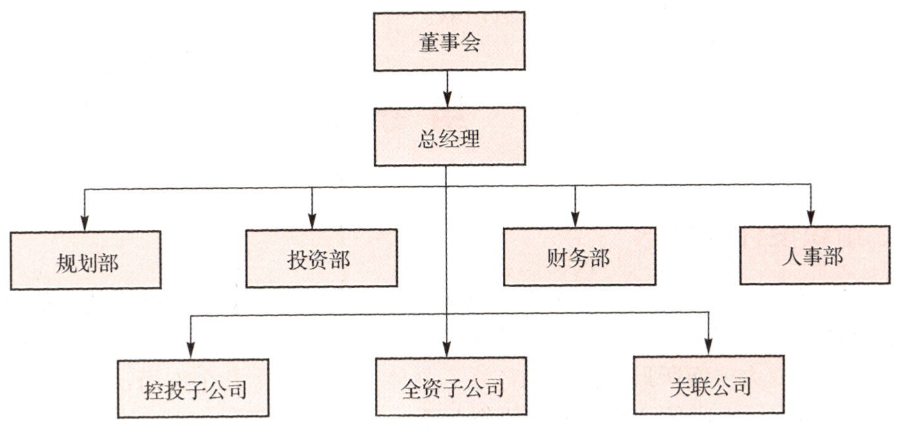

图 4-6　集团控股型组织结构

集团公司或母公司与它所持股的组织单位之间不是上下级的行政管理关系，而是出资人对被持股公司的产权管理关系。母公司作为大股东，对被持股公司进行产权管理。其控制的主要手段是：母公司凭借所掌握的股权向子公司派遣产权代表和董事、监事，通过这些人员在子公司股东会、董事会、监事会中发挥积极作用而影响子公司的经营决策。

集团控股型组织结构的优点是：母公司对子公司具有有限责任，使风险得到控制，可大大增加企业之间联合和参与竞争的实力。其缺点是：战略协调、控制、监督困难，资源配置也较难，缺乏各公司的协调，管理变得间接。

（七）网络型组织结构

网络型组织结构是利用现代信息技术手段建立和发展起来的一种新兴组织结构，是一种以契约关系的建立和维持为基础，依靠外部机构进行制造、销售或进行其他重要业务活动的组织结构形式，如图 4-7 所示。被连在这一结构中的两个或两个以上的单位之间并没有正式的资本所有关系和行政隶属关系，但却通过相对松散的契约纽带和一种互惠互利、相互协作、相互信任与支持的机制来进行密切合作。

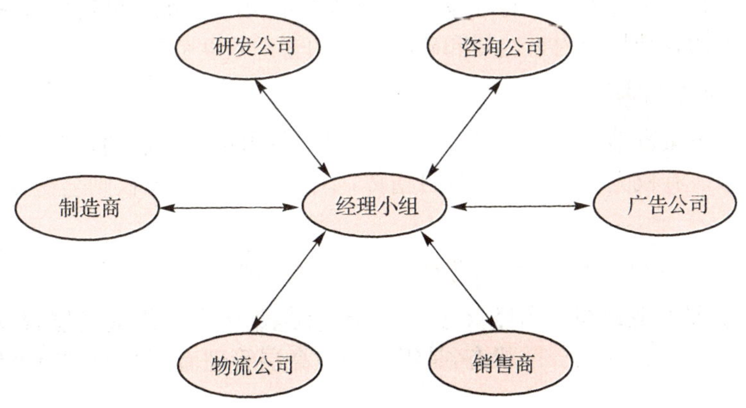

图 4-7　网络型组织结构

网络型组织结构的优点是：高度灵活；减少了自己创建相关业务部门的成本；组织可以集中精力做自己擅长的事情；组织规模不大，易于管理；所创造的人均效益往往较高。其缺点是：缺乏对外包活动的有利控制；存在大量的沟通协调成本；以设计为其核心业务的企业，在外包业务时容易导致设计创新泄密或被窃取。

任务二　组织设计

一、组织设计的概念

组织设计是指对一个组织的结构进行规划、构造、创新和再构造，以便从组织结构上确保组织目标的有效实现。组织结构的含义表现为人们为实现组织目标而进行分工协作，在职务范围、责任、权力方面所形成的结构体系。具体表现在以下几个方面：

(1) 组织结构的本质是员工的分工协作关系。

(2) 设计组织结构的目的是实现组织目标。

(3) 组织结构还可称为权责结构。具体可分为以下几种：

① 职能结构，即完成组织目标所需的各项工作及其比例和关系。

② 层次结构，即各管理层次的构成，又称组织的纵向结构。

③ 部门结构，即各管理部门的构成，又称组织的横向结构。

④ 职权结构，即各层次、各部门在权力和责任方面的分工及相互关系。

二、组织设计的原则

不同的组织通过应用组织设计原则的不同组合，可构成不同的组织结构类型。随着环境的变化，组织也日益复杂化，组织设计原则也不是一成不变的。不同的组织、部门应当根据自身面对的组织环境的确定性与不确定性的组合情况来考虑不同的设计原则，即应当采用系统的、应变的组织设计原则。

（一）管理幅度与层次适度原则

组织工作的目的是使人们更有效率地合作，受先天条件所限，一个管理人员可以有效管理的下属人员的数量是有限的。管理幅度的选择对组织层次和组织效率有很大影响，应根据影响管理幅度的各种权变因素选择和确定合适的管理幅度范围。

（二）权责对等原则

职权是把组织紧密结合起来的黏合剂，职责是对权力运用的制约，权责对等是组织正常运行的基本要求。有权无责容易造成盲目指挥，不计后果；有责无权则会严重挫伤员工的积极性。

（三）集权和分权相结合原则

集权是企业组织生产经营管理权限较多地集中在组织最高层管理者手中；分权则是一种组织的权力分散状态，是组织中最高层管理者逐步通过有系统的授权而形成的。

动画
鬣狗猎捕斑马

（四）合理划分部门原则

部门化就是将不同的工作及相应的人员编成可以管理的单位。创建可管理的单位的过程，通常是组织设计的第一步。决定部门化的最普遍的基础是职能、产品、顾客、地区，这些也是划分部门的一般基础。

（五）统一指挥原则

统一指挥原则是企业组织管理的一个基本原则，是建立在明确的权力系统之上的。保证政令畅通和效率提高，是这项原则的基本目的和根本要求。为了确保统一指挥，应注意保持信息通道畅通，切忌多头领导，不能越级指挥。

子贱放权

有一次，孔子的学生子贱奉命担任某地方的官吏。到任以后，他并不是忙于政务，而是时常探亲自娱，不管政事，可是他所管辖的地方却治理得井井有条，民兴业旺。这使那位卸任的官吏百思不得其解，因为即使他每天起早贪黑，从早忙到晚，也没有把地方治理好。于是他请教子贱："为什么你能治理得这么好？"子贱回答说："你只靠自己的力量去进行，所以十分辛苦；而我却是借助别人的力量来完成任务。"

在组织管理方面，管理者必须学会放权的艺术，相信少就是多的道理，抓的少些，反而收获就多些。通过放权可以获得一些时间和精力，去做一些更应该做的事情。管理者要管头管脚（指人和资源），但不能从头管到脚，权力不能过分集中，但也不能过分分散。

三、组织设计的影响因素

面对竞争日趋激烈的外部环境和不确定的市场需求变化，任何组织都会察觉到管理的日趋复杂和能力有限，这就必须把权变的组织设计观引入组织设计的思想中。所谓权变的组织设计，是指以系统、动态的观点来思考和设计组织，它要求把组织看成一个与外部环境有着密切联系的开放式组织系统。因此，权变的组织设计必须考虑战略、环境、规模、技术等一系列因素，针对不同的组织特点设计不同的组织结构。环境、战略、技术、组织规模和生命周期等是影响组织设计的主要因素。

（一）环境的影响

资料
系统理论在组织设计中发挥的作用

环境包括一般环境和特定环境两部分。一般环境包括对组织管理目标产生间接影响的诸如经济、政治、社会文化及技术等环境条件，这些条件最终会影响到组织现行的管理实践。特定环境包括对组织管理目标产生直接影响的诸如政府、顾客、竞争对手、供应商等具体环境条件，这些条件对每个组织而言都是不同的，并且会随着一般环境条件的变化而变化，两者具有互动性。环境的复杂性和变动性决定了环境的不确定性。所谓不确定性，是指决策者由于缺乏完整的外部环境信息，以至于无法预测未来的变化而无法做出正确的判断和决策。当环境由简单的稳定性向复杂的变动性转移时，关于环境的信息不完整性也逐渐增强，管理决策过程中的不确定因素也大为增加，只有那种与外部环境相适应的组织结构才可能成为有效的组织结构。

（二）战略的影响

战略是指决定和影响组织活动性质及根本方向的总目标，以及实现这一总目标的路径和方法。美国企业史学家钱德勒研究认为，新的组织结构若不因战略而异，将毫无效果。具体来讲，战略发展有四个不同阶段，每个阶段应有与之相适应的组织结构。

第一个阶段为数量扩大阶段，即许多组织开始建立时，往往只有一个单独的工厂，只是比较单一地执行制造或销售等职能。这个阶段的组织结构很简单，有的只有一个办公室。组织面临的重要战略是如何扩大规模。

第二个阶段为地区开拓阶段，即随着组织向各地区开拓业务，为了把分布在不同地区的同行业组织有机地组合起来，就产生了协调、标准化和专业化的问题。这就要求建立一种新的组织结构，即职能部门。

第三个阶段为纵向联合发展阶段，即在同一行业发展的基础上进一步向其他领域延伸扩展，如从专门销售服装用品扩大到销售各种用具和家具等。这种发展战略要求建立与此相适应的职能结构。

第四个阶段为产品多样化阶段，即为了在原产品的主要市场开始衰落的时候，更好地利用和组织现有的资源、设备和技术，而转向新行业内新产品的生产和新服务的提供。这种战略的组织结构要考虑对新产品与新服务的评价和考核，考虑到对资源的分配及部门的划分、协调等问题，要求建立与此相适应的产品型组织结构。

研究发现，许多经营成功的企业，若保持在单一行业内发展，则偏好采用集权的职能结构；而那些实施多角化经营的企业，一般采用分权的事业部结构。为了不断适应企业新的发展战略要求，企业也要适时地变革组织结构，以保持组织的自适应性。

企业重组

Vortex是加利福尼亚州一个有130名员工的家族企业，主要经营修理和更换仓库门的业务。公司老板弗克森认识到，公司销售额停滞不前，支出增加，正在走向官僚化。每个人都只是着眼于自己狭小的工作范围，接待员仅接听电话，材料员仅发出订单和收货，负责单据的职员仅签发单据，他们每个人都感到他们所做的似乎是方程式的一小部分。弗克森通过建立半自制的部门来重组企业，重新分配员工的职责，个别经理被赋予一系列职责。通过这种方式，企业摆脱了财务危机，销售额开始了新一轮的增长。

弗克森的调配使得传统个人只负责个人事的管理方式被打破，组织结构得到更新，更好地处理了集权与分权相平衡的问题。他在不同的时期、不同的环境下为了完成组织目标需求而变革了组织结构，同时也改善了员工分工、协调关系，使员工的积极性大增，从而使组织更具竞争力。

（三）技术的影响

技术是指把原材料等资源转化为最终产品或服务的机械力和智力的转换过程。任何组织都需要通过技术将投入转换为产出，那么组织设计就需要因技术的变化而变化，也就要求组织结构做出相应的改变和调整。英国女管理学家伍德沃德根据制造业技术的复杂程度把技术划分为三类：单件小批量生产技术、大批量生产技术和流程生产技术。

单件小批量生产包括定制产品（如定制服装和水力发电用涡轮机等）生产和纯粹的单件小批量生产。大批量生产是由大批和大量生产的制造商组成，它们提供诸如家电和汽车之类的产品，这些产品一般可以通过专业化流水线技术生产实现规模经济。流程生产是技术中最复杂的一类，如炼油厂、发电厂和化工厂这类使用连续流程的生产者。这些不同的技术类型和相应的公司结构之间存在着明显的相关性，而且组织的绩效与技术和结构之间的“适应度”密切相关。随着技术复杂程度的提高，企业组织结构复杂程度也相应提高，管理层级数、管理人员同一般人员的比例及高层管理者的控制幅度亦随之增加。因此，大批量生产组织通过严格的规范化管理，可以有效地提高管理的效率，然而权力过分集中和规范化对于小批量生产企业或流程生产企业来说不太合适。这三类企业中的每一类都有相对应的特定结构形式，成功的企业大多是那些能根据技术的要求而采取合适组织结构的企业。制造业企业的组织并不存在一种最好的方式。

值得注意的是，随着计算机革命和信息技术的发展，制造业技术有了质的飞跃。包括机器人、计算机数控（CNC）、计算机辅助制造（CAM）、计算机辅助设计（CAD）、管理自动化等技术在内的计算机集成制造系统（CIMS）或柔性制造系统（FMS）的运用，使得生产部门能够以较低的成本在较短的时间内生产出大量高质量的各种定制产品来，从而改变了大批量生产技术无法实现定制生产的传统格局。拥有 CIMS 或 FMS 技术的企业组织具有管理幅度较小、层级较少、专业化程度较低、高度分权的结构特点，容易实现理想中的规模经济和范围经济。

（四）组织规模的影响

美国社会学家布劳等人曾对组织规模与组织设计之间的关系做了大量研究，认为组织规模是影响组织结构最重要的因素，即规模大会提高组织的复杂程度，并连带提高专业化和规范化的程度。可以想象，当组织业务呈现扩张趋势、组织员工增加、管理层次增多、组织专业化程度不断提高时，组织的复杂程度也会不断提高，这必然给组织的协调管理带来更大的困难。而随着内外环境不确定因素的增加，管理层也越难把握实际变化的情况并迅速做出正确决策，组织进行分权式的变革成为必要。

大型组织与小型组织在组织结构上的区别主要体现在以下几个方面。

1. 规范化程度

大型组织可以通过制定和实施严格的规章制度，并按照一定的工作程序来控制和实现标准化作业，员工和部门的业绩也容易考核，因而组织的规范化程度比较高；小型组织可以凭借管理者的能力来对组织进行控制，组织显得比较松散而富有活力，因而规范化程度比较低。

2. 集权化程度

在大型官僚型层级组织中，决策往往是由那些具有完全控制权的高层主管做出的，因而组织的集权化程度也比较高。事实上，为了快速响应日趋复杂的环境变化，组织规模越大就越需要分权化，而在分权化程度较高的组织中，决策更多的是在较低的层级上做出的，决策速度快，信息反馈也及时。

3. 复杂化程度

大型组织的高度复杂性是显而易见的，由于横向和纵向的复杂性，大型组织经常需要成立新的部门来应对由于规模扩大所带来的新问题。同时，随着组织中部门规模的扩大，部门管理者控制力也会不断减弱，部门又会产生新的再细分压力，结果造成部门林立的臃肿格局。另外，随着员工数量的增加，在一定控制幅度条件下，管理的层级数也必然增多，这都会大大增加管理的成本，降低管理的效率。

4. 人员结构比例

“帕金森定律”认为，由于各种原因，受到激励的管理者往往会增加更多的管理者，包括构建自己的“帝国大厦”以巩固他们的地位。研究表明，在迅速成长的组织中，管理人员的增幅要比其他人员的增幅大得多，在组织衰退过程中，管理人员的减幅要比其他人员的减幅小得多，这说明，管理人员最先被聘用而最后被解聘。也有研究表明，随着组织规模的扩大，管理人员的比例是下降的而其他人员的比例则是上升的。总体而言，高层管理人员与一般员工之间的结构比例应当是均衡配置的，任何不一致都应当通过积极主动的变革来加以调整。

（五）生命周期的影响

组织的演化成长呈现出明显的生命周期特征，因此组织结构、内部控制系统及管理目标在各个阶段都可能是不相同的。

美国哈佛大学教授葛瑞纳最早提出企业生命周期理论，他认为企业的成长如同生物的成长一样要经过诞生、成长和衰退几个过程。美国组织行为专家奎因和卡梅隆把组织的生命周期细划为创业阶段、集合阶段、规范化阶段和精细阶段四个阶段。他们认为，企业的成长是一个由非正式到正式、低级到高级、简单到复杂、幼稚到成熟的阶段性发展过程。具体来讲，每个阶段都由两个时期组成：一个是组织的稳态发展时期，组织在这个时期的结构与活动都比较稳定，内外条件较为吻合；另一个是组织的变革时期，即当组织进一步发展时，就会从内部产生一些新的矛盾和问题，使组织结构与活动不相适应，此时必须通过变革使结构适应内外环境的变化，使组织保持适应性。组织就是如此循环往复不断得以成长的。综合来看，组织生命周期对于组织设计的影响体现在以下方面。

1. 创业阶段

起初，组织是小规模的、非官僚制的和非规范化的。高层管理者制定组织结构框架并控制整个运行系统，将组织的精力放在生存和单一产品的生产与服务上。随着组织的成长，组织需要及时调整产品的结构，这就必然会产生调整组织结构和更换更具能力的高层管理者的压力。

2. 集合阶段

集合阶段是组织发展的成长期。一般情况下，组织在更换了高层管理者之后便会明确新的目标和方向，此时便进入了迅速成长期，员工受到不断激励之后也开始与组织的使命保持一致。尽管某些职能部门已经建立或调整，可能也已开始程序化工作，但组织结构可能仍然欠规范合理。一个突出的矛盾是，高层管理者往往居功自傲，迟迟不愿放权，组织面临的任务是如何使基层的管理者更好地开展工作，如何在高层管理者放权之后协调和控制好各部门的工作。

公司的生命周期阶段

某皮鞋公司成立之初仅有 20 名员工，主要业务是生产兼销售该公司品牌的皮鞋。该公司领导人李总是一位个性很强、很有野心与进取心的人，所有人员由李总统一指挥。在其领导下，该公司渐渐发展成为一家知名公司，员工发展到 160 人，营业收入达到 500 万元。

随着业务的扩大,公司规模有了一定扩大,该公司开始划分出不同的部门,但部门的设置并不正规,各部门仍由李总直接领导。最后公司采取事业部制组织结构,并增设了人力资源部、市场公关部、企划部等职能部门。实际上,各事业部仅仅是在业务和人员方面加以区分,没能实现经营管理的充分自治,部门之间缺少沟通,信息传递慢,反馈一般都延时,而且员工工作情绪越来越低落。

该公司正属于生命周期的集合阶段,集权化程度高,高层主管居功自傲,不愿放权,统揽一切决策;员工受不到激励,组织内部交流少;企业工作程序没有标准化,组织结构欠规范。这些都是集合阶段企业常出现的问题。

3. 规范化阶段

组织进入成熟期之后就会出现官僚制特征。组织可能会大量增加人员,并通过实行清晰的层级制和专业化劳动分工进行规范化、程序化工作。组织的主要目标是提高内部的稳定性和扩大市场。组织往往会通过建立独立的研究和开发部门来实现创新,这又使得创新的范围受到了限制。因此,高层管理者不仅要懂得如何通过授权调动各个层级管理者的积极性,还要能够使组织整体不失控制。

4. 精细阶段

成熟的组织往往显得规模巨大和官僚化,继续演化可能会使组织步入僵化的衰退期。这时,组织管理者可能会尝试跨越部门界限组建团队来提高组织的效率,阻止进一步的官僚化。如果效果仍不明显,必须考虑更换高层管理者并进行组织重构以重塑组织的形象,否则组织的发展将会受到很大的限制。

四、组织设计的方法

分工的出现和深化提高了组织的效率,并导致了管理的必要,而管理本身也存在分工,这种分工使得管理职能分化和专业化。组织设计分为横向结构设计和纵向结构设计。

(一)横向结构设计——划分部门

所谓组织的横向结构设计,主要解决组织内部如何按照分工协作原则对组织的业务与管理工作进行分析归类,组成横向合作的部门问题,即划分部门问题。划分部门通常采用以下方法:

(1)按人数划分。按照组织中人数的多少来划分部门,即抽取一定数量的人在主管人员的指挥下去执行一定的任务。这是最原始、最简单的划分方法,军队中某一兵种的师、旅、团、营、连、排、班就是以这种方法划分的。

(2)按时序划分。这是古老的划分部门的形式之一,是在正常的工作日不能满足工作需要时所采用的划分部门的方法。该方法通常实行三班制,适用于医院、警察、消防、电信等组织的基层部门。

(3)按产品划分。按产品划分即按组织向社会提供的产品和服务的不同来划分。它是随着科学技术的发展,为了适应新产品的生产而产生的。这种划分方法有利于发挥专用设备效益,发挥个人的技能和专业知识并有利于部门内的协调。但是它要求更多的人具有全面管理的能力,如果各产品部门独立性较强而整体性较差,便会增加主管部门协调控制的难度。

(4) 按地区划分。按地区划分即按照企业活动分布的地区来划分部门。这种划分方法能够调动地方、区域的积极性，能够因地制宜，以谋取地方化经营的最佳经济效果。但是由于地域的分散性，增加了主管部门控制的难度，容易出现各自为政的局面，不利于企业总体目标的实现。这种划分方法多用于大的集团公司和跨国公司。

(5) 按职能划分。它遵循专业化的原则，以组织的经营职能为基础划分部门。按职能划分部门是企业组织广泛采用的方式，几乎所有企业组织结构的某些层次都存在职能分工的形式。这种划分方法有利于专业化分工，有利于各专业领域的最新思想和工具的引入，能够促进专业领域的深入发展。但易导致所谓的"隧道视野"现象：关注部门目标。这种部门主义或本位主义会给部门之间的相互协调带来很大的困难。

(6) 按顾客划分。顾客部门化越来越受到重视。它是基于顾客需求的一种划分方法，即按组织服务的对象类型来划分部门。这种划分能够满足顾客特殊而又多样化的需求，但是会使这一部门与其他部门的协调极为困难。

以上仅仅列举了组织在实现目标过程中划分部门的基本方法。在现实的管理活动中，企业部门的划分方法往往不是单一的，而是以上多种方法的结合，即常常使用混合的方法划分部门。

(二) 纵向结构设计——管理幅度和管理层次

1. 管理幅度

管理幅度又称控制幅度，是指一名上级领导人所能够直接领导、指挥和监督的下级人员或下级部门的数量及范围。从形式上看，管理幅度仅仅表示了一名上级领导人直接领导的下级人员的数量，但由于下级人员都承担着某个部门或某个方面的业务，所以管理幅度的大小实际上意味着上级领导人直接控制和协调的业务活动量的多少。决定管理幅度大小的主要因素一般有如下几个：

(1) 管理者与被管理者的性格、知识、才干、精力、经验、习惯、年龄、动机、作风等。

(2) 组织的正式规定，如规章、制度、规划、纪律、责任、待遇、惯例及技术设备、氛围、人际关系、权力的集中程度等。

(3) 社会的总体发展水平、社会对组织的需求、社会道德风尚及意识形态，以及与组织有关的家庭或家族意志等。

苛希纳定律

苛希纳定律是由西方著名管理学者苛希纳研究发现的，故得其名。该定律指出，如果实际管理人员比最佳人数多两倍，工作时间就要多两倍，工作成本就要多 4 倍；如果实际管理人员比最佳人数多 3 倍，工作时间就要多 3 倍，工作成本就要多 6 倍。

苛希纳定律阐明了一个道理：在管理中，并不是人越多越好，有时管理幅度越大，工作效率反而越低。要想铲除"十羊九牧"的现象，必须精兵简政，寻找最佳的人员规模与组织规模。这样才能构建高效精干、成本合理的经营管理团队。

2. 管理层次

管理层次也称组织层次，是描述组织内部纵向划分管理层数的数额。如果从构成组织纵向结构的各级组织来定义，管理层次是指从最高一级组织到最低一级组织的各个组织等级。每个组织等级即为一个管理层次。如果从纵向结构的各级领导职务的各个职务等级来说，组织有多少个领导职务等级，就有多少级管理层次。不同的行政组织，其管理层次的多寡不同，但多数可以分为上、中、下三级或高、中、低、基层四级。前者如通用的部、局、处三级建制，后者如国务院、省政府、县政府、乡政府四级领导体制。但无论哪一种层次组建方式，其上下之间都有比较明确和严格的统属关系，都是自上而下的金字塔结构。

3. 管理层次和管理幅度的关系

管理层次和管理幅度是决定组织规模的两个重要参数，而且管理层次与管理幅度是密切相关的，用公式表示为：

管理幅度×管理层次＝组织规模

(1) 一个组织的管理层次多少，受到组织规模和管理幅度的影响。在管理幅度给定的条件下，管理层次与组织规模大小成正比，组织规模越大，包括的成员数越多，其所需的管理层次就越多。

(2) 在组织规模给定的条件下，管理层次与管理幅度成反比，每个主管人员所能直接控制的下属人数越多，所需的管理层次就越少。

(3) 较宽的管理幅度有利于降低管理成本。管理层次与管理幅度的反比关系决定了两种基本的管理组织结构形态：扁平结构形态和锥形结构形态。组织设计要尽可能地综合两种基本组织结构形态的优势，克服它们的局限性。

① 扁平结构是指组织规模一定、管理幅度较大、管理层次较少的一种组织结构形态。这种形态的优点是：层次少，信息的传递速度快，从而可以使高层尽快地发现信息所反映的问题，并及时采取相应的纠偏措施；同时，由于信息传递经过的层次少，传递过程中失真的可能性较小；此外，较大的管理幅度使主管人员对下属不可能控制得过多过死，从而有利于下属主动性和首创精神的发挥。但是过大的管理幅度也会带来一些局限性。例如，主管人员不能对每位下属进行充分、有效的指导和监督；每个主管人员从较多的下属获取信息，众多的信息量可能淹没了其中最重要、最有价值的，从而可能影响信息的及时利用；等等。

② 锥形结构是管理幅度较小、管理层次较多的高、尖、细的金字塔形态。其优点与局限性正好与扁平结构相反：较小的管理幅度可以使每位主管人员仔细地研究从每个下属得到的有限信息，并对每个下属进行详尽的指导。但过多的管理层次不仅影响了信息从基层传递到高层的速度，而且由于经过的层次太多，每次传递都被各层主管人员加进了许多自己的理解和认识，从而可能使信息在传递过程中失真；可能使各层主管人员感到自己在组织中的地位相对渺小，从而影响其积极性的发挥；也容易使计划的控制工作复杂化。

任务三　组织变革与发展

根据系统理论，组织是处在一定的外部环境中并由多个要素组成的相互联系、相互作用，为实现一定目的而构成的有机整体。组织作为一个有机体，与其他有机体一样，经历着产生、成长、成熟和衰退的过程。组织作为一个开放系统，为了能够继续生存和发展，在不断地与外部环境进行物质、能量、人员和信息的交流过程中，就要不断地发生变革，使其自身能够不断地适应组织内外环境的变化。

一、组织变革

（一）组织变革的概念

美国著名的管理学家哈默和钱皮曾在《公司再造》一书中把 3C 力量，即顾客、竞争、变革看成影响市场竞争最重要的三种力量，并认为三种力量中尤以变革最为重要，“变革不仅无所不在，还持续不断，这已成了常态”。

所谓组织变革，是指组织管理人员主动对组织的原有状态进行改变，以适应外部环境变化，更好地实现组织目标的活动。这种变革的范围包括组织的各个方面，如组织行为、组织结构、组织制度、组织成员和组织文化等。任何一个组织，无论过去如何成功，都必须随着环境的变化而不断地调整自我并与之相适应。组织变革的根本目的就是提高组织的效能，特别是在动荡不定的环境条件下，要想使组织顺利地成长和发展，就必须自觉地研究组织变革的内容、阻力及其一般规律，研究有效管理变革的具体措施和方法。

（二）组织变革的内容

组织变革具有互动性和系统性，组织中的任何一个因素改变，都会带来其他因素的变化。然而，就某一阶段而言，由于环境情况各不相同，变革的内容和侧重点也有所不同。综合而言，组织变革的主要变量因素包括人员、结构、任务和技术。

（1）对人员的变革。人员的变革是指员工在态度、技能、期望、认知和行为上的改变。组织发展虽然包括各种变革，但是人是最主要的因素，人既可能是推动变革的力量也可能是反对变革的力量。变革的主要任务是组织成员之间在权力和利益等资源方面的重新分配。要想顺利实现这种分配，组织必须注重员工的参与，注重改善人际关系并提高实际沟通的质量。

（2）对结构的变革。结构的变革包括权力关系、协调机制、集权程度、职务与工作再设计等其他结构参数的变化。管理者的任务就是要对如何选择组织设计模式、如何制订工作计划、如何授予权力及授权程度等一系列行动做出决策。现实中，固化式的结构设计往往不具有可操作性，需要随着环境条件的变化而改变，管理者应该根据实际情况灵活改变其中的某些要素。

（3）对技术与任务的变革。技术与任务的改变包括对作业流程与方法的重新设计、修正和组合，包括更换机器设备，采用新工艺、新技术和新方法等。由于产业竞争的加剧和科技的不断创新，管理者应能与当今的信息革命相联系，注重在流程再造中利用最先进的计算机技术进行一系列的技术改造。同时，组织还需要对组织中各个部门或各个层级的工作任务进行重新组合，如工作任务的丰富化、工作范围的扩大化等。

老鹰喂食与组织变革

老鹰是鸟类中十分强壮的种族，根据动物学家所做的研究，这可能与老鹰的喂食习惯有关。老鹰一次孵化四五只小鹰，但老鹰每次猎捕回来的食物只能喂食一只小鹰，而老鹰的喂食方式并不是依平等的原则，而是哪一只小鹰抢得凶就给谁吃，在此情况下，瘦弱的小鹰由于吃不到食物都死了，而最凶狠的小鹰存活下来，代代相传，老鹰一族就越来越强壮。

公平不能成为组织中的公认原则，组织若无适当的淘汰制度，常会因小仁小义而耽误进化，将在竞争的环境中遭到自然淘汰。

（三）组织变革的动因

推动组织变革的因素可以分为外部环境因素和内部环境因素两种。

1. 外部环境因素

（1）整个宏观社会经济环境的变化。政治、经济政策的调整，经济体制的改变及市场需求的变化等，都会引起组织内部深层次的调整和变革。

（2）科技进步的影响。科技的发展日新月异，新产品、新工艺、新技术、新方法层出不穷，对组织的固有运行机制构成了强有力的挑战。

（3）资源变化的影响。组织发展所依赖的环境资源对组织具有重要的支持作用，如原材料、资金、能源、人力资源、专利使用权等。组织必须能克服对环境资源的过度依赖，同时要及时根据资源的变化顺势变革组织。

（4）竞争观念的改变。基于全球化的市场竞争将会越来越激烈，竞争的方式也将会多种多样，组织若要想适应未来竞争的要求，就必须在竞争观念上顺势调整，争得主动，以便在竞争中立于不败之地。

2. 内部环境因素

（1）组织机构适时调整的要求。组织机构的设置必须与组织的阶段性战略目标相一致，组织一旦需要根据环境的变化调整机构，新的组织职能必须得以充分的保障和体现。

（2）保障信息畅通的要求。随着外部不确定性因素的增多，组织决策对信息的依赖性增强，为了提高决策的效率，必须通过变革保障信息沟通渠道的畅通。

（3）克服组织低效率的要求。组织长期一贯运行极可能会出现某些低效率现象，其原因既可能是由于机构重叠、权责不明，也有可能是人浮于事、目标有分歧。组织只有及时变革才能进一步制止组织效率的下降。

（4）快速决策的要求。决策的形成如果过于缓慢，组织常常会因决策的滞后或执行中的偏差而错失良机。为了提高决策效率，组织必须通过变革对决策过程中的各个环节进行梳理，以保证决策信息的真实、完整和迅速。

（5）提高组织整体管理水平的要求。组织整体的管理水平是竞争力的重要体现。组织在成长的每个阶段都会面临新的发展矛盾，为了达成新的战略目标，组织必须在人员素质、技术水平、价值观念、人际关系等方面都做出改善和提高。

科凌公司的组织变革

科凌公司是一家生产显像管、纤维光缆、眼镜片、饮具等几十种产品的大型企业。尽管这些产品在外观和用途上各不相同，但它们均由玻璃制成。在玻璃行业，科凌公司具有独特优势。

为了管理这些多样化的产品，科凌公司划分出电视、消费品、照明、电气、科学、医疗和技术产品七个分部，每个分部只负责一种产品的制造、分销、人事选拔、销售与营销及原材料采购。在国外，科凌公司不是根据产品而是根据地理来设计组织的，每个工厂负责该地区科凌产品的生产与销售。

最近，由于环境、技术及战略的变化，科凌公司管理层在考虑对组织进行再设计，如在总部合并某些部门、在国外加强与东道国公司的战略联盟等。

一个组织如果想求得长期生存与发展，必须时刻关注环境的变化，在战略、技术、结构等方面不断进行调整，以便使组织有效运转。

（四）组织变革的类型

依据不同的划分标准，组织变革可以分为不同的类型。例如，按照变革的程度与速度不同，组织变革可以分为渐进式变革和激进式变革；按照工作的对象不同，组织变革可以分为以组织为重点的变革、以人为重点的变革和以技术为重点的变革；按照组织的内容不同，组织变革可以分为战略性变革、结构性变革、流程主导性变革、以人为中心的变革。这里重点介绍按照组织的内容不同进行的划分。

1. 战略性变革

战略性变革是指组织对其长期发展战略或使命所做的变革。如果组织决定进行业务收缩，就必须考虑如何剥离非关联业务；如果组织决定进行战略扩张，就必须考虑并购的对象和方式，以及组织文化重构等问题。

2. 结构性变革

结构性变革是指组织根据环境的变化适时对组织的结构进行的变革。变革后，重新在组织中进行权力和责任的分配，使组织变得更为灵活、易于合作。

3. 流程主导性变革

流程主导性变革是指组织紧密围绕其关键目标和核心能力，充分应用现代信息技术对业务流程进行的重新构造。这种变革会对组织结构、组织文化、用户服务、质量、成本等各个方面产生重大的改变。

4. 以人为中心的变革

组织中人的因素最为重要，组织若不能改变人的观念和态度，组织变革就无从谈起。以人为中心的变革是指组织必须通过对员工的培训、教育等引导，使他们能够在观念、态度和行为方面与组织保持一致。

资料卡

卢因的三阶段变革过程模型

库尔特·卢因是计划变革理论的创始人。卢因的三步骤过程将变革看作对组织平衡状态的一种打破，即解冻。解冻一旦完成，就可以推行本身的变革，但仅仅引入变革并不能确保它的持久，新的状态需要再冻结，这样才能使之保持一段相当长的时间。因此，再冻结的目的是通过平衡驱动力和制约力两种力量，使新的状态稳定下来。

第一阶段：解冻——创造变革的动力。

组织必须清醒地认识新的现实，与过去决裂，承认旧的做事方式不再被接受。组织在与那些不再发挥作用并要设法打破的结构和管理行为分开之前，接受一个新的未来愿景将十分困难。

第二阶段：变革——实施变革。

指明改变的方向，使成员形成新的态度和行为。组织应创造并拥有一种未来愿景，并综合考虑达成这一目标所需要的步骤。安排变革的一个首要步骤是将整个组织团结在一个凝聚人心的愿景之下。这个愿景不仅包括其使命、哲学和战略目标的某种陈述，而且旨在非常清楚地勾画出组织未来理想的样子。它被比喻为“组织梦——发挥想象力，鼓励人们对可能的情况进行再思考”。

第三阶段：再冻结——稳定变革。

当新的态度、实践与政策用于改变组织时，它们必须被“重新冻结”或固化。再冻结即把组织稳定在一个新的均衡状态，目的是保证新的工作方式不会轻易改变，这是对支撑这一变革的新行为的强化。

（五）组织变革的阻力及其减小方法

组织变革意味着打破原有状态，建立新的组织状态。面对变革，组织中的一些人必须放弃自己原有的观念和行为方式，以适应新的观念和方式。因此，组织变革不可能一帆风顺，势必遇到来自各个方面的阻力。充分认识这些阻力，并设法排除阻力是保证组织变革取得成功的基本条件。

1. 组织变革的阻力

组织变革是一种对现有状况进行改变的努力，任何变革都常常会遇到来自各种变革对象的阻力和反抗。产生这种阻力的原因可能是传统的价值观念和组织惯性，也有一部分是对变革不确定后果的担忧，这集中表现为来自个人的阻力和来自团体的阻力两种。

（1）来自个人的阻力。来自个人的阻力包括以下几种：

① 利益上的影响。变革从结果上看可能会威胁到某些人的利益，如机构的撤并、管理层级的扁平等都会给组织成员造成压力和紧张感。过去熟悉的职业环境已经形成，而变革要求人们调整不合理的或落后的知识结构，更新过去的管理观念、工作方式等，这些新要求都可能会使员工面临失去权力的威胁。

② 心理上的影响。变革意味着原有的平衡系统被打破，要求成员调整已经习惯了的工作方式，而且变革意味着要承担一定的风险。对未来不确定性的担忧、对失败风险的惧怕、对绩效差距拉大的恐慌及对公平竞争环境的担忧，都可能造成人们心理上的倾斜，进而产生心理上的变革阻力。另外，平均主义思想、厌恶风险的保守心理、因循守旧的习惯心理等也都会阻碍或抵制变革。

（2）来自团体的阻力。来自团体的阻力包括以下几种：

① 组织结构变动的影响。组织结构变动可能会打破过去固有的管理层级和职能机构，并采取新的措施对责、权、利重新做出调整和安排，这就必然要触及某些团体的利益和权力。如果变革与这些团体的目标不一致，团体就会采取抵制和不合作的态度，以维持原状。

② 人际关系调整的影响。组织变革意味着组织固有结构的改变，组织成员之间的关系也需要随之调整。非正式团体的存在使得这种新旧关系的调整需要有一个较长的过程。在这种新的关系结构被确立之前，组织成员之间很难磨合一致，一旦发生利益冲突就会对变革的目标和结果产生怀疑与动摇，特别是一部分能力有限的员工将在变革中处于相对不利的地位。随着利益差距的拉大，这些人必然会对组织的变革产生抵触情绪。

2. 减小组织变革阻力的方法

为了确保组织变革的顺利进行，必须事先针对变革中的种种阻力进行充分的研究，并要采取一些具体的管理对策。

（1）客观分析变革的推力和阻力的强弱。德裔美国心理学家勒温曾提出运用力场分析的方法研究变革的阻力。其要点是：把组织中支持变革和反对变革的所有因素分为推力与阻力两种力量，前者发动并维持变革，后者反对和阻碍变革。当两力均衡时，组织维持原状，当推力大于阻力时，变革向前发展，反之变革受到阻碍。管理层应当分析推力和阻力的强弱，采取有效措施，增强支持因素，削弱反对因素，进而推动变革的深入进行。

资料卡

力场分析方法

力场分析方法是社会心理学家勒温创造的。任何事物都处在一对相反作用力之下，且处于平衡状态。其中，推动事物发生变革的力量是驱动力，试图保持原状的力量是制约力。将组织视为一个动态系统(而非静止)，这一系统同样处在二力作用的动态平衡之中。为了发生变革，驱动力必须超过制约力，从而打破平衡。

勒温认为变革遇到阻力时如果用高压手段，可能一时平息，但反抗者会积聚力量，卷土重来。因此，他主张把支持变革和反对变革的所有因素排队，分析比较其强弱程度，然后采取措施，增强支持因素，减弱反对因素，从而促使变革的顺利进行。例如，公司要求操作人员上班时戴帽子，但很多人不遵守。那么公司可以调查研究正反两个方面的因素：要求戴的理由和不愿戴的理由。不愿戴的理由有帽子不美观、戴上很热等，那么公司可以重新设计帽子的样式和外观，解决帽子不美观这一反对因素，再接着想办法解决戴帽子热的问题，依次削弱反对因素，最终达到变革的目的。让组织内的上下级所有人员都不同程度地参与变革的全过程，这是减小变革阻力最有效的措施之一。

(2) 创新组织文化。冰山理论认为，假如把水面之上的冰山比作组织结构、规章制度、任务技术、生产发展等要素，那么水面之下的冰体便是组织的价值观体系、组织成员的态度体系、组织行为体系等组成的组织文化。只有创新组织文化并使其渗透到每个成员的行为之中，才能使露出水面的变革行为变得更为坚定，也才能够使变革具有稳固的发展基础。

(3) 创新策略方法和手段。为了避免组织变革中可能会造成的重大失误，使人们坚定变革成功的信心，必须采用比较周密可行的变革方案，并从小范围逐渐延伸扩大。特别是要注意调动管理层变革的积极性，尽可能削减团体对组织变革的抵触情绪，力争使变革的目标与团体的目标相一致，提高员工的参与程度。

总之，无论是个人还是组织都有可能对变革形成阻力，变革成功的关键在于尽可能消除阻碍变革的各种因素，削弱反对变革的力量，使变革的阻力尽可能降低，必要时还应该运用行政的力量保证组织变革的顺利进行。

(六) 组织变革的过程与程序

1. 组织变革的过程

为使组织变革顺利进行，并能达到预期效果，必须先对组织变革的过程有一个全面的认识，然后按照科学的程序组织实施。组织变革的过程包括解冻—变革—再冻结三个阶段。

(1) 解冻阶段。这是改革前的心理准备阶段。一般来讲，成功的变革必须对组织的现状进行解冻，然后通过变革使组织进入一个新阶段，同时对新的变革予以再冻结。组织在解冻期间的中心任务是改变员工原有的观念和态度，通过积极的引导，激励员工更新观念、接受改革并参与其中。

(2) 变革阶段。这是变革过程中的行为转换阶段。进入这一阶段，组织上下已对变革做好了充分的准备，变革措施就此开始。组织要把激发起来的改革热情转化为改革的行为，关键是要能运用一些策略和技巧减少员工对变革的抵制，进一步调动员工参与变革的积极性，使变革成为全体员工的共同事业。

(3) 再冻结阶段。这是变革后的行为强化阶段，其目的是要能通过对变革驱动力和约束力的平衡，使新的组织状态保持相对的稳定。由于人们的传统习惯、价值观念、行为模式、心理特征等都是在长期的社会生活中逐渐形成的，并非一次变革所能彻底改变的，因此，改革措施顺利实施后，还应采取种种手段对员工的心理状态、行为规范和行为方式等进行不断的巩固和强化。否则，稍遇挫折，便会反复，使变革的成果无法巩固。

2. 组织变革的程序

(1) 通过组织诊断，发现变革征兆。组织变革的第一步就是要对现有的组织进行全面的诊断。这种诊断必须有针对性，要通过收集资料的方式对组织的职能系统、工作流程系统、决策系统及内在关系等进行全面的诊断。组织除了要从外部信息中发现对自己有利或不利的因素之外，更主要的是能够从各种内在征兆中找出导致组织或部门绩效差的具体原因，并确立需要进行整改的具体部门和人员。

(2) 分析变革因素，制订改革方案。组织诊断任务完成之后，就要对组织变革的具体因素进行分析，如职能设置是否合理、决策中的分权程度如何、员工参与改革的积极性怎样、流程中的业务衔接是否紧密、各管理层级间或职能机构间的关系是否易于协调等。

(3) 选择正确方案，实施变革计划。制订改革方案的任务完成之后，组织需要选择正确的实施方案，然后制订具体的改革计划并贯彻实施。推进改革的方式有多种，组织在选择具体方案时要考虑到难度、变革速度及员工的可接受和参与程度等，做到有计划、有步骤、有控制地进行。当改革出现某些偏差时，要有备用的纠偏措施及时纠正。

(4) 评价变革效果，及时进行反馈。组织变革是一个包括众多复杂变量的转换过程，再好的改革计划也不能保证完全取得理想的效果。因此，变革结束之后，管理者必须对变革的结果进行总结和评价，及时反馈新的信息；对于没有取得理想效果的变革措施，应当给予必要的分析和评价，然后做取舍。

组织结构变革和调整

A单位在几年前经过认真、系统地研究后制定了三年的战略规划，之后按照这个规划在业务方面进行了投入，招聘了一批人才，在管理上做了改进，引进了绩效管理机制，完善了薪酬激励机制等，但是战略实施的效果依然是事倍功半。在咨询团队的帮助下，经过一番系统地调查和分析，A单位高层开始认识到：战略定位和管理改进策略都没有错，问题出在组织结构上，管理者在制定战略规划时，并没有对组织进行相应的变革和调整，组织结构、组织文化、管理流程、组织内的沟通机制、组织与外部环境的沟通机制已跟不上新的发展要求。

如果说一个战略规划的执行像打一场战役的话，那么在确定了主战场、攻防策略之后，指挥官还要考虑什么呢？当然是编排队伍，布置兵力，鼓舞士气。因此，战略规划中除了确立正确的组织愿景、组织目标、业务定位、发展模式之外，组织结构和组织能力的匹配性、组织管理模式和业务流程的合理性同样是保证一场战役成功的不可或缺的要素。

二、组织发展

（一）组织发展的概念

组织发展是指以变革的方式改进组织行为、提高组织效率的过程。组织变革与组织发展是相互区别、紧密联系的两个概念。组织发展要通过组织变革来实现，变革是手段，发展是目的。组织的效率一般取决于组织的管理体系和组织结构，组织的技术水平和工作安排体系，组织成员的态度、行为、价值观等文化系统。组织发展就是对这些因素进行的一系列变革，其中改变人的因素、发展人的潜能和特性是组织发展的本质。

组织发展是一个连续不断的动态过程，是一个由低级到高级的较长的动态过程，组织领导者不能期望运用某种方法在短期内解决所有的问题。组织发展从组织系统出发，需要综合运用多学科知识。组织发展主要是调整领导与员工之间、员工与员工之间、部门与部门之间的关系，力图创造信任、协作的工作氛围。组织发展一般采用有计划的再教育手段实现自己的目的，通过有目的地改变人的态度，影响人的行为，不断创新规范，推动组织的发展。

资料卡

保持组织的基业长青

哈佛商学院的大卫·加文对如何保持组织的基业长青进行了5年的研究，得出一个结论，即组织的可持续发展必须有两个因素支撑：一个是主动的创新，即在管理和业务上推陈出新；另外一个因素就是组织的适应力。他认为，许多组织之所以败下阵来是因为管理者更多地把眼光盯住拓展业务、提供服务等经济活动，以求迅速获得收益。他们往往忽视更加根本性的问题——组织自身的健康发展。面对环境变化和自身的病态，组织应该及时做出调整，以使自身充满活力、更好地适应业务发展和环境变革的要求。对于组织的高级管理者来说，在何种情况下维护组织的稳定和在何种情况下促进组织的变革，都是非常重要的问题。从某种意义上讲，组织变革和组织发展是一个单位从优秀走向卓越的根本保障。

（二）未来组织的特征

1. 高速度

随着信息化和网络经济的发展，规模经济时代正在向速度经济时代转变，正如美国思科公司总裁钱伯斯所言："新经济规则不是大鱼吃小鱼，而是快鱼吃慢鱼。"因此，未来的竞争在很大程度上依赖速度，未来的社会是快者生存的时代。

2. 组织扁平化

随着计算机、互联网在组织中的应用和组织的信息收集、整理、传递、控制手段的现代化，金字塔式的传统层级结构正在向层次少、扁平式的组织结构演进。在当今组织结构的变革中，减少中间层次，加快信息传递速度，直接控制是一个基本趋势。

3. 组织运行柔性化

柔性是指组织结构的可调整性，对环境变化、战略调整的适应能力。在知识经济时代，外部环境以大大高于工业经济时代的变化速度在发生着变化，因此组织的战略调整和组织结构调整必须及时，应运而生的柔性组织结构使得组织结构运作带有柔性的特征。

4. 组织协作团队化

这里的团队是指在组织内部形成的具有自觉的团结协作精神，能够独立完成任务的集体。团队组织与传统的部门不一样，它是自觉形成的，是为完成共同的任务，建立在自觉的信息共享、横向协调基础上的。在团队中，没有拥有制度化权力的管理者，只有组织者；团队中的成员不是专业化的，而是多面手，分工的界限不像传统的分工那么明确，相互协作是最重要的特征。

5. 组织管理人本化

知识经济时代，组织中最重要的资源是人，特别是具有特殊才能的人。组织的高效率和高效益依赖组织成员的积极性和创造性。因此，组织要尊重每个成员的合理需要，建立科学有效的激励制度和各项规章制度，为员工创造充分发展的机会和环境，使员工得到全面、自由的发展。

6. 学习型组织

知识经济时代的组织必须不断地学习，要运用能在所有层次上促进学习和实验的知识基础来支持。阿里·德·格斯在领导荷兰皇家壳牌公司策划时曾说过："比你的竞争对手更快学习的能力可能是唯一的持久性竞争优势。"可见，组织要保持领先的唯一办法就是比对手更快、更好地学习。

所谓组织，就是为了达成某些特定的目标，经由分工合作及不同层次的权力和责任制度而构成的人的集合。

组织工作是指在组织目标已经确定的情况下，将实现组织目标所需要的各项业务活动加以分类组合，并根据管理幅度原则划分出不同的管理层次和部门，将监督各类活动所必需的职权授予各层次、部门的主管人员，并规定这些层次和部门间的相互配合关系。

根据组织的目标不同分类，可以把组织划分为公共组织和非公共组织；根据组织是人为设定还是自发形成分类，可以把组织划分为正式组织和非正式组织。非正式组织对于正式组织的功能具有两面性。

组织结构是指组织的各部门机构之间，根据权责关系而确定的从属和并列关系的一种模式。集权与分权反映了组织的纵向职权关系，是指组织中决策权限的集中和分散程度。

组织结构的类型包括直线制组织结构、职能制组织结构、直线职能制组织结构、事业部制组织结构、矩阵制组织结构、集团控股型组织结构和网络型组织结构。

组织设计是指对一个组织的结构进行规划、构造、创新和再构造，以便从组织结构上确保组织目标的有效实现。

组织设计的原则包括管理幅度与层次适度原则、权责对等原则、集权和分权相结合原则、合理划分部门原则、统一指挥原则。

组织设计的影响因素包括环境、战略、技术、组织规模、生命周期。

组织设计分为横向结构设计和纵向结构设计。管理幅度×管理层次＝组织规模。管理层次与管理幅度的反比关系决定了两种基本的管理组织结构形态：扁平结构形态和锥形结构形态。

组织变革可使组织适应内外部变化的要求，是不以人的意志为转移的，变革需要借助一定的动力克服来自各方面的阻力并遵循一定的原则和程序来进行。组织发展是指以变革的方式改进组织行为、提高组织效率的过程。

巩固与提高

一、单项选择题

1. 以下关于组织的说法中不准确的是(　　)。

A. 组织有分工合作　　B. 组织有不同层次的权力和责任制度

C. 组织必须有既定的目标　　D. 任意一个群体都可称为一个组织

2. 管理层次的存在是由于(　　)。

A. 管理幅度的存在　　B. 美学上的原因

C. 可使组织更加灵活　　D. 有利于有效沟通

3. 某研究所中存在许多不同的非正式群体,并因为需求不同而发生冲突,以致影响组织的发展。该研究所所长应该采取的措施是(　　)。

A. 尽力满足各个非正式群体的不同需求　B. 协调各个非正式群体的分歧

C. 禁止非正式群体的活动　　D. 引导非正式群体的活动

4. 我国大部分企业采取的组织形式是(　　)。

A. 直线制组织结构　　B. 职能制组织结构

C. 直线职能制组织结构　　D. 事业部制组织结构

5. 没有反映出管理专业化分工的组织结构为(　　)。

A. 职能制组织结构　　B. 直线制组织结构

C. 事业部制组织结构　　D. 矩阵制组织结构

6. 职能制组织结构的最大缺点是(　　)。

A. 横向协调差　　B. 多头领导

C. 不利于培养上层领导　　D. 适用性差

7. 直线职能制组织结构一般适用于(　　)。

A. 中小企业　　B. 大企业

C. 所有企业　　D. 不能判断

8. 对于科研院所等研究项目较多、创新能力较强的组织或企业,适合采用(　　)。

A. 直线制组织结构　　B. 事业部制组织结构

C. 矩阵制组织结构　　D. 职能制组织结构

9. 把相似的作业任务编在一起形成一个单位,属于按照(　　)划分部门。

A. 时间　　B. 人数　　C. 职能　　D. 过程

10. 组织规模一定时,管理幅度和管理层次成(　　)关系。

A. 正比　　B. 指数　　C. 反比　　D. 相关

二、多项选择题

1. 事业部制组织结构的优点是(　　)。

A. 使高层管理者摆脱日常的行政事务　　B. 能促进资源的有效整合

C. 便于培养“多面手”级管理通才　　D. 易于发挥机构灵活的特点

E. 可以集中优势进行管理

2. 组织设计的原则主要有(　　)。

A. 管理幅度与层次适度原则　　B. 权责对等原则

C. 集权和分权相结合原则　　D. 统一指挥原则

E. 因地制宜原则

3. 下列关于扁平结构与锥形结构的比较，描述正确的是(　　)。

A. 扁平结构信息纵向流通快
B. 锥形结构分工明确细致，管理监督严密
C. 扁平结构有更多的提升机会
D. 锥形结构更有利于密切上下级之间的关系
E. 扁平结构简单

4. 不利于扩大管理幅度的因素有(　　)。

A. 管理人员的能力较强
B. 被管理人员的工作差别较大
C. 上下级沟通容易
D. 组织变革的速度较快
E. 下属在空间上比较分散

5. 事业部制组织结构适用于(　　)。

A. 中小企业
B. 发达国家大型企业
C. 科研院所
D. 跨国公司
E. 工作室

三、简答题

1. 什么是组织？组织工作包括哪些内容？
2. 如何理解非正式组织对于正式组织的功能的两面性？
3. 简述组织结构的概念。
4. 组织结构有哪些类型？各有何优缺点？
5. 什么是组织设计？组织设计有哪些原则？
6. 如何进行组织设计？
7. 简述扁平结构形态和锥形结构形态。
8. 什么是组织变革？组织变革的内容和类型有哪些？
9. 组织变革的阻力主要有哪些？如何减小这些阻力？
10. 简述组织变革的过程与程序。
11. 未来组织将具有哪些特征？

四、案例分析题

失效的管理

伴随着我国对外开放政策的实施，某生产传统工艺品的企业逐渐发展壮大起来，销售额和出口额年平均增长率在15%以上。员工也由原来的不足200人增加到了2 000多人，但企业还是采用过去的直线制组织结构，王厂长既管销售又管生产，是一个多面全能型的管理者。

最近企业发生了一些事情，让王厂长应接不暇。

其一，生产基本是按订单生产，基本由厂长传达生产指令。遇到交货紧的情况，往往是厂长带头和员工一起挑灯夜战。虽然按时交货，但质量不过关，产品被退回，并被要求赔偿。

其二，以前企业招聘人员人数少，王厂长一人就可以决定了。现在每年要招收大中专学生近50人，还涉及人员的培训等，以前的做法就行不通了。

其三，过去总是王厂长临时找人去做后勤等工作，现在这方面工作太多，临时找人去做，已经做不了、做不好了。

凡此种种，以前有效的管理方法已经失去作用了。

【问题】

请从组织工作的角度说明企业存在的问题及建议措施。

项目五

领 导

知识目标

- 理解领导的概念和作用；
- 掌握领导方式的划分；
- 理解各种领导理论的观点；
- 了解领导的艺术。

能力目标

- 能够区别和选择不同的领导方式；
- 能够运用领导理论分析组织的领导行为；
- 能够初步运用领导艺术。

导入案例

县令买饭

南宋嘉熙年间，江西一带山民叛乱，身为吉州万安县令的黄炳调集了大批人马，严加守备。一天黎明前，探报来说，叛军即将杀到。

黄炳立即派巡尉率兵迎敌。巡尉问道："士兵还没吃饭怎么打仗？"黄炳却胸有成竹地说："你们尽管出发，早饭随后送到。"黄炳并没有开"空头支票"，他立刻带上一些差役，抬着竹箩木桶，沿着街市挨家挨户叫道："知县老爷买饭来啦！"当时城内居民都在做早饭，听说知县亲自带人来买饭，便赶紧将刚烧好的饭端出来。黄炳命手下付足饭钱，将热气腾腾的米饭装进木桶就走。这样，士兵们既吃饱了肚子，又不耽误进军，打了一个大胜仗。县令黄炳没有亲自做饭，也没有兴师动众劳民伤财，而是借助他人完成了做饭任务。县令买饭之举，算不上高明，甚至有些荒唐，但却取得了很好的效果。

案例提示：一个优秀的领导者，不一定要会做具体的事务，因为一个人的力量毕竟是有限的，只有发动集体的力量才能战无不胜、攻无不克。领导尤其要注重加强培养自己驾驭人才的能力，知人善任，了解什么时候、什么力量是自己可以利用以助自己取得成功的。四两拨千斤，优秀的领导者总能利用别人的力量获得成功。

任务一 领导概述

一、领导的概念

从管理学意义上来讲，领导是指管理者依靠其影响力，通过激励、沟通、指挥等手段，带领被领导者或追随者去实现组织目标的活动过程。其基本含义可以从以下几个方面理解：

（1）领导包含领导者和被领导者两个方面。领导者是指能够影响他人并拥有管理的职位权力、承担领导职责、开展领导工作的人。领导者一定要有领导的对象，如果没有被领导者，领导者将变成“光杆司令”，领导工作就失去了意义，领导职能也就不复存在。

（2）领导是一种活动，是引导人们的行为的过程，是领导者带领、引导和鼓舞下属去完成工作、实现目标的过程，是管理的一项重要职能。

（3）领导的基础是领导者的影响力。领导者拥有影响被领导者的能力或力量，它既包括由组织赋予的职位权力，也包括领导者个人所具有的影响力。一个领导者如果一味地行使职权而忽视社会和情绪因素的影响力，就会使被领导者产生逃避或抵触行为。当一个领导者的权力不能使下属跟随自己时，领导工作就会无效。

（4）领导施加影响力的方式或手段主要有激励、沟通和指挥。激励是指领导者通过作用于下属来激发其动机、推动其行为的过程。沟通是指领导者为有效开展工作而交换信息、交流感情、协调关系的过程。指挥是指领导者凭借权力，直接命令或指导下属行事的行为。

（5）领导的目的是实现组织的目标。不能为了领导而领导，不能为了体现领导的权威而领导。领导的根本目的在于影响下属为实现组织的目标而努力。

资料卡

领导与管理的区别

关于领导者与管理者的争论由来已久，一直以来在工作中两者常常被混淆。从表面上看两者似乎没有什么差别，实际上两者既有紧密联系，又有很大差异。

第一，领导具有全局性，管理具有局部性。也就是说，领导侧重于战略，管理侧重于战术。领导活动注重对组织内部各个组成部分进行整体性的计划、协调和控制，而管理则是一种技术性较强的工作，其目的在于提高某项工作的效率。

第二，领导具有超前性，管理具有当前性。领导活动致力于整个组织发展方向的规定，这主要体现在决策和目标的制定等方面，而管理则侧重于当前活动的落实。

第三，领导具有超脱性，管理具有操作性。领导要从根本上、宏观上把握活动过程，而管理却必须注意细节问题，要通揽对人、财、物、时间、信息的安排与配置，使诸因素得到合理运用。

领导者与管理者虽有相同之处，但绝不可以混为一谈，正确认识两者的区别与联系有助于对日常的管理活动进行更好的把握，从而促进组织的发展。

二、领导的作用

领导活动直接影响着现代管理水平和经济效益。领导的作用就是引导部下以最大的努力去实现企业的目标。领导的作用具体表现在以下几个方面。

（一）指挥作用

有人将领导者比作乐队指挥，一个乐队指挥的作用是通过演奏家的共同努力而形成一种和谐的声调和正确的节奏。乐队指挥的才能不同，乐队会奏出不同的音乐效果。领导者不是站在群体的后面去推动群体中的人们，而是站在群体的前列去促使人们前进并鼓舞人们去实现目标。

资料
拿破仑的“精神激励”

（二）激励作用

领导者为了使组织内的所有人都最大限度地发挥其才能，以实现组织的既定目标，就必须关心下属，激励和鼓舞下属的斗志，发掘、充实和加强人们积极进取的动力。

（三）协调作用

在组织实现其既定目标的过程中，人与人之间、部门与部门之间发生各种矛盾和冲突及在行动上出现偏离目标的情况是不可避免的。因此，领导者的任务之一就是协调各方面的关系和活动，保证各方面都朝着既定的目标前进。

（四）沟通作用

领导者是组织的各级首脑和联络者，在信息传递方面发挥着重要作用，是信息的传播者、监听者、发言人和谈判者，在管理的各层次中起到上情下达、下情上传的作用，以保证管理决策和管理活动的顺利进行。

拉车的故事

有一次，天鹅、狗鱼和虾一起想拉动一辆装东西的货车，三个家伙套上车索，拼命用力拉，可车子还是拉不动。

车上装的东西不算重，只是天鹅拼命向云里冲，虾向后倒拖，狗鱼向水里拉。

员工之间不协调，工作就开展不好，只会把事情弄糟，引起痛苦和烦恼。领导应引导组织中的不同成员朝着同一目标而努力工作，并能妥善分配员工的工作，协调他们之间的合作，使他们步调一致，从而实现组织的目标。

三、领导的实质

领导实质上是一种对他人的影响力，即领导者对下属及组织行为的影响力，这种影响力能改变或推动下属及组织的心理与行动为实现组织目标服务。这种影响力可以称为领导力量或者领导者影响力，领导者对下属及组织施加影响力的过程就是领导的过程。领导者对下属及组织的影响力来自两方面：一是权力（又称为制度权力）影响力，二是非权力（又称为个人权力）影响力。

（一）权力影响力及影响因素

1. 权力影响力

权力影响力包括法定的权力、强制的权力、奖励的权力。它由组织正式授予领导者并受组织规章的保护。这种权力与特定的个人没有必然的联系，它只同职务相关。权力是领导者实施领导的基本条件。没有这种权力，领导者就难以有效地影响下属，实施真正的领导。

(1) 法定的权力来自上级的任命。组织正式授予领导者一定的职位，从而使领导者占据权势地位和支配地位，使其有权对下属发号施令。这种支配权是领导者的地位或在权力阶层中的角色赋予的。

(2) 强制的权力是和惩罚权相联系的迫使他人服从的力量。在某些情况下，领导者是依赖强制的权力与权威施加影响的，对于一些心怀不满的下属来说，他们不会心悦诚服地服从领导者的指示，这时领导者就会运用惩罚权迫使其服从。这种权力的基础是下属的惧怕。这种权力对那些认识到不服从命令就会受到惩罚或承担不良后果的下属的影响力是最大的。

(3) 奖励的权力是在下属完成一定的任务时给予相应的奖励，以鼓励下属的积极性。这种奖励包括物质奖励(如奖金等)和精神奖励(如晋升等)。依照交换原则，领导者可通过提供心理或经济上的奖酬来换取下属的遵从。

2. 影响权力影响力的主要因素

(1) 传统观念。几千年的社会生活，使人们对领导者形成了心理观念，由此产生了对领导者的服从感。这种传统观念从小就影响着每个人的思想，从而加强了领导者言行的影响力。

(2) 职位因素。由于领导者凭借被授予的指挥他人开展具体活动的权力可以左右被领导者的行为、处境，甚至前途命运，因此会使被领导者对领导者产生敬畏感，并且领导者的职位越高、权力越大，下属对他的敬畏感越甚，领导者的影响力也越大。

(3) 资历的影响。一个人的资历与经历是历史性的东西，它反映了一个人过去的情况。一般而言，人们对资历较深的领导者，心目中比较尊敬，因此其言行也容易在人们的心中占据一定的位置。

权力是通过正式的渠道发挥作用的。当领导者担任管理职务时，由传统心理、职位、资历构成的权力的影响力会随之产生，当领导者失去管理职位时，这种影响力将大大削弱甚至消失。

(二) 非权力影响力及影响因素

1. 非权力影响力

非权力影响力是由领导者自身素质形成的一种自然性影响力，它既没有正式的规定和授予形式，也没有合法权力那种形式的命令与服从的约束力，但其影响力却比权力影响力广泛、持久得多。非权力影响力包括专长影响力和品质影响力。

(1) 专长影响力。专长影响力是指领导者具有各种专门知识和特殊技能或学识渊博而获得同事及下属的尊重与佩服，从而在各项工作中显示出的在学术上或专长上的举足轻重的影响力。这种影响力的影响基础通常是狭窄的，仅仅被限于专长范围之内。

(2) 品质影响力。品质影响力是指由于领导者优良的作风、思想水平、品德修养，而在组织成员中树立的德高望重的影响力。这种影响力是建立在下属对领导者承认的基础之上的，它通常与具有超凡魅力或名声卓著的领导者相联系。

2. 非权力影响力的主要影响因素

(1) 品格。品格主要包括领导者的道德、品行、人格等，优秀的品格会给领导者带来巨大的影响力。因为品格是一个人的本质表现，好的品格能使人产生敬爱感，并能吸引人，使人模仿。下属常常希望自己能像领导者一样。

(2) 才干。领导者的才干是决定其影响力的主要因素之一。才干通过实践来体现,主要反映在工作成果上。一个有才干的领导者会给事业带来成功,从而使人们对他产生敬佩感,吸引人们自觉地接受其影响。

(3) 知识。一个人的才干是与知识紧密地联系在一起的。知识水平主要表现在对自身和客观世界认识的程度上。知识本身就是一种力量。知识丰富的领导者容易取得人们的信任,并让人们由此产生信赖感和依赖感。

(4) 感情。感情是人的一种心理现象,它是人们对客观事物好恶倾向的内在反映。人与人之间建立了良好的感情关系,便能产生亲切感;相互的吸引力越大,彼此的影响力也越大。因此,一个领导者平时待人和蔼可亲,关心体贴下属,与群众的关系融洽,他的影响力往往就较大。

由品格、才干、知识、感情因素构成的非权力影响力,是由领导者自身的素质与行为造就的。在领导者从事管理工作时,它能增强领导者的影响力。在不担任管理职务时,这些因素仍会对人们产生较大的影响。

领导工作有效性的核心内容就是领导者影响力的大小及其有效程度。领导者要实施有效的领导,最关键的就是要增强其对下属及组织影响力的强度与有效性。提高影响力的机制与途径一般有三种,即激励、沟通、指挥。

德蕾莎修女

德蕾莎修女生于1910年8月26日,塞尔维亚人,18岁时去了印度,之后便再也没有离开那里。她为穷人找到了爱与尊严,在印度加尔各答建立了贫病和垂死者收容院,取名为“静心之家”。

德蕾莎修女早年在英国受教育,但是她在印度时一直不穿鞋。有人就问她为什么不穿鞋,德蕾莎说:“我服务的印度大众都太苦了,他们很多人都没有鞋穿,我如果穿上鞋,就跟他们的距离拉得太远了。”原来,德蕾莎所服务的印度大众大部分都打赤脚,所以她自己也就不穿鞋。有一次,戴安娜王妃去访问印度,亲自拜访德蕾莎,她突然间发现德蕾莎没有穿鞋,事后她跟别人讲了一句话:“我跟她握手的时候发现她没有穿鞋,我脚上却穿了一双白色的高跟鞋,真羞愧呀。”

南斯拉夫爆发内战后,德蕾莎去对负责战争的指挥官说,战区里面那些可怜的女人跟小孩儿都没逃出来,战地指挥官回答说:“对方不停火,我想停战也停不下来啊。”德蕾莎说:“那么只好我去了。”德蕾莎走进战区,一听说德蕾莎修女在战区里面,双方立刻停火,她把一些可怜的女人跟小孩儿带走以后,两边又打起来了。联合国秘书长听闻此事,叹了口气,说:“这事连我也做不到啊!”

1997年,德蕾莎走完了87岁的人生历程,印度政府为她举行国葬,全国哀悼两天。成千上万的人冒着倾盆大雨走上街头,为她送行。12个人抬着她,印度总理跪下去了,所有人跪下去了,人民尊敬她,人们都不敢高过她的灵柩。她的坟墓上写的是“伟大的印度圣母德蕾莎”。

后人称赞德蕾莎修女:她把一切都献给了穷人、病人、孤儿、孤独者、无家可归者和垂死临终者；她从 12 岁起，直到 87 岁去世，从来不为自己而只为受苦受难的人活着……

虽然德蕾莎在印度没有任何功名，也没有任何爵位，更没有任何官位，但是她受到印度乃至全世界人们的敬仰，对后人的影响巨大。组织中一个具有影响力的领导者会拥有一大批追随者和拥护者，并且使组织群体取得良好的成绩。领导者的影响力日渐成为衡量成功领导者的重要标识。

四、领导的方式

领导的方式是指领导者与被领导者之间发生影响和作用的方式。按照不同的标准可对领导的方式进行不同的划分。

（一）按权力控制程度划分

按权力控制程度划分，领导可分为集权型领导、分权型领导和均权型领导。

1. 集权型领导

集权型领导是指工作任务、方针、政策及方法都由领导者决定，然后由领导者布置给下属执行。

2. 分权型领导

分权型领导是指领导者只决定目标、政策、任务的方向，对下属在完成任务各个阶段上的日常活动不加干预。领导者只问效果，不问过程与细节。

3. 均权型领导

均权型领导是指领导者与工作人员的职责权限划分明确，工作人员在职权范围内有自主权。这种领导方式主张分工负责、分层负责，以提高工作效率，更好地达成目标。

（二）按领导重心所向划分

资料
亚历山大的领导方式

按领导重心所向划分，领导可以分为以事为中心的领导、以人为中心的领导和人事并重式的领导。

1. 以事为中心的领导

以事为中心的领导者认为，应以工作为中心，强调工作效率，以最经济的手段取得最大的工作成果，以工作的数量与质量及达成目标的程度作为评价成绩的指标。

2. 以人为中心的领导

以人为中心的领导者认为，只有下属是愉快的、愿意工作的，才会产生最高的效率、最好的效果。因此，领导者应尊重下属的人格，不滥施惩罚，注重积极的鼓励和奖赏，注意发挥下属的主动性和积极性，注意改善工作环境，注意给予下属合理的物质待遇，保持下属身心健康和精神愉快。

3. 人事并重式的领导

人事并重式的领导者认为，既要重视人，也要重视工作，两者不可偏废。既要充分发挥主观能动性，也要改善工作的客观条件，使下属既有饱满的工作热情，又有主动负责的精神。领导者对工作要求严格，下属必须按时保质保量地完成工作计划，创造出最佳成果。

（三）按领导者的态度划分

按领导者的态度划分，领导可分为体谅型领导和严厉型领导。

1. 体谅型领导

体谅型领导是指领导者对下属十分体谅，关心其生活困难，注意建立互相依赖、互相支持的友好关系，注意赞赏下属的工作成绩，提高其工作水平。

2. 严厉型领导

严厉型领导是指领导者对下属要求十分严厉，重组织、轻个人，要求下属牺牲个人利益服从组织利益，明确每个人的责任，执行严格的纪律，重视监督和考核。

（四）按决策权力大小划分

按决策权力大小划分，领导可分为专断型领导、民主型领导和自由型领导。

1. 专断型领导

专断型领导是指领导者把决策权集于一人手中，这种领导方式可以说是权威式的以行政权威推行工作，下属无权参与，没有自主权，完全处于被动的地位；重视行政手段，严格执行规章制度，缺乏灵活弹性。由于决策错误或客观条件变化，贯彻执行发生困难时，不查明原因，多怪罪下属。对下属奖惩缺乏客观标准，只是按领导者的好恶决定。

动画
买鹦鹉

2. 民主型领导

民主型领导是一种权力集中在集体，重大决策和政策均由集体成员参与讨论决定，共同执行的领导方式。领导者同下属互相尊重，彼此信任。领导者通过交谈、会议等方式同下属交流思想，商讨决策，注意按职授权，注重使下属能自主发挥应有的才能。奖惩有客观标准，不以个人好恶行事。

3. 自由型领导

自由型领导是一种自由放任、各行其是、各自为政的领导方式。领导者对工作关心不多，任其自然，所以又称放任型领导方式。领导者有意分散领导权，给下属以极大的自由度。

任务二　领导理论

20 世纪 30 年代以来，人们对于领导及其效能问题有各种各样的解释或理论，内容十分丰富，但总体来说，还有待整理和提高。在西方国家，有很多学者从不同角度研究了关于领导的理论：有研究领导者个性特征的，有研究领导行为的，也有研究领导环境对领导方式的作用的。大体上来说，按提出理论的时间先后顺序，现有的有关领导的理论可以分为三大类：领导特性理论、领导行为理论和权变理论。

一、领导特性理论

领导特性理论是最古老的领导理论。管理学家对领导者特性进行了研究。他们关注领导者的个人性格，并试图确定能够造就伟大管理者的共同特性。这实质上是对管理者素质进行的早期研究。

传统特性理论认为，领导者的特性来源于生理遗传，是先天具有的，领导者只有具备这些特性才能成为有效的领导者。

资料卡

成功领导者的12种品质

美国行为科学家亨利1949年在调查研究的基础上指出，成功的领导者应具备12种品质。

(1) 成就需要强烈，他把工作成就看成最大的乐趣。

(2) 干劲大，工作积极努力，希望承担富有挑战性的工作。

(3) 用积极的态度对待上级，尊重上级，与上级关系较好。

(4) 组织能力强，有较强的预测能力。

(5) 决断力强。

(6) 自信心强。

(7) 思维敏捷，富于进取心。

(8) 竭力避免失败，不断地接受新任务，树立新的奋斗目标，驱使自己前进。

(9) 讲求实际，重视当下。

(10) 眼睛向上，对上级亲近而对下级较疏远。

(11) 对父母没有情感上的牵扯。

(12) 效力于组织，忠于职守。

现代特性理论认为，领导者的特性和品质并非全是与生俱来的，而是可以在领导实践中形成的，也可以通过训练和培养的方式获得。主张现代特性理论的学者提出了不少富有见地的观点。美国普林斯顿大学教授威廉·杰克·鲍莫尔针对美国企业界的实况，提出了企业领导者应具备的十项条件，分别是合作精神、决策能力、组织能力、精于授权、善于应变、勇于负责、勇于求新、敢担风险、尊重他人、品德超人。

尽管一些杰出的领导者的特性差异很大，很难确定几条完全统一的公认特性，但在20世纪90年代，特性理论研究者还是提出了一些反映有效领导者特性的个性特点，即领导者有6项特质不同于非领导者。

(1) 进取心。领导者表现出高努力水平，拥有较高的成就渴望。他们进取心强，精力充沛，对自己所从事的活动坚持不懈，并有高度的主动精神。

(2) 领导愿望。领导者有强烈的愿望去影响和领导别人，他们表现为乐于承担责任。

(3) 诚实与正直。领导者通过真诚与无欺及言行高度一致而在他们与下属之间建立相互信赖的关系。

(4) 自信。下属觉得领导者从没缺乏过自信。领导者为了使下属相信他的目标和决策的正确性，必须表现出高度的自信。

(5) 智慧。领导者需要具备足够的智慧来收集、整理和解释大量信息，并能够确立目标、解决问题和做出正确的决策。

(6) 工作相关知识。有效的领导者对于公司、行业和技术事项拥有较高的知识水平。广博的知识能够使他们做出富有远见的决策，并能理解这种决策的意义。

马云的领导艺术

马云说："小企业成功靠精明，中等企业成功靠管理，大企业成功靠的是诚信。"但马云的成功靠的不是这其中的某一面，而是多种因素的结合，他的领导艺术也正体现了这一点。

马云说："我觉得阿里巴巴公司需要把股权分散，管理和控制一家公司要靠智慧。"他拥有公司10%左右的股份，没想过用控股的方式控制阿里巴巴。但他控制了阿里巴巴这个团队。马云永远相信一点，就是不要让别人为你干活。这就是智慧的力量，它远胜于知识本身。

马云认为作为一把手，有70%的人相信你的时候，你已经很幸福了，你不要为那30%的人耿耿于怀，心胸要宽广点，因为这是个社会学概念，"六个人中一定有人杰，七个人中一定有混蛋"。马云要的是每个人为一个共同的目标和理想去干活。他讨厌员工为他工作。他说，再有本事的企业领袖，也别指望你的员工会全听你的，这很不现实。

马云认为在公司管理的过程中，要想真正领导这个团队就必须有独到的眼光，必须比别人看得远、胸怀比别人大。所以，马云花好多时间参加各种论坛，全世界奔跑。他说，读万卷书还要行万里路。一个企业家老是窝在家里，就会自大，就会狭隘，这对他的事业发展是十分不利的。

马云管理的阿里巴巴集团连续四年被福布斯评为全球最佳B2B网站，马云的管理团队也成了哈佛MBA案例。一个企业的成长离不开一个优秀的领导者。智慧、胸怀、眼光是领导者有效控制企业的法宝。

二、领导行为理论

领导行为理论认为，领导者最重要的方面不是领导者个人的性格特征，而是领导者实际在做什么。主要的理论有美国著名企业管理学家坦南鲍姆和施米特的领导行为连续统一体理论，美国教育家和组织心理学家利克特的四种管理模式，美国俄亥俄州立大学的研究人员斯多基尔、沙特尔的领导行为四分图理论，美国行为科学家布莱克和穆顿的管理方格理论，日本心理学家三隅二不二的PM型领导行为理论，等等。下面主要介绍领导行为连续统一体理论和管理方格理论。

（一）领导行为连续统一体理论

这一理论认为，领导方式是一个连续变量，研究者在独裁式的领导方式和极度民主化的放任式领导方式之间列举出了七种有代表性的模式，如图5-1所示。

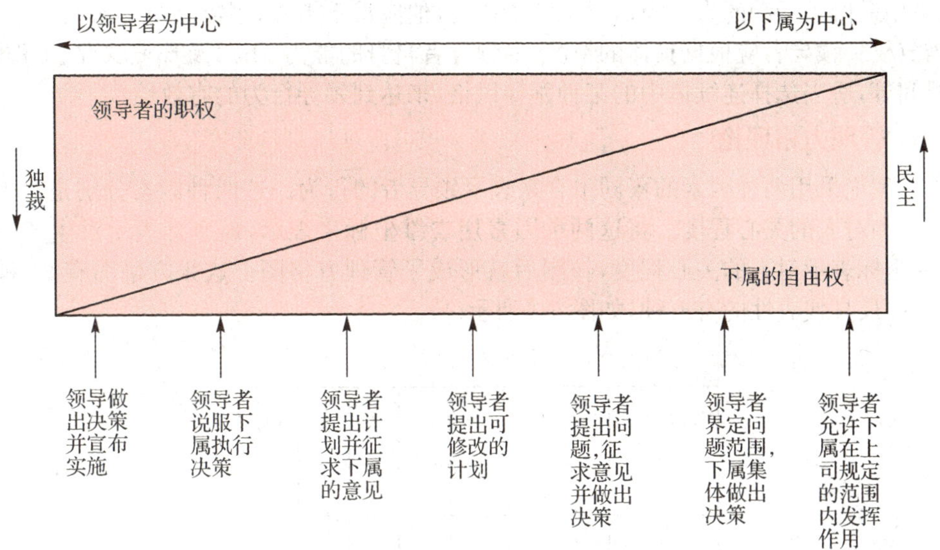

图 5-1 领导行为连续统一体理论

(1) 领导做出决策并宣布实施。在这种模式中，领导者确定一个问题，并考虑各种可供选择的方案，从中选择一种，然后向下属宣布执行，不给下属直接参与决策的机会。

(2) 领导者说服下属执行决策。在这种模式中，同前一种模式一样，领导者承担确认问题和做出决策的责任。但他不是简单地宣布实施这个决策，而是认识到下属中可能会存在反对意见，于是试图通过阐明这个决策可能给下属带来的利益来说服下属接受这个决策，消除下属的反对。

(3) 领导者提出计划并征求下属的意见。在这种模式中，领导者提出了一个决策，并希望下属接受这个决策，他向下属提出一个有关自己的计划的详细说明，并允许下属提出问题。这样，下属就能更好地理解领导者的计划和意图，领导者和下属能够共同讨论决策的意义和作用。

(4) 领导者提出可修改的计划。在这种模式中，下属可以对决策发挥某些影响作用，但确认和分析问题的主动权仍在领导者手中。领导者先对问题进行思考，提出一个暂时的可修改的计划，并把这个暂定的计划交给有关人员征求意见。

(5) 领导者提出问题，征求意见并做出决策。在以上几种模式中，领导者在征求下属意见之前就提出了自己的解决方案，而在这个模式中，下属有机会在决策做出以前就提出自己的建议。领导者的主动作用体现在确定问题方面，下属的作用在于提出各种解决的方案。最后，领导者从自己和下属所提出的解决方案中选择一种他认为最好的解决方案。

(6) 领导者界定问题范围，下属集体做出决策。在这种模式中，领导者已经将决策权交给了下属的群体。领导者的工作是弄清所要解决的问题，并为下属提出做决策的条件和要求，下属按照领导者界定的问题范围进行决策。

(7) 领导者允许下属在上司规定的范围内发挥作用。这种模式表现了很大的团体自由。如果领导者参加了决策的过程，他应力图使自己与团队中的其他成员处于平等的地位，并事先声明遵守团体所做出的任何决策。

坦南鲍姆和施米特认为，在上述各种模式中，不能抽象地认为哪一种模式一定是好的，哪一种模式一定是差的。成功的领导者应该是在一定的具体条件下，善于考虑各种因素的影响，采用最恰当行动的人。当需要果断指挥时，他应善于指挥；当需要员工参与决策时，他能适当放权。领导者应根据具体的情况，如领导者自身的能力、下属及环境状况、工作性质、工作时间等，适当选择连续体中的某种领导风格，来达到领导行为的有效性。

（二）管理方格理论

这一理论采用两种因素的不同组合来表示领导者的行为。这两种因素分别是对生产的关心程度和对人的关心程度。将这两种因素用二维坐标来表示，横坐标表示对生产的关心程度，纵坐标表示对人的关心程度，作图后就形成了管理方格图。这张方格图有 81 种领导方式，其中最具代表性的有五种，如图 5-2 所示。

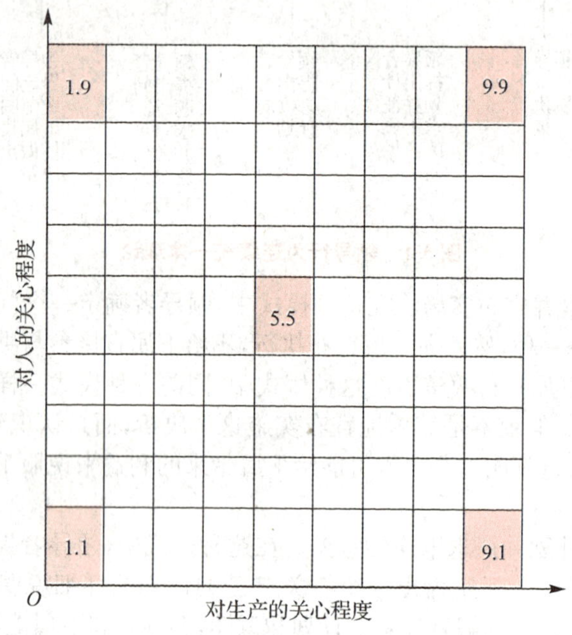

图 5-2　管理方格图

（1）1.1 型——放任式领导。这种领导方式对生产和人的关心程度都很小，领导者仅仅扮演一个“信使”的角色，即把上级的信息单纯地传达给下级。

（2）9.1 型——任务式领导。这种领导方式对生产和工作的完成情况很关心，但是很少重视下属的心理、情绪和发展状况。

（3）1.9 型——关系式领导。这种领导方式只注重去创造一种良好的人际关系环境，让组织中的每个人都感到轻松、友好和快乐，很少去关心其工作和任务的完成情况及存在的问题。

（4）5.5 型——中庸式领导。这种领导方式对人和生产都有中等程度的关心，其目的是维持正常的生产效率和人际关系。

（5）9.9 型——集体式领导。这种领导方式无论对于人员还是生产都表现出最大可能的献身精神，通过协调、综合等活动来提高生产和组织士气。只有这种领导者才是真正的集体的管理者，他们能够把企业的生产需要同个人的需要紧密地结合起来。

曹参为相，无为而治

曹参任齐国丞相9年，齐国安定，被称为贤明的丞相。后来入朝为相，在外人看来，曹参任丞相后除了喝酒，几乎什么都不干。曹参自由放任式的领导风格，使汉惠帝不满，认为他不管理国家事务，于是派曹参的儿子去劝告曹参。没想到面对儿子的询问，曹参勃然大怒，鞭笞儿子200鞭子，警告他不要参与朝政。

等到上朝的时候，汉惠帝见到曹参，当面责备他说："那天可是我让你儿子回去问的。"曹参听后，立即摘下帽子谢罪，然后说："陛下您考虑考虑，与高皇帝比，谁更圣明神武？"汉惠帝说："这还用问，我哪敢跟高皇帝比！"曹参又问："陛下看我跟萧何比谁的才能更强？"汉惠帝说："你好像不如他。"曹参道："您说得太对了。高皇帝与萧何平定天下，法令已经明确。如今陛下垂手治国，大家只要认真遵守法令，不去违法，已经足够了。"汉惠帝终于了解了曹参的管理模式是无为而治。以无为而治为基础，给予民众休养生息，做到不扰民、不劳民，从而达到国家大治。

事实也是如此，曹参采用无为而治的策略：庙堂之上，老实人不吃亏；江湖之远，不折腾。人民安居乐业，得到了休养生息，所以百姓都用说唱的形式来歌颂他。

领导方式的类型各具特色，适用于不同的环境。领导者要根据所处的管理层次、所承担的工作及下属的特点，在处理不同的问题时，针对不同的下属选择合适的领导方式。

三、权变理论

随着研究的深入，人们开始把注意力转移到对领导所处情境的研究方面，并且认为领导的有效性受环境因素的影响很大，这种理论就是权变理论。从其内容来看，权变理论关注的是领导者与被领导者及环境之间的相互影响。

（一）菲德勒模型

美国管理学家菲德勒提出的权变理论意味着领导工作是一个过程。在这一过程中，领导者施加影响的能力取决于群体的工作环境，领导者的风格和个性，以及领导方法对群体的适合程度。换句话说，按照菲德勒的理论，人们之所以成为领导者，不仅仅是由于他们的个性，还由于各种环境因素及领导和环境之间的相互作用。菲德勒认为，各种领导方式都可能在一定的环境内有效，这种环境是各种外部与内部因素的综合作用体。菲德勒指出，对一个领导者的领导方式起主要影响作用的有三个基本因素，它们分别是职位权力、任务结构和上下级关系。

1. 职位权力

职位权力是指领导者所处的职位具有的权威和权力的大小，或者说领导的法定权、强制权、奖励权的大小。权力越大，群体成员遵从指导的程度越高，领导的环境也就越好；反之，则越差。

2. 任务结构

任务结构是指任务的明确程度和人们对这些任务的负责程度（分为高与低两种程度）。下属对所担任的任务的性质越清晰、明确、例行化并且下属的责任心越强，则领导者对工作质量越易控制，领导环境越好。反之，群体成员对自己所担任的任务的性质越模糊不清或其任务变化越多，领导环境则越差。

3. 上下级关系

上下级关系是指下属乐于追随的程度。菲德勒认为，从领导者的角度看这是最重要的。下属对上级越尊重并且乐于追随，则上下级关系越好，领导环境就越好。反之，领导环境就越差。

菲德勒认为，根据这三个基本因素的情况，领导者所处的环境从最有利到最不利，可分为 8 种类型，如表 5-1 所示。其中三个条件齐备的是最有利的领导环境，三者都缺乏的是最不利的领导环境。领导者所采取的领导方式应该与环境类型相适应，以便获得有效的领导。菲德勒用大量时间对 1 200 个团体进行了调查分析，证明在最不利和最有利的两种情况下，采取以任务为中心的指令型领导方式效果较好；而对处于中间状态的环境，则采用以人为中心的宽容型领导方式效果较好。例如，当工作任务有严格明确的规定，但领导者又不为人们所欢迎，必须采用机敏手段时，以人为中心的领导方式可获得好的成效。在领导者为下属所欢迎，而任务却没有明确规范的情况下，这种领导方式也能具有实效。

表 5-1　菲德勒对领导方式与绩效的调查总结

对领导的有利性 环境类型因素	有　利			中间状态				不　利
	1	2	3	4	5	6	7	8
上下级关系	好	好	好	好	差	差	差	差
任务结构	明确	明确	不明确	不明确	明确	明确	不明确	不明确
职位权力	强	弱	强	弱	强	弱	强	弱

（二）情境领导理论

情境领导理论是由美国管理学者郝塞和布兰查德共同提出的。该理论的研究重点放在下属的成熟度上，他们认为领导者的领导方式必须随着下属的成熟度而加以改变。领导方式的有效性取决于下属的行为，对其他领导方式是一个很好的补充。

研究中把下属的成熟度定义为个体对自己的直接行为负责任的能力和意愿，它包括心理成熟度和任务成熟度两个方面。所谓心理成熟度，是指下属工作的动机和意愿，心理成熟度高的下属一般不需要过多的外在激励，愿意自觉地工作。所谓工作成熟度，是指下属完成工作的能力和技能，工作成熟度高的下属不需要上级的指导，可以独立完成工作。而下属会逐渐由不成熟走向成熟。两位研究者把下属的成熟度由低到高分为四个阶段：M1 代表不成熟，即下属对执行的工作既无能力又不愿意完成，也就是说他们既不能胜任又不能得到信任；M2 代表比较成熟，即下属缺乏能力但愿意从事必要的工作任务，也就是说他们有工作积极性但是缺乏足够的经验和能力；M3 代表下属有能力但是不愿意干领导希望他做的工作；M4 代表下属既有能力又有意愿从事领导分派的工作。

当下属的成熟度水平逐渐提高的时候，领导者应该改变其领导行为中的任务行为和关系行为。任务行为是指领导者和下属为完成任务而形成的有效形式；关系行为是指领导者给下属以帮助和支持的程度。高的任务行为能弥补下属能力的不足，而高的关系行为能使下属理解领导的意图并按领导的意志去做。所以，两位研究者提出了四种不同的领导方式，如图 5-3 所示。

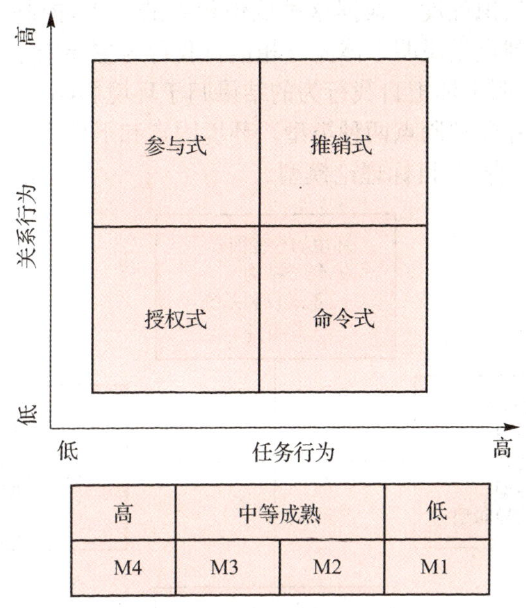

图 5-3 情境领导理论中领导者的类型

(1) 命令式(高任务-低关系)。领导者对下属的工作有明确的规定,甚至规定了什么时候做和怎么做,但是不注意下属的接受问题,即强调领导者对下属明确而具体的指导。

(2) 推销式(高任务-高关系)。领导者既给下属一定的指导,又给下属一定的支持,以保证下属的工作积极性。

(3) 参与式(低任务-高关系)。领导者和下属共同参与决策,领导者主要给下属提供一定的便利条件,以激励下属积极地工作。

(4) 授权式(低任务-低关系)。领导者不需要做太多的工作,因为下属既有能力又有责任心,不担心完不成工作。

(三) 路径-目标理论

路径-目标理论是由加拿大多伦多大学教授伊凡斯在 1968 年首先提出,并由其同事罗伯特·豪斯等进行了扩充并逐渐完善。这是目前最受人们关注的一种权变领导理论,原因是该模式并没有指出所谓的最佳领导方法,只是建议领导者选择最适合具体情况的领导风格。

该理论认为,领导者的工作是帮助下属达成他们的目标,并提供必要的指导和支持,以确保各自的目标与群体或组织的总体目标一致。该理论认为有效的领导者能够以明确指出实现工作目标的方式来帮助下属,并为他们清除各种障碍和危险,从而使下属的相关工作容易进行。该理论还认为,领导者的行为被下属接受的程度,取决于下属是将这种行为视为获得当前满足的源泉,还是作为未来满足的手段。

该理论确定了四种领导行为:指导型领导,即领导者让下属知道他对他们的期望是什么,以及他们完成工作的时间安排,并对如何完成任务给予具体指导;支持型领导,即领导者对下属需要表现出关怀;参与型领导,即领导者与下属共同磋商,并在决策之前充分考虑他们的建议;成就导向型领导,即领导者设定富有挑战性的目标,并期望下属发挥出最佳水平。

路径-目标理论提出了两类变量——结果关系的中间变量,即环境因素(任务结构、正式权力系统和工作群体)和下属的个人特点(控制点、经验、知觉能力)。控制点是指个体对环境变化影响自身行为的认识程度。根据这种认识程度的大小，控制点分为内向控制点和外向控制点两种。内向控制点是说明个体充分相信自我行为主导未来而不是环境控制未来的观念；外向控制点则是说明个体把自我行为的结果归于环境影响的观念。依此标准，也可把下属分为内向控制点和外向控制点两种类型。环境因素和下属个人特点决定着领导行为类型的选择。图 5-4 所示为路径-目标理论模型。

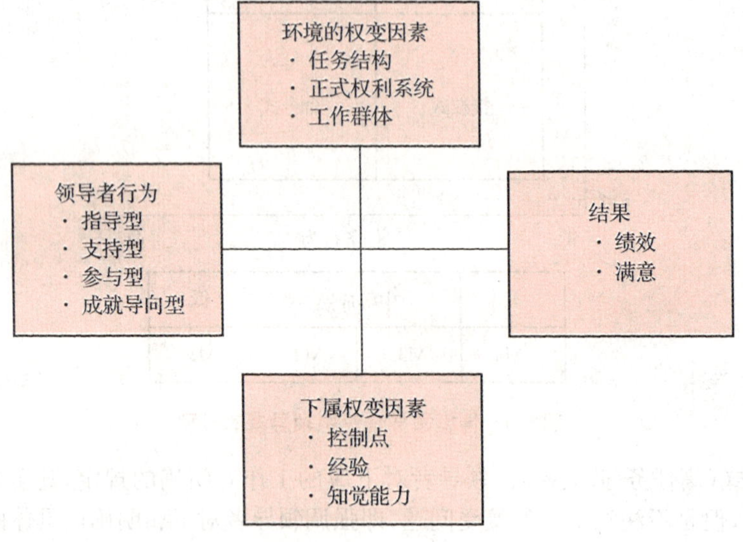

图 5-4　路径-目标理论模型

路径-目标理论要求最有效的领导者应能帮助其下属实现组织目标和个人目标，特别是一些成就与报酬目标。领导者要做到这一点，就要明确规定职位与工作职责，消除工作中的障碍，在制定目标时谋求全体成员的帮助，促进群体内部的团结和协作，增进个人在工作中得到满足的机会，减少不必要的紧张与外部控制，使酬劳的期望得以实现，以及做其他一些能满足人们期望的事情。如图 5-4 所示，该理论认为存在四种不同的领导行为、三类员工特征和三种环境条件，这三者的综合就导致员工在满意度、受激励程度和对领导的接受程度方面表现出不同的结果。

研究结果表明，路径-目标理论对于上层职位和专业性工作特别适用，因为在这些岗位上的领导者的行为，能对工作环境的设计工作产生相当大的影响。但将它用于日常生产工作则不明显，这也许是因为领导者无法为这些日常工作更令人满意而做更多的事情。

四、领导新理论

（一）改革精神的领导理论

美国管理学家巴斯把领导者分为两类：执行型和改革型。前者为下属提出需要做什么、有哪些要求，并且帮助下属树立信心：只要付出必要的努力，定能实现组织与个人的目标。后者则通过提高对完成任务的价值与重要意义的认识，通过强调集体和组织的利益高于个人的利益，以及通过强调追求更高层次的需求等，来激励下属完成比原来预期的更多的工作。

巴斯认为，前述三种领导理论完全适合于执行型的领导者。当然，这些理论在过去、现在甚至将来都仍然还是可用的、有益的。但是，作为一个领导者，为了取得更大成效，以及对自己的组织发挥更大的影响力，就必须运用自己个人的想象力和精力去鼓舞下属。

（二）领导技能理论

美国管理学家博伊德在巴斯理论的基础上，提出了具有改革精神的领导者必须具备的五种新的领导技能。

(1) 预见技能。对经常不断变化的内外部环境能深谋远虑。

(2) 想象技能。运用说服和榜样诱导下属按领导者或整个组织的意图行事。

(3) 价值观综合技能。把员工在经济、安全、心理、精神、美学和物质等方面的需求综合起来，以便使人们有共同的动机、价值观和目标。

(4) 授权技能。乐意并且有效地与下属分享权力。

(5) 自知或反省技能。既明白自己的需求与目标，也了解下属的需求和目标。

博伊德认为，上述这些新的领导技能并不是生来就具备的，而是在实践中锻炼、培养、学习和提高的结果。

（三）超凡魅力领导理论

管理学家罗伯特·豪斯认为，超凡魅力的领导者拥有非常大的权力，其中部分来自他对影响其他人的一种需求，因此他应该具备强烈的自信心、强大的支配力及对于信念和道德的坚定性，以便使下属确认跟随他是正确的。豪斯还指出，超凡魅力的领导者能提出一个有想象力的、更远大的目标，从而赢得追随者的支持。这样的领导者还应该细心地创造一个成功而又能胜任的形象，并以自己的榜样来表达他所坚持的价值观，以便使追随者确信能实现领导者的期望。

任务三 领导艺术

领导者的工作效率和效果在很大程度上取决于他们的领导艺术。领导艺术的内涵极为丰富，是一门博大精深的学问。

一、授权的艺术

领导者有条不紊地办事是一种艺术。在组织中，经常可以看到这样一些领导者，他们习惯于事必躬亲，整天忙忙碌碌，超时工作，没有娱乐、休息和学习时间，还总是感到时间不够用。作为一个领导者，当他发现自己忙不过来的时候，就应该考虑自己是否已经影响了下属的职权，做了本应由下属去做的事。领导者必须明白，凡是下属可以做的事，都应授权让他们去做，领导者只做领导者应做的事。

领导工作包括决策、用人、指挥、协调和激励。这些都是大事，是领导者应该做的，但绝不是说都应由单位的最高领导者来做，而应该分清轻重缓急、先后主次，分别授权让每级去管本级应管的事。企业的最高领导者应该只抓重中之重、急中之急，并且严格按照例外原则办事。也就是说，凡是已经授权给下属去做的事，领导者就要克制自己，不要再去插手；领导者只需管那些没有对下属授权的事情。在社会化大生产条件下，提高企业生产效率和经济效益，靠的是企业分工和严密的协作，领导者不必也不能事事包办。否则，既破坏了分工协作关系，又使下属有职无权，失去实践和成长的机会，挫伤员工的积极性。有些领导者太看重自己的地位和作用，事无巨细无所不包，其结果不仅浪费了自己宝贵的时间和精力，还挫伤了下属的积极性和责任感，反过来又会加重自己的负担。领导者对于那些必须由自己亲自处理的事，也应先问“三个能不能”：能不能取消它、能不能与别的工作合并处理、能不能用更简便的方法处理。这样就可以把那些可做可不做的事去掉，把一部分事合并起来用最简便的方法去做，从而减轻负担，腾出更多时间去进行思索和筹划，更好地发挥领导的作用。

美国通用电气公司前董事长及首席执行官杰克·韦尔奇就认为管理者更应该像个领导者，这样的管理者才能够激励别人，允许他们自由思考和创造性地工作。“管理越少，公司越好”，这是韦尔奇的名言。

二、用人的艺术

领导的对象就是人，没有人际之间的联系与信息的交流，就不可能有领导。领导者在实施指挥和协调的职能时，必须把自己的设想及决策等传递给被领导者，以影响被领导者的行为，不断激励他们为实现组织目标而努力。同时，还要善于用人，让其在适当的职位上发挥有利的作用。因此，领导者必须掌握待人的方法与艺术。

（一）激励下属

激励是实现目标的重要驱动力。领导者的大部分任务是由下属完成的，如果不知道或不懂得激励下属，那么领导者所能取得的成功是有限的。领导者应善于运用各种刺激手段唤起人的需要，激发人的动机，调动员工的积极性。这要求领导者懂得基本的激励理论和方法，了解下属需要的性质和强度，设计一个通过满足需要引导其行为的激励方案。

领导者激励下属的方式既可以是物质激励，也可以是精神激励。不同的人所需要的激励方式是不相同的，同一个人在不同的阶段所需要的激励方式也是不相同的。因此，领导者在对下属进行激励的时候，既要考虑到环境的特点，也要考虑到下属的需要，让下属将工作热情变成现实的行动。

1. 掌握和运用激励理论

理论可以帮助我们了解复杂的、抽象的问题。熟悉激励的基本理论，可以使领导者对如何带领员工努力工作有一个深入的认识。

2. 了解下属的需要

要做好激励工作，必须了解激励对象的各种需要，以及每种需要的强烈性和重要性程度，这样才能对症下药。人们低层次的需求可通过工资和工作保障等得以满足；高层次的需求则可以使员工通过工作本身（如工作所具有的荣誉感和挑战性等）得以满足。因此，可以通过不同的奖励方法去满足下属不同层次的需求。

3. 正确激励下属

采用正确的激励方法才能有效调动下属的积极性，否则效果可能适得其反。首先，有针对性地进行激励。不同层次的人有着不同的需求，领导者应善于掌握下属不同的需要，把物质激励和精神激励有机地结合起来，有针对性地加以激励。其次，满足下属受尊重的需要。由于下属一般较关注自己在组织中的重要性及责任，领导者要通过各种形式听取下属的意见，并说明下属的工作对组织的重要性，从而满足下属的尊重需要。再次，多鼓励少惩罚。下属不可能没有失误，重要的是如何使他们在失误之后吸取教训并有所提高。领导者可以通过奖赏或惩罚等手段对下属的行为结果加以控制，从而修正其行为。最后，采取目标激励。领导者要向下属详细说明企业的目标和要做的工作，给下属以希望。

（二）影响下属

领导者要实现有效的领导，关键在于其影响力大小。影响不是把自己的意志强加给下属，而是在价值观念方面培养共识，得到认同。领导者的影响力在人际交往中表现得尤为重要。

1. 加强上下级沟通

领导者无法对组织上上下下的复杂问题都进行考虑，做出决策。要想使每个下属都发挥个人的积极性，就必须加强与下属的沟通，通过价值观的教育、启迪，使大家对公司目标达成基本一致的认识。

2. 鼓励下属参与管理，共同决策

领导者的决策制定应多听取下属的意见，可能的话，让下属参与决策。这样，决策方案出来后，会增加下属对决策方案的认同，这样下属才会竭尽全力去实施。

（三）知人善任

领导者在企业活动中处于主导、率领的地位，负责制定整个企业的大政方针及经营战略与管理决策。要使决策付诸实践，领导者必须团结下属，借助他们的智慧和力量去完成任务。因此，领导者必须将下属安排到适当的位置上，用其所长。这要求领导者做到知人善任。知人是要了解人，对人进行正确的考查、识别，以便选择；善任是要用好人，使用得当。知人是善任的前提。

1. 识别人才

人才总是有的，所以领导者要相信人才客观存在，并且要爱惜人才。同时，要坚持实事求是的原则，用全面、发展的观点看人才，要看人才的全部历史和全部工作，综合考查，科学分析，以便识别真才，坚持德才兼备的原则。

2. 正确使用人才

识别人才的目的是用人。人才用得好，能收到事半功倍的效果；人才使用不当，不仅会降低生产效率，还会造成人才的流失。因此，合理地使用人才是领导者人才培养的中心环节。尤其是在竞争日益激烈的时代，领导者不仅应使用好人才，更应重视人才的开发与培养。

刘邦的用人艺术

公元前202年，垓下一战，刘邦战胜“力拔山兮气盖世”的西楚霸王项羽，统一中国。在庆功会上，刘邦问群臣自己成功的原因。群臣把功劳都归于刘邦一人，并极尽赞美之词。刘邦说：“你们只知其一，不知其二。运筹帷幄之中，决胜千里之外，我不如张良；镇定国家，稳定后方，安抚百姓，源源不断地供给粮草，我不如萧何；统率百万大军，冲锋陷阵，战必胜，攻必取，我比不上韩信。此三人可谓当今豪杰，天下奇才。但是，我能悉心委用，所以能得天下。项羽只有一个范增，但是还不加以重用，这就是他被我灭亡的缘故啊！”众臣听了心悦诚服，纷纷下座拜伏。

当时，还有这样一个插曲，齐人娄敬特意从山东赶到洛阳求见刘邦，建议迁都关中。刘邦拿不定主意，让群臣共同讨论。在讨论会上，许多人都认为还是洛阳好，只有张良支持娄敬的意见，认为关中是“金城千里，天府之国”，攻守两利。刘邦听了，非常赞成，即日起驾，西迁关中，建都长安。

刘邦的大业之所以能够成功，一个重要的原因便在于他重视人才，能够用人之长，眼光独到，有远见。同时善于倾听，具有领袖魅力，所以才能振臂一呼，应者万人。领导者的用人艺术是领导者用人水平与领导能力的体现，在现代管理工作中，领导者是否能掌握用人艺术关系着事业的兴衰成败。

三、交谈和倾听的艺术

领导者必须善于同下属交谈，倾听下属的意见。没有人与人之间的信息交流，就不可能有领导。领导人在行使指挥和协调的职能时，必须把自己的想法、感受和决策等信息传递给被领导者，以便影响被领导者的行为。同时，为了进行有效的领导，领导者也需了解被领导者的反应、感受和困难。这种双向的信息传递十分重要。交流信息可以通过正式的文件、报告、书信、会议、电话和非正式的面对面会谈等方式进行。其中，面对面的个别交谈是深入了解下属的较好方式，因为通过交谈不仅可以了解到更多、更详细的情况，并且可以通过察言观色来了解对方心灵深处的想法。

善于同下属交谈是一种领导艺术。有些领导者在同下属谈话时，往往同时批阅文件，左顾右盼，精力不集中，不耐烦，其结果不仅不能了解对方的思想，反而会伤害对方的自尊，失去下属对自己的尊重和信任，甚至还会造成冲突和隔阂。所以，领导者必须掌握同下属交谈、倾听下属意见的艺术。

（一）悉心倾听

即使你不相信对方的话，或者对所谈的问题毫无兴趣，在对方说话时，也必须悉心倾听，善加分析。同时，要仔细观察对方说话时的神态，捉摸对方没有说出的意思。如果你希望对某一点多了解一些，可以将对方的意见改成疑问句简单重复一遍，这将鼓励对方做进一步的解释和说明。

（二）不随意打岔

谈话一经开始，就要让对方把话说完，不要随意插话，打断对方的思路，岔开对方的话题。也不要迫不及待地解释、质问和申辩。对方找你谈话是要谈他的感受，领导者倾听下属意见的目的在于了解对方的想法，而不是摆出“权威”的架势去说服、教育对方。对方讲的是否有理，是否符合事实，可以留待以后研究。

（三）态度诚恳地回答下属的问题

如果下属诚恳地希望听到你的意见，你必须抓住要领，态度诚恳地就实质性问题做出简明扼要的回答，帮助对方拨开心灵上的云雾，解开思想上的疙瘩。同时，也要注意对方说的许多情况你可能并不清楚，在进行调查之前，不应表态和许愿，以免造成被动，引起更大的不快。对于谈话涉及的重大原则问题或应由上级主管部门处理的问题，领导者应实事求是地告诉对方，这些问题是自己不能单独处理的，需待研究以后才能答复。

（四）控制自己的情绪，不能感情用事

下属说话的内容，领导者可能同意，也可能不同意、有怀疑甚至反感和不满。但是，不管领导者自己的观点和情绪如何，都必须加以控制，始终保持冷静的态度，让对方畅所欲言。仅此一点，就会使对方感到领导在注意他的意见，在彼此沟通思想感情。至于是非曲直，可

留待以后再谈或待对方冷静后自己去判断。

美国知名主持人林克莱特

有一次，美国知名主持人林克莱特访问一名小朋友，问他说："你长大后想要当什么呀？"小朋友天真地回答："嗯，我要当飞机驾驶员！"林克莱特接着问："如果有一天，你的飞机飞到太平洋上空，因燃料不足，所有引擎都熄火了，你会怎么办？"小朋友想了想："我会先告诉坐在飞机上的人绑好安全带，然后我挂上我的降落伞先跳出去。"当现场的观众笑得东倒西歪时，林克莱特继续注视着这孩子，想看他是不是自作聪明的家伙。

没想到，接着孩子的两行热泪夺眶而出，这才使得林克莱特发觉这孩子的悲悯之情远非笔墨所能形容的。于是林克莱特问他："为什么要这么做？"小孩的回答透露出一个孩子真挚的想法："我要去拿燃料，我还要回来！我还要回来！"

倾听的能力是一种艺术，也是一种技巧。倾听是一种修养，更是一门学问。用心倾听他人的声音，就是对对方最好的关怀和体贴。倾听是领导者与被领导者之间取得沟通、加深了解、增进感情的一种有效方式，也是激发被领导者工作积极性，衡量领导者水平的一个重要标志。

四、争取信任和合作的艺术

有些新踏上领导岗位的人，往往只会自己埋头苦干，不善于争取别人的信任和合作；也有个别人只想利用手中的权力使副手和下属慑服，而较少考虑如何取得他们的支持和与他们建立起友谊。其实，领导者和被领导者之间的关系不应当只是一种刻板的和冷漠的上下级关系，而应当建立起真诚合作的同志关系。领导者不能只依靠自己手中的权力，还应取得同事和下属的信任和合作。

（一）平易近人

领导者在组织中处于领导职位，很容易给人居高临下的感觉，拉大与下属的距离。所以，领导者在与同事和下属相处中，要注意礼貌，主动向对方表示尊重和友好；在办事时要多用商量的口吻，多听取和采纳对方意见中合理的部分；要勇于承认和改正自己的缺点、错误。既不要轻易发脾气、要态度、训斥人，也不要讲无原则的话，更不能随便表态、许诺。要谦虚待人，以诚待人。

（二）信任对方

在分工授权后，领导者对下属不要再三关照叮嘱，更不要随便插手干预，使对方感到你怀疑他的能力。相反，领导者要用实际行动使下属感到对他的信任，感到他自己对组织的重要性。这样，下属就会主动加强同领导者的合作。如果领导者能在授权的同时，主动征求并采纳下属对工作的意见，使下属感到领导者对他的器重，这将有利于增进相互之间的友谊和合作。若领导者让自己的副手或下属长期感到被忽视，不能发挥作用，则必将招致他们的不满和怨恨。

（三）一视同仁

人们之间的关系有亲有疏，这是正常的社会现象，领导者也不例外。为了加强企业的凝聚力，领导者既要团结与自己亲密无间、命运与共的骨干，又要注意团结所有的职工。同自己意见不一致甚至疏远或反对自己的人，领导者不应将其视为异己加以排斥，而应关心和尊重他们，努力争取他们的合作。特别是在处理诸如提级、调资、奖励等有关经济利益和荣誉的问题时，必须一视同仁、秉公办事。当下属犯了错误的时候，要严格对待，真诚地帮助他们认识、改正错误。

领导者必须懂得，一些人工作上犯错误，大部分是想多做工作、做好工作而无意造成的，所以领导者对下属工作上的错误要勇于承担责任，即使自己并不沾边，也应主动承担领导或者指导责任。当下属受到外界侵犯或蒙受冤屈时，领导者应挺身而出，保护下属。这样组织的全体人员就会感到，在领导者的领导下，没有亲疏，只要好好干，谁都可以得到应有的尊重和信任，就会产生一种安全感、归属感，组织内部常有的“宗派”自然也就失去了存在的基础。

无声的教育：老禅师的育人技巧

相传古代有位老禅师，晚上在禅院里散步，看见院墙边有一张椅子，他立即明白了有人违反寺规翻墙出去了。老禅师也不声张，静静地走到墙边，移开椅子就地蹲下。

不到半个时辰，果真听到墙外一阵响动。少顷，一位小和尚翻墙而入，黑暗中踩着老禅师的背脊跳进了院子。当他双脚着地时，才发觉刚才自己踏上的不是椅子，而是自己的师父。小和尚顿时惊慌失措，张口结舌，只得站在原地，等待师父的责备和处罚。

出乎小和尚意料的是，师父并没有厉声责备他，只是以很平静的语调说：“深夜天凉，快去多穿一件衣服。”

无声的温暖关爱胜于严厉的惩罚，转悟、觉醒来自温暖的关爱之中。许多企业制定了大量的管理制度，对职工进行严格的管理，但带来的往往是人性的压抑，员工的积极性和创造性难以发挥。这时候就需要温暖、理解、关心、和谐的人际关系，创造优秀的文化环境，以激励员工的工作热情。价值观的诱导胜于皮鞭的督促。最好的管理应是把有情的管理与无情的制度有机结合起来。

五、利用时间的艺术

创造财富都要耗用时间，做任何事情都需要占用时间。时间似乎是一种用之不竭的资源，但就个人来讲，时间又是有限的。因此时间就是金钱、时间就是生命，这是实实在在的真理。领导者要做时间的主人，除了如前所述，要科学地组织管理工作，合理地分层授权，摆脱烦琐事务的纠缠之外，还要掌握合理地利用时间的艺术。

（一）学会合理地使用时间

有许多领导者忙了一天、一周或者是一个月，往往说不出究竟做了什么事，哪些是自己应该做的，哪些是自己不该做的。如此年复一年地下去，浪费了许多宝贵的时间。为了珍惜自己的时间，把有限的时间用在自己应该做的领导工作上，领导者应当养成记录自己时间消耗情况的习惯。每做一件事就记一笔账，写明几点到几点办什么事。每隔一两周，对自己的时间消耗情况进行一次分析。这时，就会发现自己在时间利用上的不合理之处，从而找到合理利用时间的措施，提高时间利用效率。

（二）提高开会的效率

开会是交流信息的一种有效方式，但开会也要讲究艺术。有些领导者整日沉沦于文山会海中，似乎领导的职能就是开会、批文件。而开会是否解决了问题、效率如何，却全然不顾。其实不解决问题的会议有百害而无一利，开会也要讲究经济效益。会议占用的时间也是劳动耗费的一种，会议的成本应纳入企业经济核算体系之内进行考核，借以提高开会的效率，节约领导者和与会者的宝贵时间。

项目小结

领导是指管理者依靠其影响力，通过激励、沟通、指挥等手段，带领被领导者或追随者去实现组织目标的活动过程。

领导与管理两者既有联系，又有区别。

领导具有指挥作用、激励作用、协调作用、沟通作用。领导实质上是一种对他人的影响力，即领导者对下属及组织行为的影响力。领导者对下属及组织的影响力来自权力影响力和非权力影响力。

领导方式是指领导者与被领导者之间发生影响和作用的方式。按权力控制程度划分，领导可分为集权型领导、分权型领导和均权型领导；按领导重心所向划分，领导可以分为以事为中心的领导、以人为中心的领导和人事并重式的领导；按领导者的态度划分，领导可分为体谅型领导和严厉型领导；按决策权力大小划分，领导可分为专断型领导、民主型领导和自由型领导。

传统特性理论认为，领导者的特性来源于生理遗传，是先天具有的，领导者只有具备这些特性才能成为有效的领导者。现代特性理论认为，领导者的特性和品质并非全是与生俱来的，而是可以在领导实践中形成的，也可以通过训练和培养的方式予以造就。

领导行为理论主要包括领导行为连续统一体理论、管理方格理论等。

权变理论主要探讨各种环境因素怎样影响领导者素质和行为与领导成效的关系，认为在不同情境下需要不同的素质和行为，才能形成有效的领导。其中影响较大的有菲德勒模型、情境领导理论和路径-目标理论。

领导新理论包括美国管理学家巴斯关于改革精神的领导理论、美国管理学家博伊德的领导技能理论和美国管理学家豪斯的超凡魅力领导理论。

领导艺术包括授权的艺术、用人的艺术、交谈和倾听的艺术、争取信任和合作的艺术、利用时间的艺术。

巩固与提高

一、单项选择题

1. 领导者采用何种领导风格，应当视其下属的成熟程度而定。当某一下属既不愿也不能承担工作责任且学识和经验较少时，领导应采取（　　）领导。

A. 命令式　　B. 说服式　　C. 参与式　　D. 授权式

2. 领导者运用权力最重要的原则是（　　）。

A. 慎重原则　　B. 公正原则　　C. 例外原则　　D. 有权不用过期作废

3. “士为知己者死”这一古训反映了有效的领导始于(　　)。

A. 上下级之间的友情　　B. 为下属设定崇高的目标

C. 为下属的利益不惜牺牲自己　　D. 了解下属的欲望和需要

4. 有些领导者事必躬亲、劳累不堪,但管理的效果不理想,这可能主要是因为他忽视了(　　)。

A. 提高自己的领导能力　　B. 运用现代的办公设施

C. 过分集权的弊端和分权的重要性　　D. 锻炼身体的重要性

5. 从管理方格理论中可以看到,欲使领导工作卓有成效,应(　　)。

A. 采取集权领导,注重完成任务　　B. 注重和谐的人际关系

C. 注重组织目标的达成和对职工的关心　　D. 充分发挥激励作用

6. 属于领导者非权力影响力的是(　　)。

A. 奖金　　B. 晋升　　C. 专长　　D. 地位

7. 某部门主管将注意力几乎都放在了对任务的完成上,而对下属的心理因素、士气和发展很少关心。根据管理方格理论,该主管的领导作风属于(　　)。

A. 放任式　　B. 任务式　　C. 中庸式　　D. 集体式

8. 根据权变理论,领导是否有效取决于(　　)。

A. 稳定的领导行为　　B. 领导者的品质权威

C. 领导者能否适应其所处的具体环境　　D. 是专制型领导还是民主型领导

9. 关系式的领导在工作中主要表现为(　　)。

A. 更多地关心职工的工作与生活,较少地注意管理效率的提高

B. 在更多地关心职工的工作与生活的同时,也非常注意管理效率的提高

C. 虽不太关心职工的工作与生活,但却非常注意组织管理效率的提高

D. 既不太关心职工的工作与生活,也不注意组织管理效率的提高

10. 依照路径-目标理论,下列说法中正确的是(　　)。

A. 当任务不明或压力过大时,成就导向型领导导致了更高的满意度

B. 当下属执行结构化任务时,支持型领导导致了员工高绩效和高满意度

C. 对知觉能力强或经验丰富的下属,指导型的领导可能被视为好领导

D. 组织中的正式权力关系越明确化,领导者越应表现出控制型行为

二、多项选择题

1. 关于领导的基本含义的理解,正确的是(　　)。

A. 领导包含领导者和被领导者两个方面

B. 领导是一种活动,是引导人们的行为的过程

C. 领导的基础是领导者的影响力

D. 领导施加影响力的方式或手段主要有激励、沟通和指挥

E. 领导的目的是实现组织的目标

2. 管理和领导的区别,可以从(　　)中比较出来。

A. 职能　　B. 岗位　　C. 制订计划

D. 组织和人员配备思路　　E. 效果

3. 领导职能的作用包括(　　)。

A. 指导作用　　B. 激励作用　　C. 协调作用

D. 沟通作用 E. 指挥作用

4. 构成非权力影响力的主要因素包括( )。

A. 品格 B. 职位 C. 知识 D. 感情

E. 才能

5. 领导者不同于非领导者的特质包括( )。

A. 进取心 B. 诚实与正直 C. 自信 D. 家庭环境

E. 工作相关知识

三、简答题

1. 什么是领导?领导与管理有何关系?
2. 领导有哪些作用?
3. 领导的权力影响力包括哪些?影响权力影响力的主要因素有哪些?
4. 领导的非权力影响力包括哪些?影响非权力影响力的主要因素有哪些?
5. 什么是领导方式?领导方式如何进行划分?
6. 特性理论研究者认为领导者不同于非领导者的特质有哪些?
7. 领导行为连续统一体理论七种代表性的模式是什么?
8. 简述管理方格理论最具代表性的五种领导方式。
9. 如何发挥领导艺术?

四、案例分析题

三个领导,三种风格

刚刚大学毕业的吴君通过学校推荐来到钢材集团总公司下属的第三分公司,给张总经理做秘书。张总经理可谓日理万机,因为公司的大小事情都必须向他汇报,得到他的指示才能行事。尽管如此,吴君感到工作还是比较轻松的。因为任何事情她只需要交给总经理,再把总经理的答复转给相关责任人,就算完成任务了。可是好景不长,张总经理因为每日奔波劳碌,病倒了。

新上任的王总经理开始对吴君每日无论大小事宜都要请示提出了批评,让她慢慢学会分清轻重缓急,有些事情可以直接转交其他副总经理处理。这样,王总经理每日有更多的时间去考虑公司的长远目标,确立公司的发展方向,然后在高层领导者之间召开会议,进行研讨。自王总经理上任以来,公司出台了新的发展规划、市场定位及公司内部的规章制度,公司的业绩也在短期内有了很大的提高。同时,吴君也很忙碌,有时需要跑很多的部门去协调一件工作,让她觉得学到了很多东西,也充实了不少。因为业绩突出,王总经理干了一年就被调到总公司去了。

之后又来了李总经理。相对于张总经理的事必躬亲和王总经理的有张有弛,李总经理就要随意得多了。他到任以后,先是了解了一下公司的总体情况,感到非常满意,就对下面的经理说:“公司目前的运营一切顺利。我看大家都做得比较到位,总经理嘛,关键时刻把把关就可以了,不是很重要的事情你们就看着办吧。”这样一来,吴君享受到了自工作以来没有过的轻松,因为一周也没有几件事情要找总经理汇报。

吴君现在有时间了,她对比、思考着这三个领导,真是各有各的特点。

【问题】

1. 你认为三个领导的风格有区别吗?请按照所学的领导理论进行归类。
2. 你认为哪个领导的管理风格更可取?

项目六

控 制

知识目标

- 理解控制的概念和原则；
- 掌握控制的分类；
- 掌握控制的基本过程；
- 了解预算控制和非预算控制。

能力目标

- 能够运用控制的基本原则进行必要的控制；
- 能够运用控制方法进行有效控制；
- 能够初步分析管理控制系统。

导入案例

曲突徙薪

动画
曲突徙薪

有位客人到主人家做客，看见主人家厨房的灶上烟囱是直的，旁边又有很多木材。客人告诉主人说："烟囱要改曲，木材须移去，否则将来可能会导致厨房火灾。"主人听了不以为然，没有做任何表示。

不久主人家厨房果然失火，四周的邻居赶紧跑来救火，最后火被扑灭了，于是主人烹羊宰牛，宴请四邻，以酬谢他们救火的功劳，但是并没有请当初建议他将木材移走、烟囱改曲的客人。

有人对主人说："如果当初你听了那位先生的话，今天也不用准备宴席了，而且也没有火灾的损失，现在论功行赏，原先给你建议的人没有被感恩，而救火的人却是座上客，真是很奇怪的事呢！"

主人顿时省悟，赶紧去邀请当初给予建议的那位客人来赴宴。

案例提示：曲突徙薪比喻消除可能导致事故发生的因素，防患于未然。预防重于治疗，胜于治乱于已成。

任务一 控制概述

一、控制的概念

控制是为了保证组织计划与实际作业动态相适应的管理职能。即使计划制订得很完善，组织结构调整得适应计划的需要，员工的积极性被有效地调动起来，但是如果没有控制，也无法保证管理者追求的目标一定能达成。

所谓控制，就是指为了既定的组织目标，以计划为依据制定控制标准，由管理者对被管理者的实际执行活动进行检查、监督，衡量实际工作绩效，找出偏差，并根据偏差或调整实际工作活动，或调整既定标准，使两者相吻合的全过程。控制的概念可以从三个方面来理解：第一，控制有很强的目的性，即控制是为了保证组织中的各项活动按计划进行；第二，控制是通过监督和纠偏来实现的；第三，控制是一个过程。

由此可见，控制既是一次管理循环的终点，是保证计划得以实现和组织按既定的路线发展的管理职能，又是新一轮管理循环的起点。要保证组织的活动按照计划进行，控制是必不可少的。

哈勃望远镜

经过长达15年的精心准备，耗资15亿美元的哈勃望远镜终于在1990年4月发射升空。但是，美国国家航天管理局仍然发现望远镜的主镜片存在缺陷。由于主镜片的中心过于平坦，导致成像模糊。因此，哈勃望远镜对遥远的星体无法像预期那样清晰地聚焦，结果造成一半以上的实验和许多观察项目无法进行。更让人觉得可悲的是，如果有一点更细心的控制，这些是完全可以避免的。镜片的生产商珀金斯-埃默公司使用了一个有缺陷的光学模板来生产如此精密的镜片。具体原因是，在镜片生产过程中，进行检验的一种无反射校正装置没有设置好。校正装置上1.3毫米的误差导致镜片研磨、抛光成了误差形状，但是没有人发现这个错误。

具有讽刺意味的是，与美国国家航天管理局其他项目所不同的是，这一项目并没有时间上的压力，而是有充分的时间来发现望远镜上的错误。实际上，镜片的粗磨在1978年就开始了，直到1981年才抛光完毕。此后，由于“挑战者号”航天飞机失事，完工后哈勃望远镜又在地上待了两年。

美国国家航天管理局中负责哈勃望远镜项目的官员对望远镜制造中的细节根本不关心。事后，美国国家航天管理局中一个由6人组成的调查委员会的负责人说：“至少有三次明显的证据说明问题的存在，但这三次机会都被浪费了。”

在一个组织中，如果没有控制将发生严重的问题。一件事情，无论计划做得多么完善，如果没有令人满意的控制系统，在实施过程中也会出问题。因此，对于有效的管理，必须考虑到设计良好的控制系统所带来的好处。

二、控制的原则

为了更有效地发挥控制职能的作用，必须坚持以下基本原则。

（一）实事求是原则

控制是对工作进行监督、检查和衡量，它必须是客观的、实事求是的。所谓客观，就是管理者不能凭自己的主观、经验或直觉去判断，而应采用科学的方法去观察、分析和判断。由于控制工作具有对下级的监督作用，并且和考核、评比、奖励、晋级有密切关系，容易出现弄虚作假、报喜不报忧等现象，因此控制工作应当能引导人们实事求是、面对现实，而不能滋长那些错误的心理和行为。所以，无论是检查工作还是衡量工作都应当客观、公正、真实，要尽可能采用计量方法，用数据来衡量工作成果，只有这样才能发现真正的偏差，才能获得可靠的信息。

（二）预见性原则

控制系统不仅要在偏差出现以后及时采取措施加以纠正，而且应尽量在问题出现之前就预知事情的苗头，分析可能会发生的问题，把问题排除在发生之前和消灭于萌芽状态，即要能及时发现偏差，迅速处理，做到不失时机，以避免时间拖延，使问题由小变大、积重难返，使系统处于失控状态。为了做好控制工作，要把工作情况和结果及时、迅速地进行反馈，及时对大量的信息进行整理加工。随着社会环境的变化和科学技术的发展，企业同外部及内部之间需要相互交换大量的信息，因此建立健全管理信息系统和利用计算机进行信息处理与传输，已成为现代化控制的客观要求和发展趋势，也是提高控制工作预见性的重要手段。

（三）有效性原则

在整个组织的活动中，生产、技术、人事、供应、销售、财务等工作各有不同，要按照不同的工作性质、内容、范围、要求和现实的条件进行控制，建立不同的控制标准，采用不同的方式，选择不同的控制类型，拟订具体的控制方案。这样的控制工作才能符合实际，才可能取得实效。同时要根据具体情况，建立和健全相应的组织机构，要能实现在机构中将信息畅通无阻地传递，要做到权责分明，并且不同的工作要有各自不同的具体目标，切忌“一刀切”。

（四）例外原则

要按照管理层次分别进行重点控制。控制工作是通过发现和纠正偏差进行的，但发生的偏差可能有许多，不能事无大小、不分主次同等对待。上级不应也不能对下级一切工作都加以控制。因此，要按管理层次、各级的职责分工，抓住重大事项进行重点控制。很多问题都可由下级人员进行自觉的调节，要实行例外管理的原则。例外原则就是当发生了预料之外的重大偏差时，才应该提请组织最高层管理者处理。换句话说，组织中没有发生重大偏差时，原则上由相应的职能部门或人员去处理，这样以便高层管理者在有限的时间内集中精力去处理一些关键性的和一些例外的问题。只有坚持例外原则，才能有效地进行控制。

（五）弹性原则

控制往往面对难以预料的变化，要接收各种不同控制因素变化带来的信息。为了适应环境变化，控制必须具有一定的弹性，而不是机械地控制。弹性控制是针对控制的应变能力而言的，要允许控制在适度的范围内进行，而不是不顾客观条件改变而僵化地控制，这样控制工作才是有意义的。例如，实行弹性预算、实行跟踪控制、实行滚动式的作业计划和利用网络计划法的时差进行机动调配力量等。事实上，实现弹性控制的最好方式或前提就是要有一套有弹性、适应性更强的计划。

（六）战略性原则

控制绝非忙于处理当前所面临的问题，而应当高瞻远瞩，具有战略眼光。管理者应当具有全局观念。所谓全局观念，就是要从全局利益出发进行控制，要将各个局部的控制目标协调一致。在实际工作中，应当引导全体职工不能将眼光只停留在本部门、本作业的控制目标上，而忽视了控制的总目标，要引导他们照顾全面，使各方面的目标协调一致。

（七）组织性原则

组织是一项人与事相结合的工具，也是维持控制系统的骨架。组织性原则也就是要求控制与企业的组织形式、各级组织机构的设置、人员的分工和责权利相适应，高层、中层、基层等组织各有权责，各级、各部门的控制工作、控制目标、方法都要与这些组织状况相适应，不同的权责分工和组织形式应当运用不同的控制方法。在实施控制时，不能弄混或削弱各组织和人员的权责范围，要遵守“统一命令”的原则，不要越级发布控制指令，也不能要求下属去做他们权限以外的事情。

（八）经济性原则

讲求经济效益既是实施控制的基本要求，也是进行控制活动的最终目的，通过控制必须能获得一定的经济效益。因此，要把实施控制所获得的成果同实施的费用进行经济比较，选择投入少、效果好的经济合理的控制方案。一般来说，在实施控制的初期，费用上升得快，如购买设备、培训人员等，因此在短期内效果并不明显。因为控制是一种管理技术，必须有一个熟悉和运作的过程，甚至推行时还会遇到一些阻力，其他工作也可能还没有配合好。推行一段时间后，通过实施控制，纠正或缩小了偏差，效果就会显露出来。所以，在分析时要有长远观点。但是超过一定限度后，再增加该项控制的费用，收益增加可能十分缓慢。因为此时重大问题已经解决，余下的问题对目标的实现已无大碍，而且纠正这些小问题也不可能获得较大的收益。因此，控制技术的采用，既不能只看近期效益，也不能提出过高的要求。为了追求尽善尽美而追加太多的费用，往往是得不偿失的。

破窗效应

美国斯坦福大学心理学家菲利普·辛巴杜于1969年做了一项实验。他找来两辆一模一样的汽车，把其中的一辆停在加州帕洛阿尔托的中产阶级社区，而另一辆停在相对杂乱的纽约布朗克斯区。停在布朗克斯区的那辆，他把车牌摘掉，把顶棚打开，结果当天就被偷走了。而放在帕洛阿尔托的中产阶级社区的那一辆，一个星期也无人理睬。后来，辛巴杜用锤子把那辆车的玻璃敲了一个大洞。结果呢，仅仅过了几个小时，它就不见了。以这项实验为基础，政治学家威尔逊和犯罪学家凯琳提出了一个“破窗效应”理论，这个理论认为：如果有人打坏了一幢建筑物的窗户玻璃，而这扇窗户又得不到及时的维修，别人就可能受到某些示范性的纵容去打烂更多的窗户。久而久之，这些破窗户就给人造成一种无序的感觉，结果在这种公众麻木不仁的氛围中，犯罪就会滋生、猖獗。

“破窗效应”启示我们，如果某种不良环境因素出现且没有得到有效制止，就会对人们的心理产生相当程度的暗示性和诱导性；若不采取措施及时修复“第一扇被打碎玻璃的窗户”，就难免出现更多的问题，使“更多的窗户玻璃被打碎”，甚至引发管理上的严重危机。

三、控制的必要性

控制是管理过程不可分割的一部分，是企业各级管理人员的一项重要工作。管理控制的必要性主要是由下列因素决定的。

（一）环境的变化

如果企业面对的是一个完全静态的环境，其中各个影响企业活动的因素（市场供求、产业结构、技术水平等）永不发生变化，那么企业管理人员便可以年复一年、日复一日地以相同的方式组织企业经营，工人可以用相同的技术和方法进行生产作业，因而不仅控制工作，甚至管理的计划职能都将成为完全多余的东西。事实上，这样的静态环境是不存在的，企业外部的一切每时每刻都在发生着变化。这些变化必然要求企业对原先制订的计划加以更改，从而对企业经营的内容做相应的调整。

（二）管理权力的分散

只要企业经营达到一定规模，企业主管就不可能直接地、面对面地组织和指挥全体员工的活动。时间与精力的限制要求他委托一些助手代理部分管理事务。由于同样的原因，这些助手也会再委托其他人帮助自己工作。这便是企业管理层次形成的原因。为了使助手们有效地完成受托的部分管理事务，高一级的主管必然要授予他们相应的权限。因此，任何企业的管理权限都制度化或非制度化地分散在各个管理部门和层次。企业分权程度越高，控制就越有必要。控制系统可以反馈被授予了权力的助手的工作绩效，以保证授予他们的权力得到正确的利用，促使这些权力组织的业务活动符合计划与企业目标的要求。如果没有控制，没有为此而建立相应的控制系统，管理人员就不能检查下级的工作情况，即使出现权力不负责任地滥用或活动不符合计划要求等其他情况，管理人员也无法发现，更无法采取及时的纠正行动。

（三）工作能力的差异

即使企业制订了全面完善的计划，经营环境在一定时期内也相对稳定，对经营活动的控制也仍然是必要的。这是由不同组织成员的认识能力和工作能力的差异所造成的。完善计划的实现要求每个部门的工作严格按计划的要求来协调地进行。然而，由于组织成员是在不同的时空进行工作的，他们的认识能力不同，对计划要求的理解可能发生差异；即使每个员工都能完全正确地理解计划的要求，但由于工作能力的差异，他们的实际工作结果也可能在质和量上与计划要求不符。某个环节可能产生的这种偏离计划的现象，会对整个企业活动造成冲击。因此，加强对这些成员的工作控制是非常必要的。

四、控制的分类

控制的类型是多种多样的，从不同的角度可以对控制做出不同的分类。

（一）按照控制时间的不同分类

1. 前馈控制

在活动开展之前就认真分析、研究、进行预测并采取防范措施，使可能出现的偏差在事先就可以筹划和解决的控制方法，叫作前馈控制，又称预先控制或事前控制，它是最理想的控制类型。前馈控制的方案应当是一个动态的方案。首先，要对所有可能的输入信息及它们的影响因素，还有在实施过程中可能出现的干扰都预先加以详尽分析，并以此制定实施方案。其次，方案要考虑若出现某些干扰时应该怎么办，要有各种应急措施方案，同时还要充分做好出现某些变故的思想上和物质上的准备。换句话说，前馈控制应该将各种可能出现的变故都预先估计到，并做好各种准备工作。

(1) 前馈控制的优点。

① 防患于未然。前馈控制是在工作开始之前进行的，可避免事后控制对已铸成的差错无能为力的弊端。

② 适用于一切领域的所有工作。

③ 前馈控制是在工作开始之前针对某项计划行动所依赖的条件进行的控制，不针对具体人员，因而不易造成面对面的冲突，易于被员工接受并付诸实施。

(2) 前馈控制的缺点。由于未来许多不确定因素很难预测，所以及时、准确的信息难以保障。前馈控制需要及时和准确的信息，并要求管理人员充分了解前馈控制因素与计划工作的影响关系。管理者获取大量准确信息、对控制过程充分了解并及时掌握新情况和新问题，从现实来看，是很难做到的。因此，组织也必须依靠其他方式的控制。

2. 同步控制

同步控制又称现场控制或现时控制，是指在计划实施过程中，在现场及时发现存在的偏差或潜在的偏差，即时提供改进措施以纠正偏差的一种方式，它主要是基层主管人员采取的一种控制方法。通过深入现场亲自监督、检查、指导来控制下属的活动，其内容包括：向下属指示恰当的工作方法和工作过程；监督下属的工作以保证计划目标的实现。同步控制主要发挥两大作用：一是监督作用，即按照预定的标准检查正在进行的工作，以保证目标的实现；二是指导作用，即管理者针对工作中出现的问题，根据自己的经验指导下属改进工作，或与下属共同商讨纠正偏差的措施以便使工作人员能正确地完成所规定的任务。

(1) 同步控制的优点。同步控制具有工作监督和技术指导的职能，可以防微杜渐，有助于提高员工的工作能力和自我控制能力。

(2) 同步控制的缺点。

① 运用同步控制受管理者的时间、精力和业务水平的限制。管理者不可能每时每刻对所有项目都进行现场控制，只能在关键时间或在关键项目上使用这种控制方式。

② 同步控制的应用范围较窄。一般来说，对于便于计量的工作一般运用现场控制；而对一些难以计量的工作，就很难进行现场控制。

③ 同步控制容易在控制者与被控制者之间形成对立情绪，在控制管理的过程中使控制者或被控制者受到伤害。

3. 反馈控制

反馈控制是在工作结束或行为发生之后进行的控制，故常称作事后控制。这种控制把注意力主要集中于工作或行为的结果上，通过对已形成的结果进行测量、比较和分析，发现偏差情况，依实际情况采取措施，对今后的活动进行纠正。例如，企业发现不合格产品后追究当事人的责任且制定防范再次出现质量事故的新规章，发现产品销路不畅而相应做出减产、转产或加强促销的决定，以及学校对违纪学生进行处罚等，这些都属于反馈控制。

(1) 反馈控制的优点。

① 在周期性重复活动中，反馈控制可避免下一次活动发生类似的问题。

② 反馈控制可以消除偏差对后续活动过程的影响，如产品在出厂前进行最终的质量检验，剔除不合格品，可避免这些产品流入市场后对品牌信誉和顾客使用造成不利影响；人们

可以总结经验教训，了解工作失误的原因，为下一轮工作的正确开展提供依据。

③ 反馈控制可以通过信息反馈及纠偏行动来保证组织系统的稳定性，为组织员工的奖惩提供依据。

④ 反馈控制可以总结规律，为进一步实施创造条件，实现良性循环，提高效率。因此，在实际工作中，反馈控制得到了相当广泛的应用。

（2）反馈控制的缺点。当管理者获得有关信息时，损失已经造成了，这就像亡羊补牢，只能在以后的工作中加以改进，所以反馈控制是控制工作中被动选择的一种控制方式。

扁鹊的医术

魏文王问名医扁鹊："你们家兄弟三人，都精于医术，到底哪一位最好呢？"

扁鹊答："长兄最好，仲兄次之，我最差。"

魏文王再问："那么为什么你最出名呢？"

扁鹊答说："我长兄治病，是治病于病情发作之前。由于一般人不知道他事先能铲除病因，所以他的名气无法传出去，只有我们家的人才知道。我仲兄治病，是治病于病情初起之时。一般人以为他只能治轻微的小病，所以他的名气只及于本乡里。而我治病，是治病于病情严重之时。一般人都看到我在做在经脉上穿针管来放血、在皮肤上敷药等大手术，以为我的医术高明，名气因此响遍全国。"

魏文王说："你说得好极了。"

反馈控制不如同步控制，同步控制不如前馈控制，可惜大多数的事业经营者均未能体会到这一点，等到错误的决策造成了重大的损失才寻求弥补。即使请来了名气很大的"空降兵"，也于事无补。

（二）按照控制手段的不同分类

1. 直接控制

直接控制是相对于间接控制而言的。它是指通过提高管理人员的素质，使他们改善管理工作，从而防止出现因管理不善而造成不良后果的一种控制方式。这种控制方式的特点是通过培训等形式，着力提高管理人员的素质和责任感，并在控制过程中实施自我控制。其核心思想着眼于培养更好的管理人员，使管理人员能熟练地应用管理的概念、原理和技术，能以系统的观点来进行管理。

直接控制的优点有：管理人员的质量可以得到提升，避免用人不当，从而使出现偏差的可能得到控制；可加速采取纠正偏差的措施并使其更加有效；由于提高了管理人员的素质，减少了偏差的发生，也就有利于减轻间接控制的负担，节约经费开支；直接控制的心理效果也给人以深刻的印象，管理人员的质量提高了，他们的威信也就得到了提高，下级人员对他们的信任和支持也会增加，这样就有利于整个组织目标的顺利实现。

2. 间接控制

间接控制是指根据计划和标准考核工作的实际结果，分析出现偏差的原因，并追究责任者的个人责任以使其改进未来工作的一种控制方法。间接控制多见于上级管理者对下级人员工作过程的控制。

运用这种控制方式需要明确几个前提条件：工作成效可以相互比较，并且也可以计量；员工对工作任务负有明确的、可以分割的责任，这种责任和员工之间的尽责程度可以相互比较；分析偏差和追究责任所需的时间、费用等是有充分保证的；出现的偏差可以预料并能及时发现；有关责任单位和责任人对出现的偏差会采取纠正措施。

事实上，由于管理活动的复杂性，很多管理部门或职位的绩效是很难计量和相互比较的；很多活动的责任是多个部门共同承担的，而且工作绩效也可能与个人责任无关；有时上级主管人员可能不愿意花时间和费用去分析引起偏差的事实真相；另外，推卸责任是很普遍的现象。因此，间接控制并非普遍有效的控制方法，它尚存在着许多不完善的地方。

老虎与牛虻

有一天，老虎遇到一只牛虻。“不要在我眼皮底下打扰我觅食，否则我就吃掉你。”老虎生气地说。“嘻嘻，只要你够得着就来吃呀。”牛虻嘲笑老虎，并且爬在老虎鼻子上吸血。老虎用爪子来抓，牛虻又飞到老虎背上，钻进虎皮中吸血。老虎恼怒地用钢鞭一样的尾巴驱赶牛虻，牛虻越钻越深，老虎躺在地上打滚妄图压死牛虻。牛虻又引来一大群同伙，群起而攻之，没过多久老虎便奄奄一息了。

千万不要看不起小事物。比起老虎，牛虻虽微不足道，却能置其于死地。其实，在管理中我们最大的敌人就是自己不屑一顾的小缺点。很多时候，企业失败就是因为管理者轻小重大的思想滋长了一些小毛病、小缺点，而这些小毛病、小缺点恰恰是我们最应该警惕的。

（三）按照控制组织结构的不同分类

1. 集中控制

集中控制是指全系统的控制活动由一个集中的控制机构来完成。这种形式的特点是：所有信息（包括内部、外部）都流入控制中心，由控制中心集中加工处理，并且所有的控制指令也全部由控制中心统一下达。集中控制是一种较低级的控制方式，只适合于结构简单的系统，如小型企业、家庭作坊。

集中控制的优点有：信息完整、集中，控制目标易协调、统一。它的缺点有：信息传输效率低，控制滞后性强，系统适应性差。

2. 分散控制

分散控制是指系统中的控制部分为若干个分散的、有一定相对独立性的子控制机构，这些机构在各自的职责范围内各司其职，各负其责，互不干涉，各自完成自己的目标。当然，这些目标是整个目标体系中的分目标。

分散控制的特点与集中控制相反，不同的信息流入不同的控制中心，不同的控制指令由不同的控制中心发出。分散控制适用于结构较松散的组织系统，如城市各交叉路口的交通管理、企业集团公司对其下属企业的管理等。

分散控制的优点有：针对性强，信息传递效率高，控制效率高；操作简单，系统适应性强。它的缺点有：信息不完整，整体协调性较差。

3. 分级控制

分级控制又称等级控制，是指系统的控制中心分解成多层次、分等级的控制体系，一般呈宝塔形，同系统的管理层次相呼应。

分级控制的特点是：综合了集中控制和分散控制的优点，其控制指令由上往下传，越往下越详细，反馈信息由下往上传，越往上越精练，各层次的监控机构有隶属关系，职责分明，分工明确；分级控制中心传递的信息有详有略，使各级部门能快速了解情况，迅速做出反应；整体目标易协调；系统组织适应性强。

任务二　控制的过程

从本质上来看，管理系统中的控制过程与物理系统、生物系统和社会系统中的控制过程是相同的。控制论创立人诺伯特·维纳指出，所有类型的系统都是通过信息反馈揭露目标实现过程中的错误并采取纠正措施来控制自己的。反馈控制系统具有四个基本要素：一是输入目标信息；二是测量输出信息并反送到输入端；三是将输出的结果信息与输入的目标信息进行比较，找出差值信息；四是利用差值信息对系统进行调节，使之达到期望的输出。管理控制过程一般包括确定标准、衡量绩效、纠正偏差三个基本步骤。控制过程的三个步骤是紧密联系的。没有第一步确定标准，就不会有衡量实际成效的依据；没有第二步实际成效与标准的比较，就不会知道是否存在偏差及是否需要采取纠正措施；没有第三步纠偏措施的制定和落实，控制过程就会成为毫无意义的活动。

一、确定标准

标准是控制过程中对实际工作进行检查的衡量尺度，是实施控制的必要条件，对计划工作和控制工作起着承上启下或连接的作用。计划是控制的依据，但各种计划的详尽程度是不同的。有些计划已经制定了具体的、可考核的目标或指标，这些指标就可以直接作为控制的标准。但大多数的计划是比较抽象、概括的，是对组织工作目标及行动方案的总体规划和安排，需要将计划目标进行转换，制定出一套更具体、可测量和可考核的科学的控制标准，这些标准就成为衡量下个成果的规范。

（一）标准及其种类

标准是作为一种模式或规范而建立起来的测量单位或尺度。一个好的标准一般应具备一致性、稳定性、简明性、可行性和先进性等特点，以便对所要求的行为结果加以衡量和测评。任何组织都有自己的目标，标准是期望绩效达到某种水平，将它作为对实际绩效进行考查评价的基准，并据此对绩效进行激励。很明显，一切绩效成果都是针对组织目标而言的，因此科学合理的控制标准也只能依据组织目标的需要而制定。

组织控制工作涵盖的范围很广泛，为实行控制而制定的标准也就有多种层次和多个方面。在实际工作中，按照不同的依据可把标准分成不同的类型。不管采用哪类标准，都需要按控制的对象来选择。

1. 实物标准

实物标准是一类非货币形式的标准，普遍适用于使用原材料、提供产品和劳务等操作的基层单位。这些标准反映了定量的工作成果，如单位产量定时、单位台时产量、劳动定额等。此标准也可反映质量，如轴承面的硬度、公差的精密度、纺织品的耐久性等。从某种意义上说，实物标准是计划工作的基石，也是控制的基本标准。

2. 费用标准

费用标准是一类货币形式的标准，同实物标准一样，普遍适用于操作层。这种标准是把货币价值加进各种经营费用之中，如单位产品的直接费用和间接费用、单位产品或工时的人工费用、单位产品的材料费用、机时费用等。

3. 资本标准

资本标准是费用标准的变种，是由以货币计量的实物项目引起的，它与经营费用无关，而只与投入一个企业组织的资金有关，主要是与企业的资产负债表有关，如投资回收率等。对于一笔新的投资和总体控制而言，资本标准是使用最为广泛的标准。

4. 收入标准

收入标准是把货币价值与销售额相联系而产生的，是以货币衡量的销售额，如单位产品的销售收入、某一地域内的顾客的平均消费额等。

5. 定性标准

定性标准针对的是下属的工作能力、组织的服务质量、组织形象等方面。这些方面一般难以量化。但是，为了使定性标准便于掌握，有时也应尽可能地采用一些可度量的方法。例如，美国著名的麦当劳公司为体现其“质量、服务、清洁、价值”的宗旨，制定了严格的工作标准：顾客进入餐馆后 5 秒内，服务员必须招呼顾客“欢迎光临”，事先准备好的汉堡包须在 7 分钟内供应顾客；服务员必须在就餐者离开后 2 分钟内把餐桌打扫干净。

资料
小和尚撞钟

任何一项具体工作的衡量标准都应有利于组织目标的实现，对每次具体工作都应有明确的时间、内容、要求等方面的规定。管理控制标准要求简单明了，尽可能定量和详尽描述，使之容易测定。

（二）选择关键控制点

所谓关键控制点，是指在组织活动中受限制的那些因素或对计划的完成及目标的实现更有利的那些因素。有了这些关键控制点，主管人员就能管理更多的下属，从而扩大管理幅度。由于各个组织及其各部门都有其特殊性，主管和下属的构成也各不相同，加之有待衡量的产品和服务品种繁多，所要执行的计划方案也数不胜数，因此并不存在一种对各主管人员普遍适用的、专门的关键控制点一览表，也没有现成的、关于如何选择控制点的特定规则。所以，只能提出一般的指导原则。

（1）关键控制点的建立是为了使主要的工作得到正确的管理。

（2）选择的关键控制点应能及时反映并发现问题。关键控制点应能在严重损害发生前就发现问题的迹象。时间在控制过程中是十分关键的，因此偏差总是发现得越早越好。关键控制点位置选择恰当，能在造成严重损失前就停止工作或改变原有的工作程序。

（3）关键控制点应能全面反映并说明绩效水平。有时顾及全面往往会与时间的限制发生矛盾。例如，净利润指标是一个全面的战略控制点，能反映整个企业的进步，但是等正常的会计程序得出利润数字后再采取行动时，就已经失去了机会。所以，企业把财务状况作为要点，并实施预先控制显然是有益的。

（4）选择关键控制点应考虑经济原因。目前，计算机和管理信息系统得到普及，有的企业还通过自动化系统或程控系统来实施控制。这些现代设施设备的安装、使用与保养费用是十分昂贵的。管理人员也因此可获得大量的信息，但其中真正有实用价值的并不太多。为了避免盲目求多求全，不让次要的信息掩盖重要信息，管理者在选择关键控制点时，应以经济的观点进行选择。

(5) 关键控制点的选择要注意平衡。一个关键控制点的选择往往会对另一个标准产生负面影响。例如,如果过分强调增加产量,有时会影响产品的质量。

牵牛要牵牛鼻子

从前,有兄弟俩,哥哥好吃懒做,贪得无厌,弟弟聪明伶俐,勤劳朴实。他俩因家庭不和闹分家。家中的财产因哥哥狂吃滥赌已经卖得差不多了,剩下的东西,也大都被哥哥独霸了。有一头大水牛是弟弟从小喂养大的,哥哥还想一人独吞,弟弟当然不肯。哥哥欺负弟弟年轻力气小,出了个鬼主意,谁能拉着牛让牛跟着走,谁就能得到牛。弟弟虽然知道哥哥的用心,但是他想,这个人力气虽大,可他笨得要命,平时连摸都没有摸过牛,并不见得就能拉得动牛,于是就答应了。接着,哥哥又提出要由他先拉,弟弟也同意了。不过,弟弟也向他提出一个条件,要请一位德高望重的人来秉公评判,哥哥也只好答应了。开始拉牛了,哥哥把牛上上下下打量了一番,端详着从哪里下手。他想,牛尾巴长长的最好抓,凭着自己的一身力气,只要抓住它用力一拉,大水牛自然就归他所有了。可是,事与愿违,他使尽了全身力气,牛尾巴都被他拉直了,大水牛却纹丝不动。他哪里肯罢休,一次不行,又拉第二次、第三次,不停地拉,直到累得筋疲力尽了才撒手。轮到弟弟了,弟弟早已成竹在胸,不慌不忙地走到牛跟前,抓住挂在牛鼻子上的铜圈往前轻轻一拉,牛就乖乖地跟他走了。最后,这头牛被判归弟弟所有。

这个故事,从表面上看来,说的是牵牛要牵牛鼻子,实际上,生动地揭示了控制要选择好关键控制点的道理。

动画
牵牛要牵牛鼻子

(三) 确定控制标准

确定了关键控制点,就要为各个控制点确定控制的标准。有效控制标准的要求如下。

1. 简明适用

简明适用即保证标准明确、不含糊,对标准的量值、单位、可允许的偏差范围等要明确说明,对标准的表述要通俗易懂,便于理解和接受。含糊的、解释起来主观随意性大的控制标准是不利于控制的。

2. 协调

管理控制工作覆盖组织活动的各个方面,制定出来的各项控制标准不可相互冲突,应该彼此协调一致。

3. 可行且易操作

可行且易操作即标准的确定要客观,不能过高,也不能过低,要使绝大多数人通过努力都可以达到。因为建立标准的目的是用它来衡量实际工作,并希望工作达到标准的要求。所以,控制标准的建立必须考虑工作人员的实际情况。如果标准过高,人们将因为根本无法实现而放弃努力;如果标准过低,人们的潜力得不到充分发挥,会降低工作效果。

4. 相对稳定

相对稳定即标准要有一定程度的稳定性,要能用于一段较长的时间,即使有弹性,也是在一定的原则范围内变化。否则,标准经常变化,会使标准缺乏权威性,并加大控制工作的难度。但这种稳定不是绝对的，控制标准也要随着组织活动的发展进行必要的调整。在一般情况下，随着组织的发展和组织效率的提高，控制标准应不断提高。

5. 前瞻性

建立的标准既要符合现时的需求，又要考虑到将来的发展对控制指标的要求。

二、衡量绩效

衡量绩效分为两个步骤：一是测定或预测实际工作成绩；二是对实际工作与控制标准进行比较，由此发现和提出问题。这实际上是控制过程的信息收集阶段，也是为纠正偏差提供切实准备的阶段。

（一）测定或预测实际工作成绩

控制既然是为了纠正偏差，必须首先掌握实际工作情况。要掌握的成绩有两种：一种是已产生的工作结果，另一种是即将产生的工作结果。无论哪一种成绩，都要求收集到的信息能为控制工作所用。管理人员通常可采用三种方式收集所需信息。

1. 口头与书面报告

口头与书面报告已成为现代组织进行工作检查和了解活动开展状况的重要形式。报告力求简明、全面和准确。在可能的情况下，最好把口头报告与书面报告结合起来，报告中若能提供活动开展情况的统计数据加以证明和说明，则更加有效。主管人员可以在报告的基础上，通过问一些问题来获得更多的信息，澄清一些模糊事项和可能的误会，有时在讨论中就可以找到较好的校正方案。

2. 个人观察

在检查职工的工作绩效时直接和个人接触是基层管理人员收集所需信息最有效的方法。基层管理者较之高层管理者有更多的机会深入一线进行个人观察。高层管理者由于远离“火线”，所以经常不得不依靠下级的报告。而基层管理者有大量机会进行直接观察，这正是他们所具有的优势。个人观察也有其局限性。首先，它十分耗费时间，管理人员必须走出办公室，深入基层才能掌握第一手资料；其次，可能漏掉一些重要活动，而这些活动往往发生在关键时刻；最后，职工在被观察时的行为可能与平时不一致。

3. 抽样调查

抽样调查是一种非全面调查，它是从全部调查研究对象中，抽选一部分单位进行调查，并据以对全部调查研究对象做出估计和推断的一种调查方法。显然，抽样调查虽然是非全面调查，但它的目的却在于取得反映总体情况的信息资料，因而也可起到全面调查的作用。管理人员也可以使用抽样调查的方法检测工作绩效。

运用上述形式测定实际工作，测定结果要求达到的精度要依具体应用的需要而定。所有的测定结果只能精确到有限的程度。一个优秀的管理人员应能迅速抓住既往成绩的核心，这种能力是实施有效控制的一个重要条件。

（二）将实际工作与标准比较，界定偏差及其原因

通过实际业绩与控制标准的比较，就可确定两者之间有无差异。若无差异，可按原计划继续进行。若有差异，首先要了解偏差是否在标准允许的范围内，若在允许的范围内，则工作继续进行，但也要分析偏差产生的原因，以便改进工作，防患于未然；若差异超出允许范围，则应及时地分析偏差产生的原因，搞清楚偏差产生的原因是采取相应措施的基础。差异

分析，首先要确定偏差的性质。一般造成偏差的原因有三类：一是组织外部环境发生重大变化，使组织计划规定的目标难以实现；二是在执行任务过程中工作人员由于工作失误而造成偏差，如工作不认真、没有责任心、能力不够等；三是原有计划不合理、不完善而导致出现偏差，如计划目标过低或过高、计划内容不全面等。必须对这三类不同性质的偏差做出准确的判断。其次要分析偏差的类型。偏差可分为正偏差和负偏差：正偏差是指实际业绩超过了计划要求，而负偏差是指实际业绩未达到计划要求。两种偏差都要进行原因分析，若是由于环境变化导致的有益正偏差，则要修改原计划以适应变化了的环境。

未能实现的工作目标

王某担任某厂厂长一年多了，他刚刚看了工厂今年实现目标情况的统计资料。厂里各方面工作的进展出乎他的意料。记得他任厂长后的第一件事就是亲自制定了工厂一系列工作的目标。例如，为了减少浪费、降低成本，他规定在一年内要把原材料成本降低10%～15%，把运输费用降低3%。他把这些具体目标都告诉了有关方面的负责人。现在年终统计资料表明，原材料的浪费比去年更严重，浪费率竟占总额的16%；运输费用则根本没有降低。他找来了有关方面的负责人询问原因。负责生产的副厂长说："我曾对下面的人强调要注意减少浪费，我原以为下面的人会按我的要求去做。"而运输方面的负责人则说："运输费用降不下来很正常，我已经想了很多办法，但汽油费等还在涨，我想，明年的运输费可能还要上升3%～4%。"

王某了解了原因，并进行了进一步的分析以后，把这两个负责人召集起来布置第二年的目标：生产部门一定要把原材料成本降低10%；运输部门即使运输费用还要提高，也绝不能超过今年的标准。

王某把原定控制目标分解给具体部门执行，但各部门却未能完成工作目标。生产部门没完成控制目标是因为控制目标确定后没有制订相应的实施计划，导致实施过程失控；运输部门没完成控制目标的原因在于厂长制定的控制目标带有较大的主观性，而有效的控制要求有客观、可行且易操作的标准。所以，在制定控制标准时，要遵循一定的原则。

为了能够及时、准确地提供偏差信息，并符合控制工作其他方面的要求，管理者在衡量工作绩效的过程中，应注意以下问题：

(1) 建立有效的信息反馈网络。在衡量绩效工作中，最关键的一条是要及时把握有关信息。因为负有控制责任的管理人员只有及时掌握反映实际工作与标准之间偏差的信息，才能迅速采取有效的纠正措施。然而，并不是所有的衡量绩效的工作都是由主管人员直接进行的，有时需要借助专职的检测人员。因此，应该建立有效的信息反馈网络，使反映实际工作情况的信息适时地传递给适当的管理人员，使之能与预定标准相比较，及时发现问题。同时，这个网络还应能及时将偏差信息传递给与被控活动有关的部门和个人，使他们及时知道自己的工作状况及需要怎样做才能更有效地完成工作。

(2) 控制适宜的衡量频度。有效控制讲究的是控制的适度，即控制的范围、深度和频度要恰到好处，要避免出现控制过多或控制不足的现象。这里的"过多"或"不足"，不仅体现在控制对象及控制标准数量的选样上，也表现在对同一标准的衡量次数或频度上。过于频繁地衡量影响某种结果的要素或活动，不仅会增加控制费用，而且可能引起有关人员的不满，影响他们的工作态度；而衡量的次数过少，则可能使许多重大的偏差不能被及时发现，从而不能及时采取措施。

三、纠正偏差

进行偏差分析的目的是采取纠正措施，以保证计划的顺利进行和组织目标的实现。这是控制活动具有实质意义的关键步骤。在对偏差原因做出彻底分析之后，管理者要针对产生偏差的主要原因采取果断有力的措施，迅速纠正偏差。纠正偏差的具体方法因问题的不同及形成偏差的原因不同而异，但其基本的原则应是对症下药。一般来说，纠正偏差的思路主要有两个：一是在确认原有计划和控制标准科学合理的前提下，继续保持其稳定不变，想办法改进工作态度、方法和手段，以减少或消除已有偏差；二是当发现原有计划和控制标准已不适应环境变化，脱离实际而导致正负偏差的时候，应对其进行适当调整和修订。

悬崖勒马

悬崖勒马原作临崖勒马。悬崖勒马的意思是濒临悬崖而能及时勒住奔马。这句成语出现较早的文献，为元代郑光祖的杂剧《智勇定齐》。剧中第三折讲到主角钟离春摆下一个“九宫八卦”的奇阵，要手下合眼虎诈败，引诱秦兵的将领孙操入阵。孙操入阵被缚之后，钟离春就取笑他有眼不识她布下的机关，只会猛追诈败的敌将，让自己误入险境。就像船开到江心，才要补漏；临断崖才知勒马，已经来不及了。如今撞到阵中，正是有路回不得了！文中“临崖勒马才收骑”的意思就是“临悬崖而勒马”。

“悬崖勒马”这句成语就是用来比喻人到了危险的边缘而及时回头。清代纪昀的《阅微草堂笔记・卷八・如是我闻二》中有一段故事，说到一位书生借宿在京城的云居寺，认识了同住的一个十四五岁的童子，两个人非常要好，后来才知道这个童子是“杏花精”变的。虽然童子辩称“精”和“魅”不同，却不得不承认，他亲近书生是为了吸其精气，让自己化成人形。书生警觉到这和鬼魅没有不同，立即推开童子离去。所以纪昀称赞他说：“书生悬崖勒马，可谓大智慧矣。”意思就是说这位书生能警悟险境，及时回头，具有很高的智慧。

具体纠偏措施有两种：一种是立即执行的应急措施，另一种是永久性的根治措施。对于那些迅速、直接地影响组织正常活动的急性问题，多数应立即行动采取补救措施。纠偏措施在选择和实施过程中还应注意以下问题。

（一）使纠偏方案双重优化

纠正偏差，不仅在实施对象上可以进行选择，而且对同一纠偏也可采取多种措施。一般而言，采取措施总要优于不采取任何行动，但如果行动的费用超过偏差带来的损失，此时最好的方案也许是不采取任何行动。

（二）充分考虑原先计划实施的影响

由于对客观环境的认识能力提高或者由于客观环境本身发生了重要变化而引起的纠偏，可能导致对原先计划与决策的局部或全部的否定，从而要求对组织活动的方向和内容进行重大调整。这种决策被称为“追踪决策”，它指当原有决策的实施情况表明将危及决策目标的实现时，对目标或决策方案所进行的一种根本性修正。

（三）注意消除人们对纠偏措施的疑虑

任何纠偏措施都会在不同程度上引起组织的结构、关系和活动的调整，所以会涉及某些组织成员的利益，不同组织成员对纠偏措施持不同的态度，特别是纠偏措施属于对原有决策和活动进行重大调整的追踪决策时更是如此。不仅一些原先反对初始决策的人会幸灾乐祸，甚至夸大原有决策的失误，反对保留其中任何合理的成分，更多的人会对纠偏措施持怀疑和反对的态度；原有决策的制定者和支持者会害怕改变决策标志着自己的失败，会公开或暗地里反对纠偏措施的实施；原有决策执行者，从事具体活动的基层工作人员则会对自己参与的已经形成或开始形成的结果产生感情，或者担心调整使自己失去某种工作机会、影响自己的既得利益而极力抵制纠偏措施的制定和执行。因此，控制人员要充分考虑到组织成员对纠偏措施的不同态度，特别要注意消除执行者的顾虑，争取更多人的理解、赞同和支持，以避免在纠偏方案实施过程中可能出现的人为障碍。

从理论上讲，采取纠偏措施后控制过程就结束了。但在实际控制活动中并不是这样的。纠偏后要继续进行绩效衡量与比较，看是否纠正了偏差。即使进入了控制程序的第二个周期，若发现还有偏差，控制程序也将不断循环往复，直到管理者达到控制目的为止。在实际管理工作中，由于组织的外部环境在不断变化，内部条件在不断改变，控制活动总是一个连续不断的过程，在一项任务最终完成之前，控制活动是没有尽头的。

任务三　控制方法

控制渗透到为实现组织目标所进行的一切活动中，控制的对象、内容和条件不同，决定了控制的类型也不同，而对于不同种类问题的控制所使用的技术和方法相应的也不同。控制技术和方法的有效使用，是一个组织走向良性循环的重要方面。应用于控制的技术和方法有很多，下面重点介绍常用的预算控制和非预算控制。

一、预算控制

（一）预算与预算控制的概念

组织管理中最基本、最广泛运用的控制方法就是预算控制方法。预算就是用数字，特别是用财务数字的形式来描述组织未来的活动计划，它预测了组织在未来时期的经营收入和现金流量，同时也为各部门或各项活动规定了在资金、劳动、材料、能源等方面支出的额度。预算控制就是根据预算规定的收入与支出标准来检查和监督各个部门的活动，以保证各种活动或各个部门在完成既定目标、实现利润的过程中对资源的利用，从而使费用支出受到严格有效的约束。

预算的实质是用统一的货币为组织各部门的各项活动编制计划，因此它使得组织在不同时期的活动效果和不同部门的经营绩效具有可比性，可以使管理者了解组织经营状况的变化方向和组织中的优秀部门与问题部门，从而为调整组织活动指明方向，为协调组织活动提供依据。用数量形式的预算标准来对照组织活动的实际效果大大方便了控制过程中的绩效衡量工作，为采取纠正措施奠定了基础。预算控制清楚地表明了计划与控制的紧密联系。

预算是计划的数量表现。预算的编制是作为计划过程的一部分开始的，而预算本身又是计划过程的终点，是转化为控制标准的计划。

预算是一种计划技术，是未来某一个时期具体的、数字化的计划，它把计划分解成以货币或其他数量单位表示的预算指标。用数字来表示预算的结果，要求各个部门的运作和开支在预算范围内。预算也是一种控制技术，它把预算指标作为控制标准，用来衡量计划的执行情况。人们根据预算的使用情况来评价工作效果。

太阳和激光

一天，太阳和激光一起出去徒步旅行，翻过大山，穿过海洋，来到一个山与海交界的地方。正好，有一位老者和一群人在讲一个关于谁本领大的故事，正讲到“谁的本领大，要看能量大小”。太阳听到这个，露出微笑说：“这不就是在说我的力量和风采吗？阳光普照到每个角落，每个角落都享受温暖和阳光带来的亮度。”太阳分享完自己的精彩故事后，得到雷鸣般的掌声。

激光低着头往前走，刚走过一个山头，老者在后面追上，问了激光一个问题，说：“你和太阳在一起，你觉得哪一个能真正地发挥出自己的能量?”在回答这个问题之前，激光向太阳笑了一下，一语道出天机：“虽然太阳能够普照每一个角落，但不能渗透到里面，我虽然不能普照到每一个角落，可我能够集中所有的能量穿透很深。”

老者听到激光的一番讲述后悟出了“聚焦的力量”，从此，老者在不同的场合和人群中只讲一个故事，那就是聚焦的故事。

预算作为一种科学的目标控制方法，其真正的目的就是“聚焦”。预算以规范、严格的控制方式实现了“聚焦”，企业要编制能实现“聚焦”的预算，就要制定和健全科学的预算管理制度，包括编制程序、修改预算的办法、预算执行的分析方法、评价和反馈办法、预算授权制度等。

（二）预算的种类

根据预算内容，可以把预算分为以下几种类型。

1. 收支预算

收支预算是从财务角度计划和预测未来活动的成果及为取得这些成果要付出的费用。它实际上是以货币来表示组织的收入和经营费用支出的计划。收支预算包括收入预算和支出预算。收入预算主要是销售预算。企业主要是依靠产品销售或提供服务所获得的收入来支付经营管理费用并获取利润的，因此销售预算是计划工作的基石，是预算控制的基础。支出预算是企业关于生产活动的预算。支出预算与销售预算相对应，是对保证销售过程顺利进行的生产活动所做的预算。一般情况下，支出预算主要是对直接人工、直接材料和附加费用的预算。这种预算是企业预算中最重要的预算。

2. 资本支出预算

资本支出预算概括了专门用于厂房、机器、设备、库存等类目的支出。由于厂房、机器设备等方面的投资回收期一般较长，可能涉及几个经营阶段，因此这是一种长期预算。对这部分资金的投入一定要慎重地进行预算，并且应尽量与长期计划工作结合在一起。

3. 现金预算

现金预算是对未来生产和销售活动中现金的流入与流出进行的预测。这实际上是对现金收支的一种预测，可用它来衡量实际的现金使用情况。它还可以显示可用的超额现金量，因而可以用来编制剩余资金的营利性投资计划。从某种意义上来说，这种预算是组织中最重要的一种预算。

4. 资产负债预算

资产负债预算是对企业会计年度期末的财务状况进行的预算，是各部门项目分预算的汇总。它可用来预测将来某一特定时期的资产、负债和资本等账目的情况。由于其他各种预算都是资产负债表项目变化的资料依据，所以也就验证了所有其他预算的准确性。

5. 总预算

总预算是以组织整体为范围，涉及组织收入或者支出项目总额的预算。总预算通过编制预算汇总表，可以用于公司的全面业绩控制。它把各部门的预算集中起来，反映了公司的各项计划，从中可以看到销售额、成本、利润、资本的运用、投资利润率及其相互关系。总预算可以向最高管理层反映出各部门为了实现公司总的奋斗目标而运行的具体情况。

（三）现代预算方法——零基预算

由美国德州仪器公司首创的零基预算的基本精神是在每个预算制定时，对每项费用都予以重新核查，必须以目前公司的需求和发展状况作为实际核查基准。其基本原理是：对任何一个预算期，任何一种项目费用的开支都不是从原有的基数出发，即根本不考虑各项目基期的费用开支情况，而是一切都以零为基础，从零开始重新考虑各项费用开支的必要性及预算的规模，以目前的需要和发展趋势作为预算基准。这一原理在美国的一些州政府部门的设立方面得到了推广应用，称之为“日落法”，即每年年终，现有的各个部门就像太阳落山一样宣告结束，当新的一年开始时，各个部门必须向专门的审议机构证明自己确有存在的必要，才能向旭日东升那样重新开始。

农夫的一天

有一个农夫一早起来，告诉妻子要去耕田，当他走到田里时，却发现耕耘机没有油了；原本打算立刻去加油的，突然想到家里的三头猪还没有喂，于是向家走去；经过仓库时，看见旁边有几个马铃薯，想起马铃薯可能正在发芽，于是又向马铃薯田走去；途中经过木材堆，又记起家中需要一些柴火，正当要去取柴的时候，又看见了一只生病的鸡躺在地上……这样来来回回跑了几趟，这个农夫从早上一直到太阳落山，油也没加，猪也没喂，田也没耕。显然，最后他什么事也没有做好。

全面预算管理方案明确了目标，但在执行时还要做到目标明确、方法可行、沟通到位、流程合理、激励到位、考核有效，否则，预算只是纸上谈兵，不能落地执行。

1. 零基预算的主要做法

（1）把每项支援性活动描述为一个决策的组件，每个组件都包含目标、行动及所需资源。组织的高层管理者要求下属各部门根据计划期内的战略目标和具体任务，详细讨论各自所需的项目费用，并要求对每个项目编写具体方案，提出项目费用开支的目的及需要开支的数额。

(2) 对每个组件或活动用成本-效益分析的方法进行评价和安排顺序。由高层管理者对每个费用项目方案进行成本-效益分析,对每个项目所需的费用和可能的收益进行比较,在此基础上进行费用项目的分析、评价并根据各费用开支项目的轻重缓急将其分成若干层次与顺序。

(3) 在上一步的基础上,对拥有的资源按照每种职能对实现组织目标所做的贡献大小来进行分配,即结合计划期内可用资金来源分配资金,落实预算。

由此可见,零基预算法的精髓在于把管理控制的重点从传统的现场控制和反馈控制转向了预先控制。它强调“做正确的事”,而不是“正确地做事”,突出了组织目标对全部管理活动的指导作用及计划职能与控制职能间的联系,以求更集中和更有效地使用资源,使组织目标的实现达到事半功倍的效果。

2. 零基预算的优点

(1) 零基预算避免了预算控制中只注重前段时期变化的普遍倾向,它迫使主管人员重新安排每个项目计划,这样做可以从整体出发连同新计划及其费用一起来考查所确定的计划及其费用。

(2) 零基预算可准确全面地计算出各种数据,为计划的决策和控制标准的确定提供精确的资料,减少盲目性。

(3) 它使计划和控制富有弹性,增强了组织的应变能力。

(4) 当管理决策出现失误时,便于及时纠正。

(5) 零基预算还能充分调动和发挥各层管理者的积极性与创造性。但由于其编制工作量很大,成本比较高,这种方法一般应用于一些辅助性生产和服务性企业,而不适用于实际生产性企业。

3. 零基预算的注意事项

在实施零基预算时应注意以下几个方面的问题:

(1) 负责最后审批预算的主要领导人员必须亲自参加对活动和项目的评价过程,以便真正清楚地了解该项预算的由来并判断其是否合理。

(2) 在对各项管理活动和具体项目进行评价与编制预算的过程中,要求所涉及的重要管理人员必须对组织有透彻的了解和理解。只有这样,才能对哪些活动是必要的,哪些活动虽然是必要的但在目前是可有可无的,以及哪些活动是完全不必要的,进行正确的判断和取舍。

(3) 在编制预算时,资金按重新排出的优先次序进行分配,应尽可能地满足排在前面的活动的需要,如果资金有限,分配到最后时,对于那些可进行但不是必须进行的活动和项目,可暂时放弃。

(四) 预算的制定步骤

预算的制定一般是从下至上进行的,其具体步骤如下:

(1) 各基层部门先根据自己的计划任务做出本部门的预算方案,然后交上级预算委员会(一般由高层领导人和各职能部门的权威人员组成)。

(2) 预算委员会根据各部门的预算方案,再综合考虑整个组织的总体资源,并与有关高层领导人和一些权威人士协商分析,在综合平衡的基础上做出总预算方案。

(3) 将预算方案交董事会或总经理审批,审批后再逐级分发下去。

（五）预算的注意事项

预算作为计划与控制的常用工具，在实际应用中可能带来一系列问题，实施时要避免以下几点。

1. 预算目标取代组织目标

有些管理者过分热衷于使自己部门的经营状态符合预算的要求，甚至忘记了自己的首要职责是保证企业目标的实现。例如，为了达成目标而采取的特殊措施可能被一些部门以不在预算之内而加以拒绝；同时，预算还会加剧各部门难以协调的独立性。每个部门的预算应该是整个组织计划系统不可分割的一部分。

2. 过于详细的预算

预算过于详细，就容易抑制人们的创造力，让人们产生不满情绪，使人放弃积极的努力，还会提供逃避责任的借口。

3. 预算导致效率低下

因为预算往往是根据基期的预算数据加以调整的，这样一来，不合理的惯例或以前合理但现在已不合理的惯例会给一些人带来既得利益，不严格的预算及不合理的预算可能成为某些无效工作的保护伞。

4. 预算缺乏灵活性

在计划执行过程中，有时一些因素发生的变化出乎预测，会使一个刚刚制定的预算很快过时。若在这种情况下还受预算的约束，则可能造成重大的损失。

傻　婆　媳

傻媳妇在和面，不停地喊道："妈，水多了！"婆婆正在缝被子，回喊："加面！"傻媳妇又喊："妈，面多了！"婆婆又喊："加水！"最后，傻媳妇喊："妈，面盆装不下了！"婆婆喊："要不是我把自己缝进被子里了，我非揍你不可！"

在企业的经营过程中，要实行严格的预算管理制度。通过预算的编制、执行与控制，达到企业资源的最优化配置，使企业的发展与所拥有的资源及企业的经营环境保持动态平衡，从而发挥资源的价值创造功能，将未来掌握在手中，使经营风险和财务风险得到有效的控制。

二、非预算控制

非预算控制分为传统控制方法、程序控制、计划评审技术和管理工作绩效的综合控制。

（一）传统控制方法

1. 视察

视察是一种最古老、最直接的控制方法，有人把这种方法称为走动管理。作业层的主管人员通过视察，可以判断出产量、质量的完成情况及设备运转情况和劳动纪律的执行情况等；职能部门的主管人员通过视察，可以了解到文件是否得到了认真的贯彻，生产计划是否按预定进度执行，劳动保护等规章制度是否被严格遵守，以及生产过程中存在哪些偏差和隐患等；而上层主管人员通过视察，可以了解到组织的方针、目标和政策是否深入人心，可以发现职能部门的情况报告是否属实及员工的合理化建议是否得到认真对待，还可以从与员工的交谈中了解他们的情绪和士气等。所有这些，都是主管人员最需要了解的，但却是正式报告中见不到的第一手信息。视察还能够使组织的管理者保持和不断更新自己对组织的感觉，使他们感觉到事情是否进展得顺利及组织是否运转得正常。视察还能够使上层主管人员发现被埋没的人才，并从下属的建议中获得不少启发和灵感。此外，亲自视察本身就有一种激励下属的作用，它使得下属感到上级在关心着他们。所以，坚持经常亲临现场视察，有利于创造一种良好的组织气氛。当然，主管人员也必须注意视察可能引起的消极作用。

2. 报告

报告是用来向负责实施计划的主管人员全面地、系统地阐述计划的进展情况、存在的问题及原因、已经采取了哪些措施、收到了什么效果、预计可能出现的问题等情况的一种重要方式。报告的主要目的是提供一种如有必要即可用作纠正措施依据的信息。对报告的基本要求是必须做到适时、突出重点、指出例外情况、尽量简明扼要。通常，运用报告进行控制的效果取决于主管人员对报告的要求。管理实践表明，大多数主管人员对下属应当向他报告什么缺乏明确的要求。随着组织规模及其经营活动规模的日益扩大，管理也日益复杂，并且主管人员的精力和时间是有限的，定期的情况报告也就越发显得重要。

3. 比率分析

组织经营活动中的各种不同度量之间的比率分析，是一项非常有益的和必需的控制技术或方法。“有比较才会有鉴别”，也就是说，信息都是通过事物之间的差异传达的。企业经营活动分析中常用的比率可以分为两大类，即财务比率和经营比率。前者主要用于说明企业的财务状况，后者主要用于说明企业经营活动的状况。

4. 盈亏分析

所谓盈亏分析，就是根据销售量、成本和利润三者之间的相互依赖关系，对企业的盈亏平衡点和盈利情况的变化进行分析的一种方法，又称“量、本、利”分析。它是一种很有用的控制方法和计划方法。在盈亏分析中，将企业的总成本按照性质分为固定成本和变动成本。所谓固定成本，是指不随销售量变化的那部分成本，如折旧费、设备大修理费、办公费、新产品研制费等。变动成本则是指随销售量变化而变化的那部分成本，如原材料、工时费、燃料和动力费等。

资料卡

确定控制标准的常用方法

各关键控制点的控制对象和控制内容各不相同，确定控制标准时要采用的方法也不同。

1. 统计分析法

统计分析法是指根据企业的历史数据资料及同类企业的水平，运用统计学方法来确定企业经营各方面工作的标准。用统计分析法制定的标准称为统计标准。统计分析法的优点是简便易行。其局限性有四方面：一是对历史统计数据的完整性和准确性要求高，否则制定的标准没有任何意义；二是统计数据分析方法选择不当会严重影响标准的科学性；三是统计资料只反映历史的情况而不反映现实条件的变化对标准的影响；四是利用本企业的历史性统计资料为某项工作确定标准，可能低于同行业的先进水平，甚至是平均水平。

2. 经验估计法

经验估计法是根据管理人员和工作人员的实际工作经验，并参考有关技术文件或实物和评估计划期内条件的变化等因素,制定标准的方法。经验估计法适用于缺乏技术资料、统计资料的情况。其优点是简单易行、工作量小,但受主观因素影响大,准确性差。

3. 工程标准法

工程标准法是指对工作情况进行客观的分析,并以准确的技术参数和实测的数据为基础,通过科学计算确定标准的方法。通过对两者的研究制定生产定额,为基层管理人员更恰当地安排工作,更合理地评估员工绩效,以及预先估计所需的人工和费用,建立客观的标准。

(二)程序控制

程序是对操作或事务处理流程的一种描述、计划和规定。组织中常见的程序很多,如决策程序、投资审批程序、主要管理活动的计划与控制程序、会计核算程序、操作程序、工作程序等。凡是连续进行的、由多道工序组成的管理活动或生产技术活动,只要它具有重复发生的性质,就都应当为其制定程序。它通过文字说明、格式说明和流程图等方式把一项业务的处理方法规定得一清二楚,从而既便于执行者遵守,也便于主管人员进行检查和控制。程序控制所隐含的基本假设是:管理中的种种问题都是因为没有程序或没有遵守程序而造成的。

(三)计划评审技术

计划评审技术就是把工程项目当作一种系统,用网络图、表格或者矩阵来表示各项具体工作的先后顺序和相互关系,以时间为中心,找出从开工到完工所需要时间的最长路线,并围绕关键路线对系统进行统筹规划、合理安排,对各项工作的完成进度进行严密的控制,以达到用最少的时间和资源消耗来完成系统预定目标的一种计划与控制方法。计划评审技术可以有效地对项目中使用的人力、物力、财力等进行平衡,能够合理而经济地控制项目的进度和成本,能够在出现偏差时找出原因和关键因素,并从总体上进行调整,以保证项目如期完成。计划评审技术是一种前馈控制,它可以及时弥补由于前面项目拖期造成的时间短缺,而不致影响整个工期。

(四)管理工作绩效的综合控制

一般而言,大多数的控制方法都是针对组织某一方面的工作,其控制重点是管理过程本身或者其中的某个环节,而不是管理工作的全部绩效和最终效果。因此,必须提出一些能够控制企业整个工作绩效的方法。

综合控制主要是财务方面的控制,也就是说从财务的角度控制那些直接影响经济指标大小的因素,如投资、收入、支出、负债等。但是利润和利润率高并不意味着企业就一定是管理完善的,因此组织绩效的综合控制,还应该包括对管理工作质量、水平的评价和控制。

1. 损益控制法

损益控制法是根据一个企业的损益表,对其经营和管理成效进行综合控制的方法。由于损益表能够反映该企业在一定时期内收入与支出的具体情况,从而有助于从收支方面说明影响企业绩效的直接原因,并有利于从收入和支出两方面进一步查明影响利润的原因。所以,损益控制的实质是对利润和直接影响利润的因素进行控制。

2. 投资报酬率控制法

投资报酬率控制法是指以投资额和利润额之比,从绝对数和相对数两方面来衡量整个企业或企业内部某一部门的绩效。这种方法与损益控制法的主要区别在于,它不是把利润看成一个绝对的数字,而是把它理解为企业运用投资的效果。由于企业的投资来源于利润,因此,如果投资报酬率只相当于或者甚至低于银行利率,那么企业的投资来源便会趋于枯竭，从而使企业发展陷于停滞。所以，企业的目标不仅是最大限度地获取利润额，还应当是最大限度地获取投资回报率。

3. 管理审核与经营审核

管理审核是指系统地评价、鉴定全部管理工作绩效的一种控制方法。经营审核是指评价、鉴定经营活动工作质量的一种控制方法。管理审核侧重于管理职能方面的审核，其中包括对于计划工作、组织工作、人员配备、领导工作及控制工作的评价；经营审核则侧重于管理决策方面的审核，其中包括对组织中关于计划、工程技术、生产、营销、人事、会计及财务方面长期性决策质量的评价。在实际工作中，这两种审核的内容与范围有相当程度的重合和交叉，因此也就很难做出严格的区分。按照执行审核工作的人的不同，两种审核都有外部审核与内部审核之分。外部审核是指由组织以外的专门机构或专家对本企业的经营与管理情况进行审核。内部审核则是在组织内上层管理人员的领导下组织有关部门人员进行的审核。

所谓控制，就是指为了既定的组织目标，以计划为依据制定控制标准，由管理者对被管理者的实际执行活动进行检查、监督，衡量实际工作绩效，找出偏差，并根据偏差或调整实际工作活动，或调整既定标准，使两者相吻合的全过程。

管理控制的必要性主要是由环境的变化、管理权力的分散、工作能力的差异因素决定的。

控制的类型是多种多样的。按照控制时间的不同分类，控制可分为前馈控制、同步控制和反馈控制。按照控制手段的不同分类，控制可分为间接控制和直接控制。按照控制组织结构的不同分类，控制可分为集中控制、分散控制和分级控制。

控制的基本程序一般包括确定标准、衡量绩效和纠正偏差三个步骤。

控制方法可分为预算控制和非预算控制。根据预算内容，可以把预算分为收支预算、资本支出预算、现金预算、资产负债预算、总预算。非预算控制分为传统控制方法、程序控制、计划评审技术和管理工作绩效的综合控制。

巩固与提高

一、单项选择题

1. “亡羊补牢，犹未为晚”，可以理解成是一种(　　)。

A. 前馈控制　　B. 同步控制　　C. 反馈控制　　D. 直接控制

2. 控制工作得以开展的前提是(　　)。

A. 确定控制标准　　B. 分析偏差原因　　C. 采取矫正措施　　D. 明确问题性质

3. “治病不如防病，防病不如讲卫生”说明(　　)最重要。

A. 前馈控制　　B. 同步控制　　C. 反馈控制　　D. 直接控制

4. 预算是一种(　　)。

A. 控制　　B. 计划　　C. 领导　　D. 组织

5. 控制工作的关键步骤是(　　)。

A. 确定标准　　B. 衡量绩效　　C. 纠正偏差　　D. 管理突破

6. 确定控制对象和选择控制重点的工作属于控制过程中(　　)环节的工作。

A. 衡量绩效　　B. 纠正偏差　　C. 确定标准　　D. 找出偏差

7. 同步控制工作的重点是(　　)。

A. 把注意力集中在历史结果上　　B. 正在进行的计划实施过程

C. 在计划执行过程的输入环节　　D. 控制行动的结果

8. 按照控制组织结构的不同分类,控制可分为(　　)。

A. 集中控制、分散控制、分级控制　　B. 战略控制、任务控制、结果控制

C. 前馈控制、同步控制、反馈控制　　D. 内在控制、外在控制、结果控制

9. 预算是一种典型的(　　)。

A. 前馈控制　　B. 同步控制　　C. 反馈控制　　D. 预防性控制

10. 种庄稼需要水,但这一地区近年老不下雨,怎么办?一种办法是灌溉,以补雨水不足;另一办法是改种耐旱作物,使所种作物与环境相适应。这两种措施分别属于(　　)。

A. 纠正偏差和调整计划　　B. 调整计划和纠正偏差

C. 反馈控制和前馈控制　　D. 前馈控制和反馈控制

二、多项选择题

1. 控制的原则包括(　　)等。

A. 实事求是原则　　B. 预见性原则　　C. 例外原则　　D. 战略性原则

E. 组织性原则

2. 管理控制的必要性是由(　　)因素决定的。

A. 环境的变化　　B. 经济的发展　　C. 社会的需要　　D. 管理权力的分散

E. 工作能力的差异

3. 控制的基本过程包括(　　)。

A. 制订计划　　B. 确定标准　　C. 衡量绩效　　D. 诊断原因

E. 纠正偏差

4. 一般来说,预算内容要涉及(　　)。

A. 收支预算　　B. 资本支出预算　　C. 现金预算　　D. 资产负债预算

E. 总预算

5. 根据控制手段进行分类,控制可分为(　　)。

A. 前馈控制　　B. 直接控制　　C. 集中控制　　D. 间接控制

E. 反馈控制

三、简答题

1. 什么是控制?

2. 为什么要进行控制?

3. 控制的类型有哪些?

4. 前馈控制、同步控制、反馈控制各有何优缺点?

5. 集中控制、分散控制、分级控制各有何优缺点?

6. 控制的基本程序是什么?

7. 什么是预算控制?预算有哪些类型?

8. 非预算控制包括哪些?

四、案例分析题

天安公司的管理创新

天安公司是一家以生产微波炉为主的家电企业，总资产 5 亿元。而五年前，该公司只不过是一个人员不足 200 人、资产仅 300 万元且濒临倒闭的小厂。五年间企业之所以有了如此大的发展，主要得益于公司内部的管理创新。

第一，生产管理创新。公司对产品的设计设立高起点，严格要求；依靠公司设置的关键质量控制点对产品的生产过程全程监控，同时利用 PDCA 和 PAMS 方法，持续不断地提高产品的质量；加强了员工的生产质量教育和岗位培训。

第二，供应管理创新。天安公司把所需采购的原辅材料和外购零部件根据性能、技术含量及对成品质量的影响程度，划分为 A、B、C 三类，并设置了不同类别的原辅材料和零部件的具体质量控制标准，进而协助供应厂家达到质量控制要求。

第三，服务管理创新。公司通过大量的市场调研和市场分析活动制定了售前决策，进行了市场策划，树立了公司形象；与经销商携手寻找最佳点，共同为消费者提供优质服务；公司建立了一支高素质的服务队伍，购置先进的维修设备，建立消费者投诉制度和用户档案制度，开展多形式的售后服务工作，提高了消费者满意度。

【问题】

1. 案例中的控制类型有哪些？请分别指出，并说出各自的特点。
2. 天安公司设置不同类别的原辅材料和零部件的具体质量控制标准属于哪类控制标准？为什么？
3. 案例中“公司设置的关键质量控制点”体现了有效控制原则中的哪一项？为什么？

项目七 决策

知识目标

- 理解决策的概念和意义；
- 掌握决策的影响因素和原则；
- 了解决策的类型和程序；
- 掌握决策的方法。

能力目标

- 能够运用决策的基本理论和程序对实际问题进行科学决策；
- 能够运用定量分析法对企业的经营活动进行分析决策；
- 能够运用定性分析法对企业的经营活动进行分析决策。

导入案例

艾柯卡与克莱斯勒的起死回生

克莱斯勒汽车公司创建于1923年，总部设在美国工业名城底特律。公司成立后，业务不断发展，进入美国500强公司的行列。但是到了20世纪70年代，管理不善的克莱斯勒汽车公司在全球性石油危机的冲击下，出现了摇摇欲坠的局面。1970—1978年间出现了4年严重亏损。到1979年，该公司积欠各种债务48亿美元。克莱斯勒汽车公司董事长已束手无策了，准备宣布破产。此时，54岁的艾柯卡应聘到濒临破产的克莱斯勒汽车公司出任总经理。

艾柯卡接手的是一个远远超过了他预期的烂摊子。公司竟然有35位副总裁，而且各把一方，管理极为混乱，产品积压严重，而迫在眉睫的麻烦是公司现金已经枯竭。为名誉而战的艾柯卡到此时才明白自己上了一条可能毁掉自己一世英名的"贼船"。但既然已经上船，他只能硬着头皮干下去。他首先把自己36万美元的年薪主动降为1美元，以换取管理层和普通员工同意减薪。"要想渡过难关，克莱斯勒人流出的血必须一样多。如果有人光等待别人为他付出，自己却袖手旁观，那就会一无所有"。他强调，"作为企业的领导，最重要的一点就是身先士卒，做出样子。这样员工的眼睛都看着你，大家都会模仿你。"

"共同牺牲"给克莱斯勒汽车公司带来了生机，使广大员工看到了希望。艾柯卡率领高层领导班子对营销、信贷、财务、计划和人事等部门进行整顿改革，积极扶持新产品的开发，花大力气抓生产制造。

当然，更重要的是尽快拿出适销对路的产品。1982 年，"道奇 400"新型敞篷车先声夺人，畅销市场，多年来第一次使克莱斯勒汽车公司走在其他公司前面。该车一经面市，便占领了小型车市场的 20%以上。

艾柯卡曾经说过，"齐心协力可以移山填海"。1983 年 8 月 15 日，艾柯卡把他生平仅见的面额高达 8.134 8 亿美元的支票交到了银行代表手里。至此，克莱斯勒汽车公司还清了所有债务。而恰恰是五年前的这一天，亨利·福特开除了他。

他用三年时间把一个即将宣告破产的公司——美国三大汽车公司之一的克莱斯勒汽车公司拯救过来。在美国，李·艾柯卡曾经是位英雄般的人物，是美国商业偶像第一人，风头甚至盖过通用公司的杰克·韦尔奇。

案例提示：决策的正确与错误，决定着各项工作的成功与失败。一个好的决策能救活一个企业，一个坏的决策能够毁掉一个企业。因而，古代就有"献妙策者，赏银千两"的说法。任何一个组织都离不开管理，而决策是管理工作的核心，是执行各项管理职能的基础，管理工作各项职能的执行都必须以决策为前提。

决策是一门学问也是一门艺术，是驾驭能力和管理能力的集中体现，这也说明了为什么管理者常被称为决策者。国家、企业、个人、行政、军事、经济等方面的决策，虽然目标不同，但本质是一致的。个人生活方面的决策只同个人有关，而一个组织的决策则关系着整个组织的利益。决策的正确与失误关系到组织和事业的兴衰存亡，因此每个管理者都必须认真研究决策科学，掌握决策理论、决策的科学方法和技巧，在千头万绪中找出关键之所在，权衡利弊并及时做出正确可行的决策。

任务一 决策概述

一、决策的概念

决策理论学派的代表人物、诺贝尔经济学奖获得者赫茨伯格·西蒙说："决策是管理的心脏；管理是由一系列决策组织的；管理就是决策。"他认为决策是管理的唯一。决策对组织的重要性不言而喻。按汉语习惯，"决策"一词被理解为"决定政策"，主要是指对国家大政方针做出的决定。但事实上，决策不仅指高层领导做出的决定，也包括人们对日常问题做出的决定。例如，某企业要开发一种新产品或引进一条生产线，某人选购一种商品或选择一种职业，都带有决策的性质。可见，决策活动与人类活动是密切相关的。

所谓决策，就是指组织或个人为了达成预定的目标，从两个或两个以上的备选方案中通过比较分析，选择一个最优的行动方案的过程。正确理解上述概念，应把握以下几层意思。

（一）决策要有明确的目标

决策是为了解决某一问题或为了达成一定的目标。确定目标是决策过程的第一步。决策所要解决的问题必须十分明确，所要达成的目标必须十分具体。没有明确的目标，决策将是盲目的。

（二）决策要有两个或两个以上备选方案

决策实质上是选择行动方案的过程。如果只有一个备选方案，就不存在决策的问题。因此，方案要有两个或两个以上，人们才能从中进行分析、比较，最后选择一个满意的方案为行动方案。

（三）选择后的行动方案必须付诸实施

如果将选择后的方案束之高阁，不付诸实施，那么就等于没有决策。决策不仅是一个制定的过程，也是一个实施的过程。

决策是管理者的中心任务，也是成功管理的关键。管理者在从事计划、组织、领导和控制等基本职能的过程中，都需要不断地做出决策，以充分利用组织内外环境所提供的机会和条件，不断改善和提高组织绩效。决策的正确与否，决定着组织行为的成败。正确的决策能够使组织沿着正确的方向、合理的线路前进；错误的决策会使组织走上错误的道路，可能导致组织的失败、消亡。

二、决策的特点

动画
老鼠给猫挂铃铛

（一）可行性

任何一项决策的实行都必须借助一定的条件来实现，具备了相应的条件才能保证其顺利实施。这些条件既包括技术上的因素和经济上的因素，也包括社会、政治、文化等方面的因素。在做出决策时必须考虑组织或者个人在这些方面可能提供的条件，如果没有这些条件，决策的实现只是一纸空文。

（二）目标性

决策是组织或个人为了实现一定的目标而做出的。决策必须根据这一目标而做出，做到有的放矢。因为决策从本质上说是对未来实践的方向、目标、原则和方法所做出的选择决定，决策具有明确的目的，不是凭空产生的，它为实现特定的目标而服务。正是从这个意义上说，决策具有目标性。

（三）满意性

在实践中，人们遵循决策的满意性原则，而非最优化原则。最优决策只是一种理论上的幻想。这是由三个方面造成的：一是决策者并不了解与组织活动相关的全部信息；二是决策者并不能正确地辨析全部信息的有用性及价值，并根据它们制定没有疏漏的行动方案；三是决策者不能准确地计算每个方案在未来实施时的风险，各行动方案在未来的实施结果通常是不确定的。综上，在方案数量有限、执行结果不确定的条件下，人们难以做出最优选择，只能根据已知的全部条件，在主观判断之下做出相对满意的选择。

（四）过程性

决策是一个过程而非一个瞬间行动，它不是一个单个的决策，而是一系列决策的综合。在多种备选方案中，每种选择本身都是一个决策，这一系列的决策构成总的决策。它要选择业务活动的方向和内容，要决定业务活动的具体展开，还要决定资源的筹措、结构的调整及人事的安排，等等。

（五）动态性

决策作为一种选择或者调整的活动，不是一成不变的，而是不断变化、不断循环的过程。它没有真正的起点也没有真正的终点，是一个不间断的过程，理论上划分的决策过程与阶段只是为了研究的方便，此阶段的终点与彼阶段的起点都是有联系的。由于决策是根据外部环境的变化而变化的，而外部环境是一个动态变化的过程，因此决策者也必须适应外部环境的变化适时地进行调整或者制定新决策，以达到组织与环境之间的动态平衡。

快速决策

引领了国内二维码购物潮流的“无限1号店”项目的创意来自Tesco在韩国地铁站推出的Virtual Store，项目理念就是在地铁站等候区投放虚拟货架，摆上食品饮料、3C产品、洗护用品等虚拟产品。消费者只需扫描专区二维码下单，就能在等车的零碎时间轻松购物。

1号店网上超市的董事长于刚注意到了这个项目，第二天组织讨论，觉得非常契合1号店网上超市的概念和刚上线的掌上1号店的推广，决定尝试。但细细考虑后发现项目非常复杂，任务繁多，快速推出几乎是个不可能完成的任务。

由于要开发系统识别二维码，商品需要重新拍照以提高立体感和清晰度，需要和媒体谈广告位的档期，需要精选商品和决定价格，需要虚拟超市广告的设计和制作，等等。因此，团队提出至少要几个月的时间准备，但于刚感受到了时间的紧迫，决定在三个星期内推出，并制订了详细的执行计划，将广告的档期定在三周后。

最终，于刚团队依靠强大的执行力将这个项目如期完成并在北、上、广推出，取得了很好的效果。1号店媒体关注度提升了四倍，品牌关注度提高了近三倍，掌上1号店的订单量也提高了两倍多。

每个企业家都必须提高自己对外界的反应能力。在决定决策成效的因素中，不要忘了决策速度往往成为关键。再正确的决策，若没有及时执行也会因贻误战机而变得不恰当！

三、决策的影响因素

（一）环境

环境对组织决策的影响是双重的。首先，环境的特点影响着组织的活动选择。组织决策面临的环境包括企业经营的微观环境和宏观环境。微观环境是指与企业产、供、销、人、财、物、信息等直接发生关系的客观环境，是决定企业生存和发展的基本环境。其次，对环境的习惯反应模式也影响着组织的活动选择。环境发展趋势基本上分为两大类：一类是环境威胁，另一类是市场机会。企业的管理者可以利用市场机会矩阵和环境威胁矩阵来加以分析、评价，如图7-1所示。

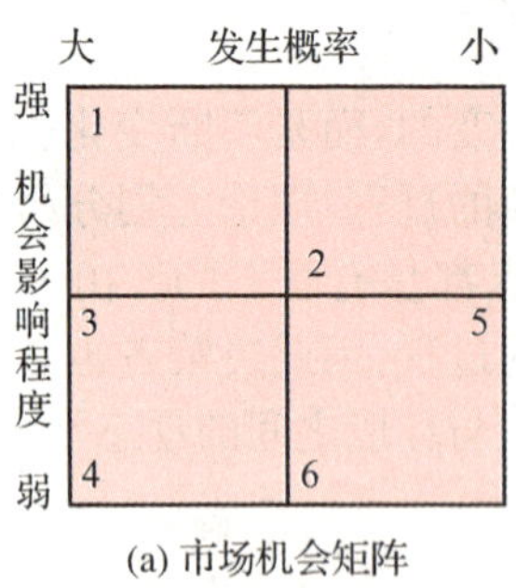

(a) 市场机会矩阵

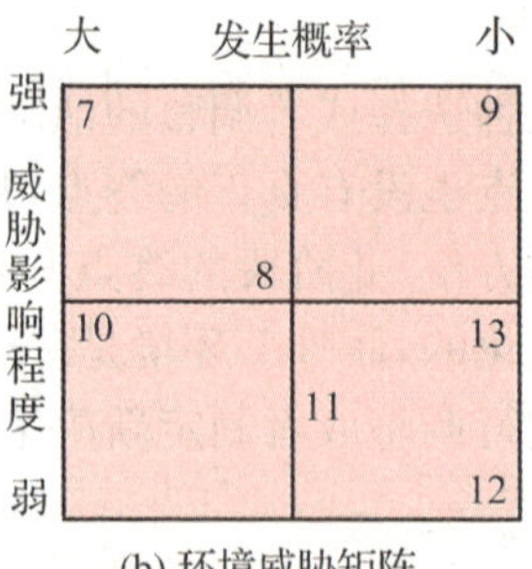

(b) 环境威胁矩阵

图 7-1　市场机会矩阵和环境威胁矩阵

由图 7-1(a)可知,1 的机会最好,实现的概率大,对企业具有吸引力;2 的机会也好,但发生的概率小,需要创造条件来实现;3、4 的机会影响程度弱,但发生的概率大,企业应注意加以利用;5、6 的机会影响程度弱,发生的概率也小,企业可以不予考虑。同样,由图 7-1(b)可知,7、8 的威胁影响程度强,发生的概率大,企业应特别重视;9 的威胁影响程度虽强,但发生的概率小;10 的威胁影响程度小,但极有可能发生,企业要加以关注;11、12、13 威胁影响程度弱,发生的概率小,企业就可以不考虑。由此可见。市场机会和环境威胁因素对组织决策具有重要的影响。

(二) 过去的决策

在大多数情况下,组织决策不是在一张白纸上进行初始决策,而是对初始决策的完善、调整或改革。组织过去的决策是目前决策过程的起点。过去选择的方案的实施,不仅伴随着人力、物力、财力等资源的消耗,而且会给管理者心理和情感上带来变化,甚至会导致外部环境的改变。过去决策所带来的良好效果和记忆必然给未来的决策以有益的借鉴,过去失败的决策必然给未来的决策带来心理的阴影和消极影响,即所谓的良性循环和恶性循环。“非零起点”的目前决策不可能不受到过去决策的影响。

过去的决策对目前决策的影响程度与决策和现任决策者的关系密切程度有关。如果过去的决策是由现任决策者制定的,而决策者通常要对自己的选择及其后果负管理上的责任,因此,决策者一般不愿对组织活动进行重大调整,而倾向于仍把大部分资源投入到过去方案的执行中,以证明自己决策的正确性和避免对自身形象不必要的伤害。相反,若现任决策者与组织过去的主要决策没有很深的关系,则愿意接受改变。

(三) 决策者对风险的态度

未来条件并不总能事先预料。现实生活中,许多管理决策是在风险条件下做出的。如果情形相似,决策者可以依靠过去的经验或对二手资料的分析做出决策。

风险是指一个决策所产生的特定结果的概率。根据决策者对风险的态度可以将其分为三种,即风险喜好型、风险中性与风险厌恶型。不同的决策者对风险的态度决定了其决策的方式:风险喜好型的决策者敢于冒风险,敢于承担责任,因此有可能抓住机会,但也可能造成一些损失;风险中性的决策者对风险采取理性的态度,既不喜好也不回避;风险厌恶型的决策者不愿冒风险,不敢承担责任,虽然可以避免一些无谓的损失,但也有可能丧失机会。由此可见,决策者对风险的态度影响了决策活动。

可口可乐的二战传奇

正当可口可乐公司准备向欧洲发展的时候，第二次世界大战爆发了。有的人说，这下向欧洲进军的计划泡汤了。但可口可乐的老板任德鲁夫可不这么想，他认为战争可能是个机会。原来，任德鲁夫从前线的老同学那里得到一个重要的消息：前线的战士非常喜欢喝可口可乐。于是他向他的员工下了一道命令："让每个战士只花5分钱就能喝到一瓶可口可乐，不管他在什么地方，也不论这样做对我们公司意味着什么。"这个来自企业的命令通过媒体传播开来，以至于美国陆军总部的将军们相信，可以用可口可乐来提高战士们的士气。于是，军方向可口可乐公司发出巨额订单，一封从艾森豪威尔将军设在北非的盟军司令部发出的电报也送到亚特兰大，要求海军运输舰运送"能够装备10个可口可乐装瓶厂的设备"。当整个世界从战争恢复到和平的时候，可口可乐作为世界头号饮料生产商的地位便确定了下来。

巨大风险往往也蕴藏着巨大的机会，关键在于如何将风险转化为机会。

（四）组织文化

文化通常指人民群众在社会历史实践过程中所创造的物质和精神财富的总和。它是一种历史现象，每种类型的社会都有与其相适应的文化，并随着社会物质生产的发展而发展。

组织受其文化特征的影响。企业组织的管理人员应该把握其文化特征，同时还应从组织决策的角度研究组织文化与决策的关系。一方面，一个新决策要求原有的组织文化的配合与协调，而企业组织中原有的文化有它的滞后性，很难马上对新的决策做出反应，所以组织文化可能成为实施组织决策的阻力；另一方面，积极地革新组织文化也可能成为实施组织决策的动力。

在进行管理决策和实施一个新决策时，组织内部的新旧文化必须相互适应，相互协调，这样才能为组织决策获得成功提供保证。虽然决策时要考虑所做出的决策尽量与组织文化相适应，不要破坏企业已有的组织文化，但是当企业环境发生重大变化时，企业的组织文化也需要相应做出重大变化。企业应考虑到自身长远利益，不能为了迎合企业现有的组织文化而将组织新的决策修订得与现行组织文化标准相一致，因为这有可能损害组织的长远发展。

（五）时间

决策是在特定的情况下，把组织的当前情况与组织未来可能的行动联系起来，并旨在解决问题或把握机会的管理活动。这就决定了决策必然受时间的制约，一旦超出了时间的限制，情况发生了变化，再好的决策也不可能实现预期的目标。"刻舟求剑"的故事就充分地说明了随着时间、条件的改变，决策也必须随之变化的道理。

一个方案可能涉及较长的时间，在这段时间里，形势可能发生变化，而初步分析建立在对问题或机会的初步估计上，因此管理者要不断对方案进行修改和完善，以适应变化了的形势。同时，连续性活动因涉及多阶段控制而需要定期地分析和控制。

四、决策的原则

决策的原则就是对决策的一般要求，在常规情况下，按照这些原则进行决策，可以大大减少决策的失误。

（一）经济效益与社会效益相结合

在市场经济条件下，企业是独立的商品生产经营者，因此必须谋求利润。以盈利为标准衡量决策是否可行应该成为企业决策的首要标准。但一个企业的生存和发展与整个社会的发展是相互联系的，我们必须在做经营决策时兼顾社会的整体利益，使企业的盈利和社会利益尽可能圆满地结合起来。

（二）可能性和现实性相结合

事物是不断发展变化的。尽管企业的经营思想、目标和方针是根据企业内外部条件确定的，但是在实施时也会遇到一系列新情况、新问题，需要在决策时加以考虑。为此，一方面应该把原先已经确定的经营思想、目标和方针进一步与不断变化着的实际情况结合起来；另一方面应该把企业内部的条件（如企业的产品开发能力、资金筹措能力等）与企业外部的条件（如市场供求状况、竞争对手的状况）结合起来。

（三）定量分析与定性分析相结合

现代决策必须尽可能地在决策中运用各种数学方法进行定量分析，使决策更精确、更可信，也更便于今后的操作。但是社会经济现象是十分复杂的，数学方法很难完全渗透到经营决策之中，仍有大量的决策需要利用人们的主观判断，为此仍然必须重视人们的传统经验，并把人们的传统经验与社会学、心理学等现代科学结合起来，使人们的主观判断更科学、更符合实际。

（四）领导者与专家相结合

有关业务性的决策，涉及面窄且有惯例可循，一般由个人决策即可；而有关企业的战略方面的重大决策，由于对企业的生死存亡至关重要，且此类决策涉及面广，影响因素极多，仅靠个人的知识和经验难以做出决策，因此需要由各方面专家集思广益，这样做出的决策会更正确、更易被人接受。

（五）局部与全局相结合

一个决策往往影响到企业的方方面面，但决策的制定和执行往往又是某一部门或层次的工作。因此，决策必须处理好全局和局部的关系，站得高，看得远，以全局的眼光，有战略性地把握工作的主次和轻重缓急；从全局着想，从局部着手，全局指导局部，局部服从全局、保证全局。

（六）近期利益与远期利益相结合

能否将近期利益与远期利益相结合是考验领导者战略眼光的重要标准，每次决策都会对以后的经营带来正面或负面的影响，因此决策就必须考虑这些影响，以保证企业经营的一致性、连贯性、继承性和可持续性。不能鼠目寸光，也不能舍近求远。远期是近期的指导，近期是远期的保证。

（七）规范性与灵活性相结合

制定决策，一般会涉及许多制度、规定、程序、方法，这是正确决策的保证，领导者要充分遵循这些规范。同时，决策工作又是灵活、创新、开拓的，因此要搞好规范性与灵活性这两个方面的结合。

林肯的独断

美国前总统林肯，在他上任后不久，有一次将六个幕僚召集在一起开会。林肯提出了一个重要法案，而幕僚们的看法并不统一，于是七个人便激烈地争论起来。林肯在仔细听取其他六个人的意见后，仍认为自己是正确的。在最后决策的时候，六个幕僚一致反对林肯的意见，但林肯仍固执己见，他说："虽然只有我一个人赞成，但我仍要宣布这个法案通过了。"

从表面上看，林肯这种忽视多数人意见的做法似乎过于独断专行。其实，林肯已经仔细地了解了其他六个人的看法并经过了深思熟虑，最终认定自己的方案最为合理。而其他六个人持反对意见，有的人是条件反射，有的人是人云亦云，根本就没有认真考虑过这个方案。既然如此，林肯自然应该力排众议，坚持己见。

在管理实践中经常会遇到这种情况，新的意见和想法一经提出必定会有反对者。此时，领导者不要害怕被孤立，只要真理在握，就应该坚持下去。

五、决策的意义与作用

（一）决策关系着组织的兴衰和存亡

决策的过程就是从多个可行性方案中选定理想方案的过程，也就是选取所付代价最低、耗费时间最短、效果最理想的方案的过程。只有经过这一过程才能把不良经济或社会后果降到最低限度。所以说，一切成功中，决策的成功是最大的成功，一切失败中，决策失败是最大的失败。决策正确与否关系着组织、事业的兴衰和存亡，因此每个管理者都必须掌握正确的决策艺术与技巧，审时度势，纵观全局，于千头万绪之中找出关键所在，权衡利弊，及时做出正确可行的决策。

（二）决策是充分发挥管理职能的重要前提条件和管理的核心

现代决策理论的创始人西蒙教授有一个精辟结论，那就是"管理就是决策"。他认为，要经营好一个企业，使其发挥最大效益，就必须具备有效的组织、合理的决策和良好的人际关系。这三者之间决策是基础和核心，脱离了决策就谈不上管理。西蒙认为，管理可以从纵向和横向两个方面来看。纵向就是从管理的程序看，包括计划、组织、人员配备、领导与指挥、控制等。从横向看，各项管理职能中都存在着如何合理决策的问题。例如，在计划职能中，选择什么样的目标，为实现这个目标如何分配人力、物力和财力；在组织职能中，如何建立合适的管理机构，如何划分职权，以及如何选配各机构的管理人员；在领导职能中，采取什么形式处理上下级之间的关系，如何以最佳的形式将上级决策传达给下级；在控制职能中，如何选择控制手段和控制方法；等等。

以上这些抉择都是决策，决策是管理中最本质的东西。决策所涉及的面很宽，上至国家高级领导，下至组织内的科长及班组长，都在他们的工作中进行着各种决策，只是决策的重要程度和影响范围不同罢了。因此，决策是各级管理人员的主要工作，我们应当否定"决策是上级的事，下面只管执行"的传统说法。

（三）科学决策是市场经济的客观要求

决策可使我们避免盲目性，规避风险。第二次世界大战以来，人们的决策活动面临新的形势。随着现代社会化大生产的迅速发展和科学技术的巨大进步,人们的生活也更加复杂多变。在这样的背景下,领导者单靠个人经验和才能进行决策已经远远不够了。例如,发展社会主义市场经济、宏观调控等,仅靠领导者的个人经验进行决策是绝对不行的;开发和利用三峡丰富的水利资源,不是靠传统的经验就能进行决策的。要发展社会主义市场经济,需要领导者运用科学的决策手段与方法对待现在和未来;企业在对商品的生产和销售等多种因素做出分析判断后,才能对产品定位做出科学决策,从而在商战中取胜。

由于决策具有社会性的特点,因此决策是否讲求艺术,决定着行动效果的好坏。随着现代社会化大生产的不断发展,社会的各个部门、各个领域联系广泛,往往"牵一发动全身",一个地区、一个部门的决策会波及周围地区和相关部门,乃至对整个社会产生影响,发生一系列连锁反应。总之,成功的领导者必须做到多谋善断。"谋"就是谋划决策,如果做到科学决策,就可以收到事半功倍的效果。

任务二　决策的分类与程序

一、决策的分类

决策所涉及的范围相当广泛,且各有特点。为了便于决策者从不同管理层次上掌握各类决策的特点,根据管理工作的需要,将决策进行了分类。

(一)按决策层次划分

1. 战略决策

战略决策是指关于组织未来发展的全局性、长期性的重大决策。战略决策一般由组织的最高管理层制定,故又称高层决策。进行战略决策的目的在于提高组织的管理效能,使组织的业务活动与外部环境的变化保持良好的动态平衡。企业的战略决策主要包括企业经营目标和方针的决策、新产品开发决策、投资决策、市场开发决策等。

2. 管理决策

管理决策是指组织为实施战略决策,在人、财、物等方面做出的战术性决策。管理决策一般由组织的中间管理层做出,故又称中层决策。进行管理决策的目的在于提高组织的管理效能,以实现组织内部各环节的高度协调平衡和资源的充分利用。管理决策具有指令性和定量化的特点,其正确与否,关系到战略决策能否顺利实施。企业的管理决策主要包括生产计划决策、设备更新改造决策等。

3. 业务决策

业务决策是指在组织的日常工作和活动当中,为提高工作效率和合理开展活动而进行的决策。这种决策一般由组织的基层管理层做出,故又称基层决策。在企业中属于这种决策的有生产作业方法的决策、库存物资发放方式的决策等。

战略决策、管理决策和业务决策之间没有绝对的界限之分,尤其是管理决策和业务决策,在不少小企业很难截然分开。制定决策的各级管理层也并非是不可逾越的,一般来说,为了调动各级管理人员的积极性和提高决策的质量,各级管理层在重点抓好本层次决策的同时,还应或多或少地参与相邻管理层的决策方案的制定工作。

通用电气的全员决策

美国通用电气公司是一家集团公司。1981年，杰克·韦尔奇接任总裁后，认为公司管理得太多，而领导得太少，“工人们对自己的工作比老板清楚得多，经理们最好不要横加干涉”。为此，他实行了“全员决策”制度，使那些平时没有机会互相交流的职工、中层管理人员都能出席决策讨论会。“全员决策”的开展，打击了公司中存在的官僚主义，减少了烦琐的程序。

实行“全员决策”，有利于避免企业中的权力过分集中这一弊端，使公司在经济不景气的情况下取得了巨大进展，他本人也被誉为全美最优秀的企业家之一。让每个员工都体会到自己也是企业的主人，从而真正为企业的发展着想，绝对是一个妙招。

如果你希望部属全然支持你，你就必须让他们参与决策，而且越早越好。

（二）按决策事件发生的频率划分

1. 程序化决策

程序化决策是指在日常管理工作中以相同或基本相同的形式重复出现的决策。由于这类决策问题产生的背景、特点及其规律较为相似，并且易被决策者所掌握，因此决策者可根据以往的经验或惯例来做出决策。这种决策具有常规性、例行性的特点。生产决策、采购决策、设备选择决策等均属于此类决策。

2. 非程序化决策

非程序化决策是指由于大量随机因素的影响，很少重复出现，且常常无先例可循的决策。这种决策缺乏可借鉴的资料和较准确的统计数据，决策者大多对处理此类决策问题感到经验不足，在决策时没有固定的模式和现成的规律可循。因此，就需要充分发挥决策者及其智囊机构的主观能动性，通过他们敏锐的洞察力、科学的思维方式、丰富的知识积累和处理此类问题的经验来解决好这类决策问题。经营方向及经营目标决策、新产品开发决策、新市场的开拓决策等均属于此类决策。

（三）按决策的时间跨度划分

1. 长期决策

长期决策是指有关组织今后发展方向的长远性、全局性的重大决策，又称长期战略决策。企业的长期投资决定、市场开拓、技术改造、产品开发、人力资源开发、组织革新等方面的决策均属于此类决策。

2. 短期决策

短期决策是指企业为有效地组织目前的生产经营活动，合理利用经济资源，以期取得最佳的经济效益而进行的决策。短期决策具有涉及面小、投入资金不大、风险相对较小等特点。短期决策的具体内容较多，概括地说主要包括生产决策、定价决策和存货决策三大类。

（1）生产决策。生产决策是指短期内，在生产领域中对生产什么、生产多少及如何生产等方面的问题做出的决策，具体包括新产品开发的品种决策、亏损产品的决策、是否接受特殊价格追加订货的决策、有关产品是否深加工的决策、零配件取得方式的决策、生产工艺技术方案的决策和非确定条件下的生产决策等。

（2）定价决策。定价决策是指短期内企业为实现其定价目标而科学合理地确定商品的最合适价格的决策。定价决策侧重从成本因素与供求规律因素（价格弹性系数）分析入手。这种决策通常采用的方法包括以成本为导向的定价方法、以需求为导向的定价方法、以特殊情况为导向的定价方法等。

(3) 存货决策。存货决策是指如何把存货的数量控制在最优的水平上，以及在什么情况下再订货和每次订购多少最为经济的一种短期决策。具体包括存货的控制决策和存货的规划决策两类。

（四）按决策的确定性程度划分

1. 确定型决策

确定型决策是指决策者对每个备选方案未来可能发生的各种情况及其后果十分清楚，特别是对哪种自然状态将会发生已有确定的把握，此时只需要对各备选方案的结果进行比较，就可从中选择一个最有利的方案。确定型决策在企业中较为普遍。

2. 风险型决策

风险型决策是指决策事件未来多种自然状态的发生是随机的，决策者可根据类似事件的历史统计资料或实验测试等估计出各种自然状态所发生的概率，并计算各备选方案的期望损益值，然后根据计算的结果做出的决策。此种决策带有一定的风险，主要源于自然状态的概率是估计值。

3. 不确定型决策

不确定型决策是指决策者无法确定决策事件未来多种自然状态的概率，只凭借决策者的经验、感觉和估计所做出的决策。此类决策在企业外部环境变化较大时经常使用。

无谓的争论

从前有一对很喜欢打猎的兄弟。一天他俩又一起外出打猎，忽然看见远处飞来一群大雁，两人就张弓搭箭准备射雁。

这时候哥哥说："现在的雁肥，射下来煮着吃。"

弟弟听了反对说："落在地上休息的雁煮着吃好，飞翔着的雁还是烤了吃，又香又酥。"

"我说了算，就是煮着吃！"哥哥寸步不让。

"这事儿该听我的，非烤不行！"弟弟也不甘示弱。

两人争执不下，一直吵到村里的长辈面前。老人家给他们出了个主意：射下来的大雁，一半煮着吃，一半烤着吃。兄弟俩这才不争了。等到他们再回去射雁的时候，那群大雁早已飞得无影无踪了。

在做决策时一定要注意把握时机，对于稍纵即逝的机会，应当机立断、果断行动。无价值的争执、滔滔不绝的空谈，对于事业有百害而无一利。

（五）按决策的时态划分

1. 静态决策

静态决策又称单项决策，它是仅根据某一时刻的状态所做出的一次性决策，其内容比较单一。

2. 动态决策

动态决策又称序贯决策，它是指随着时间的推移，针对在执行过程中可能会顺次发生的不同情况而采取相应对策的一系列相互联系的多个决策。例如，在做某一产品的销售决策时，要同时考虑以下一些因素：市场需求量变大怎么办？市场萎缩又该怎么办？在销售过程中遇到强硬竞争对手，该采取何种对策与之抗衡？当某种对策失效后又应该采取何种补救策略？这需要制定一系列的决策。可以一次把一系列决策制定出来，也可以分阶段做出决策。

（六）按决策者的不同划分

1. 个人决策

个人决策是由决策者个人做出的决策。一提到个人决策，有人会联想到个人独断专行，拍板拿主意，这就把问题绝对化了。个人决策并不一定都是错误的。一般来说，在个人分工负责的职责范围内或在某些特殊情况下，这种方式是非常必要的，特别在某些随机性很强的突发事件面前，要求当机立断时，更应当承认个人决策的重要性。

2. 专家集体决策

专家集体决策是由各方面专家集体做出的决策。因为关系到组织长远的、战略性的决策，往往涉及面广、影响因素复杂，单靠个人决策是不行的。这就需要集中各方面专家的集体智慧，请专家集体参与决策。领导者要学会依靠专家集体，善于利用"外脑"提高决策质量。

3. 群体决策

群体决策是由广大职工共同参与做出的决策，是我国实行民主管理的集中体现。对于组织而言，有些与职工切身利益密切相关的问题，最好让职工自己来决策。这样既可充分发扬民主，调动职工参与管理的积极性，又能进一步加深职工对组织领导工作的认同感，增强组织的凝聚力及向心力。

为了使组织在决策中能达到预期的目的，科学地划分决策的类型，合理地采用不同的科学决策方法和手段是十分必要的。以上是对决策的一般分类。实际上，各种类型的决策常常是相互影响和交叉的。在决策工作中，主要研究的是战略决策、非程序化决策、风险型决策和不确定型决策等。

二、决策的程序

每个人不论在哪个组织、哪个领域，都会面临在两个或更多的方案中进行选择的情况，也就是做决策。例如，高层管理者要制定整个组织的发展战略决策；中层和基层管理者要制定采购、生产、销售决策。但是制定决策并非仅仅是管理者所做的事情，所有组织成员都在制定决策，这些决策影响着他们的工作和所在的组织。因此，为了保证决策的正确和合理，决策过程要遵循一定的程序。

（一）界定问题

问题是决策的始点，决策始于对问题的识别，即发现问题。问题就是现实和理想之间的差异。识别和发现问题在决策过程中是比较难的，必须不断地对组织与环境状况进行深入的调查研究和创造性的思考才能做到。发现问题后还必须对问题进行分析，包括要弄清问题的起因、性质、范围、程度、影响、后果等各个方面，为决策的下一步做准备。

（二）确定决策目标

目标体现的是组织要达到的目的。目标是决策活动的开始，而实现目标，即取得预期的管理效果是决策的终点。确定决策目标时，要注意以下几点。

1. 目标应明确具体

确定决策目标是为了实现它，因而要求决策目标要定得准确，首先要求概念必须明确清晰，即决策目标的理解应当只有一种，能够使执行者明确地领悟含义。如果一个目标的含义怎样理解都可以，那么就无法做出有效的决策，也无法有效地执行。

2. 目标要分清主次

在决策过程中，目标往往不止一个，多个目标之间既有协调一致的时候，也有可能会发生矛盾。例如，要求商品物美价廉就有矛盾，物美往往要增加成本，价廉就要降低成本，有时还会影响质量。在诸多目标中，有的目标是必须达成的，有的目标是希望达成的，这样就可以使实现目标的严肃性和灵活性更好地结合起来。因此，在处理多目标问题时，一般应遵循两条原则：第一，在满足决策需要的前提下尽量减少目标的个数，因为目标越多，选择标准就越多，选择方案越多，越会增加选择的难度；第二，要分析各个目标的权重，分清主次，先集中力量实现必须达成的主要目标。

3. 要规定目标的约束条件

决策目标可以分为有条件目标和无条件目标两种，凡给目标附加一定条件的决策目标均称为有条件目标，而所附加的条件称为约束条件；不附加任何条件的决策目标称为无条件目标。约束条件一般分为两类：一类是客观存在的限制条件，如一定的人力、物力、财力条件；另一类是目标附加一定的主观要求，如目标的期望值、不能违反国家的政策法规等。凡是条件目标，只有在满足其约束条件的情况下达成目标时，才算其真正实现了决策目标。

4. 决策目标数量化

决策目标数量化就是要给决策目标规定出明确的数量界限。有些目标本身就是数量指标，如产值、产量、销售量、利润等。在制定决策目标时要明确规定增加多少，而不要用“大幅度”或“比较显著”之类的词，有些属于组织问题、社会问题、质量问题等方面的决策，目标本身不是数量指标，可以用间接测定方法，如产品质量可以用合格率、废品率等说明。

5. 决策目标要有时间要求

决策目标中必须包括实现目标的期限。即使将来在执行过程中有可能会因情况变化而对实现期限做一定修改，但确定决策目标时也必须把预定完成期限规定出来。

（三）拟订备选方案

决策目标确定以后，就应拟订达到目标的各种备选方案。拟订备选方案要注意以下几点。

首先，要分析和研究目标实现的外部因素和内部条件、积极因素和消极因素，以及决策事物未来的变化趋势和发展状况。

其次，将外部环境各不利因素和有利因素、内部业务活动的有利条件和不利条件等，同决策事物未来趋势和发展状况的各种估计进行排列组合，拟订出实现目标的方案。

再次，将这些方案同目标要求进行粗略的分析对比，权衡利弊，从中选择出若干个利多弊少的可行方案，供进一步评估和抉择。

拟订可行方案的过程是一个发现、探索的过程，也是淘汰、补充、修订、选取的过程。决策者应当有大胆设想、勇于创新的精神，要细致冷静、反复计算、精心设计。对于复杂的问题，可邀请有关专家共同商定。在拟订方案时，可运用头脑风暴法、对演法等方法。对演法就是让相互对立的小组制定不同的方案，然后双方展开辩论，互攻其短，以求充分暴露矛盾，使方案越来越完善。

（四）评估决策方案

备选方案一经确定，决策者必须对每个备选方案进行评估。在评估过程中，要考虑每种备选方案的预期成本、收益、不确定性和风险。为了解决决策的困难，通常的方法是根据目标的权重排出先后次序，然后通过加权求和的方式将其综合为一个目标；或者将一些次要目标看作决策的限制条件，使某个主要目标达到最大（或最小）来选择方案。

（五）选择最佳方案

从已列出的并且评估过的备选方案中选择最佳方案这一步骤是决策的关键。通过可行性分析和评估，确定出每个方案的经济效益和社会效益，以及可能带来的潜在问题，按照一定的标准比较各个方案的优劣，从中选择最佳方案。方案选择的具体方法有两种：一种是定性方法，即决策者根据以往的经验和掌握的材料，经过权衡利弊，做出决断；另一种是定量方法，即借助数学和计算机技术进行决策。

（六）方案的实施与反馈

方案的实施是指将决策传递给有关人员并得到他们行动的承诺。只有付诸实施，才能最终检验决策是否合理有效，才能发现偏差并做出必要的调整。

父亲、儿子和驴

父子赶集，为骑驴之事无所适从。

儿子骑驴，父亲牵驴，路人曰："小子不孝。"

父亲骑驴，儿子牵驴，路人曰："老子不仁。"

父亲、儿子共骑一驴，路人曰："驴儿可怜矣。"

儿子、父亲共牵驴而行，路人曰："傻乎，有驴不骑。"

儿子、父亲扛驴而行，路人曰："疯乎，焉能如此。"

父亲、儿子闻之，坐地而止。路人曰："……"

一个决策，一个事件，往往褒贬纷至。言者也罢、闻者也罢，都是过程和手段，目的是要正确地"行"。故事中父亲和儿子悲哀的根源，是他们从言如流，顺言而行，而不是从善如流，择善而行。决策固然重要，但决策的最后目的是执行与落实。

一个决策方案的实施需要较长时间，在这段时间内，由于组织内部条件和外部环境的不断变化，原来的决策方案可能已经不符合实际情况。因此，管理者要对决策效果进行评估，及时获得决策方案执行情况的反馈信息。对没有达到预期效果的项目，要找出原因；与既定目标发生偏离的，要对原定方案进行修订；当客观情况发生重大变化，原定目标无法实现时，要重新寻找问题或机会，重新审定目标，按照决策程序多次决策，直到选出新的最优方案为止。

任务三 决策的方法

我们可将众多的决策方法概括为两大类，即定性决策法和定量决策法。由于定性决策法和定量决策法各有所长，也各自存在一定的局限性，因而在决策中应根据决策问题的性质和决策过程各个阶段的情况，灵活应用各种方法。人们往往把两类方法结合起来，以便更进一步地提高决策的科学化水平。

孙冕拒建盐场

《梦溪笔谈》记载：海州知府孙冕很有经济头脑，他听说发运司准备在海州设置三个盐场，便坚决反对，并提出了许多理由。后来发运使亲自来海州谈盐场设置之事，还是被孙冕顶了回去。当地百姓拦住孙冕的轿子，向他诉说设置盐场的好处，孙冕解释道："你们不懂得做长远打算。官家卖盐虽然能获得眼前的利益，但如果盐太多卖不出去，三十年后就会自食恶果了。"然而，孙冕的警告并没有引起人们的重视。

他离任后，海州很快就建起了三个盐场，几十年后，当地刑事案件数量逐年上升，流寇盗贼、徭役赋税等都比过去大大增多。由于运输、销售不通畅，囤积的盐日益增加，盐场亏损负债很多，许多人都破产了。这时，百姓才开始明白，在这里建盐场确实是个祸患。

作为一个企业的管理者，在制定一个经营决策的时候，一定要综合考虑各方面的因素，而不能被一时的利益蒙蔽了眼睛。

一、定性决策法

定性决策法又称主观决策法，是指在决策中主要依靠决策者或有关专家的智慧来进行决策的方法。定性决策法侧重于确定决策的方向，也被称为决策软技术，能够充分发挥管理者的潜在能力和创造力。

定性决策法是建立在人们的经验、知识、智慧等基础上，对决策方案进行评价和判断的一种方法。在管理工作中，有许多问题有时很难用定量决策法处理，往往要依靠经验进行判断，因而它是一种常用的不可缺少的方法。但经验判断不是依靠某一个人做判断，而是在集思广益，依靠一定的组织形式，发挥各方面人员的知识与经验的基础上进行的。因此，这里的关键在于决策民主化，以避免决策的主观随意性和片面性。此类方法尤其注重发挥人的主观能动性，且简便灵活。但它也存在一定的局限性，由于决策是建立在个人主观判断基础上的，因此主观成分大，缺乏严格的科学论证，而且易受传统观念的影响。此类方法主要适合于受社会因素影响较大、所含因素错综复杂的战略决策。

（一）头脑风暴法

头脑风暴法的创始人是英国心理学家奥斯本。头脑风暴原指精神病患者头脑中短时间出现的思维紊乱现象，奥斯本借用这个概念来比喻思维高度活跃，打破常规的思维方式而产生大量创造性设想的状况。头脑风暴的特点是让与会者敞开思想，使各种设想在相互碰撞中激起脑海的创造性风暴。

头脑风暴法是比较常用的集体决策方法，便于发表创造性意见，因此主要用于收集新设想。通常是将对解决某一问题有兴趣的人集合在一起，在完全不受约束的条件下，敞开思路，畅所欲言。

头脑风暴法要求遵循以下几项原则。

(1) 对别人的建议不做任何评价,将相互讨论限制在最低限度内。

(2) 建议越多越好,在这个阶段,参与者不要考虑自己建议的质量,想到什么就应该说出来。

资料
积雪问题

(3) 鼓励每个人独立思考,广开思路,想法越新颖、越奇异越好。

(4) 可以补充和完善已有的建议,使它更具说服力。

头脑风暴法的目的在于创造一种畅所欲言、自由思考的氛围,诱发创造性思维的共振和连锁反应,产生更多的创造性思维。这种方法的时间安排应为 20～60 分钟,参加者以 10～15 人为宜。

(二) 德尔菲法

德尔菲法是 20 世纪 40 年代由美国学者赫尔姆和达尔克首创,经过戈尔登和兰德公司进一步发展而成的。德尔菲这一名称起源于古希腊有关太阳神阿波罗的神话。传说中阿波罗具有预见未来的能力,因此,这种预测方法被命名为德尔菲法。1946 年,兰德公司首次用这种方法进行预测,后来该方法被迅速广泛地采用。

德尔菲法又称专家意见法,是依据系统的程序,采用匿名发表意见的方式,即团队成员之间不得互相讨论,不发生横向联系,只能与调查人员发生关系,以反复地填写问卷来集结问卷填写人的共识及收集各方意见,建立起团队沟通流程的一种应对复杂任务和难题的管理技术。

德尔菲法的具体实施步骤如下。

(1) 组成专家小组。按照课题所需要的知识范围确定专家。专家人数的多少,可根据预测课题的大小或涉及面的宽窄而定,一般不超过 20 人。

(2) 向所有专家提出所要预测的问题及有关要求,并附上有关这个问题的所有背景材料,同时请专家提出还需要什么材料,然后由专家做书面答复。

(3) 各个专家根据他们所收到的材料提出自己的预测意见,并说明自己是怎样利用这些材料算出预测值的。

(4) 将各位专家第一次的意见和判断汇总,列成图表,进行对比,再分发给各位专家,让专家比较自己同他人的不同意见,进而修改自己的意见和判断。也可以把各位专家的意见加以整理,或请级别更高的专家加以评论,然后把这些意见再分送给各位专家,以便他们参考后修改自己的意见。

(5) 将所有专家的修改意见收集起来,汇总,再次分发给各位专家,以便做第二次修改。逐轮收集意见并为专家反馈信息是德尔菲法的主要环节。收集意见和信息反馈一般要经过三四轮。在向专家进行反馈的时候,只给出各种意见,但并不说明发表各种意见的专家的具体姓名。这一过程重复进行,直到每个专家都不再改变自己的意见为止。

(6) 对专家的意见进行综合处理。

利用德尔菲法进行预测时需要注意两点:第一点,并不是所有被预测的事件都要经过四轮,可能有的事件在第二轮就达到统一,而不必在第三轮中出现;第二点,第四轮结束后,专家对各事件的预测也不一定都能达到统一,不统一也可以用中位数和上下四分点来做结论。事实上,总会有许多事件的预测结果不统一。

(三) 哥顿法

哥顿法又称提喻法,是美国人哥顿于 1961 年发明的一种创新思维的方法。它主要是通过会议形式，根据主持人的引导，让与会者进行讨论。

哥顿法与头脑风暴法相类似，先由会议主持人把决策问题向会议成员做笼统的介绍，然后由会议成员（专家成员）海阔天空地讨论解决方案；当会议进行到适当时机时，决策者将决策的具体问题展示给会议成员，使会议成员的讨论进一步深化，最后由决策者运用讨论结果，进行决策。其中的一个基本观点就是“变熟悉为陌生”，即抛开对事物性质原有的认识，在“零起点”上对事物进行重新认识，从而得出相应的结论。这样做的目的是避免思维定式的约束，使大家能跳出框框去思考，充分发挥群体智慧，以达到方案创新的目的。

（四）电子会议法

电子会议法是将名义群体法与尖端计算机技术结合的一种最新的群体决策方法。目前，电子会议法所需要的技术已经比较成熟，其概念和操作方式也比较简单。它要求数量较多的人（可多达 50 人）围坐在一张马蹄形的桌子旁。这张桌子上除了一系列的计算机终端外别无他物。主办者将问题展示给决策参与者，决策参与者把自己的回答输入到计算机显示器上。个人评论和票数统计都投影在会议室内的屏幕上。

电子会议法的主要优点是匿名、诚实和快速，而且能够超越空间的限制。决策参与者能不透露姓名地打出自己所要表达的任何信息。它可使人们充分地表达他们的想法而不会受到惩罚，消除了闲聊和讨论偏题。

二、定量决策法

定量决策法是根据已占有的实际数据及各个变量的相互关系，建立一定的数学模型，然后通过运算获得结果，进行判断。它可以解决单靠人们经验很难精确判断的复杂问题，同时能把大量的决策程序化工作加以计算机化，减轻了决策工作量，使决策者能集中时间和主要精力去解决更重要的问题，提高决策的效率。但定量决策法也有其局限性，尤其是许多社会因素无法估量，使此类方法的使用受到限制。此类方法主要适合于常规决策、程序化或规范化决策等。

定量决策方法常用于数量化决策，应用数学模型和公式来解决一些决策问题，即运用数学工具建立反映各种因素及其关系的数学模型，并通过对这种数学模型的计算和求解，选择出最佳的决策方案。根据数学模型涉及的决策问题性质（或者说根据所选方案结果的可靠性）的不同，定量决策法一般分为确定型决策法、风险型决策法和不确定型决策法三类。

（一）确定型决策法

确定型决策法是指各个备选方案都只有一种确定的结果的决策。常用的确定型决策法有线性规划法和盈亏平衡分析法。

1. 线性规划法

线性规划法是在一些线性等式或不等式的约束条件下，求解线性目标函数的最大值或最小值的方法。运用线性规划法建立数学模型的基本步骤如下。

（1）确定影响目标大小的变量，列出目标函数。

（2）找出实现目标的约束条件。

（3）找出使目标函数达到最优的可行解，即线性规划的最优解。

【例 7-1】 某企业生产两种产品：桌子和椅子，它们都要经过制造和装配两道工序，有关资料如表 7-1 所示。假设市场状况良好，企业生产出来的产品都能卖出去，试问何种组合的产品可使企业利润最大?

表 7-1 产品资料表

项　　目	单位产品在制造工序上的时间/小时	单位产品在装配工序上的时间/小时	单位产品利润/元
桌子	2	4	8
椅子	4	2	6
工序可利用时间	48	60	

解:

第一步,确定影响目标大小的变量。在本例中,目标是利润(Z),影响利润的变量是桌子数量 T 和椅子数量 C。列出目标函数方程:$Z=8T+6C$。

第二步,找出约束条件。在本例中,两种产品在一道工序上的总时间不能超过该道工序的可利用时间,即制造工序 $2T+4C\leqslant48$,装配工序 $4T+2C\leqslant60$;除此之外,还有两个约束条件,即非负约束 $T\geqslant0$, $C\geqslant0$。从而线性规划问题成为如何选取 T 和 C,使 Z 在上述四个约束条件下达到最大。

第三步,求出最优解——最优产品组合。用图解法(见图 7-2)表示,$Z=8T+6C$ 为一条斜率为$-8/6$ 的直线。随着 Z 值由大到小的改变,该直线从右向左不断平行移动,与阴影部分在 A 点相交,A 点满足所有约束条件。此时 $2T+4C\leqslant48$ 和 $4T+2C\leqslant60$ 两条直线的交点值 $A(12,6)$,即最优解,即生产 12 张桌子和 6 把椅子时企业的利润最大。

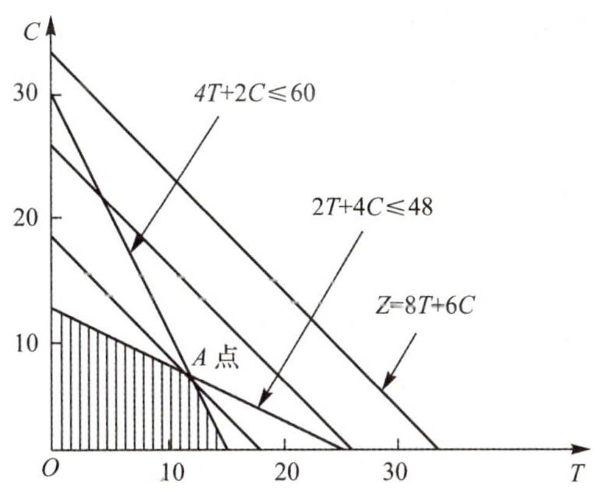

图 7-2 线性规划的图解法

2. 盈亏平衡分析法

盈亏平衡分析法又称保本分析法或量本利分析法,是通过对产品的业务量(产量或销量)、成本、利润之间的相互关系的综合分析来预测利润、控制成本、判断经营状况的一种数学分析方法。

在应用盈亏平衡分析法时,关键是找出企业不盈不亏时的产量(称为保本产量或盈亏平衡产量,此时企业的总收入等于总成本),从而做出决策,如图 7-3 所示。

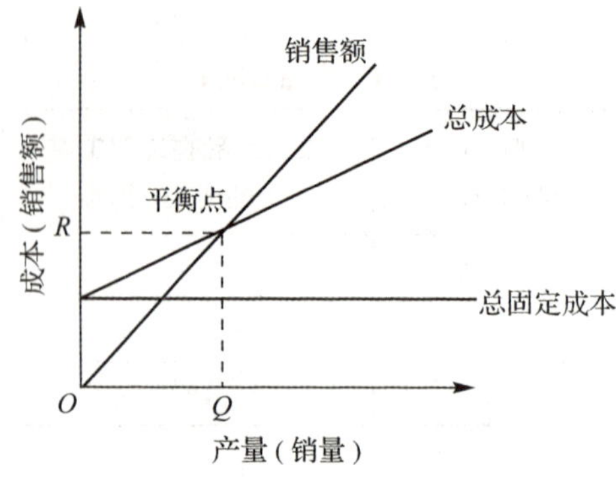

图 7-3　盈亏平衡分析法基本模型

盈亏平衡点产量的计算公式为：

$$Q=\frac{C}{P-V}$$

式中，Q 为盈亏平衡点产量（销量）；C 为总固定成本；P 为产品价格；V 为单位变动成本。

当获得一定目标利润时，其公式为：

$$Q=\frac{C+B}{P-V}$$

式中，B 为预期的目标利润额；Q 为实现目标利润 B 的产量或销售量。

【例 7-2】　某厂生产一种产品，其固定成本为 100 000 元，单位产品变动成本为 5 元，产品售价为 10 元。

(1) 该厂盈亏平衡点产量应为多少？

(2) 如果要实现利润 20 000 元，其产量应为多少？

解：

(1) $Q=\frac{C}{P-V}=\frac{100\ 000}{10-5}=20\ 000$（件）

即当产品产量为 20 000 件时，处于盈亏平衡点上。

(2) $Q=\frac{C+B}{P-V}=\frac{100\ 000+20\ 000}{10-5}=24\ 000$（件）

即当生产产品 24 000 件时，企业可获得 20 000 元的利润。

日本的“尿布大王”

日本尼西奇公司在战后初期仅有 30 余名职工，生产雨衣、游泳帽、卫生带、尿布等用品。由于订货不足，经营不稳，企业有朝不保夕之感。公司董事长多川博从人口普查中得知，日本每年大约出生 250 万个婴儿，如果每个婴儿用两条尿布，一年就需要 500 万条，这是一个相当可观的尿布市场。多川博决心放弃尿布以外的产品，把尼西奇公司变成尿布专营公司，集中力量，创立名牌。公司投入 1 亿日元，年销售额却高达 70 亿日元，成了“尿布大王”。

成功的经营决策可以使企业避免倒闭的危险，转败为胜。因为市场是多变的，人们的需要也是多变的，这就要求管理者经常为了适应市场的需要而决策新产品的开发。

（二）风险型决策法

风险型决策也称统计型决策、随机型决策，是指已知决策方案所需的条件，但每个方案的执行都有可能出现不同后果，后果的出现有一定的概率，即存在着风险。

决策树法是一种应用广泛、效果最为显著的风险型决策法。决策树法是指借助树形分析图，根据各种自然状态出现的概率及方案预期损益，计算与比较各方案的期望值，从而抉择最优方案的方法。

1. 决策树的构成

（1）决策节点。它以“□”表示，用来表示决策的结果。

（2）状态节点。它以“○”表示，用来表示各种行动方案，上面的数字表示方案的效益期望值，某方案的期望值等于方案中多种随机状态可能出现的概率与其对应的损益值的乘积之和。

（3）方案枝。它是由决策点起自左而右画出的若干条直线，每条直线表示一个备选方案。

（4）概率枝。从状态节点引出的若干条直线称为概率枝，每条直线代表一种自然状态及其可能出现的概率（每条分枝上面注明自然状态及其概率）。

（5）结果点。它是画在概率枝末端的“△”，用来表示不同状态下的期望值（效益值或亏损值）。

2. 决策树法的步骤

（1）分析决策问题，确定有哪些方案可供选择，各方案又面临哪几种自然状态，从左向右画出树形图。

（2）将方案序号、自然状态及概率、损益值分别写入状态节点及概率枝和结果点上。

（3）计算损益期望值。把从每个状态节点引入的各概率分枝的损益期望值之和标在状态节点上，选择最大值（亏损则选最小值），标在决策节点上。

（4）剪枝决策。凡是状态节点上的损益期望值小于决策点上数值的方案枝一律剪掉，剪枝用“//”表示，最后剩下的方案分枝就是要选择的决策方案。

【例 7-3】 某公司计划未来 3 年生产某种产品，需要确定产品批量。根据预测估计，这种产品的市场状况的概率是：畅销为 0.2，一般为 0.5，滞销为 0.3。现提出大、中、小三种批量的生产方案，各方案的损益值如表 7-2 所示。求取得最大经济效益的方案。

表 7-2 各方案损益值表 单位：万元

方 案	畅销（0.2）	一般（0.5）	滞销（0.3）
大批量	40	30	－10
中批量	30	20	8
小批量	20	18	14

解：

第一步，画出树形图。

第二步，将方案序号、自然状态及概率、损益值分别写入状态节点及概率枝和结果点上。

第三步，计算损益期望值。将各方案的期望值标在各个方案节点上。

大批量生产（节点①）的期望值＝[40×0.2＋30×0.5＋(－10)×0.3]×3＝ 60（万元）

中批量生产（节点②）的期望值＝[30×0.2＋20×0.5＋8×0.3]×3＝ 55.2（万元）

小批量生产（节点③）的期望值＝[20×0.2＋18×0.5＋14×0.3]×3＝ 51.6（万元）

第四步，剪枝决策。比较各方案的期望值，从中选出期望值最大的作为最佳方案，并将最佳方案的期望值写到决策节点方框的上面。剪枝用“//”表示。大批量生产期望值最高，故选中该方案。结果如图 7-4 所示。

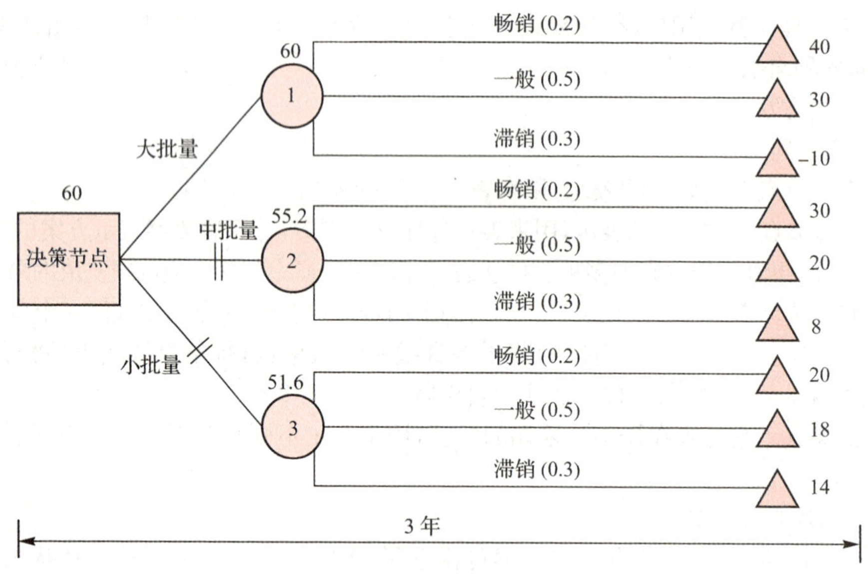

图 7-4 决策树图

摘 李 子

魏晋时期，有个孩子叫王戎，后来成为晋朝“竹林七贤”之一。他天赋异禀，眼神犀利，七岁就显露出了不一般的才华。他和小伙伴们一起玩，走到大道边，看到一棵李子树，上面果实累累，枝条都被压弯了。小伙伴们特开心，玩累了，都想吃个李子解解渴，他们蜂拥着上树去摘，捡石头砸，用力猛摇树干，为了李子全力以赴。王戎却没动，有人就问他：“是不是不敢呢？”王戎却说：“树在道边而多子，此必苦李！”也就是说，这树长在路边，如果李子是甜的，早被人摘光了，所以，这个果子肯定是苦的。可是在尝到之前，谁信呢？小伙伴们直到吃了李子才喊苦，不得不相信王戎的见解高。不久，全城的名士们都知道了这件事。

管理者在做决策时，要像王戎一样进行细致的观察，不忽略所有因素，才能确保做出的决策是正确、可行的。

（三）不确定型决策法

不确定型决策是在对未来自然状态完全不能确定的情况下进行的，由于决策主要依靠决策者的经验、智慧和风格，便会产生不同的评选标准，因而形成了多种具体的决策方法。

1. 乐观法

乐观法又称大中取大法。如果决策者比较乐观，认为未来会出现好的自然状态，并且不论采用何种方案均可能取得该方案的最好效果，那么在决策时就应以各方案在各种状态下的最大损益值为标准（假定各方案最有利的状态发生），选取各方案的最大损益值中最大者所对应的方案。

2. 悲观法

悲观法又称小中取大法。与乐观法相反，如果决策者对于未来比较悲观，在决策时就会以规避最差结果为准则。因此，决策者在进行方案取舍时以每个方案在各种状态下的最小损益值为标准(假定每个方案最不利的状态发生)，选取各方案的最小损益值中最大者所对应的方案。

3. 折中法

这种方法是乐观法和悲观法的结合。其基本观点是：乐观法过于冒进，悲观法过于保守，所以可以考虑将两者进行折中。其基本方法是：根据决策者的判断，给最好的自然状态以一个乐观系数，给最差的自然状态以一个悲观系数，两者之和为1，然后用各方案在最好状态下的效果值与乐观系数相乘所得的积，加上各方案在最差自然状态下的效果值与悲观系数的乘积，得出各方案的期望收益值，再利用最大期望值原则比较各方案，做出最终选择。

4. 等概率法

等概率法是由法国数学家拉普拉斯提出的。他认为，在无法确定各种自然状态发生的概率时，可以假定每个自然状态具有相等的概率，并以此计算各方案的期望值，然后进行方案选择。

5. 后悔值法

决策者在决策并组织实施后，如果遇到的自然状态表明采用另外的方案会取得更好的效果，那么决策者将为此而感到后悔。因此，可以用减少后悔，即力求使后悔值最小作为决策准则。所谓后悔值，是指在某种自然状态下因选择某一方案而未选取该状态下的最好结果而少得的收益。这种方法是先从各自然状态下找出最大收益值，再用该最大收益值减去当前自然状态下的收益值，求得各方案的后悔值。然后，从各方案后悔值中找出每个方案的最大后悔值。最后，从中选择最大后悔值最小的方案为决策方案。

【例 7-4】 某企业要投产一种新产品，有三种可供选择的方案，估计产品投放市场后有畅销、一般、销路差三种情况，各方案在各种情况下的收益值如表 7-3 所示(乐观系数为 0.7)。试用乐观法、悲观法、折中法、等概率法、后悔值法分别选出最佳方案。

表 7-3 不同方案的收益值

方 案	收 益 值		
	畅 销	一 般	销 路 差
方案一	100	50	−20
方案二	85	60	10
方案三	40	30	20

解：由表 7-4 得出乐观法最佳决策方案为方案一。

表 7-4 乐观法决策表

方 案	收 益 值			乐 观 法
	畅 销	一 般	销 路 差	大中取大
方案一	100	50	−20	100
方案二	85	60	10	85
方案三	40	30	20	40

由表 7-5 得出悲观法最佳决策方案为方案三。

表 7-5 悲观法决策表

方案	收益值			小中取大
	畅销	一般	销路差	
方案一	100	50	－20	－20
方案二	85	60	10	10
方案三	40	30	20	20

由表 7-6 得出折中法最佳决策方案为方案一。

表 7-6 折中法决策表

方案	收益值			期望收益值
	畅销	一般	销路差	
方案一	100	50	－20	100×0.7＋(－20)×0.3＝64
方案二	85	60	10	85×0.7＋10×0.3＝62.5
方案三	40	30	20	40×0.7＋20×0.3＝34

由表 7-7 得出等概率法最佳决策方案为方案二。

表 7-7 等概率法决策表

方案	收益值			期望收益值
	畅销	一般	销路差	
方案一	100	50	－20	[100＋50＋(－20)]÷3＝43.3
方案二	85	60	10	(85＋60＋10)÷3＝51.7
方案三	40	30	20	(40＋30＋20)÷3＝30

由表 7-8 得出后悔值法最佳决策方案为方案二。

表 7-8 后悔值法决策表

方案	收益值			后悔值
	畅销	一般	销路差	
方案一	0(100－100)	10(60－50)	40[20－(－20)]	40
方案二	15(100－85)	0(60－60)	10(20－10)	15
方案三	60(100－40)	30(60－30)	0(20－20)	60

所谓决策，就是指为了达成预定的目标从两个或两个以上的备选方案中通过比较分析，选择一个最优的行动方案的过程。决策是管理者的中心任务，也是成功管理的关键。

决策具有可行性、目标性、满意性、过程性、动态性的特点。

决策的影响因素包括环境、过去的决策、决策者对风险的态度、组织文化、时间。

决策的原则包括经济效益与社会效益相结合、可能性和现实性相结合、定量分析与定性分析相结合、领导者与专家相结合、局部与全局相结合、近期利益与远期利益相结合、规范性与灵活性相结合。决策对组织来说，具有重大的意义与作用。

依据不同的标准，可将决策划分为不同的类型。按决策层次划分，决策可分为战略决策、管理决策和业务决策；按决策事件发生的频率划分，决策可分为程序化决策和非程序化决策；按决策的时间跨度划分，决策可分为长期决策与短期决策；按决策的确定性程度划分，决策可分为确定型决策、风险型决策和不确定型决策；按决策的时态划分，决策可分为静态决策和动态决策；按决策者的身份不同划分，决策可分为个人决策、专家集体决策和群体决策。

决策的基本程序包括：界定问题、确定决策目标、拟订备选方案、评估决策方案、选择最佳方案、方案的实施与反馈。

决策的方法分为定性决策法和定量决策法。定性决策法包括头脑风暴法、德尔菲法、哥顿法、电子会议法等。定量决策法包括确定型决策法（如线性规划法、盈亏平衡分析法）、风险型决策法（如决策树法）、不确定型决策法（如乐观法、悲观法、折中法、等概率法、后悔值法等）。

巩固与提高

一、单项选择题

1. 决策的核心是（　　）。

A. 意识　　B. 目的　　C. 未来　　D. 选择

2. 受决策者影响最大的是（　　）。

A. 确定型决策　　B. 多目标决策　　C. 不确定型决策　　D. 程序化决策

3. 下列（　　）不是决策。

A. 决定开发一种新产品　　B. 扩大生产规模

C. 对例行问题做决定　　D. 接受上级命令

4. 对于一个完整的决策过程来说，第一步是（　　）。

A. 机会或诊断问题　　B. 评估备选方案

C. 识别目标　　D. 做出决定

5. 针对欧美国家对我国纺织品的配额限制，某公司决定在北非投资设立子公司，这种决策属于（　　）。

A. 管理决策　　B. 战略决策　　C. 业务决策　　D. 程序化决策

6. 非程序化决策的决策者主要是（　　）。

A. 高层管理者　　B. 中层管理者　　C. 基层管理者　　D. 技术专家

7. 业务决策中，生产任务的日常安排、常用物资的订货与采购等经常重复发生，能按原已规定的程序、处理方法和标准进行的决策，属于（　　）。

A. 日常管理决策　　B. 程序化决策　　C. 确定型决策　　D. 风险型决策

8. 假如各种可行方案的条件大部分是已知的，但每个方案执行后可能出现多种结果，方案的选择由概率决定。那么，这种决策属于(　　)决策。

A. 风险型　　B. 不确定型　　C. 确定型　　D. 非程序化决策

9. (　　)是管理者的中心任务，也是成功管理的关键。

A. 计划　　B. 组织　　C. 决策　　D. 激励

二、简答题

1. 什么是决策？决策有何特点？决策的影响因素包括哪些？
2. 决策的原则有哪些？决策有何意义和作用？
3. 决策如何进行分类？
4. 决策的基本程序包括哪些？
5. 定性决策法和定量决策法有何区别？

三、应用题

1. 某化妆品厂生产一种化妆品，需投入固定成本 30 万元，单位产品变动成本为 80 元，产品销售价格为 100 元/件。

求：盈亏平衡点产量应为多少？如果企业的利润目标是 15 万元，企业至少应维持多大的生产规模？

2. 某公司为了扩大市场，要举行一个展销会，会址打算在甲、乙、丙三地选择。获利情况除了与会址有关外，还与天气有关。天气可分为晴、普通、多雨三种，通过天气预报，估计三种天气情况可能发生的概率分别为 0.25、0.5、0.25，其收益情况如表 7-9 所示，用决策树法进行决策。

表 7-9　三种天气收益情况

选址方案	晴(0.25)	普通(0.5)	多雨(0.25)
甲地	4	6	1
乙地	5	4	1.5
丙地	6	2	1.2

3. 某厂生产某产品未来的销售可能出现三种情况，即高需求、中需求和低需求。因此企业有三种方案可供选择，即新建车间、扩建车间和对外协作，相应的损益情况如表 7-10 所示(乐观系数为 0.4)。分别用乐观法、悲观法、折中法、等概率法、后悔值法选出最佳方案。

表 7-10　三种方案损益情况

方　案	损益值		
	高需求	中需求	低需求
新建车间	980	−500	−800
扩建车间	700	250	−200
对外协作	400	90	−30

四、案例分析题

上海印染工业公司的决策方法

上海印染工业公司(以下简称“上染”)是我国纺织品生产和出口的重要基地,在经营过程中遇到了危机,产品滞销,市场份额下降,国际市场不景气。为了应对危机,公司的决策层讨论并制定了五年规划,提出了开发仿真纯棉印花布等10个新产品,改造涤棉纬长丝提花织物等10个老产品的初步方案。

“上染”认为本公司的设想可能有局限性,为了保证产品方案的正确,决定广泛征求公司外部各类专家的意见。

“上染”根据征询内容提出了一些具体问题:“您认为在所限定的产品中,为了满足国内市场需求,应开发哪些新产品?”“哪些老产品可能有发展前途?”“为了适应国际市场的需要,应开发何种新产品,改造哪些老产品?”“您是否能谈出一些具体的理由?”等等。公司向15个省市的国家机关、科研部门、高校和企业的近200名专家发了意见征询表格。三周后,收到91封反馈的信件。于是,他们将这91名专家作为征询对象。

第一轮反馈已经完成,即向200位专家寄送意见征询表格,回收率为45%。公司从中归纳出意见比较集中的适合外销的新老产品共17种,适合内销的新老产品共16种。

第二轮反馈:召集在沪的专家座谈,与会专家42位(包括第一轮中的专家24位)。专家们各抒己见,提出的产品品种竟达800多种,并且都出示了足够的论据。最后,进行了无记名投票表决。结果显示,在超过50%获票率的产品中,外销的有11种,内销的有12种。

第三轮反馈:公司将以上信息汇总后,以第一轮反馈中的91名专家和公司内部18名专家为第三轮咨询对象,向专家们同时发出问卷:题目一,对外销的11种产品和内销的12种产品进行论证;题目二,对第二轮中专家们提出的800多种产品进行表决。

三周后,公司陆续收到回信。评价结果是:对题目一,意见一致的外销产品有9种,内销产品有10种,其中外销和内销的有8种产品相同。这表明,公司原先设想的20种产品,只有10种与专家的意见一致。对题目二,意见较集中的外销产品有108种,内销产品有94种,这为公司今后发展产品开阔了视野,提供了信息。

公司在获得上述资料后,组织了专门班子,在进行了更深层次的调查后,做出了未来的五年规划。五年后,“上染”的总产值在国内纺织品行业名列前茅;在国外市场上,“上染”的产品销往美国、英国等几十个国家和地区,企业效益大幅度提高。

【问题】

1. “上染”所运用的预测、决策方法是什么方法?
2. “上染”运用的这种方法的特点有哪些?
3. “上染”对这种方法的应用有哪些成功和不足之处?

项目八 激励

知识目标

- 理解激励的概念和作用；
- 掌握激励的理论体系；
- 了解激励机制和原则；
- 掌握常用的激励方法。

能力目标

- 能够运用激励的基本理论分析管理现实中的现象；
- 能够运用激励方法提高员工的工作效率；
- 能够灵活地应用激励方法指导现实工作。

导入案例

鲶鱼效应

挪威人喜欢吃沙丁鱼，尤其是活鱼。市场上活鱼的价格要比死鱼高许多。因为沙丁鱼非常娇贵，极不适应离开大海后的环境，当渔民们把刚捕捞上来的沙丁鱼放入鱼槽运回码头后，用不了多久沙丁鱼就会死去。而死掉的沙丁鱼味道不好，销量也差。但倘若抵港时沙丁鱼还活着，鱼的卖价就比死鱼高出若干倍。所以，渔民总是想方设法让沙丁鱼活着回到渔港。可是虽然经过种种努力，绝大部分沙丁鱼还是在中途因窒息而死亡。但却有一条渔船总能让大部分沙丁鱼活着回到渔港。船长严格保守着秘密，直到其去世，谜底才被揭开。原来船长在装沙丁鱼的鱼槽里放进了几条沙丁鱼的天敌鲶鱼。因为鲶鱼是食肉鱼，放进鱼槽后，鲶鱼便会四处游动寻找小鱼吃。沙丁鱼见了鲶鱼十分紧张，为了不被吞食，自然加速游动，从而保证了旺盛的生命力。这样，沙丁鱼缺氧的问题就迎刃而解了，一条条沙丁鱼被活蹦乱跳地运回了渔港。这就是著名的鲶鱼效应。

案例提示：鲶鱼效应对于渔民来说，在于激励手段的应用。渔民采用鲶鱼作为激励手段，促使沙丁鱼不断游动，以保证沙丁鱼活着，以此来获得利益。在企业管理中，管理者要实现管理的目标，同样需要引入鲶鱼型人才，以此来改变企业如一潭死水的状况。员工是企业的第一生产力，是为企业创造价值的元素，如何有效地激励员工，是领导者的一门必修课。

任务一　激励概述

一、激励的概念

爱迪生说："天才就是百分之一的灵感加百分之九十九的汗水。"汗水代表的是勤奋，勤奋来源于受到的激励，激励越大，做出的努力就越大。最后往往是，天赋低的人比天赋高的人干得出色。由此可见，一个人的工作成果不仅取决于其才能，还取决于他受到的激励。

组织管理实际是对人的管理，那么为了使组织中的成员保持高昂的士气和工作热情，需要领导者通过激励不断调动下属工作的积极性。因此，激励是领导职能的重要方面。

激励就是激发和鼓励的意思，是通过满足人的需要，激发其内在动机而鼓励人们朝着组织期望的目标采取行动的过程。激励是现代管理的核心问题之一，是管理过程中不可或缺的环节和活动。管理活动的首要任务是如何激励人们发挥出他们最大的潜能，以完成组织、部门的任务和目标。管理者必须运用正确的激励手段，采取合适的激励方式，充分发挥激励的作用。

选 助 手

王经理经营着一家小型公司，该公司共有 30 名员工。近几年，公司效益稳步上升。王经理知道，公司取得今天的成就，是员工们努力的结果。其中，张亮和马明的贡献最为突出。由于公司业务量扩大，王经理感到，里里外外靠自己一个人已经应付不过来了，迫切需要选择一名助手，自然张亮和马明都在考虑中。

平心而论，张亮和马明无论是人品还是工作能力都很相当，很难分出高下，但助手只需要一名，如果两名都做助手肯定是一种浪费。他私下决定，提拔其中一位当助手，给另一位加薪。但是提拔谁当助手，给谁加薪呢？王经理还是左右为难。

回去后，王经理立即分别找两人谈话，结果发现，马明家并不富裕，他上有双亲，下有一个小女儿，妻子多病且没有工作，生活比较艰苦。所以，就目前来说，钱对马明来说更为重要。因此，王经理毫不犹豫地做出了决定，选张亮作为他的助手。

管理者采取措施去激励员工时，必须要看给员工的是不是员工所迫切需要的。只有当员工所得最能满足其自身需要时，激励的效果才会最佳。

二、激励的过程

心理学认为，人的行为具有目的性，目的源于动机，动机又源于需要，所以由需要引发动机，进而支配行为并指向预定目标，是人类行为的一般模式。需要是人的一种主观体验，是机体内部的一种不平衡状态。没有满足的需要是激励过程的起点。当人们的需要没有得到满足的时候会产生心理失衡现象和紧张情绪，为了消除这种紧张，人们就会产生去寻找解决办法的内在驱动力，即动机，进而引导人们的行为，这时需要把人们的行动导向目标和工作，通过获得成绩使需要得到满足，然后产生新的需要，开始新一轮的激励过程，如图 8-1 所示。

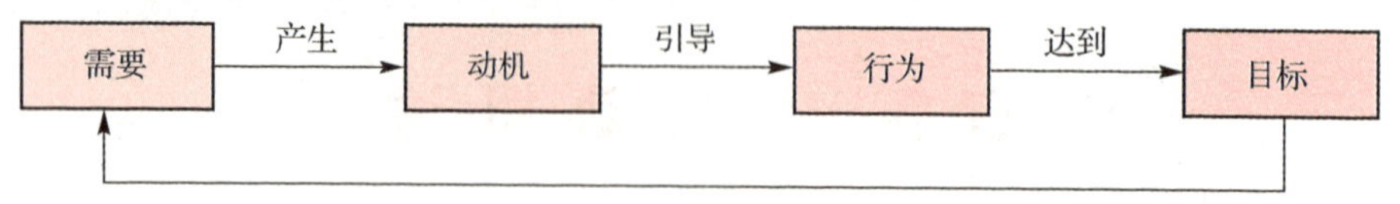

图 8-1 激励过程

（一）需要

激励的实质就是通过影响人的需要或动机达到引导人的行为的目的，它实际上是一个对人的行为的强化过程。研究激励，先要了解人的需要。需要是人的一种主观体验，是人们在社会生活中对某种目标的渴求和欲望，是人们行为积极性的源泉。人的需要一旦被人们意识到，它就会以动机的形式表现出来，从而驱使人们朝着一定的方向努力，以使需要得到满足。需要越强烈，它的推动力就越强、越迅速。人的需要有三个方面：一是生理状态的变化引起的需要，如饥饿时对食物的需要；二是外部因素影响诱发的需要，如对某种新款商品的需要；三是心理活动引起的需要，如对事业的追求等。

（二）动机

动机是建立在需要的基础上的。当人们有了某种需要而又未能满足时，心理上便会产生一种紧张和不安，这种紧张和不安就成为一种内在的驱动力，促使个体采取某种行动。从某种意义上说，需要和动机没有严格的区别。需要体现一种主观感受，动机则是内心活动，实际上一个人会同时具有许多种动机，动机之间不仅有强弱之分，而且会有矛盾。一般来说，只有最强烈的动机才可以引发行为，这种动机称为优势动机。

（三）行为

在企业组织中，员工的行为与工作、生活环境相互作用，任何一种行为的产生，都是有其内在原因的。动机对于行为的重要功能有三个：一是始发功能，即推动行为的原动力；二是选择功能，即它决定个体的行为方向；三是维持和协调功能，行为目标达成时，相应的动机就会获得强化，使行为持续下去或产生更强烈的行为，趋向更高的目标，反之则降低行为的积极性或停止行为。

（四）需要、动机、行为和激励的关系

通过分析我们知道，人的任何动机和行为都是在需要的基础上建立起来的，没有需要就没有动机和行为。人们产生某种需要后，只有当这种需要具有某种特定的目标时，才会产生动机，动机才会成为引起人们行为的直接原因。但并不是每个动机都必然会引起行为，在多种动机下，只有优势动机才会引发行为。员工之所以产生组织所期望的行为，是组织根据员工的需要来设置某些目标，并通过目标导向使员工出现有利于组织目标实现的优势动机，同时按组织所需要的方式行动。管理者实施激励要做好需要引导和目标引导，强化员工的动机，刺激员工的行为，从而实现组织目标。

罗森塔尔效应

1960年，哈佛大学的罗森塔尔博士在加州一所学校做过一个著名的实验。

新学年开始时，罗森塔尔博士让校长把三位教师叫进办公室，对他们说："根据你们过去的教学表现，你们是本校最优秀的老师。因此，我们特意挑选了100名全校最聪明的学生组成三个班让你们教。这些学生的智商比其他孩子都高，希望你们能让他们取得更好的成绩。"

三位老师都高兴地表示一定尽力。校长又叮嘱他们，对待这些孩子，不要像对待平常孩子一样，不要让孩子或孩子的家长知道他们是被刻意挑选出来的，三位老师答应了。

一年之后，这三个班的学生成绩果然排在整个学区的前列。这时，校长告诉了老师真相：这些学生并不是被刻意挑选出来的最优秀的学生，他们也不是被特意挑选出的全校最优秀的老师，只不过是随机抽调的普通老师罢了。

激励是一门学问，它能使普通人变得优秀，只有那些能够运用多种激励方式激励员工做出最大努力的管理者，才是成功的管理者。

三、激励的对象

激励是针对人的行为动机而进行的工作，因而激励的对象主要是人，准确地说，是组织中的员工或领导对象。在不同的历史时期，社会学家和管理学家曾经有过各种不同的关于人性的假设。美国心理学家和行为学家谢恩将人性归纳分类，提出4种假设，即经济人假设、社会人假设、自我实现人假设和复杂人假设。在不同的人性假设指导下，管理者会采取不同的方法和手段来实施激励。

（一）经济人假设

经济人意思为理性经济人，也可称实利人。这是古典管理理论对人的看法，即把人当作经济动物来看待，认为人的一切行为都是为了最大限度地满足自己的私利，工作目的只是获得经济报酬。管理人员应根据经济人的假设采取相应的管理策略。

(1) 管理工作重点在于提高生产率、完成生产任务，而对于人的感情和道义上应负的责任，则是无关紧要的。简单地说，就是重视完成任务，而不考虑人的情感、需要、动机、人际交往等社会心理因素。从这种观点来看，管理就是计划、组织、经营、指导、监督。这种管理方式叫作任务管理。

(2) 管理工作只是少数人的事，与广大员工无关。员工的主要任务是听从管理者的指挥。

(3) 在奖励制度方面，主要是用金钱来刺激员工的生产积极性，同时对消极怠工者采用严厉的惩罚措施，即"胡萝卜加大棒"的政策。

（二）社会人假设

社会人假设的理论基础是人际关系学说，这一学说是由霍桑实验的主持者梅奥提出来的，之后又经英国塔维斯托克学院煤矿研究所再度验证。后者发现，在煤矿采用长壁开采法先进技术后，生产力理应提高，但由于该技术破坏了原来的工人之间的社会组合，生产力反而下降了。后来煤矿管理者吸收社会科学的知识，重新调整了生产组织，生产力就提高了。这两项研究的共同结论是：人除了物质需要外，还有社会需要，人们要从社会关系中寻找乐趣。管理人员应根据社会人的假设采取相应的管理策略。

（1）管理人员不应只注意完成生产任务，而应把注意的重点放在关心人和满足人的需要上。

（2）管理人员不能只注意指挥、监督、计划、控制和组织等，更应重视与职工之间的关系，培养职工的归属感和整体感。

（3）在实际奖励时，提倡集体的奖励制度，而不主张个人奖励制度。

（4）管理人员的职能也应有所改变，他们不应只限于制订计划、组织工序、检验产品，而应在职工与上级之间起联络人的作用。一方面要倾听职工的意见和了解职工的思想感情，另一方面要向上级呼吁、反映。

（5）提出“参与管理”的新型管理方式，即让职工和下级不同程度地参加企业决策的研究和讨论。

（三）自我实现人假设

自我实现人也叫自动人，是由美国著名社会心理学家马斯洛提出来的。马斯洛认为，人类需要的最高层次就是自我实现，每个人都必须成为自己所希望的那种人，“能力要求被运用，只有潜力发挥出来，才会停止吵闹”。这种自我实现的需要就是“人希望越变越完美的欲望，人要实现他所能实现的一切欲望”。所谓自我实现，指的是人都需要发挥自己的潜力，表现自己的才能，只有人的潜力充分发挥出来，人的才能充分表现出来，人才会感到最大的满足。也就是说，人们除了物质和社会需求之外，还有一种想充分运用自己的各种能力，发挥自身潜力，实现自我价值的欲望。管理人员应根据自我实现人假设采取相应的管理策略。

（1）管理重点的改变。经济人的假设只重视物质因素，重视工作任务，轻视人的作用和人际关系。社会人的假设正相反，重视人的作用和人与人的关系，而把物质因素放在次要地位。自我实现人的假设又把注意的重点从人的身上转移到工作环境上，但重视环境因素与经济人假设的重视工作任务不同，其重点不是放在计划、组织、指导、监督、控制上，而是要创造一种适宜的工作环境、工作条件，使人们能在这种环境下充分挖掘自己的潜力，充分发挥自己的才能，也就是说能够充分地实现自我。

（2）管理人员职能的改变。从自我实现人的假设出发，管理者的主要职能既不是生产的指导者，也不是人际关系的调节者，而只是一个采访者。他们的主要任务在于如何为发挥人的智力创造适宜的条件，减少和消除职工在自我实现过程中所遇到的障碍。

（3）奖励方式的改变。经济人的假设依靠物质刺激调动职工的积极性，社会人的假设依靠搞好人际关系来调动职工的积极性，这都是从外部来满足人的需要，而且主要满足人的生理、安全和归属（交往）需要。美国社会心理学家、管理学家麦格雷戈等人认为，对人的奖励可划分为两大类：一类是外在奖励，如加薪、升职、良好的人际关系；另一类是内在的奖励，即人们在工作中能获得知识，增长才干，充分发挥自己的潜力等。只有内在奖励才能满足人们的自尊和自我实现的需要，从而极大地调动起职工的积极性。正如麦格雷戈所说：“管理的任务只是在于创造一个适当的工作环境——一个可以允许和鼓励每位职工都能从工作中得到‘内在奖励’的环境。”

(4) 管理制度的改变。从自我实现人的假设来看,管理制度也要做相应的改变。总的来说,管理制度应保证职工能充分地表露自己的才能,达到自己所希望的成就。有人在一个厂里进行了这方面的制度改革的实验。该厂的一个班组从事收音机装配工作。改革之前,组内的 12 名女工按照工业工程师的设计,有明确的分工,如领班、包装、检验等。实验开始时让这些女工按照她们自己的想法组织生产,产量下降就扣工资,产量提高则增加工资。实验开始第一个月,产量下降 70%,六个星期后情况更糟,但八个星期后产量开始回升,十五个星期后超过实验前的产量,而且成本下降,质量提高,用户对质量的批评信件比实验前减少了 96%。应当指出,该实验结果是否有普遍意义是值得怀疑的。这里举出这个实验,只是为了说明从自我实现人的假设出发实行制度改革的趋向。

(四) 复杂人假设

复杂人假设是 20 世纪 60 年代末至 70 年代初由美国的行为科学家埃德加・沙因提出的。根据这一假设,一种新的管理理论诞生了,与之相应的是超 Y 理论。超 Y 理论具有权变理论的性质,是由摩尔斯、洛斯奇分别对 X 理论、Y 理论的真实性进行实验研究后提出来的。经济人假设、社会人假设、自我实现人假设各自反映出当时的时代背景,并适合于某些人和某些场合。因为人是复杂的,不仅因人而异,而且一个人本身在不同的年龄、地点、时期也会有不同的表现。该假设认为,人是复杂的、非均质的、多样化的而且是变化的,人的需求随各种条件变化而变化,人与人之间的关系也会改变。管理人员应根据复杂人假设采取相应的管理策略。

(1) 设法把工作、组织和人密切配合起来,使特定的工作由适合的组织与适合的人员来担任。

(2) 应先从对工作任务的确认和对工作目标的了解等方面来考虑,然后决定管理阶层的划分、工作的分派、酬劳和管理制度的安排。

(3) 合理确定训练计划和强调适宜的管理方式,使组织更妥当地配合工作与人员,这样能够使职工提高工作效率,产生足够的胜任感。

动画
小猴进城

四、激励的作用

(一) 有助于提高组织成员工作的自觉性、主动性和创造性

个人利益和目标是人行为的基本动力。组织中的每个成员都有个人利益和目标。当个人目标与组织目标一致时,组织成员工作的主动性和积极性就能得到充分发挥;当两者目标不一致时,个人目标往往会影响组织目标的实现,这时就需要发挥激励手段引导组织成员将个人目标统一于组织目标,从而促使个人目标与组织目标共同实现,以此来激发员工的工作积极性和主动性,最终保证组织目标的实现。

(二) 有助于发挥组织成员的潜能

心理学认为,一个人的潜力是巨大的。美国哈佛大学的詹姆斯教授在对员工激励的研究中发现,按时计酬的分配制度仅能让员工发挥 20%～30%的能力,如果受到充分激励,员工的能力可以发挥出 80%～90%,两种情况之间 60%的差距就是有效激励的结果。也就是说,对一个人给予充分的激励能使其发挥更多的潜力。

(三) 有助于增强组织的凝聚力和竞争力

为了保证组织正常、协调地运转,除了需要严格的各项管理制度外,也需要运用激励手段协调人们各方面的需求，以提高成员的工作积极性，鼓舞士气，进而增强组织的凝聚力，同时也有助于吸引一些优秀人才的加盟，这些都有助于提升企业的竞争力。

身轻者死，重任者活

动画
不要忽视激励的作用

医院病房住着两位患相同绝症的病人，不同的是一个来自农村，另一个生活在医院所在的城市。

生活在城市的患者，每天都有亲朋好友和同事前来探望。家人、朋友探望时劝慰说："现在你什么也别想，就一门心思养病就行。"单位来人时开导说："你放心，单位上的事，我们都替你安排好了……"来自乡下农村的患者，只有一位十二三岁的小男孩守护着。他的妻子十天半月才能来一次，或送钱，或送些衣物。妻子每次来，不停地说这说那，要丈夫为家里的事情拿主意……

几个月后，生活在城市里的患者在亲人的哭声中永远地去了；而来自农村的患者却奇迹般地活了下来。生活在医院所在城市的那位患者，在亲人、朋友、同事的宽慰声里，在潜意识中感觉他们已不需要自己，渐渐地失去了战胜病魔的信心和勇气，于是在孤独寂寞与病魔的吞噬中慢慢死去。而来自农村的患者，在妻子大事小事都要自己定夺、拿主意中，感到了自己对家人的重要性，意识到自己必须活着，于是一种强烈的求生欲望使他奇迹般地活了下来。

感到自己被别人需要，对任何一个人来说都是一种莫大的鼓舞。管理者要想使员工鼓起斗志，就不要忘了告诉他们"你对我，对我们都很重要"！要用"不可或缺"来激励员工。

任务二　激励的基本理论

管理的核心问题是人的问题。搞好对人的管理，充分调动人的积极性和创造性，更好地实现组织目标，始终是管理的一项基本功能。因此，无论是企业界还是理论界，人们对激励问题都给予了极大的关注。许多学者经过大量的实证研究，提出了各自的激励理论，这些理论大致上可以划分为内容型激励理论、过程型激励理论和行为改造型激励理论三大类。

一、内容型激励理论

内容型激励理论集中于研究到底是什么激励人们的行为这一问题，即什么样的事物会激励人们。最常见的内容型激励理论有马斯洛的需要层次理论、赫茨伯格的双因素理论和麦克里兰的成就需要理论。

（一）马斯洛的需要层次理论

1. 需要层次理论的基本内容

美国著名的心理学家和行为学家马斯洛在 1943 年发表的《人类动机论》一文中首次提

出了需要层次理论，并在1954年发表的《动机与人格》中做了进一步阐述。马斯洛认为每个人都有许多复杂的需要，这些需要从低级到高级可以划分为五个层次，如图8-2所示。

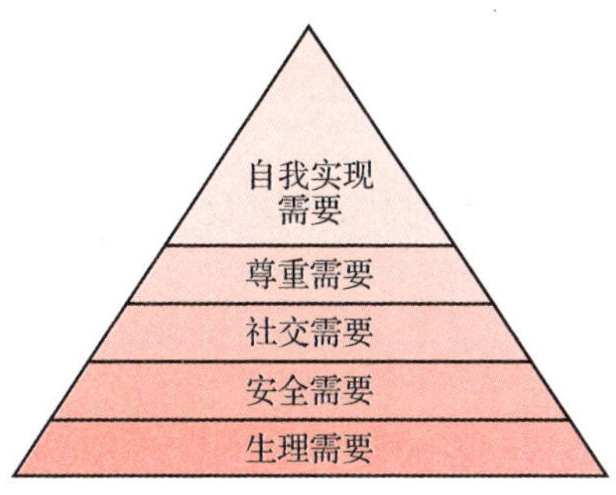

图8-2 马斯洛的需要层次

(1) 生理需要。这是人类维持生命所必需的最基本、最明显的需要，当其得不到最低限度的满足时，其他的需要都会退到次要的地位。管理者应该明白，员工受到生理需要激励时，其注意力不会集中在工作上，他们会接受满足其需要的任何工作。在激励下属过程中看重生理需要的管理者认为，员工工作主要是为了钱，关心的主要是如何才能舒适、避免受累等。

(2) 安全需要。安全需要包括人们对目前生命财产安全的要求和对未来生活保障的要求两方面。当生活中的生理需要得到满足之后，人们对安全感的需要变得强烈起来。不仅希望现在的生活环境稳定有序，而且希望在不确定的未来，不论发生什么情况都能有办法保证基本生活需要，希望就业有保障、医疗有保险、老有所养等。

(3) 社交需要。社交需要指人们在社会生活中，希望被他人接受、关心和爱护，在感情上归属于某一个群体的要求。马斯洛认为，人都有付出爱和接受爱的能力，当有了一定的安全感后，会主动寻求社会交往，在与他人的相处中获得心理满足。这种心理上的社交需要比生理需要和安全需要更细致，需要的强烈程度也因人的文化背景、个性特点和受教育水平不同而有明显区别。

(4) 尊重需要。尊重需要是一种对于自尊和来自他人的尊重的心理需要。自尊包括对于获得信心、能力、成就的渴望和感到自身重要性的要求。来自他人的尊重建立在自己工作成就的基础之上，某人由于对集体或社会做出了贡献而得到他人的认可与赞扬，他就受到了别人的尊重，增强了自信与自尊。具有足够自尊的人会更有效率地工作，不甘落后、不轻易放弃努力是其具有的突出的行为特点。管理者应认识到，对于尊重的需要是催人进取、促人向上的驱动力，只有爱护每位员工的自尊心，创造条件满足员工受人尊重的需要，才能激发他们勤奋工作的积极性。

(5) 自我实现需要。自我实现需要是指人类对于不断成长、发展、开发和实现自己的全部潜力与创造性的心理需要，这是更高层次的，希望在工作上有所作为、在事业上取得较大成就的需要，是一种永无止境的对于证明自身存在价值的追求。

马斯洛还将以上五种需要划分为高和低两级。生理需要与安全需要称为低级需要，而社交需要、尊重需要与自我实现需要称为高级需要。两级划分基于以下前提：高级需要是从内部使人得到满足，而低级需要则主要是从外部使人得到满足。在人的各种需要中，只有尚未满足的需要才能影响人的行为，已经得到满足的需要不再具有激励作用。此外，只有当较低层次的需要得到基本满足之后，较高层次的需要才会变得更迫切，越是迫切的需要对引导行为的激励作用越大。

2. 需要层次理论对管理实践的启示

(1) 正确认识被管理者需要的多层次性。同一个人不同时期的需要不同，不同的员工的需要各不相同。

(2) 要努力将组织的管理手段、管理条件同被管理者的各层次需要联系起来，不失时机地、最大限度地满足被管理者的需要。

(3) 在科学分析的基础上，找出受时代、环境及个人条件差异影响的优势需要，然后有针对性地进行激励。

一块“奖励”告示牌

美国有个著名的植物园，里面种了各种珍奇名贵的花卉，每天都有大批游客前来观赏，但时有花卉不翼而飞的事发生。为此，管理人员在植物园门上方竖起了一块告示牌——“凡检举偷窃花卉者奖励 200 美元”。从此以后，植物园再未出现过丢失花卉的现象。

有好奇的游客问管理人员，为何不写成“凡偷窃花卉者罚款 200 美元”。管理人员若有所思地答道：“如果那样写的话，只能靠我们有限的几个人去看管，而这样写，就可以充分调动游客，使几百几千甚至更多的人参与我们的管理。而且，还会让动机不纯的人产生一种‘四处都有目光’的惧怕心理。”

变罚为奖，变管住人人的被动局面为人人参与管理的主动局面。事实上，这只是源于管理人员转换了思维角度，巧妙地改动了一下管理的支点。思维一变，天地宽。管理的真谛，就在于如何运用制度调动更多人员做好自己想要的事。

(二) 赫茨伯格的双因素理论

弗雷德里克·赫茨伯格在 1959 年出版的《工作的激励因素》一书中提出了激励因素-保健因素理论，简称双因素理论。

1. 双因素理论的基本内容

赫茨伯格对 200 多位工程师和会计人员就职业满意度和生产率之间的关系进行了调查。赫茨伯格调查了几个问题：“人们希望从工作中得到什么？”“什么时候你对工作特别满意？”“什么时候你对工作特别不满意？”“原因是什么？”他要求人们在具体情境下描述他们认为工作中特别好或特别差的方面，赫茨伯格发现，对工作感到满意的员工和对工作感到不满意的员工的回答不同。在分析调查结果后，赫茨伯格提出了关于员工工作态度的双因素理论，即影响激励的因素有两类：激励因素和保健因素。

激励因素主要是指与工作本身相关的因素，如工作成就、工作内容、责任、工作中的挑战等。这类因素得到满足时会对员工产生极大的激励作用，员工会对工作充满兴趣和热情；相反，这类因素没有得到满足时，员工会对工作缺乏积极性，但不会产生很大的不满情绪。

保健因素主要指与工作环境和工作条件相关的因素，如工作管理制度、工作环境的好坏、薪资水平、工作的安全性等。这类因素得到满足时并不会对员工产生激励作用，只是维持当前状态，预防员工产生不满情绪；这类因素没有得到满足时，员工会产生极大的不满情绪。因此，这类因素仅仅是为了消除员工的不满，并不会导致积极的态度，这就形成了某种既不是满意又不是不满意的中性状态，并不会调动员工工作积极性，也就是说对员工起不到有效的激励作用。

2. 双因素理论对管理实践的启示

(1) 注重对员工的内在激励。采取了某种激励的措施以后并不一定就能带来满意。要调动人的积极性，不仅要注意物质利益和工作条件等外部因素，更重要的是用一些内在因素来调动人的积极性。

(2) 正确处理激励因素与保健因素的关系。不应忽视保健因素，但又不能过分注重改善保健因素。要善于把保健因素转化为激励因素。

小李的不满

小李是某大学会计学学士，在接受了许多公司的面试后，她选择了某著名会计公司的一个职位，并被派到上海办事处。小李对所得到的一切很满意：名声显赫的大公司中的一份有挑战性的工作，获得经验的良好机会，7 500 元的月薪。但她认为自己是班上最出色的学生，获得良好的报酬是预料之中的事。一年之后，工作仍然像她希望的那样具有挑战性，让人满意，上级对她的工作很满意，她也刚刚得到了 800 元的加薪。

但是小李最近几周的工作积极性急速下降。原因是办事处刚刚聘用了一个某审计学院的毕业生，和小李相比，此人缺少实践经验，但工资却是每月 8 400 元，比小李现在还多 100 元。除了愤怒，用其他任何语言都无法描述她现在的心情，她甚至不想干了，扬言要另找一份工作。

该公司的管理者违背了激励中的双因素理论。只有激励因素才能够给人们带来满意感，而保健因素只能消除人们的不满，不会带来满意感。

(三) 麦克里兰的成就需要理论

成就需要理论是美国哈佛大学的心理学家麦克里兰于 1950 年在一系列文章中提出的。他把人的高层次需要划分为权力需要、亲和需要及成就需要。

1. 成就需要理论的基本内容

权力需要即指一种发挥影响力和控制他人的愿望。研究者们发现，具有高度权力需要的人，往往会追求组织中的高层职位，他们大多能言善辩、性格刚强、头脑冷静，总是希望他人服从自己的意志并证明自己是正确的。

亲和需要即指一种寻求被他人喜爱和接纳，力图建立友好亲密的人际关系的愿望与要求。亲和需要强烈的人通常从友爱、情谊、人与人之间的社会交往中得到欢乐和满足，并总是设法避免因被某个组织或社会团体拒之门外而带来的痛苦。他们喜欢保持一种融洽的社会关系，享受亲密无间和相互谅解的乐趣，随时准备安慰和帮助危难中的伙伴。

成就需要即指一种总是力求把每件事情做得更完美、取得超越他人的成就，不断获得新的成功的强烈内驱力。有高度成就需要的人，有极强的事业心，他们总是寻求能够独立处理问题的工作机会，并且希望及时地了解自己工作的成效。

2. 成就需要理论对管理实践的启示

(1) 在人员的选拔和安置上，通过测量和评价一个人动机体系的特征来分派工作与安排职位。

(2) 由于具有不同需求的人需要不同的激励方式，因此应了解员工的需求与动机，建立合理的激励机制。

(3) 动机是可以训练和激发的，因此可以训练和提高员工的成就动机，以提高生产率。

(四) X 理论和 Y 理论

美国麻省理工学院教授道格拉斯·麦格雷戈于 1957 年首次提出 X 理论和 Y 理论。在 1960 年发表的《企业的人性方面》一文中，他又对两种理论进行了比较，麦格雷戈所指的 X 理论的观点是：人的本性是坏的，一般人都有好逸恶劳、尽可能逃避工作的特性；对大多数人来说，仅用奖赏的办法不足以战胜其厌恶工作的倾向，必须进行强制、监督、指挥并惩罚，才能使他们付出足够的努力去完成给定的工作目标。

与 X 理论相反的是 Y 理论，其主要观点是：人并不是懒惰，他们对工作的喜欢和憎恶取决于工作对他是一种满足还是一种惩罚；在正常情况下人愿意承担责任；人们都热衷于发挥自己的才能和创造性。

对比 X 理论和 Y 理论可以发现，它们的差别在于对员工的需要看法不同，因此采用的管理方法也不相同。如果按 X 理论来看待员工的需要，进行管理就要采取严格的控制方式；如果按 Y 理论来看待员工的需要，管理者就要创造一个能多方面满足员工需要的环境，使他们的才智、能力得以充分发挥，以更好地实现组织和个人的目标。

资料
四个老王

二、过程型激励理论

过程型激励理论着重研究个体从动机的产生到采取行动的心理过程，并且认为行为是行为后果的函数，可以通过改变行为后果来改变行为。过程型激励理论主要包括公平理论和期望理论。

(一) 公平理论

美国心理学家亚当斯在其 1965 年出版的《社会交换中的不公平》一书中提出了公平理论。因亚当斯把激励过程与社会比较直接联系在一起，故也称社会比较理论。

1. 公平理论的基本内容

公平理论认为人们总会自觉或不自觉地将自己付出的劳动代价及其所得的报酬与他人进行比较，并对公平与否做出判断，公平感直接影响员工的工作动机和行为。具体来讲，员工的激励程度不仅受自己所得报酬绝对数的影响，而且受报酬的相对数的影响。员工要通过比较来确定自己所得的报酬是否合理。一种比较方法是纵向比较，即将自己目前的报酬和努力程度与自己过去的报酬和努力程度进行比较。另一种比较方法是横向比较，即将自己的报酬和努力程度与他人尤其是同一组织中的其他员工进行比较，判断报酬是否公平，从而确定以后的工作行为。

通过比较，员工发现自己所获报酬与投入之比不小于他人的报酬与投入之比或本人过去的报酬与投入之比，会感到公平；否则，就会感到不公平。当员工产生不公平感时，心里就会不满，为消除这种不满情绪，员工会采取减少工作投入、要求加薪、改变被比较者的报酬或投入、辞职等行为。

留住韦尔奇

1892 年 4 月 15 日，爱迪生电器公司与汤姆森·休斯顿公司合并，成立了通用电气公司。通用电气公司是一个伟大的企业，因为它造就了一些伟人，其中就有后来的首席执行官杰克·韦尔奇。1961 年，杰克·韦尔奇已经以工程师的身份在通用电气公司工作了一年，年薪是 10 500 美元。看他表现还不错，他的第一位老板给他涨了1 000 美元，韦尔奇很高兴。可是不久，他发现他们办公室的四个人薪水是完全一样的，于是就高兴不起来了。他认为自己贡献比他们都大，应该得到比他们多的报酬。这件事让韦尔奇发现，通用电气公司也并不像传说的那样好。他去和老板谈，要求增加工资，老板没同意，他就萌生了跳槽的想法。不久，他找到了一份体面的工作，是一家设在芝加哥的国际矿物和化学公司，离他岳母的住所不远。听说韦尔奇要走，这可急坏了韦尔奇的新上司——当时年轻的经理鲁本·古托夫。韦尔奇这个自命不凡的年轻人给他留下了深刻的印象，可第二天就要举行他的欢送会了。于是，古托夫当晚邀请韦尔奇夫妇共进晚餐。吃饭的时候古托夫苦口婆心地劝说韦尔奇留下，但四个小时的晚宴没有说服一颗要走的心，古托夫还是不甘心，在回家途中，在路边的电话亭旁，他继续对韦尔奇游说。他对韦尔奇说："我给你涨一点工资，在科普兰给你涨 1 000 美元的基础上，再涨 2 000 美元……我知道，钱不是主要原因。"当时已经是午夜一点钟了。在黎明后的几个小时里，韦尔奇出席了为他举行的欢送会，但他决心留下来。古托夫很高兴地说："这是我人生中最成功的一次推销活动。"

故事体现了激励中的公平理论。一个人做出成绩并取得了报酬之后，他不仅仅关心所得的报酬的绝对量，也关心所得报酬的相对量。一个人会进行种种比较来确定自己所获得的报酬是否公平合理，比较的结果会直接影响他今后工作的积极性。

2. 公平理论对管理实践的启示

(1) 管理者要引导员工形成正确的公平感。

(2) 员工的公平感将影响整个组织的积极性。

(3) 领导者的管理行为必须遵循公正原则。

(4) 报酬的分配要有利于建立科学的激励机制。

(二) 期望理论

1. 期望理论的基本内容

期望理论是美国心理学家弗鲁姆在 20 世纪 60 年代提出来的。期望理论的基本观点是人们在预期他们的行动将会有助于达成某个目标的情况下，才会被激励起来去做某些事情以达成目标。弗鲁姆认为，激励是一个人对某一行动的重视程度和那个人认为将会达成其目标的概率的乘积。用公式可以表示为：

$$动力=效价\times期望值$$

式中，动力是一个人所受激励的程度；效价是一个人对某一成果的偏好程度；期望值是某一特别行动会导致一个预期成果的概率。

从这个公式中可以看出，当一个人对达成某一目标漠不关心时，效价为零。而当一个人不愿意达成这一目标时，那就是负效价，结果当然是毫无动力。同样，期望值如果是零或负值，一个人也就无任何动力去达成某一目标。因此，为了激励员工，领导者一方面应提高员工对某一成果的偏好程度，另一方面要帮助员工实现其期望值，即提高期望概率。

2. 期望理论对管理实践的启示

(1) 一定要选择员工感兴趣、评价高，即员工认为效价大的项目或手段。

(2) 凡是起广泛激励作用的工作任务，都应是大多数人经过努力能实现的。

作家的策略

有一个作家想找个安静的地方完成他的小说，就在一个小城市里租了一套房子。刚开始几个星期还不错，宁静的环境对写作很有帮助。可有一天，附近的学校放了暑假，3个十二三岁的孩子跑到他门前的空地上玩。他们把几个破垃圾桶踢来踢去，大声吵闹，让作家无法静下心来。作家想："忍忍吧，也许明天他们就不会来了。"可第二天他们照样来。作家又想劝他们到远处去玩，可房东说："没用的，你越说他们越来。"作家实在受不了了，就出去跟他们谈判。

"你们玩得真开心，"他说，"我很喜欢看你们踢桶玩，如果你们每天来玩，我给你们每人每天两元钱。"几个孩子很高兴，更加起劲地展示他们的脚下功夫。过了两天，作家忧愁地说："对不起，我的钱不多了，明天开始我只能给你们每人1元钱了。"孩子们很不高兴，但还是答应了这个条件。

每天下午，他们继续为作家表演，又过了两天，作家愁眉苦脸地对他们说："孩子们，我最近没收到汇款，所以不好意思，从明天开始只能给你们5毛钱了。""5毛钱?"孩子们异口同声地叫起来，其中一个说："我们才不会为了这区区5毛钱浪费宝贵的时间为你表演呢，不干了!"

作家灵活地运用了期望值理论。作家一开始给孩子们优厚的待遇，使孩子们认为这项活动的效价很高，最后又因为达不到其效价而不做这项选择，结果正中作家下怀。

三、行为改造型激励理论

行为改造型激励理论从另一个角度对激励行为做出了有益的探讨和研究，这类研究的代表理论有强化理论、挫折理论和归因理论等。

(一) 强化理论

1. 强化理论的基本内容

强化理论是由美国心理学家斯金纳首先提出的。强化理论认为，无论是人还是动物，为了达到某种目的，都会采取一定的行为，这种行为将作用于环境，当行为的结果对他有利时，这种行为就会重复出现；当行为的结果对他不利时，这种行为就会减弱或消失。这就是环境对行为强化的结果。根据强化的性质和目的，强化可分为正强化、负强化、惩罚和自然消退四种基本类型。

(1) 正强化。正强化是一种增强行为的方法，指用某种具有吸引力的结果对某一行为进行鼓励和肯定，使其得到重视和加强，从而有利于组织目标的实现。正强化的手段包括加薪、晋升、奖励等。

(2) 负强化。负强化也是一种增强行为的方法，是指预先告知某种不符合要求的行为或不良绩效可能引起的不愉快的后果，使员工的行为符合要求，从而保证组织目标责任制的实现不受干扰。负强化的手段包括罚款、批评、降薪等。

(3) 惩罚。惩罚是指用某种令人不愉快的结果来减弱某种行为。例如，当有员工工作不负责、经常出错、影响他人工作时，领导可以采取批评、纪律处分、罚款等措施来制止该行为的再次发生。但是，惩罚也会有副作用，如会激起员工的不满、敌意等。

(4) 自然消退。自然消退是指通过不提供个人所期望的结果来减弱一个人的行为。由于在一定时间内不予强化，此行为将自然下降并逐渐消退。

2. 强化理论对管理实践的启示

(1) 奖励与惩罚相结合，即对正确行为给予适当的奖励，同时对一切不利于组织工作的行为给予处罚。

(2) 以奖为主，以罚为辅。强调奖励与惩罚并用，但应以奖为主，以罚为辅，防止过多运用惩罚带来消极影响。

(3) 及时正确强化，即做到及时奖惩且奖惩分明。奖惩的及时性是以奖惩分明为前提的，同时应因人制宜地进行奖励，采取形式多样的奖励。

（二）挫折理论

1. 挫折理论的基本内容

挫折理论是由美国的心理学家亚当斯提出的。挫折是指人类个体在从事有目的的活动过程中，指向目标的行为受到阻碍或干扰，致使其动机不能实现，需要无法满足时所产生的情绪状态。挫折理论主要揭示人的动机行为受阻而未能满足需要时的心理状态，并由此而导致的行为表现，力求采取措施将消极性行为转化为积极性、建设性行为。

挫折理论专门研究人们遇到挫折后会有一些什么行为反应，管理者应如何针对员工受到的挫折采取相应的措施来引导员工走出挫折阴影，积极努力地对待工作。挫折是一种普遍存在的社会心理现象，任何人一生中不可能事事一帆风顺，因而挫折的产生是不以人的意志为转移的。面对挫折，有的人采取积极态度，但有的人却采取消极态度，甚至是对抗态度。挫折理论提出采用改变环境、分清是非、心理咨询等多种方法引导人们在挫折面前避免消极的甚至是对抗的态度，而采用积极的态度，以使人们的行为朝积极方向发展。挫折理论对管理工作实践有较强的实用价值。

2. 挫折理论对管理实践的启示

(1) 目标达成了，要加以积极引导，从而保持激励的效果。

(2) 遭受挫折了，同样要积极引导，保护积极性，使之不产生消极的对抗性行为。

（三）归因理论

1. 归因理论的基本内容

美国心理学家海德是归因理论的创始人，而心理学家韦纳提出的成功和失败的归因模型具有较高的实际意义。因此，在这里主要介绍韦纳的归因理论。

韦纳认为，人们将自己的成功和失败主要归结于努力、能力、任务难度和机遇四种因素。这四种因素可按内外因、稳定性和可控制性三个维度分类：从内外因方面来看，努力和能力属于内部因素，而任务难度和机遇则属于外部因素；从稳定性来看，能力和任务难度属于稳定因素，努力与机遇则属于不稳定因素；从可控制性来看，努力和能力是可以控制的因素，而任务难度和机遇则是超出个人控制范围的因素。韦纳的研究进一步指出，人们对成功与失败的归因，对以后的工作积极性有很大影响。

(1) 如果把成功归结于内部原因，即努力和能力，就会使人感到满意和自豪；而如果把成功归结于外部原因，即任务难度、机遇，就会使人产生惊奇和感激的心情。

(2) 如果把失败归结于内部原因，就会使人产生内疚和无助的感觉；而如果把失败归结于外部原因，就会使人气愤和产生敌意。

(3) 如果把成功归结于稳定因素，即任务难度或能力，就会提高以后的工作积极性；而如果把成功归结于不稳定因素，如机遇或努力，那么以后的工作积极性可能提高也可能降低。

(4) 如果把失败归结于稳定因素，如任务难或能力弱，就会降低以后的工作积极性；而如果把失败归结于不稳定因素，如运气不好或努力不够，就可能提高以后的工作积极性。

2. 归因理论对管理实践的启示

归因理论有助于管理者了解下属的归因倾向，以便正确指导和训练正确的归因倾向，从而更好地激发人的工作动机，调动人的工作积极性。

任务三　激 励 管 理

一、激励机制

激励机制是激励活动的各项要素在运行过程中的相互联系、相互作用、相互制约及其与激励效果之间内在联系的综合机能。能否正确运用激励机制，对激励的成败有着决定性的影响。激励机制主要包括激励时机、激励频率、激励程度和激励方向。

(一) 激励时机

激励时机是激励机制的一个重要因素。激励在不同时间进行，其作用与效果往往有很大的差别。打个比较形象的比喻，就像平时炒菜一样，在不同的时间放佐料，菜的味道和质量是不一样的。超前的激励可能会使员工感到无足轻重；迟来的激励可能会让员工觉得多此一举，使激励失去意义，发挥不了应该发挥的作用。激励如同化学实验中的催化剂，何时该用、何时不该用，都要根据具体情况进行具体分析。根据时间上快慢的差异，激励时机可分为及时激励与延时激励；根据时间间隔是否规律，激励时机可分为规则激励与不规则激励；根据工作的周期不同，激励时机又可分为期前激励、期中激励和期末激励。激励时机既然存在多种形式，就不能只强调一种而忽视其他，应该根据多种客观条件进行灵活的选择，有时候还要加以综合的运用。总而言之，激励时机是非常重要的，选择得当才能有效地发挥激励的作用。

(二) 激励频率

所谓激励频率，是指在一定时间里进行激励的次数，它一般是以一个工作周期为时间单位的。激励频率的高低是由一个工作周期里激励次数的多少决定的。激励频率与激励效果之间并不完全是简单的正比关系。在某些特殊的条件下，两者成一定的反比关系。所以，只有区别不同情况，采取相应的激励频率，才能有效地发挥激励的作用。激励频率的选择受多种客观因素的制约，这些客观因素包括工作的内容和性质、任务目标的明确程度、激励对象的素质情况、劳动条件和人事环境，等等。一般来说，对于复杂、完成比较困难的任务，激励频率应当高；对于工作比较简单、容易完成的任务，激励频率就应该低；对于任务目标不明确、较长时期才可见成果的工作，激励频率应该低；对于任务目标明确、短期可见成果的工作，激励频率应该高；对于各方面素质较差的工作人员，激励频率应该高；对于各方面素质较好的工作人员，激励频率应该低；在劳动条件和人事环境较差的部门，激励频率应该高；在劳动条件和人事环境较好的部门，激励频率应该低。当然，上述几种情况，并不能理解成绝对机械的划分，而应该有机地联系起来看，只有对具体情况进行综合分析，才能确定恰当的激励频率。

（三）激励程度

所谓激励程度，是指激励量的大小，即奖赏或惩罚标准的高低。它是激励机制的重要因素之一，与激励效果有着极为密切的联系。能否恰当地掌握激励程度，直接影响激励作用的发挥。超量激励和不足量激励不但起不到激励的真正作用，有时甚至还会起反作用，造成对工作热情的严重挫伤。例如，过分优厚的奖赏，会使人感到得来轻而易举，不用进行艰苦的努力；过分严厉的惩罚，可能会导致人产生“破罐子破摔”的心理，从而失去上进的勇气和信心；过于吝啬的奖赏，会使人感到忙碌一番结果徒劳一场，从此消沉下去，提不起工作干劲；过于轻微的惩罚，可能导致人的无所谓心理，认为小事一桩、无足轻重，不但不思悔改，反而变本加厉。所以，从量上把握激励，一定要做到恰如其分，激励程度不能过高也不能过低。有一些人认为，激励程度越高，鼓舞士气的作用就越大；激励程度越低，鼓舞士气的作用就越小。也就是说，激励程度与激励效果成正比关系。这种说法是不准确的。激励程度并不是越高越好，它是具有一定限度的，超出了这一限度，就无激励作用可言了，正所谓“过犹不及”。

（四）激励方向

所谓激励方向，是指激励的针对性，即针对什么样的内容来实施激励。激励方向对激励效果具有显著影响。根据美国心理学家马斯洛的需要层次理论，人的行为动机起源于五种需要，即生理需要、安全需要、归属需要、尊重需要和自我实现需要。人的需要并不是一成不变的，它有一个由低级向高级发展的过程，但这一过程并不是一种间断的、阶梯式的跳跃，而是一种连续的、波浪式的演进。不同层次的需要是可以同时并存的，但在不同时期，各种需要的动机作用是不一样的，总存在一种起最大支配力量的优势需要。一般来说，较高层次的优势需要出现在较低层次的优势需要出现之后。马斯洛的需要层次理论有力地表明，激励方向的选择与激励作用的发挥有着非常密切的关系。当某一层次的优势需要基本上得到满足时，激励的作用就难以持续，只有把激励方向转移到满足更高层次的优势需要，才能更有效地达到激励的目的。例如，对一个具有强烈自我表现欲望的大学生来说，如果要对他所取得的成绩予以奖励，奖给他奖金和实物不如为他创造一次能充分表现自己才能的机会，使他从中得到更大的鼓励。还有一点需要指出的是，激励方向的选择是以优势需要的发现为前提条件的，如何发现不同阶段的优势需要、如何正确区分个体优势需要和群体优势需要，都是激励工作中不得不面对的问题，只有通过深入的调查研究和认真的分析思考，才能找到需要的答案。

二、激励原则

（一）物质激励与精神激励相结合、以精神激励为主的原则

物质激励与精神激励作为激励的两种不同类型，是相辅相成、缺一不可的，只强调物质

激励而忽视精神激励或只强调精神激励而忽视物质激励都是片面和错误的。在实际工作中，一些人总以为有钱才会有干劲，有实惠才能有热情，精神激励是水中月、镜中花，好看却不中用。正是这种片面的理解，致使一部分人斤斤计较、唯利是图，甚至弄虚作假、违法乱纪，给组织环境和社会风气都带来了极大危害。另有一些人总爱把大道理挂在嘴边，只讲贡献不讲需要，只讲觉悟不讲利益，以为大家靠喝西北风也能有干劲，这些人恰恰忘了"思想一旦离开利益，就一定会使自己出丑"。为了避免以上两种片面性的发生，在激励中一定要坚持物质激励与精神激励相结合的方针。

物质激励与精神激励是对人们物质需要和精神需要的满足，而人们的物质需要和精神需要在层次与程度上受多种因素的制约，并随主客观条件的发展而不断变化。从社会角度来看，一般来说，社会经济文化发展水平比较低，人们的物质需求就会比较强烈，而在社会经济文化发展水平比较高的条件下，人们的精神需要则会占主导地位。从个人角度来看，一个人受教育的程度、所从事工作的性质及其自身的品德修养也会对需要产生很大程度的影响。所以，不论从个人发展还是从社会发展角度来看，精神激励都会逐渐占据主导地位，人的追求将被引向更高的精神境界。

（二）正激励与负激励相结合、以正激励为主的原则

正激励是从正方向给予鼓励，负激励是从反方向给予刺激，它们是激励中不可缺少的两个方面。"小功不奖则大功不立，小过不戒则大过必生"讲的就是这个道理。在实际工作中，只有做到奖功罚过、奖优罚劣、奖勤罚懒，才能使先进受到奖励、后进受到鞭策，才能真正调动起人们的工作热情，形成人人争先的竞争局面。如果良莠不分、是非不明，势必造成"干多干少一个样、干与不干一个样"的不良局面，使激励无的放矢，得不到好的效果。所以，只有坚持正激励与负激励相结合的方针，才会形成一种激励合力，真正发挥出激励的作用。

正激励是主动性激励，负激励是被动性激励，就两者的作用而言，正激励是第一位的，负激励是第二位的，所以在激励中应该坚持以正激励为主、以负激励为辅的原则。国内的一些科学工作者曾经在天津对两所小学的 30 名田径队员进行过一次试验。30 名学生被分成两组：一组为挫折组，即无论如何努力，都注定要挨批评，如跑的姿势不对、动作不协调、态度不认真、技术没过关等，接受减力刺激；另一组为鼓励组，即无论动作如何，都一律受表扬，如跑的姿势正确、动作协调、态度认真、技术规范等，接受增力刺激。试验是在绝对保密的情况下进行的，在试验的前一天，对被试者进行了测试，把这个成绩作为试验的比较。测试项目是 400 米跑，采用两人一起跑的形式，其中一个曾受表扬，另一个曾挨批评。到达终点时记录成绩，和前一天成绩相比，看是增长还是降低了。试验结果表明，受批评引起减力情绪者，成绩多数稍有下降；受鼓励引起增力情绪者，成绩多数有明显提高。试验说明，在激励过程中，宜多采用正激励的方式，以唤起人的增力情绪，调动其积极情感；少采用负激励的方式，以减少人的减力情绪，克服其消极情感。总而言之，就正激励和负激励而言，从普遍意义上来看，应该把正激励放在主导地位。

（三）内激励与外激励相结合、以内激励为主的原则

认识这条原则，必须首先了解内激励与外激励的相互关系。从人的感性认识角度来看，一个人若在强大外界奖酬或处罚下采取行动，他多半会认为自己是受外部控制的，所以行为是外激励的。但若外部因素不强烈、不突出，他就多半会认为自己的行为是对活动本身的兴趣所致的，所以行为是内激励的。人们所处的环境可以划分为图 8-3 所示的四种情况。

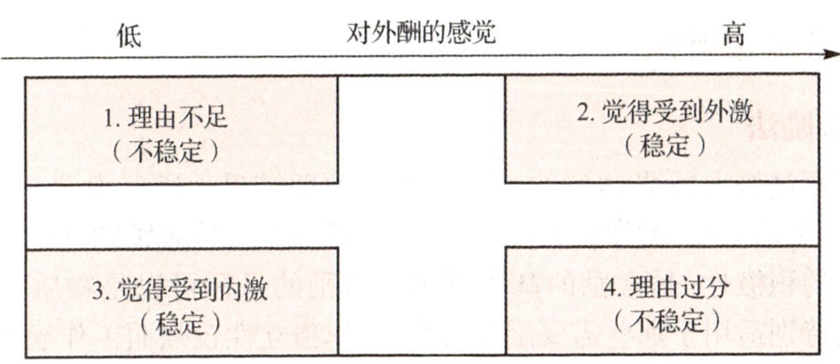

图 8-3 内激励与外激励

在只有外酬（情况 2）或毫无外酬但工作本身十分有趣、有吸引力（情况 3）时，人们分别处于外激和内激状态，情况比较简单，行为具有稳定性质，内激励与外激励成正相关关系，两者相得益彰。但当既无外酬、工作又很枯燥、行为的理由不足（情况 1）或既有强有力的外酬、活动本身又很有兴趣、行为的理由过分（情况 4）时，情况较为复杂，难以判断行为的原因，行为具有不稳定的性质，内激励与外激励成负相关关系，即外酬过弱，内激励会加强；外酬过强，内激励会减弱。为了验证“理由不足”时内激励的自我感觉变化，行为学家曾设计过一种实验：让一群人去做一种乏味的工作或要他们做一种违反其心愿的事，却分别给予不同报酬，然后收集他们的反应。具体办法是把一批大学生分为实验组与对照组，都让他们干一种非常单调且重复性的操作——把一个个线轴放到一个盘子里去，并要求实验组的学生对另一批等待实验的学生吹嘘这项工作如何有趣，而且许诺给他们一定的报酬，一半人给 1 元，另一半人给 20 元。至于对照组，虽然不要求他们讲违心的话，但却分文不给。事后调查他们对工作的评价，结果不付酬者觉得工作还可以，少付酬者次之，付厚酬者则对之深恶痛绝。为了验证“理由过分”情况下外酬对内激励的影响，行为学家还做过另一种实验：让一群大学生来做性质相似但趣味相异的两种智力测验游戏，一半人玩的游戏非常有趣，另一半人玩的游戏则平淡乏味，组织者答应前者干满 20 分钟发给一定数量的报酬，而对后者则不予付酬，这样两部分人活动的内酬相似，但前者附加了兴趣的刺激和一定的外酬，事后调查他们对工作的评价及态度（是否愿意再干？再干多久？），结果证实“理由过分”（既好玩又给奖）时，内激励与外激励成负相关关系，即原来认为游戏有趣，引入外酬后，兴趣下降了，不想多干了；而没有外酬的学生则普遍表示满意且愿意多干。

内激励与外激励的正相关关系，体现了两者结合的必要性且符合人们的常识，常用来指导激励的实践。而两者的负相关关系，体现了内激励的主导作用超出了常识之外，容易被人们所忽视，从而导致错误的激励措施。例如，在学校中，许多学习任务对学生本身是有很大的内在乐趣的，可以在无外力影响下自行完成；但若给予时间限制或用考试和评分来施加压力，活动便成为指派的任务，原有的兴趣将荡然无存，自觉性也就消退了。所以，为了维持学生的内激励，必须谨慎控制外酬的使用，只对乏味的、一般不会主动去做的作业采用外酬。要尽量以内激励手段为主，如鼓励学生自主地安排学习，帮助他们认识学习的重要性、学习的目的和责任，及时向学生反馈学习结果，使学习活动丰富多彩等。至于政府机关里的工作，多半没有固有的趣味性足以培养内激励，即使工作有趣，也有大量使用外酬的传统。即使如此，也绝不能忽略内激励的主导作用，应加强措施，开拓内酬的途径，从而使激励带来更大的效果。

三、常用的激励方法

（一）目标激励法

目标是人们通过努力所要达到的满足需要的预期结果。通过设置一定的目标作为诱因，刺激人们未满足的需要，激发起人们实现目标的欲望，这是激励的基本过程。因此，通过设置目标激励人的积极性，是激励的基本原则。激励的目标可以是物质的，也可以是精神的。目标激励法特别适用于那些需要层次较高，工作独立性较强而工作规范性较弱的人员。根据激励的理论和激励的原则，要使目标为职工所认同，并激发员工更大的积极性，需要把握以下几点。

1. 正确选择目标方向

正确选择目标方向是管理学中首先强调"做什么"而非"怎么做"的原因。如果方向错误，不仅会劳而无功，甚至会给组织带来更大的损失。目标应该明确、具体，不要过于抽象、笼统。应将员工的工作目标与奖励挂钩，明确员工完成工作目标后将给予什么物质或精神奖励。明确而具体的目标本身就是一种内部激励因素。

2. 目标的价值

目标的价值即让被激励者意识到实现目标对集体、对自己有多大意义。目标价值越大，人们的投入程度就越高。

3. 目标的难度要适中，成功概率要大

要遵循步步为营的原则，可以把一个大目标分为几个阶段、几个小目标，以便逐步实现。

动画
两张犁

（二）参与激励法

员工参与决策这一方法，日益得到人们的认同和运用。应该看到，在一个组织工作一段时间后，大多数员工都能发现问题的症结，也考虑过该如何解决此项问题，并能够找出解决的办法。因此，让员工适当地参与管理，既能激励员工，又能为组织的成功获得有价值的意见。员工参与决策可通过工会、顾问团体等形式进行。

让员工参与管理、参与决策具有以下优点：可以提高员工的工作投入程度，增强其责任感，容易使他们把个人目标同集体目标统一起来，把员工的专业知识应用于决策过程；管理部门可获得员工关于日常工作的反馈意见，及时调整经营管理策略；可以提高员工在集体中的自我价值，感到自己是集体的重要一员，当其意见被采纳时，便会产生心理上的满足；可以密切领导与群众的关系，增强民主气氛，产生内聚力和向心力。

（三）强化激励法

强化激励又称奖惩激励，是人们最熟悉、最常用的激励方法。

1. 正强化激励

正强化激励即通过给予物质的和精神的或两者结合的强化物，对个体的良好行为给予肯定和奖赏，使其保持和加强。物质的强化物包括工资激励、奖金激励、股权激励、奖励旅游等；精神的强化物包括奖章、奖状、嘉奖令、记功、评标兵、评先进、上光荣榜、介绍经验、宣传事迹、发表论文、公布成果、出席表彰大会等。物质与精神相结合的强化物包括科研奖金、成果奖励、晋升等。

2. 负强化激励(惩罚)

动画
拿破仑救人

为惩戒员工的消极行为,体现公平公正,应通过实施惩罚,使其在物质上和精神上受到损失,或取消某些为人们所喜爱的奖励,使不良行为减少甚至消失。虽然公道的奖惩可以起到"赏一以劝百,罚一以惩众"的效果,但由于惩罚体现了负强化的特征,是员工不希望发生和惧怕的,所以在具体操作时,还是应将奖惩的标准和奖惩对象的情况向员工实事求是地说明,并选择大家都能认同的奖惩方式,尽量做到以奖为主,以惩为辅,相辅相成,获得积极的激励效应。

管理者要正确应用强化理论,对员工要多表扬、少批评,努力发现每位员工极其微小却值得称道的地方。表扬意味着对他人的肯定和承认。表扬使人愉快,愉快的心情可使工作效率提高。工作效率提高,又可使人得到社会、他人的尊重和赞赏,这样就形成了良性循环。管理者要做到"扬长避短"——强化优点,削弱缺点,尽量给予下属公开的赞美和肯定。

(四) 改善工作要素法

改善工作要素法是通过给下属以挑战性的工作,让员工看到并分享自己的努力和劳动成果,以满足其个人成长需要和成就感,从而达到激励的目的。改善工作要素法有三种主要形式。

1. 工作轮换

一些研究者认为,工作中的不同任务会激励人们做出更好的业绩。在事先确定的基础上,员工可在组织内的几种相关工作之间进行轮换。他们在不同的工作岗位上从主管人员那里获取工作知识和经验。在制订轮换方案时,需要仔细计划,必须遵循"由简到难"原则。该方法在培训工作中能够有效地激励员工,有助于员工的成长和发展。

2. 工作扩大化

该方法是指通过对工作的再设计,把相关活动纳入现行工作中来。它允许员工在规定的范围内决定自己的工作节奏,通过给予他们质量控制的责任来进行自我监督,改正自己的谬误。这个方法通过提出具有挑战性且有意义的工作来激励员工。工作的范围可从横向和纵向两个方面扩大。横向扩大是指把相似的职责注入工作之中。例如,当一个零件或产品的装配或者一个作业过程涉及三四个操作工序时,员工就可以接受所有操作的培训,并在每个操作中进行轮换。工作范围扩大的另一方式是纵向扩大。在这种方式下,工作将被注入另外的职责。例如,除了分配给一个员工制造产品的职责外,还让他负责质量检查及对工作的自我检查等。

3. 工作丰富化

工作丰富化的意思是给员工分配更难的工作。工作目标被制定得较高,需要做出额外的决策,期望员工运用更高的技术,花费更大的努力。工作丰富化的精髓在于为人们提供更多的责任感、完成一项完整任务的自由及对其绩效的及时反馈。工作丰富化创造出一种自我管理式的工作,员工对其工作任务从计划到控制阶段全面负责。因此,员工生产积极性也较高。

(五) 情感激励法

情感需要是人的最基本的精神需要,因此领导者要舍得情感投资,重视人际沟通,建立感情联系,增强与员工在感情上的融合度。情感联系一经确立,员工就会把快速优质地完成领导交办的任务作为情感上的补偿,甚至能不去计较工资、奖金等物质因素。建立情感联系，领导者必须改变居高临下的工作方式，变单向的工作往来为全方位的立体式往来，在广泛的信息交流中树立新的领导行为模式，如人情往来和娱乐往来等。领导会在这种无拘无束、员工没有心理压力的交往中得到大量有价值的思想信息，增强彼此间的信任感。

（六）支持激励法

支持员工的工作，支持员工的创新，支持员工的提案等对员工是很大的激励。例如，“我支持你这样做”“你放心去实施，我保障条件”，等等，可以使员工从中看到自己的价值。

（七）信任激励法

要建立起和谐积极的上下级关系，信任是一个基本法宝。上下级之间的相互理解和信任是一种强大的精神力量，它有助于人与人之间的和谐，有助于团队精神和凝聚力的形成。领导者可以适当向下属授予相应权力，以增强下属的责任意识和自主性，也有助于下属实现自身价值。

信任的力量

有一个囚犯在外出修路的过程中捡到了1 000元钱，他不假思索地把它交给了监管警察。可是，监管警察却轻蔑地对他说：“你别来这一套，把自己的钱变着花样贿赂我，想换得减刑，你们这种人就是不老实。”囚犯万念俱灰，心想这世界上再也不会有人相信他了。晚上，他就越狱了。

在亡命的途中，他大肆抢劫钱财，准备外逃。在抢到足够的钱财后，他乘上开往边境的火车。火车上很挤，他只好站在厕所旁。这时，有一位十分漂亮的姑娘走进厕所，关门时发现门扣坏了。她走出来，轻声对他说：“先生，你能为我把门吗？”他一愣，看着姑娘纯洁无邪的眼神，他点了点头。姑娘红着脸进了厕所，而他像一个忠诚的卫士一样，严严地守着门。

就在这一刹那，他突然改变了主意。在下一站，他下车了，到车站派出所投案自首。

《论语》中有这样一句话：“民无信不立。”信任是人与人之间沟通交流的桥梁，也是一剂良药。管理者给予员工更多的信任，会让员工更加积极地工作，从而收到良好的效果。

（八）榜样激励法

榜样激励法是指通过组织树立的榜样使组织的目标形象化，实际上是通过号召组织内成员向榜样学习，达到提高绩效的目的。运用榜样激励法首先要树立榜样，榜样不能人为地拔高培养，要自然形成，当然必要的引导扶持还是需要的。选择榜样时要注意，树立的榜样应确实是组织中的佼佼者，这样才能使人信服。还要注意榜样的群众关系要好，否则难以有号召力。

榜样激励法在实际运用中，可以是领导者以身作则，也可以树立成功员工的典范，如成功的业务员、成功的客户经理等。为员工树立榜样，让他们看到自己通过努力可以得到的荣誉和报酬，从而形成努力向上的风气。

四、当代激励方法

20世纪90年代以来，西方企业在多种激励理论的基础上，提出了一些形式新颖的激励计划，竭力改善企业员工的满意度和绩效，值得参考。这些计划主要包括绩效工资、分红、员工持股和灵活的工作日程等。

（一）绩效工资

企业突出绩效工资意味着员工是根据他的绩效贡献而得到奖励的，因此这种工资一般又称为奖励工资。它实际上是激励的期望理论和强化理论的逻辑结果，因为增加工资是和工作行为挂钩的。通用汽车公司就曾大力推行这种激励计划。公司管理层在取消员工的年度生活补贴后，建立了一种绩效工资制度，通过工资差异刺激员工，提高员工完成工作任务的努力程度。

（二）分红

分红是员工和管理人员在特定的单位中，当单位绩效打破预先确定的绩效目标时，给予奖金的一项激励计划。这些绩效目标可以是细化了的劳动生产率、成本、质量、顾客服务或者利润。和绩效工资不同的是，分红鼓励协调和团队工作，因为全体员工都对经营单位的利益做出了贡献。采用分红方式的绝大多数公司都采用了某种精确的指定绩效目标和奖金的核算方法。

（三）员工持股计划

员工持股计划是给予员工部分企业的股权，允许他们分享改进的利润绩效。相对而言，员工持股计划在小企业的管理中比较流行，但也有像宝洁公司这样的大企业在采用这种激励计划。员工持股计划实际上是公司以放弃股权的代价来提高生产水平。绝大多数企业管理人员发现这种激励形式的效果很不错，它使得员工更加努力工作，因为他们是股份的所有者，要分担企业的盈亏。但要使这种激励计划有效进行，管理人员必须向员工提供全面的公司财务资料，赋予他们参与主要决策的权力，以及给予他们包括选举董事会成员在内的投票权。

（四）灵活的工作日程

灵活的工作日程主要指取消对员工固定的每周上班五天，每天工作八小时的限制。修改的内容包括四日工作制、灵活的时间及轮流工作。

四日工作制就是工作四天，每天十小时。这一激励计划的目的是满足员工想得到更多闲暇时间的需要。灵活的时间就是让员工自己选择工作日程。轮流工作是让两个或两个以上的人共同从事某一项四十小时工作周的工作。这一激励计划意味着公司同意使用兼职员工，这在很大程度是为了满足带小孩的母亲的需要，同时又消除了员工因长期从事某种工作而导致的枯燥感和单调感。

老农喂牛

一位老农在喂牛时，不断把草料铲到牛棚的屋梁上，让牛昂着头去吃。旁人看了好奇，问：“你为什么不把草料放在地上，让牛吃得更方便呢？”老农说：“这种草料不好，我要是放在地上它就不屑一顾；但我把草放到它勉强可以够着的屋梁上，它就会努力去吃，直到把全部草料吃个精光。”

管理也是如此，太容易到手的东西没有人会珍惜。奖励再薄，也不要轻易授人，最好的方法就是激励下属通过公平竞争去获得他应得的一份。诚如哲人所云："授人以鱼，不如授人以渔；授人以渔，不如授人以欲。"

五、激励在实际运用中应该注意的问题

动画
老农喂牛的启示

（1）要动员全体员工参与激励，形成他励、自励、互励的统一格局。首先，建立良好的人际关系，领导与员工、上级与下级要互相信任、互相关心、互相尊重。上下左右要沟通良好，做到批评中肯、表扬奖励公正。其次，创造良好的工作环境，保障员工的身体健康和精神愉快。例如，通过组织外出旅游使员工关系更融洽，同时也发挥了某些员工的特长。再次，制定的有关规章制度要有利于发挥员工的积极性和创造力，要使这些制度成为激励因素，成为推动力，避免其成为遏制的力量。例如，开展合理化建议活动。据报道，哈尔滨某汽车厂开展合理化建议活动成效显著，仅缩小切断刀口一项建议，每年可节约钢材 130 吨。最后，领导干部要有良好的管理方式和管理行为，多实行参与制，强化民主管理，学会运用影响和以身作则去推动工作，避免滥用职权，形成他励、互励的良好局面。

动画
鸬鹚罢工

（2）要深入了解员工的各种需要，恰当地满足他们的正当需要，让激励贯穿于计划评价的始终。员工积极性的心理源泉来自他们的需要。一般员工的基本需要大概可分为生活需要、工作学习需要、生活福利需要等。针对这些需要，要调动员工的积极性，首先必须创造条件加以满足。其次在满足的基础上还应激发他们的新需要，变被动满足为主动满足。同时必须在计划、实行、评价环节上下功夫。在制订计划目标时必须与满足员工的需要相一致。目标本身就是一种刺激。要激励员工，首先要有明确的可实现的目标，使员工了解他们要做的是什么，有什么意义，与个人的目前利益及长远利益有什么关系；同时规定一定的工作及奖赏方式，以使每个员工均能按组织目标努力工作。在实现目标过程中评价的合理性有很大的激励作用，因此一方面要做到充分肯定员工的工作成绩，另一方面要在引起他们成就需要的基础上实事求是地反馈工作中尚有的问题与不足，鼓舞他们树立持久的信心。

动画
渔夫和蛇

（3）要考虑到激励方式的综合性，各种激励方式相结合。物质激励主要是工资、奖金和其他福利待遇的激励。要起到激励作用必须贯彻公平、合理、按劳分配的原则。注意员工工作质量的考核和评定，为公正分配提供客观依据。与此同时广开渠道，提高员工的收入。显性因素与隐性因素相统一的精神激励对提高员工的积极性有很大的帮助，必须关心、尊重和信任员工，对他们的工作成绩多肯定、多赞许、多表扬。领导与员工多交朋友，多倾听他们的意见。对优秀员工给予各种先进称号，颁发荣誉奖，提供进修机会与条件，安排竞争性任务，等等。在开展活动方面注意劳动性活动、学习活动、文艺活动、交往活动并举。满足员工的活动需要与满足物质需要的物质激励和满足精神需要的精神激励有不同的价值。精心设计的各类活动，如运动会、舞会、谈心互访、聚餐、旅游等，都能起到团结合作、娱乐身心、体现个人价值的作用。

总之，激励员工的积极性是提高工作效率的一个重点，也是衡量管理水平高低的重要标准之一。激励员工的积极性具有特别重要的意义，运用理论按规律办事，使管理建立在科学

的基础上，具有合理性，才能达到提高管理效能的目的。只有充分了解、分析员工的需要，做到全员、全程、全面的激励，才能使管理工作上一个新台阶，开创一个新局面。

项目小结

激励就是激发和鼓励的意思，是通过满足人的需要，激发其内在动机而鼓励人们朝着组织期望的目标采取行动的过程。心理学认为，人的行为具有目的性，目的源于动机，动机又源于需要，所以由需要引发动机，进而支配行为并指向预定目标，是人类行为一般模式。

激励有助于提高组织成员工作的自觉性、主动性和创造性，有助于发挥组织成员的潜能，有助于增强组织的凝聚力和竞争力。

激励的基本理论可以划分为内容型激励理论、过程型激励理论和行为改造型激励理论三大类。最常见的内容型激励理论有马斯洛的需要层次理论、赫茨伯格的双因素理论和麦克里兰的成就需要理论。过程型激励理论主要包括公平理论和期望理论。行为改造型激励理论包括强化理论、挫折理论和归因理论等。

在激励过程中要对激励时机、激励频率、激励程度和激励方向予以适当把握，遵循物质激励与精神激励相结合、以精神激励为主的原则，正激励与负激励相结合、以正激励为主的原则，内激励与外激励相结合、以内激励为主的原则。常用的激励方法包括目标激励法、参与激励法、强化激励法、改善工作要素法、情感激励法、支持激励法、信任激励法、榜样激励法等。

当代提出了一些新的激励形式，主要包括绩效工资、分红、员工持股计划和灵活的工作日程等。

巩固与提高

一、单项选择题

1. 激励过程即(　　)。

A. 需要—动机—行为—目标　　B. 目标—行为—动机—需要

C. 需要—行为—动机—目标　　D. 目标—动机—行为—需要

2. 奖励旅游属于(　　)。

A. 信任激励法　　B. 参与激励法

C. 强化激励法　　D. 榜样激励法

3. 公平理论认为影响员工工作努力程度的因素是(　　)。

A. 薪酬量　　B. 比较的结果

C. 工作条件　　D. 晋升机会

4. 某公司今年超额完成利润指标，公司决定按员工个人工资的50%一次性发放年终奖金，结果花钱买来的是怨声载道，此现象可以用(　　)来解释。

A. 期望理论　　B. 公平理论　　C. 双因素理论　　D. 需要层次理论

5. 就马斯洛的需要层次理论和赫茨伯格的双因素理论相比较而言，(　　)。

A. 生理需要相当于保健因素

B. 生理和安全需要相当于保健因素

C. 生理、安全和社交需要相当于保健因素

D. 生理、安全、社交和尊重相当于保健因素

6. 赫茨伯格的双因素理论中被称为激励因素的是(　　)。

A. 与工作环境或条件相关的因素　　B. 与工作内容相关的因素

C. 与个人利益相关的因素　　D. 本组织的政策和管理

7. 预先告知某种不符合要求的行为或不良目标可能引起的后果,允许人们通过按所要求的方式行事或避免不符合要求的行为来回避一种令人不愉快的处境的激励方式属于(　　)。

A. 正强化　　B. 惩罚　　C. 负强化　　D. 自然消退

8. 以下不能在需要层次理论中得到合理解释的现象是(　　)。

A. 一个饥饿的人会冒着生命危险去寻找食物

B. 穷人很少参加排场讲究的社交活动

C. 在陋室中苦攻“哥德巴赫猜想”的陈景润

D. 某村村民富裕起来后把大量现金存入银行

9. 下面(　　)不属于激励理论。

A. 双因素理论　　B. 需求层次理论　　C. 期望值理论　　D. 权变理论

10. 挫折理论是有代表性的激励理论中的(　　)。

A. 内容型激励理论　　B. 过程型激励理论

C. 行为改造型激励理论　　D. 需要理论

二、多项选择题

1. 以下关于期望理论的叙述中正确的有(　　)。

A. 效价可以是负值　　B. 动力同期望值成正比

C. 期望值是一种主观概率　　D. 效价越小,则动力越大

E. 动力同期望值成反比

2. 下列属于保健因素的是(　　)。

A. 监督系统　　B. 工作条件　　C. 人际关系　　D. 工资

E. 责任感

3. 马斯洛需要层次理论的基本出发点是(　　)。

A. 个人对工作的态度在很大程度上决定着任务的成功与失败

B. 人的行为是其所受到的刺激的函数

C. 人是有需要的动物,只有尚未满足的需要能够影响行为

D. 人的需要都有层次,某一层次的需要得到满足后,另一层次的需要才会出现

E. 人的一生中,有些需要是靠后天获得的

4. 下列说法正确的是(　　)。

A. 激励产生的根本原因是内因

B. 内因由人的认知知识结构构成

C. 外因是人所处的环境

D. 激励频率与激励效果之间成正比关系

E. 激励的有效性在于对内因和外因的深刻理解,并使其达成一致

5. 行为改造型激励理论通常包括(　　)。

A. 需求层次理论　　B. 双因素理论　　C. 挫折理论　　D. 归因理论

E. 强化理论

三、简答题

1. 什么是激励？简述激励的过程。
2. 人性的假设包括哪些？各该采取怎样的管理策略？
3. 激励有哪些作用？
4. 激励的基本理论是如何进行分类的？
5. 马斯洛需要层次理论的基本内容是什么？其对管理实践有何启示？
6. 公平理论的基本内容是什么？其对管理实践有何启示？
7. 强化理论的基本内容是什么？其对管理实践有何启示？
8. 什么是激励机制？激励原则有哪些？
9. 常用的激励方法有哪些？当代提出了哪些新的激励形式？
10. 激励在实际运用中应该注意哪些问题？

四、案例分析题

林肯电气公司

哈佛商学院向全世界提供了近4万个案例，其中，被购买频率最高的案例是位于克利夫兰的林肯电气公司。该公司年销售额为44亿美元，拥有2400名员工，并且形成了一套独特的激励员工的方法。该公司90%的销售额来自生产弧焊设备及其辅助材料。

林肯电气公司的生产工人按件计酬，他们没有最低小时工资。员工为公司工作两年后，便可以领取年终奖金。该公司的奖金制度有一整套计算公式，全面考虑了公司的毛利润及员工的生产率与业绩，可以说是美国制造业中对工人最有利的奖金制度。

公司一直推行职业保障政策，从那时起，他们没有辞退过一名员工。当然，作为对政策的回报，员工也相应要做到几点：在经济萧条时期他们必须接受减少工作时间和接受工作调换的决定，有时甚至为了维持每周30小时的最低工作量，而不得不调整到一个报酬更低的岗位上。林肯电气公司极具成本和生产率意识，如果工人生产出一个不合标准的部件，那么除非这个部件修改至符合标准，否则这件产品就不能计入该工人的工资中。严格的计件工资制度和高度竞争的绩效评估系统，形成了一种很有压力的氛围，有些工人还因此产生了一定的焦虑感，但这种压力有利于生产率的提高。据该公司一位管理人员估计，与国内竞争对手相比，林肯电气公司的总体生产率是他们的两倍。自20世纪30年代经济大萧条以后，公司年年获利丰厚，没有缺少过一次分红。该公司还是美国工业界中工人流动率最低的公司之一。该公司的两个分厂被《幸福》杂志评为全美十佳管理企业。

【问题】

1. 你认为林肯电气公司使用了何种激励理论来激励员工的工作积极性？
2. 为什么林肯电气公司的方法能够有效地激励员工工作？
3. 你认为这种激励系统可能会给管理层带来什么问题？

项目九

沟　通

知识目标

- 理解沟通的概念和要求；
- 掌握沟通的分类；
- 掌握沟通障碍产生的原因及克服方法；
- 了解冲突管理与谈判管理的方法。

能力目标

- 能够掌握有效沟通的技巧；
- 能够消除沟通障碍和改善沟通效果；
- 能够协调组织的冲突。

导入案例

秀才去买柴

有一个秀才去买柴，他对卖柴的人说："荷薪者过来！"

动画
荷薪者

卖柴的人听不懂"荷薪者"（担柴的人）三个字，但是听得懂"过来"两个字，于是把柴担到秀才前面。

秀才问他："其价如何？"

卖柴的人听不懂这句话，但是听得懂"价"这个字，于是告诉了秀才价钱。

秀才接着说："外实而内虚，烟多而焰少，请损之（你的木柴外表是干的，里头却是湿的，燃烧起来，会浓烟多而火焰小，请减些价钱吧）。"

卖柴的人因为听不懂秀才的话，于是担着柴就走了。

案例提示：沟通对人与人之间的交往非常重要。是不是一个高水平的沟通者，并不是看他用词有多华丽，说话有多文雅，而是看其是否能够准确快速地传达信息。管理者平时最好用简单的语言、易懂的言辞来传达信息，而且对于说话的对象要有所了解，对时机要有所掌握，有时过分地修饰反而达不到预期的目的。

任务一 沟通概述

沟通是把组织的活动统一起来的手段，也是改变行为、实现变革、使信息发挥积极作用和达成目标的手段。无论是组织与组织之间还是个人与个人之间，沟通都是绝对必要的。

一、沟通的概念

沟通是指信息从发送者到接收者的传递和理解的过程。在沟通过程中，由发送者发出信息，接收者收到信息并能了解发送者的意图，才是成功的信息沟通。如果接收者收不到信息或者虽收到了信息但并不了解信息的含义，就不能算是成功的信息沟通。沟通有以下三个方面的含义。

（一）沟通是双方行为

沟通必须有信息的发送者和接收者。其中，双方既可以是个人，也可以是群体或组织。

（二）沟通是一个传递和理解的过程

如果信息没有被传递给对方，则意味着沟通没有发生。而信息在被传递之后还应该被理解，一般来说，信息经过传递之后，接收者感知到的信息与发送者的信息一致时，才是一个有效的沟通过程。

（三）要有信息内容

信息内容不像有形物品一样由发送者直接传递给接收者，在沟通过程中，信息的传递是通过一些符号来实现的，如语言、身体动作和表情等，这些符号经过传递，往往都附加了发送者和接收者一定的态度、思想和感情。

二、沟通的作用

(1) 沟通是实现组织目标的重要手段。组织中的个体、群体为了实现一定的目标，在完成各种具体工作的时候都需要相互交流，统一思想，自觉地协调。信息沟通使组织成员团结起来，把抽象的组织目标转化为组织中每个成员的具体行动。没有沟通，一个群体的活动就无法进行，特别是管理人员，要通过与下属的沟通使他们了解和明确自己的工作任务，以保证目标的实现。

(2) 沟通使管理决策更加合理有效。对信息的收集、处理、传递和使用是科学决策的前提。在决策过程中利用信息传递的规律，选择一定的信息传播方式，可以避免延误决策时间而导致的失败。没有有效的沟通，管理人员就不能通过一定的方式推动决策方案，赢得上级的支持和下级的配合。

(3) 沟通成为企业中各部门、各成员之间密切配合与协调的重要途径。由于现代组织是建立在职能分工基础上的，不同职能部门之间“隔行如隔山”，不易相互了解和协作配合。有效的沟通可以使组织内部的分工合作更为协调一致，保证整个组织体系的统一指挥、统一行动，实现高效率的管理。

(4) 沟通是管理人员激励下属，影响和改变别人的态度和行为，实现领导职能的基本途径。沟通不仅能增进员工彼此间的了解，促进彼此之间的合作，改善人与人之间的关系，也可以最大限度地调动员工的积极性。管理者与员工的定期沟通会提高员工的满意度，从而提高工作效率，降低组织的缺勤率和流动率。

（5）沟通是企业与外部环境之间建立联系的桥梁。企业内外环境处于不断变化之中，企业为了生存就必须适应这种变化。企业必然要和顾客、政府、公众、原材料供应商、竞争者等发生各种各样的关系，它必须按照顾客的要求调整产品结构，遵守政府的法规法令，担负自己应尽的责任，获得适用、廉价的原材料，并且在激烈的竞争中取得一席之地，这就迫使企业不得不和外部环境进行有效的沟通。不同规模和不同类型的组织沟通联络的重点有所不同。

教授的衣着

哈佛商学院的一位教授应邀去非洲讲授部落竞争力战略。为了表示对原住民的尊敬，教授准备了好几套西服。原住民为了表示对文明国度知名教授的尊敬，准备按照部落最高礼节来欢迎。

讲课的第一天，教授西装革履地出现在原住民面前，讲了一整天，一直在冒汗。为什么呢？原来原住民以最高礼仪在听课——男女全部一丝不挂，只戴着项圈，只在私处遮盖着树叶。

第二天，教授的讲课同样也是一个冒汗的过程。为了入乡随俗，他也脱得一丝不挂，只戴了一个项圈，私处也只遮盖着树叶，但是原住民为了照顾教授的感情，全部西装革履。

直到第三天，双方做了很好的沟通，台上台下全穿西装，竞争力战略才得以顺利地传授下去。

沟通无处不在，正是因为没有很好的沟通，双方才会产生尴尬。

三、沟通的过程

简单地讲，沟通就是由信息发送者通过一定的信息渠道向信息接收者传递信息的过程，如图 9-1 所示。

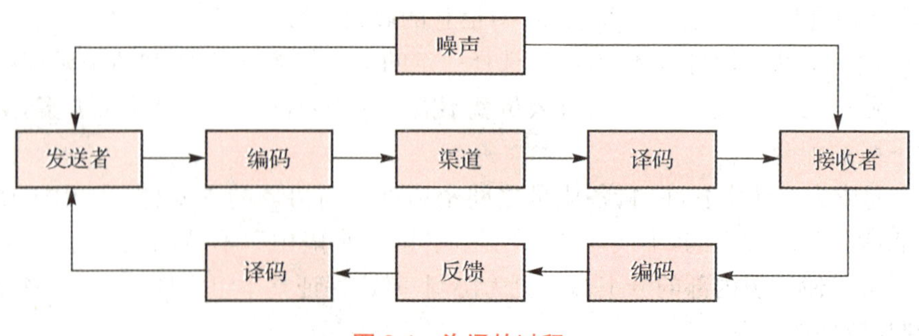

图 9-1　沟通的过程

（一）信息的发送者

发送者是信息的来源，也是信息沟通过程的起点。发送者首先要确定希望传送的意念或思想是什么。例如，无论是告诉别人某一件事还是传达上级的命令，都需要将传送的意念用某种方式表达出来，即将意念转换成符号信息，这个过程称为编码。编码的方式有很多，如文字、语言、图表和动作等。编码时应注意所选择的符号必须是接收者知道和懂得的符号，也就是说，必须选择接收者熟悉的符号编码。例如，如果接收者不懂法语，就不能用法语来编码；接收者如果是外行人员，就应尽量避免使用专业名词或行话编码。

（二）信息的传递

信息是指在沟通过程中传送给接收者的消息或情报，它是通过一条连接发送者和接收者的渠道传递的。传递信息的媒介可以是口头的或是书面的，如面谈、会议、备忘录和报告，也可以是各种设备，如电话、电报、电视、计算机、传真机等。

发送者可以同时采用两种或两种以上的媒介传递信息。例如，在电话中与对方初步达成协议之后，再以书面文件加以确认。由于可用的沟通媒介很多，各种媒介又各有利弊，所以如何选择适当的媒介使信息沟通有效就非常重要。选择沟通媒介通常需要考虑三个问题：信息的重要性、是否必须有文字记录、是否必须马上得到对方的反馈。

（三）信息的接收者

在进行信息沟通时，接收者必须处于准备接收的状态才能详解信息编码。例如，一个人的脑子里正在回想着一场精彩的足球比赛，他就不可能十分留意别人对他所说的话。当发生信息的竞争时，发送者首先必须设法让接收者倾听他的谈话，否则沟通中出现障碍的可能性就会增加。接收过程的下一步是解码，就是把信息译回原来的意思。只有在发送者和接收者对信息符号的含义都有相同的理解时，才会有准确的沟通。这里所说的“理解”是指接收者内心的理解。许多发送者忽略了理解的重要性，他们认为沟通只是将信息由一个人传递给另一个人，而没有考虑接收者是否理解、是否接受，这样的沟通很难有较好的效果。除非接收者理解信息包含的意义，否则沟通不算完成。

（四）噪声干扰

在很多情况下，信息沟通都会受到噪声的影响，以致造成沟通的障碍而影响沟通的效果。这里的噪声是指一切妨碍信息沟通的因素。信息沟通过程中的每一步都有可能发生噪声。例如，对发送者来说，嘈杂的环境可能会妨碍意念的形成，所用的符号不清也可能造成编码错误；对信息传递来说，渠道不畅可能造成信息传递中断；对接收者来说，因不注意可能造成接收不准确，因误解信息符号的含义可能造成解码错误；等等。噪声不仅会阻止信息的传递，也会在传递过程中扭曲信息。

（五）反馈

反馈对检验信息沟通的效能来说是必不可少的。如果没有反馈信息的证实，我们可能永远无法确定信息是否得到了有效的编码、传递、解码和理解。发送者发出了一个信息而没有收到任何反应，可能表示接收者没有收到信息或者是为了某种理由而不愿意做出反应。有效的沟通应当是双向的，接收者应将他的想法和意见等反馈给发送者。反馈是接收者的一种反应，是发送者了解接收者对信息理解和接受程度的最好方法。但许多发送者忽略了这一点。在其他条件相同的情况下，鼓励反馈的发送者比不注重反馈的发送者能更有效地沟通。接收者提供的反馈应当是对发送者有帮助的，是描述性的而非评价性的，是针对某些特定问题的而非广泛性的，是在适当的时机提出的，是适量的而不是超负荷的。发送者可以根据以上五点对接收者的反馈是否良好做出评价。如果接收者反馈的信息不符合上述五点，那就说明接收者可能没有理解信息的含义，或是不愿意接收信息的内容。

从上述信息沟通的过程可以看出，信息沟通要经过许多环节，每个环节都有可能产生噪声，干扰信息的传递。对沟通中出现的问题如果不加以防范或解决，那么沟通的效果便会受到严重影响。

三位幸存者

有一条船在海上遇难，留下三位幸存者。这三个幸存者分别游到三个相隔很远的孤岛上。第一个人没有无线电，他只能高声呼救，但在他周围 1 000 米以内都没有人。第二个人有无线电，但已受潮，一架从他头上飞过的飞机虽能听到他的声音，却无法听清他的呼叫内容。第三个人有一架完好的无线电，他通过无线电向外报告自己的情况和目前所处的方位，救援飞机收到他发出的呼救信号后迅速前往营救。

这三个人都是信息发送者，呼救是信息的内容，无线电是信息的载体和传播媒介，救援飞机是信息的接收者。这些都是缺一不可的。第一个人未能联络上接收者；第二个人虽然进行了联络，但由于发出的信息不清，对方无法理解信息；只有第三个幸存者实现了有效的沟通。

四、沟通的要求

由于组织中的成员在知识、经验、职位、对事物的看法等方面存在差异，因此对同一信息可能有不同的看法和理解。为使信息能够被准确地理解，从而提高沟通工作的效率，应做到以下几点。

（一）力求表达清楚

有效沟通不仅意味着要让人们听到，还要让人们听懂。很长的话，过多的术语、行话，过多的书面语等，常常会让人不知所云。所以，要注意说话的措辞和逻辑，力求使发送的信息清楚明确，用最简单、对方能够听得懂的话来表达想表达的意思。

动画
哈雷将军开彗星牌汽车

（二）传递力求准确

管理者处于组织沟通的中心，起着接收和传递信息的作用。既接收从上级、同级和下级送来的各种信息，又要把这些信息进行加工，加工成上级、同级和下级各自熟悉的语言，再向他们传递。这种加工力求使接收者能够理解，但不能使信息失真。

（三）避免过早评价

过早评价会使信息沟通停顿或者使信息沟通失败。在信息传递过程中，应当以不带任何个人成见的态度听取信息传递者的意见，只有这样才能完全地接收和传递全面的信息。

（四）增强下级对领导者的信任度

下级对领导者是否信任，信任程度如何，对于沟通效果有很重要的作用。一般来说，只有受到下级高度信任的领导者发出的信息，才可能完全被下级接受。领导者赢得下级的信任是有效沟通的基础。

（五）选择有利的时机

沟通效果不仅取决于信息的内容，还受环境条件的制约。影响沟通的环境因素有很多，如组织氛围、沟通双方的关系、社会风气和习惯做法等。在不同情况下要采取不同的沟通方式，要抓住最有利的沟通时机。时机不成熟不要仓促行事，贻误时机会使某些信息失去意义。

（六）拓宽有效沟通渠道

应当缩短沟通信息传递距离，拓宽有效沟通渠道，保证信息的畅通无阻和完整性。例如，减少组织机构重叠，在利用正式沟通渠道的同时，开辟高层管理者至基层管理人员的非正式的沟通渠道，以便于信息的传递和处理。

海军操炮

海军训练有一个动作叫作操炮，就是一个士兵把一个炮弹递给另一个士兵，让他装进炮膛。海军规定，将炮弹送过去的士兵要说"好"，接炮弹的士兵也要说"好"，这样才可以把手松开。在海军操炮的时候，如果没有听到"好""好"两个字就将炮弹上膛了，海军士兵就会受到责罚。因为在操炮时，士兵若保持沉默，炮弹一不小心砸到甲板，就有可能发生爆炸。

海军对操炮过程的要求其实是最简单的信息反馈。送炮弹的士兵说"好"，就是说自己准备放手了，接炮弹的士兵说"好"，表示对方可以放手了。

五、沟通的分类

在组织内部，沟通的方式和类型多种多样，按照不同的标准可以划分出不同的类型。

（一）按沟通的组织系统划分

1. 正式沟通

正式沟通是指通过正式组织明文规定的渠道进行信息传递和交流的方式。组织与组织的公函来往、组织内部的文件传递、组织中上级的指示逐级向下传送、下级情况逐级向上报告及组织内部规定的会议、汇报、请示、报告等都属于正式沟通。

正式沟通依赖正式沟通网络来进行。正式沟通网络是根据组织结构、规章制度而设计的用以交流和传递与组织活动直接相关的信息的沟通途径。正式沟通有五种基本的信息沟通网络，如图 9-2 所示。

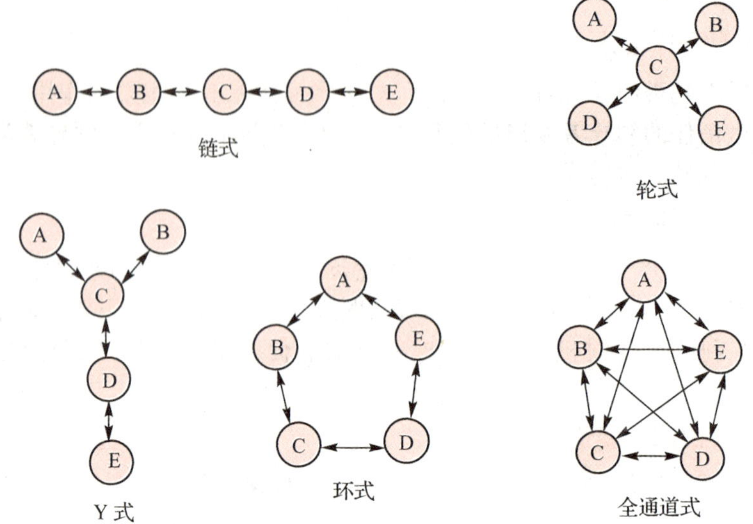

图 9-2　正式沟通的信息沟通网络

(1) 链式沟通。链式沟通是信息在组织成员之间进行单线、顺序传递的一种沟通网络形态，形状犹如链条。在这种沟通网络中，居于两端的成员只能与其内侧的人联系，居中的成员则可以分别与两侧的人联系。这种沟通网络的特点是成员之间的联系面很窄，平均满意度较低，信息经过层层传递和筛选很容易失真，最末环节收到的信息往往与初始环节发送的信息有很大差距。按指挥命令系统在各级管理人员之间逐级进行的信息传递，可以看作链式沟通的一个例子。

(2) 轮式沟通。轮式沟通是信息经由中心人物向四周多线传递的一种沟通网络形态，形状犹如轮盘。在这种沟通网络中，中心人物是信息的汇集点和传递点，其他成员之间没有信息的相互交换关系，所有信息都是通过中心人物进行交流的。这种沟通网络的特点是信息沟通的准确度很高，解决问题的速度快，管理人员的控制能力强，但其他成员的满意度低。这种沟通网络实际上是为加强组织控制而采取的一种沟通形式。严格按职能划分部门时各部门经理与总经理之间的信息沟通，可以看作轮式沟通的一个例子。轮式沟通网络适合于组织接受紧急任务，需要进行严密控制，同时又要争取时间的情形。

(3) Y 式沟通。Y 式沟通是链式沟通与轮式沟通相结合的一种沟通网络形态，形状犹如英文字母 Y。与轮式沟通网络一样，Y 式沟通网络中也有一个成员位于沟通网络的中心，成为网络中因拥有信息而具有权威感和满足感的人。这种沟通网络的特点是成员的士气较低，因为增加了中间的过滤和中转环节，容易导致信息曲解和失真，因此沟通的准确性会受到影响。总经理、秘书和下属之间，当下属需要通过秘书与总经理传递信息时，就有可能会发生 Y 式沟通的情形。因为秘书可以获得许多信息，容易掌握真正的权力，总经理可能会被架空。这种网络形态适合于管理人员任务繁重，需要有人协助筛选信息和提供决策依据，同时又要对组织实行有效控制的情形。

(4) 环式沟通。可以把环式沟通看作将链式沟通两端连接而形成的一种封闭式的沟通网络形态，形状犹如圆环。在这种沟通网络中，所有成员依次联络和传递信息。网络中的每一个人都同时与两侧的人沟通信息，因此大家地位平等，没有谁能够成为信息沟通的中心。采用环式沟通网络的组织，集中化程度较低，成员具有较高的满意度。但沟通的渠道窄，环节多,沟通的速度和准确性难以保证。如果组织中需要创造出一种能够激发高昂士气的环境来实现目标,采用环式沟通比较好。

(5) 全通道式沟通。全通道式沟通是一种全方位开放式的沟通网络形态,所有成员之间都能进行相互的不受限制的信息沟通和联系。采用这种沟通网络的组织,集中化程度低,成员地位差异小,有利于提高成员的士气和培养合作精神。同时,这种网络的宽阔信息沟通渠道,使成员可以直接、自由、充分地发表意见,有利于提高沟通的准确性,对解决复杂问题有明显的促进作用。但沟通渠道太多,也容易造成混乱、沟通过程长,影响工作效率。委员会中的沟通可以看作全通道式沟通的一个例子。

正式沟通的优点是沟通效果好、具有严肃性、约束力较强、易于保密,可以使信息沟通保持权威性。重要的消息、文件和组织的决策等,一般都采用这种方式进行传递。正式沟通的缺点是依靠组织系统层层传递,沟通速度较慢,而且显得刻板。

2. 非正式沟通

非正式沟通是指在正式沟通渠道之外进行的信息传递和交流。它无组织监督,可自由选择沟通渠道。员工之间的私下交谈,议论某人某事,传播小道消息、流言等均属于非正式沟通。

非正式沟通一般通过非正式沟通网络来进行。非正式沟通网络是指群体中未经批准的信息的自由传播渠道所形成的沟通网络形式。非正式沟通有四种基本的信息沟通网络,如图 9-3 所示。

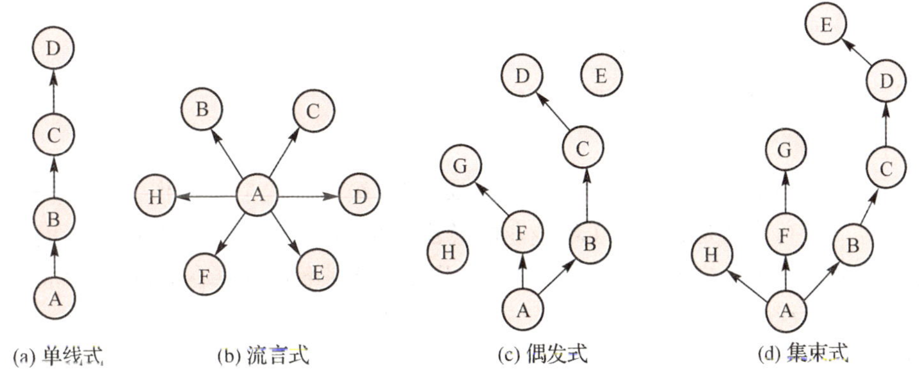

图 9-3 非正式沟通的信息沟通网络

(1) 单线式。这种传播方式表示信息发送者通过一连串的人把信息传播给最终的接收者。

(2) 流言式。流言式也称闲谈式。这种传播方式表示一个人主动把小道消息传播给其他人。

(3) 偶发式。这种传播方式表示信息发送者在不经意间将消息传给他人,他人也随机传播,并非有意传播。

(4) 集束式。这种传播方式表示信息发送者有选择地将消息告诉自己的朋友或有关的人,有关人员得到消息后也照此传播。

非正式沟通的优点是沟通方式约束小,比较容易把真实的思想、情感、动机表露出来,且不拘形式,直接明了,迅速快捷,沟通方便。非正式沟通往往可以提供一些正式沟通中难以获得的信息,但非正式沟通发挥作用的基础是组织中良好的人际关系。非正式沟通的缺点是难以控制,传递信息难以保证其准确性,易于失真、被曲解,而且可能导致传播流言蜚语而混淆视听，影响组织的人心稳定和组织的凝聚力。

请　客

有个人请客，看看时间过了，还有一大半的客人没来，心里很着急，便说："怎么搞的，该来的客人还不来？"一些敏感的客人听到了，心想："该来的没来，那我们是不该来的了？"于是悄悄地走了。

主人一看又走掉好几位客人，越发着急了，便说："怎么这些不该走的客人，反倒走了呢？"剩下的客人一听，又想："走了的是不该走的，那我们这些没走的就是该走的了！"于是又都走了。

最后只剩下一个跟主人较亲近的朋友，他看了这种尴尬的场面，就劝主人说："你说话前应该先考虑一下，一旦说错了，就不容易收回来了。"主人大喊冤枉，急忙解释说："我并不是让他们走哇！"朋友听了大为恼火，说："不是让他们走，那就是让我走了。"说完，头也不回地离开了。

说话有说话的技巧，假如出口不够谨慎，没有顾虑到听者的立场，就很容易在无意中伤害别人，从而产生一些不必要的误会。在管理的沟通中，应尽量避免此类事情。所谓"言者无心，听者有意"，就是这个道理。

（二）按沟通中信息流动的方向划分

1. 上行沟通

上行沟通是指下级与上级进行的信息沟通，如下级向上级汇报工作、反映意见、提出意见或建议等。上行沟通是管理者了解企业的经营状况、与下属形成良好的关系、提高管理水平的重要途径。其不足之处是在沟通过程中，下级因级别不同造成心理距离，形成一些心理障碍，不愿如实反映情况，从而导致沟通的效果和效率不佳。有时，经过层层过滤，导致信息被曲解，出现适得其反的结果。

2. 下行沟通

下行沟通是指上级管理者通过一定的方式传送信息到下级的沟通方式，如一个组织的上级管理者将工作计划、任务、规章制度向下级传达。下行沟通是组织中最重要的正式沟通方式。下行沟通的优点是可以使下级主管部门和团体成员及时了解组织的目标与领导意图，增加员工的向心力与归属感，也可以协调组织各层次的活动，加强上下级的联系。其缺点是如果这种方式使用过多，会在下属中造成管理者高高在上、独断专行的印象，使下属产生抵触情绪，影响团体的士气。此外，由于来自最高决策层的信息需要经过层层传递，容易被耽误、搁置，有可能出现事后信息曲解、失真的情况。

3. 平行沟通

平行沟通是指在组织内部平行部门或同一层级人员之间所进行的信息传递与交流。平行沟通有三个优点：一是平行沟通弥补了纵向沟通的不足，减少了沟通环节，提高了工作效率；二是平行沟通增进了组织各部门之间的相互了解和联系，减少了部门之间的矛盾和冲突；三是平行沟通可以加深员工之间的关系，培养员工之间的感情，满足员工的社会需要。

平行沟通的缺点是头绪过多，信息量大，容易造成混乱，对团队士气造成消极影响。

4. 斜向沟通

斜向沟通指的是发生在组织内部既不属于同一隶属关系的，又不属于同一层级的人员之间的信息沟通，如营销经理与生产车间主任之间的往来。斜向沟通有利于加速信息的流动，促进理解，谋求相互之间必要的通报、合作和支持。这种沟通往往带有协商性和主动性。

（三）按沟通所使用语言的方式划分

1. 口头沟通

口头沟通是指沟通双方以口头语言进行的沟通，如谈话、讨论、会议、电话洽谈等。口头沟通是最常用的沟通方式。其优点是在沟通过程中，信息发送者与信息接收者当面接触，有亲切感，并且可以运用一定的手势、表情和语气等增强沟通的效果，使信息接收者能更好地理解、接受所沟通的信息。其不足之处在于沟通范围有限，沟通过程受时间和空间的限制，沟通完成后缺乏反复性，同时对信息传递者的口头表达能力要求比较高。

2. 书面沟通

书面沟通是指沟通双方以文字、图画、图表等为媒介而进行的沟通，如通知、文件、报表、书信等。其优点是严肃、准确、具有权威性、不易被歪曲，信息接收者可以反复阅读以增强理解，信息传递者对要传递的信息所采用的语言可以认真推敲，以便用最好的方式表达出来。其不足之处是应变性较差，只能适应单向沟通。

3. 非语言沟通

非语言沟通是相对于语言沟通而言的，是指通过身体动作、体态、语气语调、空间距离等方式交流信息、进行沟通的过程。在沟通中，信息的内容部分往往通过语言来表达，而非语言则作为提供解释内容的框架来表达信息的相关部分。因此，非语言沟通常被错误地认为是辅助性或支持性角色。事实上非语言沟通在有效沟通中占有非常重要的地位，其并非是辅助性或支持性角色。相反的，同样的几句话，让不同的人说出来就有不同的效果，这就是非语言沟通的魅力。

资料
常见肢体语言的基本含义

动画
快去接电话

4. 电子媒介沟通

当今时代我们依赖各种各样复杂的电子媒介传递信息，除了电话以外，我们还有闭路电视、计算机、传真机等一系列电子设备，将这些设备与语言和纸张结合起来就产生了更有效的沟通方法。电子媒介沟通的优点是迅速而廉价，并可同时将一份信息传递给多人。缺点是缺少反馈。

（四）按沟通过程中信息发送者与接收者的地位是否改变划分

1. 单向沟通

单向沟通是指信息的发送者与接收者的地位不改变的沟通。在这种沟通中，不存在信息反馈，如广播电视、报告、指示等。其优点是沟通比较有秩序，速度较快。不足之处是接收者不能进行信息反馈，容易降低沟通效果。

2. 双向沟通

双向沟通是指在沟通过程中信息的发送者与接收者的地位不断变化，信息在双方间反复流动，直到双方对信息有了共同理解为止，如讨论、协商、谈判等。其优点是信息准确性高，有反馈意见的机会，有助于双方建立良好的人际关系。缺点是影响信息传递速度，由于要时常面对接收者的提问，发送者会感受到心理压力。

任务二　沟通障碍及克服

所谓沟通障碍，是指信息在传递和交换过程中，由于信息意图受到干扰或误解而导致沟通失真的现象。在人们沟通信息的过程中，常常会受到各种因素的影响和干扰，使沟通受到阻碍。

一、造成沟通障碍的主要因素

（一）个人因素

个人因素包括两类：一类是个人有选择地接收信息，另一类是个人沟通技巧的差异。个人有选择地接收信息是指人们拒绝接收与他们期望不一致的信息，而片面接收他们期待的信息。有人曾经说过，人们并不能看到所有的东西，而只能看到心里已经看到的东西；人们也不能听到所有的东西，而只能听到心里已经听到的东西。这表明个人初始的态度对沟通有着重大的影响。研究表明，人们往往能够听到或看到他们情感上愿意听到或看到的信息，而拒绝或回避他们不感兴趣的信息，这就是俗语中的“忠言逆耳”。但作为管理者，为了提高沟通的效率和工作的效率，必须明白“兼听则明，偏信则暗”的道理。个人沟通技巧的差异是指不同的人在沟通技巧的运用上有很大的不同。沟通技巧与个人的能力、个性相关，有的人擅长口头表达，有的人擅长文字描述，有的人擅长动作，还有的人擅长察言观色、随机应变等。

（二）人际因素

人际因素主要包括沟通双方的相互信任、信息来源的可靠度和发送者与接收者之间的相似程度。信息的传递是双方面的事情，因此沟通双方的诚意和信任至关重要。上下级、同事间、朋友间相互猜疑，只会增加各自的抵触情绪，减少坦诚交谈的机会，也不可能获得有效的沟通；信息来源的可靠性主要由诚实、能力、热情、客观四个因素决定。实际上，信息可靠与否由接收者主观决定。例如，当面对来源不同的同一问题的信息时，人们更会相信他们认为诚实、有能力、客观的那个来源的信息。沟通的准确性与沟通双方的相似性有直接联系。沟通双方特征的相似性影响沟通的难易程度和坦率性。如果沟通一方觉得对方与自己在身份、成长经历、性格和爱好等方面很相似，那么他将比较容易接受对方的意见，并达成共识。

（三）结构因素

结构因素包括地位区别、信息传递链、团体规模和空间约束四个方面。地位区别对沟通的方向和频率有很大的影响。地位悬殊越大，信息越趋于从地位高的流向地位低的。地位区别是沟通中的一个重要障碍。信息通过等级越多，它到达目的地的时间越长，信息失真程度也越大。信息连续地从一个等级到另一个等级所发生的变化，称为信息链传递现象。当工作团体规模较大时，人与人之间的沟通也相应变得较为困难。随着组织规模的增大，沟通的形式会越来越复杂，人际沟通渠道的增加速度超过不定期人数的增长；空间距离越短，交往的可能性越大，沟通也就越容易。这种空间的影响，有积极的一面，可使我们与周围的人交流很紧密；也有消极的一面，由于空间的约束，人们往往会局限在一个小圈子里，眼界不宽，这样就无法从更大范围内选择更好的沟通对象、沟通方式和沟通渠道。

（四）技术因素

技术因素主要包括语言、非语言暗示、媒介的有效性和信息过量。大多数沟通的准确性都依赖语言。在语言和文字方面，沟通双方很少是对称的，特别是在有众多沟通者的情况下，语言的这种内在一致性就会变得很差。表面上语言的不准确是由一种符号的不准确引发的，但实际上是由语言的内在背景而引发的。进一步来说，语言都会引起人们的心理感受、情感因素进一步歪曲信息的含义，从而导致沟通的障碍；一般的管理者通常会关心沟通工具的有效性，不同的沟通目的、不同的沟通内容会对应不同的沟通媒介的有效性。

每种沟通媒介都有各自的优缺点，在实际的运用中要选择恰当的形式。信息量要控制在一定的范围内，如果信息量过大，就会导致接收者接收困难，在信息编码的过程中就会增加出现偏差的可能性。

女王敲门

英国著名的维多利亚女王与其丈夫相亲相爱，感情和谐。但是维多利亚女王整天忙于公务，出入于社交场合，而她的丈夫阿尔伯特却和她相反，对政治不太关心，对社交活动也没有太大的兴趣，因此两人有时也闹些别扭。

有一天，维多利亚女王去参加社交活动，而阿尔伯特没有去。深夜了，女王回到寝宫，只见房门紧闭着。女王走上前去敲门。

房内，阿尔伯特问："谁？"

女王回答："我是女王。"

门没有开，女王再次敲门。

房内阿尔伯特问："谁呀？"

女王回答："维多利亚。"

门还是没开。女王徘徊了一会儿，又上前敲门。

房内的阿尔伯特仍然问："谁呀？"

女王温柔地回答："你的妻子。"

这时，门开了，丈夫阿尔伯特伸出热情的双手把女王拉了进去。

掌握说话的技巧，设身处地地为别人着想，是沟通的关键。

二、沟通障碍产生的原因

（一）发送者的障碍

在沟通过程中，信息发送者的情绪、倾向、个人感受、表达能力、判断力等都会影响信息的完整传递。发送者的障碍主要表现在以下方面。

1. 表达能力不佳

信息发送者如果口齿不清、词不达意或者字体模糊，就难以把信息完整、准确地表达出来；如果使用方言土语，会使接收者无法理解。在不同国籍、不同民族人员之间的交流中这种障碍更明显。

2. 信息传送不全

发送者有时人为缩减信息，使信息变得模糊不全。

3. 信息传递不及时或不适时

信息传递要及时，就如军事上的情报，不在正确的时间传递就会造成无法挽回的后果。

4. 知识、经验的局限

信息发送者和接收者如果在知识与经验方面水平差别很大，发送者认为沟通的内容很简单，不考虑对方能否理解，仅按照自己的知识和经验范围进行编码，就会使接收者难以理解，从而影响沟通效果。

5. 对信息的过滤

过滤是指故意操纵信息，使信息显得对接收者更有利。例如，某管理人员向上级传递的信息都是对方想听到的东西，这位管理人员就是在过滤信息。过滤的程度与组织结构层次及组织文化有关。组织纵向管理层次越多，过滤的机会也就越多，组织文化则通过奖励系统鼓励或抑制这类过滤行为。如果奖励只注意形式和外表，管理人员便会有意识地按照上级的习惯品位调整和改变信息的内容，现实生活中的“报喜不报忧”就是典型的信息过滤行为。

（二）接收者的障碍

从信息接收者的角度看，影响信息沟通的因素主要有以下几个方面。

1. 信息译码不准确

接收者如果对发送者的编码不熟悉，就有可能误解信息，甚至得到与原意相反的理解。

2. 对信息的筛选

受主观性的影响，接收者在接收信息时，会根据自己的知识经验去理解，按照自己的需要对信息进行选择，从而可能会使许多信息内容丢失，造成信息不完整甚至失真。

3. 对信息的承受力

每个人在单位时间接收、处理信息的能力不同。对于承受能力较低的人来讲，如果信息过量，难以全部接收，就会造成信息丢失或产生误解。

4. 心理上的障碍

信息接收者对发送者不信任，敌视或冷淡、厌烦，或者心理紧张、恐惧，都会歪曲或拒绝接收信息。

5. 过早地评价

通常不完整地接收一项信息之前就对信息做出评价，将有碍于对信息所包含的意义的接收。价值判断就是对一项信息所给予的总的价值的估计，它是以信息的来源、可靠性或预期的意义为基础的。过于匆忙地做出评价，就会使接收者只能听到他所希望听到的那部分内容。

6. 情绪

在接收信息时，接收者的感觉会影响他对信息的理解，不同的情绪感受会使个体对同一信息的解释截然不同。狂喜或悲伤等极端情绪体验都可能阻碍信息沟通，因为这种情况下人们会出现意识狭隘的现象而不能进行客观理性的思维活动，只能是情绪性的判断。因此，应尽量避免在情绪很激动的时候进行沟通。

沟通障碍引起的叛乱

唐朝末年，民变蜂起。这些民变基本上都是因为百姓被压迫得没有活路所致，目的要么是夺取政权，要么是讨个说法。但是，有一起民变却令人匪夷所思。

唐敬宗时期，在都城长安，有一个叫苏玄明的算命先生，他跟染坊工人张韶的关系不错。一天晚上，两人喝酒，苏玄明跟张韶说："我给你算了一卦。我算定你会坐在皇帝宝座上请我吃饭。现在，皇上日夜不停地打猎玩球，很少在皇宫，正是你的机会。"

张韶立刻召集了100多名染坊工人和街头无赖，把兵器藏在制作染料用的紫草里，装上车，朝皇宫进发。

这些人还没到达皇宫，就被巡逻的禁卫军发现了破绽。有个士兵发现车子有异样，就拦下来询问。张韶心虚了，抽出刀杀了那个士兵，让部众拿起武器，大声喊叫着向皇宫冲去。

这一冲竟然就冲了进去。当时，皇帝李湛正在宫里与一群太监打球，眼看着反民砍开宫门闯了进来，吓得魂不附体，被一个太监背到神策军大营里躲了起来。

一群人进了大殿，张韶坐上皇帝的宝座，请苏玄明一起吃东西，兴高采烈地说："你小子算得真准!"然后继续吃，没下文了。苏玄明没想到张韶就这样结束了，大惊："难道你只为了这个?"张韶反问道："那你还想干什么?"

此时，两人面面相觑，终于发现沟通出了问题——苏玄明是鼓动张韶成就帝王伟业，张韶却理解成他劝说自己来皇宫坐在皇帝的座椅上吃顿饭！事已至此，逃跑已经来不及了，军队已经赶来，结果张韶、苏玄明和一干追随者全都被杀死了。

（三）沟通渠道的障碍

沟通渠道的障碍也会影响到沟通的效果。沟通渠道的障碍主要有如下几个方面。

1. 沟通媒介选择不当

对于重要事情而言，口头传达效果较差，因为接收者会认为"口说无凭""随便说说"而不加重视。

2. 多种媒介相互冲突

当信息用多种形式传送时，如果相互之间不协调，会使接收者难以理解传递的信息内容。例如，领导表扬下属时面部表情很严肃甚至皱着眉头，就会让下属感到迷惑。

3. 沟通渠道过长

组织机构庞大，内部层次多，从最高层传递信息到最低层，从最低层汇总情况到最高层，中间环节太多，容易使信息损失较大。

4. 外部干扰

信息沟通过程中经常会受到自然界各种物理噪声、机器故障或其他事物的干扰，也会因为对方距离太远而沟通不便，影响沟通效果。

资料卡

对话的九大禁忌

(1) 打断别人的谈话或抢接别人的话头，扰乱别人的思路。

(2) 忽略了使用解释与概括的方法，使对方一时难以领会你的意图。

(3) 由于自己注意力分散，迫使别人重复谈过的话题。

(4) 像发射炮弹似的连续发问，使人疲于应付；对他人的提问漫不经心，言谈空洞，不着边际。

(5) 随便解释某种现象，妄下断语，借以表现自己是内行。

(6) 避实就虚，含而不露，让人迷惑不解。

(7) 不适当地强调某些与主题风马牛不相及的细枝末节，使人厌烦。

(8) 当别人对某个话题兴趣盎然时，你却感到不耐烦，强行把话题转移到自己感兴趣的方面。

(9) 将正确的观点、中肯的劝告故意称为错误的，使对方怀疑你话中有戏弄之意。

三、沟通障碍在日常管理中的表现

在企业日常管理中，经常发生一些信息沟通上的障碍，具体表现为以下形式。

（一）距离

上级与下级之间的物理距离减少了他们面对面的沟通。较少的面对面的沟通可能会导致误解或不能理解所传递的信息。物理距离还使得上级与下级之间的误解不易澄清。

（二）曲解

当一个人分不清实际材料和自己的观点、感受、情绪的界限时，就容易发生曲解。很多时候，我们不仅在工作层面上进行交流，也在情感层面上进行沟通，但有时上级和下级都倾向于根据自己的观点、价值观念、意见和背景来解释信息，而不是对它做客观的解释。

（三）语义

这涉及文字、图像、身体语言等沟通语言。很多信息沟通都利用符号来表达一定的含义，而符号通常有多种含义，人们必须从中选择一种，有时选错了，就会出现语义障碍。例如，词语这一符号，会从词的多种含义、专业术语、词语的下意识联想等方面引起沟通障碍。

（四）缺乏信任

这种障碍与上下级相处的经历有关。在以往经历的基础上，如果下级觉得把坏消息报告给上级于己无益，他很可能就会隐瞒这些消息；如果他觉得上级能体谅并且帮助人，就不会把坏消息或不利信息过滤掉。

（五）不可接近性

在一些企业中，会有这样的管理人员，他们经常外出，或者把自己置身于烦琐的小事中，下级没有机会与他们进行商谈、讨论或得到他们的指导。这种难以接近上级的情形会导致沟通的失败，它会挫伤下级从上级那里寻求适当指导的积极性。不可接近并不一定非得是实体上的，它也可以是心理上的，由于上级采取了严厉的态度，下级要弄懂上级的观点，也许并不容易。

（六）职责不明确

当下级人员的职责不明确时，他可能就会找替罪羊或者捏造理由。我们常常听人说“我以为这是你要我做的"或者"我以为该由某某来做"。职责不明会导致职务和作用含糊，这恰恰意味着下级对其所处的职位及所履行的职责不明确。

（七）个性不相容

上下级的个性不相容，常常会发生冲突，并因此产生沟通障碍。

（八）拒绝倾听

一些管理人员，或是自高自大，或是漫不经心，拒绝倾听上级或下级的意见。这种态度阻碍了有效的沟通。拒绝倾听有两种类型：源于"我知道所有事情"的优越情绪和源于"我一无是处"的自卑情绪。

（九）没有利用恰当的媒介

在组织环境下进行沟通，可以利用好几种媒介。沟通的有效性依赖管理人员根据自己的管理情况选择恰当的媒介。有些管理者以给下级发送充满行话的便条而自豪，却不考虑下级缺乏阅读和理解的技巧。

（十）沟通缺口

沟通缺口指的是沟通的正式网络中所存在的缺陷与漏洞。在一些规模较大、较复杂的组织中，这种障碍是一种普遍现象。正式沟通网络是沿着组织的权责路线而建立的。随着组织的扩大，这些网络变得大而复杂，同时又没有配套的计划工作。在这种情况下，沟通网络便开始出现缺陷，过分依赖正式沟通而不利用其他沟通方式，导致沟通系统产生缺口。

（十一）方向迷失

信息内容缺乏导向可能会导致沟通障碍。有些信息分两部分内容：外显的或明显的意义和潜在的或真正的含义。在有些情况下，消息的外显意义被修饰得过分吸引人，从而导致真正意义的丢失。

（十二）负载过重

当人们负载的信息过重时，就会导致业绩不佳，其绩效比接收信息不足的员工的绩效还要低。

中国的《罗密欧与朱丽叶》

1954 年，周恩来总理参加日内瓦会议，通知工作人员，给与会者放一部《梁山伯与祝英台》的彩色越剧片。工作人员为了使外国人能看懂中国的戏剧片，写了 15 页的说明书呈周总理审阅。周总理批评工作人员："不看对象，对牛弹琴。"工作人员不服气地说："给外国人看这种电影，那才是对牛弹琴呢！"周总理说："你要用十几页的说明书去弹，那是乱弹，我给你换个弹法吧，你只要在请柬上写一句话：请您欣赏一部彩色歌剧电影——中国的《罗密欧与朱丽叶》就行了。"电影放映后，观众们看得如痴如醉，不时爆发出阵阵掌声。

沟通时必须考虑沟通对象的性别、年龄、文化背景等因素，根据这些因素的差异来选择恰当的语言，才能让对方真正理解。

四、沟通障碍的克服

在管理活动中，人们都希望准确无误地传递信息，克服沟通的障碍，提高沟通的效果。但是沟通障碍的存在是客观的，其形成原因有主观与客观两方面，要取得有效的沟通效果，就需要跨越沟通中的障碍因素。要克服沟通的障碍，应当从以下几个方面入手。

（一）信息发送者

信息发送者是信息沟通中的主体因素，起着关键性作用。要想提高信息传递的效果，必须注意下列因素。

1. 要有认真的准备和明确的目的性

信息发送者首先要对沟通的内容有正确、清晰的理解。在沟通之前，要做必要的调查研究，充分收集资料和数据，对每次沟通要解决什么问题，达到什么目的，不仅要自己心中有数，也要设身处地地为信息的接收者着想，使他们也能清晰理解。

2. 正确选择信息传递的方式

信息发送者要注意根据信息的重要程度、时效性、是否需要长期保存等因素，选择不同的沟通形式。例如，对于有重要保存价值的文件、材料，一定要采用书面沟通形式，以免信息丢失。而对于时效性很强的信息，则要采用口头沟通，甚至运用广播、电视媒体等形式，以迅速扩大影响。

3. 沟通的内容要准确和完整

信息的发送者应当努力提高自身的文字和语言表达能力，沟通的内容要有针对性，语义确切，条理清楚，观点明确，避免使用模棱两可的语言，否则容易造成接收者理解上的失误和偏差。此外，信息发送者对所发表的意见、观点要深思熟虑，不可朝令夕改，更不能用空话、套话、大话对信息接收者敷衍搪塞。若处理不好，常常会引起接收者的逆反心理，形成沟通中不应有的壁垒和障碍。

4. 要努力缩短与信息接收者之间的心理距离

沟通成功不仅与沟通的内容有关，也与信息发送者的品德和作风有很大的关系。一位作风民主、密切联系群众的领导者，常常会被下属当作“自己人”而愿意与其沟通，并自觉地接受他的观点和宣传内容。所以，信息发送者在信息接收者心目中的良好形象是至关重要的因素。

5. 要注意运用沟通的技巧

沟通要尽量使用接收者喜闻乐见的方式，必要时可运用音乐、戏剧、小品等形式，寓教于乐，达到有助于接收者接收信息的目的。根据心理学中“权威效应”的概念，尽量使各个领域的权威、专家、名人参与信息发送，通过他们的现身说法，往往可以使信息传递更具影响力，达到事半功倍的效果。

惠普的敞开式办公室

美国惠普公司创造了一种独特的“周游式管理办法”，鼓励部门负责人深入基层，直接接触广大职工。

为此，惠普公司的办公室布局采用美国少见的“敞开式大房间”，即全体人员都在一间敞厅中办公，各部门之间由矮屏分隔，除少量会议室、会客室外，无论哪级领导都不设单独的办公室，同时不称头衔，即使对董事长也直呼其名。这样有利于上下左右通气，创造无拘束和合作的气氛。

单打独斗、个人英雄的闭门造车工作方式在现今社会是越来越不可取了，而团队的分工合作方式正逐渐被各企业认同。管理中打破各级各部门之间无形的隔阂，促进相互之间融洽、协作的工作氛围是提高工作效率的良方。

不要在工作中人为地设置障碍分隔，敞开办公室的门，制造平等的气氛，同时也敞开了彼此合作与心灵沟通的门。

对一个企业而言，营造一个快乐、进步的环境很重要，这样可以在管理的架构和同事之间实现公开、自由自在、诚实的沟通。

（二）信息接收者

1. 要以正确的态度去接收信息

沟通的最终目的在于信息接收者对信息的接收和理解，否则沟通将失去意义。在管理活动中，管理者应当把接收和收集信息看成正确决策与指挥的前提，看成与下属建立密切关系、进行交流并取得良好人际关系的重要条件。而对于被管理者，应当把接收信息看成一次重要的学习机会。社会的发展更要求人们不断地进行知识更新，而沟通就是一种主要手段。通过沟通可以更好地理解组织和上级的决策、方针和政策，开阔视野，提高工作水平和工作能力。如果人们都能正确认识接收信息的重要性，沟通的效果就会大大提高。

2. 要学会“听”的艺术

在口头传递信息的过程中，认真地“听”不仅能更好地掌握许多有用的信息和资料，也可以体现对信息传递者的尊重和支持，尤其是各级领导人员在听取下属汇报时，全神贯注地听取他们反映的意见，并不时地提出问题与下属讨论，就会激发下属讨论和发表意见的勇气及热情，把问题的探讨引向深入，并能进一步密切上下级之间的关系。

动画
巴顿喝下刷锅水

三个金人

曾经有个小国的使者到中国来，进贡了三个一模一样的金人，造型精美，把皇帝高兴坏了。可是这个小国的使者不厚道，同时出了一道题：这三个金人哪个最有价值？

皇帝想了许多的办法，请来珠宝匠检查，称重量，看做工，都是一样的。怎么办？使者还等着回去汇报呢。泱泱大国，不会连这个小事都搞不定吧？

最后，有一位老臣说他有办法。

皇帝将使者请到大殿，老臣胸有成竹地将三根稻草分别插入三个金人的耳朵里，插入第一个金人耳朵里的稻草从另一边耳朵出来了。插入第二个金人耳朵里的稻草从嘴巴里直接掉了出来。而第三个金人，稻草进去后掉进了肚子，什么响动也没有。老臣说，第三个金人最有价值！使者默默无语，答案正确。

最有价值的人，不一定是最能说的人。苏格拉底说："上天赐给每个人两只耳朵，一双眼睛，一张嘴巴，就是要求人们多听多看，少说话。"

（三）信息沟通渠道

1. 尽量减少沟通的中间环节，缩短信息的传递链

在沟通过程中，环节和层次过多容易引起信息的损耗。从理论上分析，人与人之间在个性、观点、态度、思维、记忆、偏好等方面存在巨大差别，因此信息每经过一次中间环节的传递，将丢失一定的信息量。所以，在信息交流过程中，要提倡直接交流，领导者要更多地深入生产一线，多做调查研究，这对信息的传播和收集都会有极大的好处。

2. 要充分运用现代信息技术，提高沟通的速度、广度和宣传效果

现代科学技术的进步及广播、电视与现代通信技术的发展，为管理沟通创造了良好的外部条件和物质基础。在沟通过程中，应该充分利用这些条件，提高沟通效果。例如，运用电话或可视电话召开各种会议，既可以克服沟通活动中地域和距离上的障碍，快速传递信息，又可以减少与会者旅途时间和财力上的损失。此外，与传统的沟通手段相比，利用广播、电视进行广告、新闻发布，在速度和波及范围等方面有无可比拟的巨大优势。

3. 避免信息传递过程中噪声的干扰

组织中要注意建设完整的信息传递系统和信息机构体系，确保渠道畅通。无论是信息的发送者还是接收者，都要为沟通创造良好的环境，使信息发送者有充足的时间为信息发布做好充分的准备，也使信息接收者有更多的时间去收集、消化所得到的信息，真正做到学以致用。

任务三　冲突与谈判管理

一、冲突的概念

在人类社会组织中，人与人、人与群体、群体与群体之间必然会发生这样或那样的交往和互动，在这些错综复杂的交往与互动过程中，人们会因为各种各样的原因而产生意见、分歧、争论、竞争和对抗，从而使彼此之间的关系出现不同程度、不同表现形式的紧张状态。这种紧张状态被交往和互动双方意识到时，就会发生冲突。管理心理学认为，冲突是人们对重要问题意见不一致而在各方之间形成摩擦的过程，即由于目标和价值理念的不同而产生对立或争议的过程。

人们对冲突的观点是随着社会实践的发展和认识的提高而逐步改变的，概括起来分为三种主要观点。

（一）冲突的传统观点

冲突的传统观点存在于19世纪末到20世纪40年代。当时的人们认为组织应该避免冲突，冲突本身表明组织内部的机能失调。换句话说，这种观点认为冲突对组织是有害无益的。

（二）冲突的人际关系观点

冲突的人际关系观点认为冲突是任何组织不可避免的产物，但它同时指出，冲突并不一

定会导致对组织的危害,甚至可能成为组织中的积极动力。这一观点承认冲突的客观存在,主张接纳冲突,使冲突的存在合理化,并希望将冲突转化为有利于组织的程序。20 世纪 40 年代到 70 年代中期,这一观点在冲突理论中占主导地位。

(三)冲突的相互作用观点

冲突的相互作用观点是当今的冲突管理观点,认为冲突不仅可以成为组织中的积极动力,而且其中有些冲突对于组织或组织单元的有效运作是必要的。换而言之,冲突是组织保持活力的一种有效手段。因而,这种观点鼓励管理者维持一种冲突的最低水平,以使组织保持创新的激发状态。

二、冲突的特性

(一)冲突的客观存在性

冲突的客观存在性是指任何组织、群体或个人都会遇到形形色色的冲突,冲突是一种不以人们意志为转移的社会现象,是群体或组织管理的本质内容之一,是任何社会主体都无法逃避的客观现实存在。组织的冲突只有冲突程度和性质的区别,不可能不存在冲突。

(二)冲突的主观知觉性

客观存在的各种各样的冲突必须经过人们自身去感知、去体验。当客观存在的分歧、争论、竞争、对抗等现实状况反映成为人们大脑或心理中的内在矛盾斗争,导致人们进入紧张状态时,人们才能意识到冲突,感受到冲突。所以,冲突又具有主观知觉性。

(三)冲突作用的两重性

冲突作用的两重性是根据冲突的相互作用观念,从冲突作用影响角度对其一般特性进行的概括。抽象而言,冲突对于组织、群体或个人既具有建设性、有益性,有着产生积极影响的可能性,又具有破坏性、有害性,有着产生消极影响的可能性。以前者特性为主的冲突,人们称之为建设性冲突或功能正常的冲突,以后者特性占上风的冲突人们称之为破坏性冲突或功能失调的冲突。破坏性冲突多是由于冲突各方的目标和利益悬殊而引起的功能失调性冲突,会危及组织的根本利益和长远目标;建设性冲突多是由于冲突各方目标和根本利害差别不大,但手段、方式等不同而引起的功能正常的冲突,它不仅不会危害组织的根本利益和长远目标,反而对其有促进作用。

田丰谏袁绍

三国时,袁绍有一位非常杰出的谋士叫田丰。田丰的谋略水平很高,而且为人正直。历史给他的评价是四个字——刚而犯上。

当时袁绍要跟曹操打仗,田丰不太同意,说:“要打,但不要冒进。在战场上把时间拖得长一点,我们就会更有把握。”他进谏了两次,而且是直谏,跟袁绍说不要去打。袁绍不高兴,不听他的,也不爱听他说话。田丰跪在袁绍跟前磕头,对袁绍说:“你要不听我的劝,会出师不利。”袁绍这个人心胸很狭窄,便说:“我在大军行动之前,已经下命令了,你说我出师不利,把他给我关起来。”就把田丰关了起来。

结果袁绍打了败仗，消息传回，看监狱的人就和田丰说："田先生，我告诉您一个好消息，大将军失败了，和曹操打输了，都快输光了，正往回跑呢，您马上就能出来了，您说对了呀。"田丰说："如果他打胜仗我还能活，他打了败仗就羞于见我，一定会把我杀了，我命休矣。"

在组织中进行沟通，一定要注意不能被情绪左右，而应该去控制或者引导自己的情绪，这是至关重要的一点。沟通也是讲技巧和方法的。

三、冲突的作用

认为冲突都是好的或者都是坏的显然并不恰当，也不符合实际情况，因此有必要具体分析冲突的积极作用和消极作用。

（一）冲突的积极作用

(1) 冲突能够充分暴露往常被人们忽视的问题和矛盾，促使管理者及早发现问题，正视问题，花力气去解决问题。

(2) 冲突犹如一个出气口，可以使冲突各方以一定的方式发泄内在的不满情绪，从而促进冲突各方的了解与沟通，降低各方由于长期压抑和怨气积蓄而造成极端反应状态的概率。

(3) 适当的冲突，即组织内部适度的分歧和对抗，能够造成一个组织内部各部门相互约束、相互制衡的组织体系，促使组织机制不断完善。

(4) 适当的冲突可以促进竞争，促进人们的新思想、新视野、新建议的产生，从而给组织带来生机和动力，促进组织变革。

(5) 组织间的冲突能够降低组织内部矛盾的重要性，增加组织内部的凝聚力，促使组织成员齐心协力，一致对外。

(6) 冲突可以促进联合，共求生存。冲突的这种效用主要存在于两种情况中：当冲突各方面临更为强大的对手或敌人的共同威胁时，彼此之间求同存异，走向团结，合力图存；当冲突各方在冲突过程中找到了更大的共同利益时，彼此间也可能摒弃前嫌，结成联盟，壮大实力，共谋发展。

(7) 当冲突各方实力相近，并保持一定程度的冲突时，冲突水平的控制、冲突能量的释放等因素的作用，反而会减少冲突或防止冲突的升级，并求得冲突和冲突各方的长期相对稳定。

（二）冲突的消极作用

由于冲突产生的原因、冲突的类型和性质、冲突的水平或强度及冲突处理方式不当等因素的影响，冲突会给组织带来以下消极作用。

(1) 冲突会在人们情绪和心理上产生巨大的压力，阻碍或扭曲处于冲突中的个人对于事物、矛盾的认知和判断，导致个人行为的失常和不稳定，进而降低组织效率，危害个人的身心健康。

(2) 冲突（主要指高水平冲突、失控的冲突、处理不当的冲突等）会冲击组织制度和规范，离间人际关系和组织关系，使组织秩序紊乱，严重影响人们的工作责任感和组织忠诚度，降低人们的工作满意度，从而导致组织整体绩效下滑。

(3) 持续的冲突（主要是功能失调的破坏性冲突）和难以很好解决的冲突，不仅会造成组织资源的极大浪费，而且会极大地“杀伤”组织绩效，损害组织整体实力。因为在这种情形中，冲突各方最重要的目标是千方百计地增强自身实力去战胜对手，组织的目标、组织的利益会被抛至脑后，“你高我低”的利益比较、“你争我斗”的矛盾运动过程会蒙蔽人们的双眼，迟滞人们的思想，扭曲人们的行为，轻则大量浪费人、财、物、时间等组织资源，重则导致各种混乱、分裂和破坏活动，给组织带来难以弥补的损害。

倾听是金

经朋友介绍，重型汽车推销员乔治去拜访一位曾经买过他们公司汽车的商人。见面时，乔治照例先递上自己的名片并说：“您好，我是重型汽车公司的推销员，我叫……”才说了几个字，该顾客就以十分严厉的口气打断了乔治的话，并开始抱怨当初买车时的种种不快，如服务态度不好、报价不实、内装及配备不对、交接车的时间等待得过长……

顾客在喋喋不休地数落着乔治的公司及当初提供服务的推销员，乔治只好静静地站在一旁，认真地听着，一句话也不敢说。终于，那位顾客把以前所有的怨气都吐光了。当他稍微喘息了一下时，才发现眼前的这个推销员好像很陌生。于是，他便有点不好意思地对乔治说：“小伙子，你贵姓呀，现在有没有一些好一点的车型，拿一份目录过来，给我介绍介绍吧。”

当乔治离开时，心里已经兴奋得几乎想跳起来了，因为他的手上已经拿着两台重型汽车的订单。从乔治拿出产品目录到那位顾客决定购买，整个过程中乔治说的话加起来都不超过10句。重型汽车交易拍板的关键，由那位顾客道了出来，他说：“我是看到你非常实在、有诚意又很尊重我，所以我才向你买车的。”

在适当的时候，可以让嘴巴休息一下，多听听对方的话。当满足了对方被尊重的感觉时，我们也会因此而获益。

四、冲突管理

冲突管理有广义与狭义之分。广义的冲突管理包括冲突主体对于冲突问题的发现、认识、分析、处理、解决的全过程和所有相关工作，也就是对于潜在冲突—知觉冲突—意向冲突—行为冲突—结果冲突的全过程进行研究管理。狭义的冲突管理则着重把冲突的行为意向和冲突中的实际行为及反应行为作为研究对象，研究冲突在这两个阶段的内在规律、应对策略和方法技巧，以便有效地管理好实际冲突。迄今所见的论述冲突管理的大部分文献多立足于狭义冲突管理的范畴。

（一）发生冲突的原因

沟通是为了降低组织的管理成本，进而降低组织之间的交易成本。但是，由于组织之间及组织中员工之间存在本质的区别，沟通并不会达到尽善尽美的效果。这样，组织摩擦和人员摩擦就会不可避免地发生，带来额外的管理组织成本。这种摩擦程度越大，组织的协调成本越高。人与人之间在利益、观点、掌握的信息或对事件的理解上都可能存在差异，有差异就可能引起冲突。不管这种冲突是否真实存在，只要一方感觉到有差异就会发生冲突。显然，沟通不充分或没有沟通都会导致冲突。所以，要了解冲突，首先要了解出现差异的原因及其表现形式。

1. 沟通差异

文化和历史背景不同、语言差异、误解及沟通过程中噪声的干扰，都可能造成人们之间意见不一致。沟通不良是产生冲突的重要原因，但不是主要的。

2. 结构差异

管理中经常发生的冲突，绝大多数是由组织结构的差异引起的。由于分工造成组织结构中垂直方向和水平方向各系统、各层次、各部门、各单位、各不同岗位的分化，组织越庞大、越复杂，组织分化越细密，组织整合就越困难。

由于信息不对称和利益不一致，人们在计划目标、实施方法、绩效评估、资源分配、劳动报酬、奖惩等许多问题上都会产生不同的看法，这种差异是由组织结构本身造成的。为了本单位的利益和荣誉，许多人都会理直气壮地与其他单位甚至上级组织发生冲突。不少管理者甚至把挑起这种冲突看作自己的职责，或作为建立自己威望的手段。几乎每位管理者都会经常面临与同事或下属之间的冲突。

3. 个体差异

每个人的社会背景、教育程度、阅历、修养塑造了每个人不同的性格、价值观和作风。这种个体差异造成的合作和沟通的困难往往也容易导致某些冲突的发生。这说明，由于沟通差异、结构差异和个体差异的客观存在，冲突也就不可避免地存在于一切组织中。

（二）冲突管理的基本策略

冲突管理的策略模式有多种，应用最为广泛的通用模式是美国行为科学家托马斯用二维空间描述的冲突模式，如图 9-4 所示。

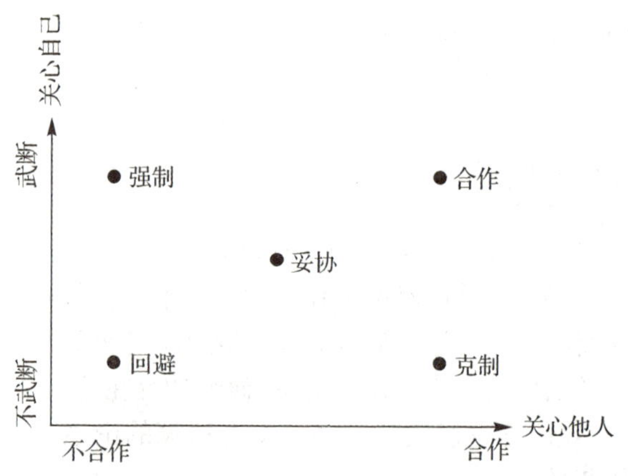

图 9-4 托马斯冲突管理的二维空间模式

托马斯认为，至少有五种处理人际冲突的策略，每种策略都是由关心自己和关心他人两个维度来确定的。其中，关心自己表示在追求个人利益过程中的武断程度，关心他人表示在追求个人利益过程中与他人合作的程度。五种策略即代表了合作性与武断性之间的五种不同组合。

1. 回避策略

回避策略是指既不合作又不武断的策略。这时，人们将自己置身于冲突之外，忽视了双方之间的差异，或保持中立态度。这种方法反映出当事人的态度是任冲突自然发展，对自己的利益和他人的利益均无兴趣，于是回避各种紧张和挫折的局面。这可以避免问题扩大化，但常常会因为忽略了某种重要的意见、看法而使对方受控，易遭对手的非议，所以长期使用效果不佳。

2. 强制策略

强制策略是指高度武断且不合作的策略，即为了自己的利益牺牲他人的利益。一般来说，此时一方在冲突中具有占绝对优势的权力和地位，因此一般会认为该方的胜利是必然的，而另一方则必然会以失败告终。强制策略通常可以使人们只达到自己的目的，所以同样不受对手的欢迎。

3. 克制策略

克制策略是一种具有高度合作精神而武断程度较低的策略。可以说这是无私的策略，因为当事人会牺牲自己的利益而满足他人的要求。通常克制策略是为了从长远利益出发而换取对方的合作，或者是屈服于对手的意愿。因此，克制策略是最受对手欢迎的，但容易被对手认为是过于软弱或屈服的表示。

4. 合作策略

合作策略是在高度的合作精神和武断的情况下采取的策略。它代表了冲突解决中的双赢局面，即最大限度地扩大合作利益，既考虑了自己的利益，又考虑了他人的利益。一般来说，持合作态度的人有几个特点：他们认为冲突是一种客观的、有益的现象，处理得当可解决一些建设性的问题；相信对手；相信冲突双方在角色上是平等的，并认为每个人的观点都有其合理性；他们不会为了共同的利益而牺牲任何一方的利益。

5. 妥协策略

在妥协策略下，合作和武断程度均处于中间状态，它建立在“有予必有取”的基础之上，通常情况下需要一系列的谈判和让步。同合作方式相比，妥协策略只求部分地满足双方的要求，是最常用、被人们广泛接受的一种解决冲突的策略。人们认为妥协策略至少有以下优点：尽管它部分地阻碍了对手的行为，但仍然表示出合作的姿态；反映了解决冲突的实利主义态度；有助于保持双方之间的良好关系。一项研究表明，人们之所以欢迎妥协策略，是因为妥协策略的确提供了一个解决办法。

资料卡

有效沟通的7C原则

美国著名的公共关系专家特立普、森特在他们合著的被誉为“公关圣经”的著作《有效的公共关系》中提出了有效沟通的7C原则。

(1) credibility：可信赖性，即建立对传播者的信赖。

(2) context：一致性(又译为情境架构)，指传播须与环境(物质的、社会的、心理的、时间的环境等)相协调。

(3) content：内容的可接受性，指传播内容要与受众有关，必须能引起他们的兴趣，满足他们的需要。

(4) clarity:表达的明确性,指信息的组织形式应该简洁明了,易于被公众接受。

(5) channels:渠道的多样性,指应该有针对性地运用传播媒介以起到向目标公众传播信息的作用。

(6) continuity and consistency:持续性与连贯性,这就是说,沟通是一个没有终点的过程,要达到渗透的目的,必须对信息进行重复,但又必须在重复中不断补充新的内容,这一过程应该持续地坚持下去。

(7) capability of audience:受众能力的差异性,这就是说,沟通必须考虑沟通对象能力的差异(包括注意能力、理解能力、接受能力和行为能力),采取不同方法实施传播才能使传播易被受众理解和接受。

上述7C原则基本涵盖了沟通的主要环节,涉及传播学中控制分析、内容分析、媒介分析、受众分析、效果分析、反馈分析等主要内容,极具价值。这些有效沟通的基本原则,对人际沟通来说同样具有不可忽视的指导意义。

(三)冲突处理方法

冲突处理实际上是一种管理艺术,优秀的管理者通常采取相应的方法处理组织内部的冲突。

1. 谨慎地选择想要处理的冲突

管理者可能面临许多冲突。其中,有些冲突非常琐碎,不值得花很多时间去处理;有些冲突虽然很重要,但不是自己力所能及的,不宜插手;有些冲突处理难度很大,要花很多时间和精力,但未必有好的回报,不要轻易介入。管理者应当选择那些员工关心、影响面大,对推进工作、打开局面、增强凝聚力、建设组织文化有意义、有价值的事件,亲自抓,一抓到底。对冲突事必躬亲的管理者并不是真正优秀的管理者。

2. 仔细研究冲突双方的代表人物

如果管理者选择了某一冲突进行处理,仔细研究冲突双方的代表人物是十分重要的,包括哪些人卷入了冲突,冲突双方的观点是什么,差异在哪里,双方真正感兴趣的是什么,代表人物的人格特点、价值观、经历和资源因素如何。如果管理者能站在冲突双方的立场上看待问题,那么成功的可能性会大大提高。

3. 深入了解冲突的根源

冲突的出现总是有原因的,解决冲突的方法在很大程度上取决于冲突发生的原因。不仅要了解表层的冲突原因,还要深入了解深层的、没有说出来的原因。冲突可能是多种原因交叉作用的结果,如果是这样,还要进一步分析各种原因作用的强度。

4. 妥善地选择处理策略

通常的处理策略有回避、克制、强制、妥协、合作五种。当冲突无关紧要时,或当冲突双方情绪极为激动、需要时间恢复平静时,可采用回避策略;当维持和谐关系十分重要时,可采用克制策略;当必须对重大事件或紧急事件进行迅速处理时,可采用强制策略,用行政命令方式牺牲某一方利益后再慢慢做安抚工作;当冲突双方势均力敌、争执不下,需要采取权宜之计时,双方都需做出一些让步,采用妥协策略;当事件十分重大,双方不可能妥协,可经过开诚布公的谈判,采用对双方均有利的合作策略。

五、谈判管理

为了进行冲突管理,管理者必须和组织内外的人员打交道。在组织内部,冲突管理时常可以有效地通过行政手段进行。但对于组织之间的冲突，如企业之间在新的经济形式下开展的旨在拓展未来商机的战略联盟，通常会出现联盟各方在协调上的困难，这时就不能简单地用行政干预的手段去降低管理成本，实现组织目标。相反，联盟各方必须从协议、信任和互惠等多方面的视角寻求解决组织间冲突的途径。谈判作为一种实现目标的手段，必然是冲突管理的重要内容。

（一）谈判的基本方法

谈判是双方或多方为实现某种目标就有关条件达成协议的过程。这种目标可能是为了实现某种商品或服务的交易，也可能是为了实现某种战略或策略的合作；可能是为了争取某种待遇或地位，也可能是为了减税或贷款；可能是为了消除相互的分歧而走向联合，也可能是为了明确各自的权益而走向独立。市场经济本身就是一种契约经济，一切有目的的经济活动，一切有意义的经济关系都要通过谈判来建立。谈判有两种基本方法，即零和谈判与双赢谈判。

零和谈判就是有输有赢的谈判，一方有所得，另一方有所失。零和谈判能够成功，在于双方的目标都有弹性并有重叠区存在，重叠区就是双方和解、达成协议的基础。

双赢谈判就是找到一种双方都赢的方案。这种谈判要求双方对对方的需求十分敏感，各自都比较开放和灵活，双方都对另一方有足够的了解和信任。在此基础上通过开诚布公的谈判，就可能找到双赢的方案，从而建立起牢固的长期合作关系。

（二）谈判的原则

优秀的管理者可实现有效的谈判，一般应遵循以下原则。

（1）理性分析谈判的事件。抛弃历史和感情上的纠葛，理性地判别信息、依据的真伪，分析事件的是非曲直，分析双方未来的得失。

（2）理解谈判对手。找出谈判对手的制约因素、真实意图、战略、兴奋点和抑制点。

（3）抱着诚意开始谈判。谈判时要做到态度不卑不亢，条件合情合理，提法易于接受，必要时可主动让步（也许只是一个小小的让步），尽可能寻找双赢的方案。

（4）坚定与灵活相结合。对自己目标的基本要求要坚持，对双方最初的意见不必太在意，因为那多半只是一种试探，有极大的伸缩余地。当陷入僵局时，应采取暂停、冷处理后再谈的策略，或争取第三方调停，尽可能避免破裂。

林肯的演讲

林肯在竞选议员的时候，要到在当时被称为半开化的伊利诺伊州南部去演讲。林肯是主张解放奴隶的人，而伊利诺伊州南部的人民却是奴隶制的拥护者，他们性情粗暴，痛恨反对奴隶制的人。听说林肯要来演讲，那里的恶霸们联合起来准备捣乱。他们扬言，如果林肯要演讲，就立刻把他赶出当地，并且还要把他杀死。

面对这样的恐吓，林肯并没有退缩，他说："只要他们肯给我一个只说几句话的机会，我就可以把他们说服。"他在开始演讲之前，亲自去会见对方的头目，并且和他们热烈地握手。然后，他用了十分文雅的态度，做了一场恰当的演说："朋友们，我也是你们中的一员，我和你们共同携手，而不是来干涉你们生活的人……诸位同乡们，请不要做那样愚笨的事情，让我们来做朋友，让我们彼此来用朋友的态度互相对待。我是世上最谦虚、最平和的人中的一个，我不会去损害任何人，也不会去干涉任何人的权利。我对你们没有什么奢望和要求，只是我有几句话要说，希望你们能够静心地听。你们是勇敢而豪爽的人，我相信我对你们的一点希望，你们是能做到的。现在，让我们大家十分诚恳地来讨论我们的意见吧！"

林肯说着上面那段话的时候，态度十分文雅和善，讲话的声音也十分恳切，因此他把一场将要发生的险恶的冲突化解得风平浪静。在处理冲突和谈判中，应注意说话的态度和语气。

项目小结

沟通是指信息从发送者到接收者的传递和理解的过程。沟通是实现组织目标的重要手段，可使管理决策更加合理有效，是企业中各部门、各成员之间密切配合与协调的重要途径，是管理人员激励下属，影响和改变别人的态度和行为，实现领导职能的基本途径，也是企业与外部环境之间建立联系的桥梁。

沟通是由信息发送者通过一定的信息渠道，向信息接收者传递信息的过程。沟通力求表达清楚，传递力求准确，避免过早评价，增强下级对领导者的信任度，选择有利的时机，拓宽有效沟通渠道。

按沟通的组织系统划分，沟通可以分为正式沟通和非正式沟通；按沟通中信息流动的方向划分，沟通可分为上行沟通、下行沟通、平行沟通和斜向沟通；按沟通所使用语言的方式划分，沟通可分为口头沟通、书面沟通、非语言沟通、电子媒介沟通；按沟通过程中信息发送者与接收者的地位是否改变划分，沟通可分为单向沟通和双向沟通。

造成沟通障碍的主要因素有四大类，即个人因素、人际因素、结构因素和技术因素。

巩固与提高

一、单项选择题

1. 沟通会受到各种"噪声干扰"，这里所指的"噪声干扰"可能来自（　　）。

A. 沟通的全过程　B. 信息传递过程　C. 信息解码过程　D. 信息编码过程

2. 沟通过程的第一个步骤是（　　）。

A. 反馈　B. 编码　C. 传递　D. 接收

3. （　　）有助于同级部门或同级领导之间的沟通了解。

A. 上行沟通　B. 下行沟通　C. 平行沟通　D. 斜向沟通

4. "忠言逆耳"指的是影响有效沟通的障碍中的（　　）。

A. 个人因素　B. 人际因素　C. 结构因素　D. 技术因素

5. 通过组织明文规定的渠道进行信息交流和传递的沟通形式是（　　）。

A. 正式沟通　B. 非正式沟通

C. 上行沟通　D. 下行沟通

6. 下列沟通网络中传递信息速度最快的是(　　)。

A. 轮式　　B. 链式　　C. Y式　　D. 环式

7. 某保险公司某市分公司为开发一项新业务,从不同部门抽调若干员工组建了一个项目团队,为激励他们高度热情地投身于新工作,选择(　　)作为沟通媒介最合适。

A. 电子邮件　　B. 电话　　C. 面谈　　D. 简报

8. 书面沟通存在的最主要的缺点是(　　)。

A. 传递中经过层次越多,信息失真越严重,核实越困难

B. 效率低,缺乏反馈

C. 传递距离有限,只能意会,不能言传

D. 以上都不对

9. 下列说法不正确的是(　　)。

A. 双向沟通比单向沟通需要更多的时间

B. 接收者比较满意单向沟通,发送者比较满意双向沟通

C. 双向沟通的噪声比单向沟通要大得多

D. 在双向沟通中,接收者和发送者都比较相信自己对信息的理解

10. 管理人员要学会如何积极倾听,下列不属于积极倾听做法的是(　　)。

A. 该沉默时必须沉默　　B. 留适当的时间进行辩论

C. 让别人的情绪直接影响你　　D. 当发觉遗漏时,直截了当地问

二、多项选择题

1. 电子媒介沟通包括(　　)。

A. 体态　　B. 讲座　　C. 备忘录　　D. 闭路电视

E. 传真

2. 造成沟通障碍的主要因素包括(　　)。

A. 个人因素　　B. 人际因素　　C. 结构因素　　D. 技术因素

E. 传递因素

3. 完整的沟通过程包括的环节有(　　)。

A. 发送者　　B. 接收者　　C. 渠道　　D. 译码

E. 反馈

4. 按照信息流动的方向划分,沟通可以分为(　　)。

A. 上行沟通　　B. 下行沟通　　C. 平行沟通　　D. 无形沟通

E. 斜向沟通

5. (　　)属于正式沟通。

A. 组织的定期会议　　B. 按组织系统逐级上报

C. 私下议论　　D. 同学聚会

E. 团组织生活

三、简答题

1. 什么是沟通? 沟通有什么作用?

2. 简述沟通的过程。

3. 沟通有哪些要求?

4. 沟通的种类有哪些?

5. 正式沟通和非正式沟通各有何优缺点？
6. 造成沟通障碍的主要因素有哪些？沟通障碍在日常管理中的表现有哪些？
7. 沟通障碍产生的原因是什么？如何克服沟通障碍？
8. 造成冲突的原因是什么？冲突管理的基本策略有哪些？冲突处理方法有哪些？
9. 谈判的基本方法是什么？实现有效谈判的原则有哪些？

四、案例分析题

研发部的梁经理

研发部的梁经理才进公司不到一年，工作表现颇受主管赞赏，不管是专业能力还是管理绩效，都获得了大家肯定。在他的缜密规划之下，研发部一些拖延很久的项目都在积极推行当中。

部门主管李副总发现，梁经理到研发部以来，几乎每天加班。他经常第二天看到梁经理电子邮件的发送时间是前一天晚上十点多，接着甚至又看到当天早上七点多发送的另一封邮件。这个部门下班时总是梁经理最晚离开，上班时第一个到。但是，即使在工作量吃紧的时候，其他同事似乎都准时走，很少跟着他留下来，平常也难得见到梁经理和他的部属或是同级主管进行沟通。

李副总对梁经理怎么和其他同事、部属沟通工作觉得好奇，开始观察他的沟通方式。原来，梁经理都是以电子邮件交代工作。他的属下除非必要，也都是以电子邮件回复工作进度及提出问题，很少找他当面报告或讨论。对其他同事也是如此，电子邮件似乎被梁经理当作和同事合作的最佳沟通工具。

但是，最近大家普遍对梁经理这样的沟通方式反应不佳。李副总发现，梁经理的部属对部门逐渐失去了向心力，除了不配合加班，还只执行交办的工作，不太主动提出企划或问题。而其他各主管，也不会像梁经理刚到研发部时那样主动到他房间聊聊，大家见了面，只是客气地点个头。开会时的讨论也都是公事公办的味道居多。

这天，李副总刚好经过梁经理房间门口，听到他打电话，讨论内容似乎和另一个部门的陈经理的业务范围有关。他到陈经理那里，刚好陈经理也在打电话。李副总听谈话内容，确定是两位经理在谈话。之后，他找了陈经理，问他怎么回事。明明两个经理的办公室相邻，为什么不直接走过去当面沟通，而是用电话谈。

陈经理笑答这个电话是梁经理打来的，梁经理似乎比较喜欢用电话讨论工作，而不是当面沟通。陈经理曾试着要在梁经理办公室谈，但是梁经理不是用最短的时间结束谈话，就是眼睛一直盯着计算机屏幕，让他不得不赶紧离开。陈经理说，几次以后，他也宁愿用打电话的方式沟通，免得让别人觉得自己过于热情。

了解这些情况后，李副总决定找梁经理聊聊。梁经理觉得，效率应该是最需要追求的目标。所以，他希望用最节省时间的方式完成工作。李副总以过来人的经验告诉梁经理，工作效率重要，但良好的沟通绝对会让工作的进行顺畅许多。

【问题】

1. 梁经理的沟通方式存在什么问题？
2. 李副总应如何劝说梁经理？
3. 通过这个案例你可以得到什么启示？

项目十

人员配备

知识目标

- 理解人员配备的概念和职责；
- 掌握人员招聘的程序和途径；
- 了解人员甄选和人员培训的方法；
- 掌握绩效管理与薪酬管理的内容和方法。

能力目标

- 能够按照招聘的工作流程进行招聘；
- 能够合理选择招聘的方式；
- 能够对员工进行甄选和培训；
- 能够用恰当的方法进行绩效和薪酬管理。

导入案例

三国之人才培养

诸葛亮六出祁山却从未成功，而蜀国却被魏国一攻就破，一个重要原因就是诸葛亮忽视了人才的培养与战略上的休养。失去荆州大片土地，损失关、张两员大将，失去了“精神支柱”刘备，再平孟获，出兵伐魏，国家资源根本无法支撑。而在此期间，魏国大力办学，发展经济，培养了众多的人才。一个主攻，国力虚耗，人才只损失无补充；另一个主守，养精蓄锐，人才辈出，胜败之道一目了然。人才与休养的问题不解决就急于大动兵戈，难免会失败。

从整体上来说，蜀国除了五虎上将和魏延外，几乎无可用之将。而这几员大将几乎都是前期随刘备打天下的猛将，赵云是刘备借来的，关羽、张飞本来就是刘备的兄弟，黄忠是刘备“哭”来的，马超是后来的降将，魏延也是降将且一直被诸葛亮猜忌。试想，自诸葛亮辅佐刘备后，出现过几个人才？即使后期诸葛亮比较满意的姜维，也不是由蜀国内部培养的。以上因素最终导致了“蜀中无大将，廖化为先锋”的尴尬局面。相较之下，魏国在人才培养上就注重多了。

案例提示：在内部人才缺乏的时候，通过外部渠道招聘人才当然不失为一条捷径，如姜维的引进，但外来人才需要一段时间适应，与组织的融合需要时间，同时在一定程度上会影响内部人才的晋升机会，而且外面的人才资源始终有限，不是长久之计。要解决人才资源短缺的问题，只有从内部培养上着手，否则，终究难成气候。诸葛亮死后，蜀国迅速衰败就是最好的例证。

任务一　人员配备概述

组织职能不仅包括设计、构建组织结构体系，还包括为组织结构中的每个职位配备合适的人员。组织中任何一项管理职能的实施，任何一项任务工作目标的完成都是靠人来实现的，可以说，人是组织目标实现的直接推动力。因此，组织结构中每个职位的人员配备是每个组织都十分关心的问题，它直接关系到组织的活动是否有效、组织目标能否实现。

一、人员配备的概念

人力资源这一概念早在 1954 年就由彼德·德鲁克在其著作《管理的实践》中提出并加以明确界定。人力资源是指一定时期内组织中的人所拥有的能够被组织所用且对价值创造起贡献作用的教育、能力、技能、经验、体力等的总称。

人力资源是一种特殊而又重要的资源，是各种生产力要素中最具有活力和能动性的部分，组织中的其他物力或财力资源需要通过人的积极组合和利用才能发挥效用。人员配备就是根据组织结构中所规定的职务数量和要求，对所需要的人员进行恰当而有效的选择、使用、考评和培训的职能活动。其目的是以合适的人员去充实组织结构中所规定的各项职务，从而保证组织活动的正常运行，实现组织的预定目标。

人员配备的目标是确保组织在一定时间内，每个经过科学设计的岗位都能获得适当的人员，实现人力资源的最佳配置，最大限度地开发和利用人力资源及其潜力，使组织及其组织成员的需要得到充分的满足。管理的首要任务是对人的管理，组织活力的源泉在于劳动者的积极性、智慧和创造力。因此，管理者在考虑管理中人的因素时，应充分重视人的作用，才能把管理活动放在社会政治、经济、文化、教育、科学技术等各种社会关系与人的生理、心理等的综合系统中去进行人员的招聘、选拔、考评和培训工作。

人员配备的概念包括四个层次的内容：第一，就管理系统而言，不断地从外部环境中发现管理系统所需要的人，并将其吸纳到管理系统中来；第二，就管理内部而言，存在于管理系统之中的人尚未尽其才，依然是有待开发的人力资源；第三，管理系统中人的作用发挥的程度，通过考核可以了解；第四，就管理系统的发展而言，如果充分发挥了人的作用，还可以在进一步的学习、培训中提高其知识与技能，从而使其发挥更大的作用。

留个缺口给别人

一位著名企业家在做报告时，一位听众问："你在事业上取得了巨大的成功，请问，对你来说，最重要的是什么？"

企业家没有直接回答，他拿起粉笔在黑板上画了一个圈，只是并没有画圆满，留下一个缺口。他反问道："这是什么？""零""圈""未完成的事业""成功"，台下的听众七嘴八舌地答道。

他对这些回答未置可否："其实，这只是一个未画完整的句号。你们问我为什么会取得辉煌的业绩，道理很简单，我不会把事情做得很圆满，就像画个句号，一定要留个缺口，让我的下属去填满它。"

留个缺口给他人，并不说明自己的能力不强。实际上，这是一种管理的智慧，是一种更高层次上带有全局性的圆满。给猴子一棵树，让它不停地攀登；给老虎一座山，让它自由纵横。也许，这就是企业管理用人的最高境界。

二、人员配备的原则

根据组织结构所规定的职务的数量和要求对所需人员进行恰当而有效的配备，必须坚持以下几个重要的人员配备原则。

（一）因事择人原则

所谓因事择人，是指应以所设职位和工作的实际要求为标准来选拔符合标准的各类人员。选拔人的目的在于使其担任一定的职务，并能按照要求从事与该职务相对应的工作。要使工作圆满完成并卓有成效，首先要求在保证工作效率的前提条件下安排和设置职位，其次要求占据该职位的人员具备相应的知识和工作能力。因此，因事择人是实现人员配备的基本要求，也是组织中人员配备的首要原则。

（二）因材起用原则

所谓因材起用，是指根据人的能力和素质的不同去安排不同要求的工作。从组织中人的角度来考虑，只有根据人的特点来安排工作，才能使人的潜能得到充分的发挥，使人的工作热情得到最大限度的激发。如果学非所用、大材小用或小材大用，不仅会严重影响组织效率，也会造成人力资源计划的失效。

（三）用人所长原则

动画
佛祖用人之道

所谓用人所长，是指在用人时不能够求全责备，管理者应注重发挥人的长处。在现实中，由于人的知识、能力、个性发展是不平衡的，组织中的工作任务要求又具有多样性，因此完全意义上的"通才""全才"是不存在的，即使存在，组织也不一定非要选择用这种"通才"，而应该选择最适合空缺职位要求的候选人。有效地管理就是要能够发挥人的长处，并使其弱点减少到最少。

（四）动态平衡原则

处在动态环境中的组织是不断变革和发展的。组织对其成员的要求是在不断变化的，当然，工作中人的能力和知识也是在不断提高和丰富的。因此，人与事的配合需要进行不断的协调平衡。所谓动态平衡，就是要使那些能力发展充分的人去从事组织中更为重要的工作，同时也要使能力平平、不符合职位需要的人得到识别及合理的调整，最终实现人与职位、工作的动态平衡。

三、人员配备的职责

（一）确定人员配备计划

所谓人员配备计划，就是一个管理系统为实施组织发展战略和实现管理目标，根据内外环境及其变化的情况，运用科学的方法对组织人力资源需求和供给进行预测，并在预测的基础上制订人力资源的选聘、考核、培训等方面的专项计划。制订科学的人员配备计划，既能提高人力资源的利用率，又能使个人的行为与组织目标相一致；既能降低人力资源开发的成本，又能建立起一个人力资源信息系统，实现人力资源配置上的优化。一般来说，人员配备计划包含人员选聘计划、职业转移计划、人员培训计划等内容。

（二）职位分类与定编定员

职位分类和定编定员是对管理系统内部情况进行分析，其目的是为人员配备提供科学、客观的依据。职位分类就是将所有的职位按其业务性质分为若干职位系列，然后按责任大小、工作难易、所需教育程度及技术高低分为若干职位等级，对每个职位都做出明确的说明和描述，制成职位说明书，以此作为人员选聘和考核的重要依据。定编定员也就是人们通常说的编制，主要包括机构内工作人员的数量定额、人员结构和职务分配等内容。

（三）人员选聘

人员选聘就是通过内部征召和外部招聘等方式去选择职位需要的组织成员的过程。具体来说，人员选聘是指在职位分类和定编定员基础上，聘用和选拔合适的人员去担任组织中的各项职务，以保证组织活动的正常进行，进而实现管理目标。人员选聘满足了组织发展对人员的需求，是确保组织成员具备较高素质的基础，能在一定程度上保证组织的稳定。人员选聘的过程也是组织树立自身形象的过程。

人员选聘受到许多因素的影响。组织所处的发展阶段不同，会直接影响选聘的人员类型、数量等方面的要求；人力资源供给与需求的状况也会给选聘工作的难易及选聘成本的高低带来影响。因此，管理者要采用科学的方法和途径，选聘合适的人才充实组织。

（四）人员培训

人员培训是培养人才、调动组织成员积极性的重要途径，是增强组织中管理人员能力的重要手段。同时，也是提高组织运作效率和进行组织文化建设的有效方法。就整个组织而言，通过各种不同层次、不同内容的培训，可以提高人力资源的素质，弥补部分正规教育的不足，从而增强组织的竞争力和活力。切实做好人员培训，应按照组织目标的要求，遵循科学的原则，采用有效的培训方法。

（五）人员考核与制定薪酬制度

考核就是考评、评价，是指对组织内部人员进行考评和评价。人员考核是组织对人员选聘结果加以检查的基本依据，是对组织人员进行培训、使用、调配和晋升的前提条件。人员考核需要依据一定的考核标准，遵循严格的考评程序，运用科学的考核方法来进行。薪酬制度是组织及其成员都非常关心的问题，制定出合理的、有较强吸引力的薪酬制度，是组织吸引人才和留住人才的主要措施之一。

（六）职业生涯规划

职业生涯规划是人员配备管理中一个非常重要而又崭新的问题。职业生涯又称职业发展，是指一个人在其一生中遵循一定道路所从事工作的历程，是指与工作相关的活动、行为、价值、愿望等的综合。职业生涯规划是指通过员工的工作及职业发展的设计，协调员工个人需求和组织需求之间的关系，实现个人和组织的共同发展。这是一种以人为中心的人本管理方法，主要包括职业选择、组织选择、组织内的工作岗位选择、职业生涯通道设计及长期的生涯发展战略与策略。组织应不断帮助员工提高自身素质，改善工作绩效，最终在组织职业生涯中实现个人职业生涯目标和组织目标。

资料卡

木桶定律的人力资源新解

木桶定律的原意是指一个木桶盛水的多少，不取决于桶壁上最高的那块木板，而是取决于桶壁上最短的那块木板。

人力资源工作无法摆脱木桶定律，在人力资源工作中，木桶定律还可以引申出更广泛的含意。

在人力资源工作中，木桶可以理解为企业的环境，包括制度环境、流程环境、文化环境、薪酬环境等；水代表的是符合企业要求的人。在“水”这个大概念中，还有一个必不可少却又非常容易被忽略的物质，那就是杂质。杂质代表的是不符合企业要求的人。此处的杂质，并不是单纯指工作能力不足或者道德品质低下的人，还包括不符合企业现状的所有人员。

四、人员配备的重要性

人是组织中最重要的资源，是唯一具有主观能动性的资源，是唯一具有双重身份的要素（既是管理主体，又是管理客体），是构成组织最重要的要素。组织活动的进行和组织目标的实现，无一不是由人决定的。因此，人员配备在组织职能中具有十分重要的地位。一些管理学家甚至把人员配备从组织职能中独立出来，看作管理的另一项独立职能。

（一）人员配备是组织有效活动的保证

对于一个组织来说，组织目标为组织活动明确了方向，组织结构又为组织活动提供了实现目标的条件。但是，再好的组织结构，如果人员的安排不合理，那么这个组织结构也是无法发挥其正常功能的。人员配备不当不仅会导致组织结构不能成为实现组织目标的保证，还可能会干扰组织的有效活动，阻碍和破坏组织目标的实现。因此，人员配备工作的好坏，直接影响到组织活动的成效。

在人员配备中，主管人员的配备无疑十分重要。主管人员是组织中对他人及其工作负责的管理人员，他们的基本任务是设计和维持一种环境，使身处其间的其他成员能在组织内一起工作，以完成预期的任务和目标。由此可见，主管人员在组织活动中居于主导地位，是实现组织目标的关键人物。因而组织的有效活动在很大程度上取决于主管人员的配备情况，取决于主管人员的质量如何。

（二）人员配备是做好领导与控制工作的关键

人员配备不是孤立的，从管理系统看，它以计划工作为前提，以组织结构设计为基础，是计划工作与组织工作的人员落实，又为领导与控制工作奠定了基础。一个组织，如果人员配备不当或人员配备工作不完善，如配备的主管人员的德才与职务要求不相符，那么主管人员就无法发挥其领导才能，不可能创造出一种良好的组织环境，其成员的积极性、主动性、创造性也就得不到发挥。同样道理，下属工作人员配备的不合理，势必会给控制工作带来更大的困难，使控制的范围加大，控制的难度增加，从而加重主管人员的工作强度。

（三）人员配备是组织发展的源泉

组织发展是对组织内外环境的变化而做出的反应。一个组织只有不断地发展，不断地获得新的生命力，才能适应内外环境的变化而立于不败之地。组织发展的能动因素是人，组织发展的动力源泉也是人。因此，人员的配备作为专门从事充实组织结构中的各种职位，同组织发展的关系极为密切。人员配备也是一个动态的过程，它不仅要进行目前所需的各种人员的配备，还要着眼于未来，为培养组织未来发展所需的各类人才做好准备。人们常说，组织之间的竞争，归根结底是人才的竞争，这事实上也说明了组织职能中人员配备的重要性。

总之，人员配备在管理中占有十分重要的地位，任何组织都应充分认识到它的重要性，在实际工作中给予足够的重视。

王珐鉴才

在一次宴会上，唐太宗对王珐说："你善于鉴别人才，尤其善于评论。你不妨从房玄龄等人开始，一一做些评论，评价一下他们的优缺点，同时比较一下你哪些地方比他们优秀。"

王珐回答说："孜孜不倦的办公，一心为国操劳，凡所知道的事没有不尽心尽力去做，在这方面我比不上房玄龄；常常向皇上直言建议，认为皇上能力德行比不上尧舜很丢面子，这方面我比不上魏征；文武全才，既可以在外带兵打仗做将军，又可以进入朝廷搞管理担任宰相，这方面我比不上李靖；向皇上报告国家公务，详细明了，宣布皇上的命令或者转达下属官员的汇报，能坚持做到公平公正，在这方面我不如温彦博；处理繁重的事务，解决难题，办事井井有条，这方面我比不上戴胄；至于批评贪官污吏，表扬清正廉明，疾恶如仇，好善喜乐，在这方面比起其他几位能人来说，我有一技之长。"唐太宗非常赞同他的话，而大臣们也认为王珐完全道出了他们的心声，都说这些评论是正确的。

从王珐的评论可以看出唐太宗能识别每个人的特长，但更重要的是唐太宗能将这些人依其专长安置在最适合的职位，使其能够发挥自己所长，进而让整个国家繁荣强盛。每个领导者必须学会如何组织团队，如何掌握及管理团队。企业组织的领导者应以每个员工的专长为思考点，安排适当的位置，并依照员工的优缺点做机动性调整，让团队发挥最大的效能。

任务二　人员招聘与培训

一个组织成功与否，在很大程度上取决于组织人员的素质和各岗位是否有合适的员工，这是一个组织能够成功的关键之一。组织结构的设计为贯彻落实组织目标奠定了基础，但若不能按照各岗位的要求选配到合适的人员，则再好的组织结构也无法发挥作用。因此，在设计合理的组织结构的同时，还需为所设计的各岗位选配合适的人员。

一、人员招聘

（一）人员招聘的概念

人员招聘是指为了组织发展的需要，根据人力资源规划和工作分析的要求，寻找、吸引那些有能力又有兴趣到本组织任职的人员，并从中选出适宜人员予以录用的过程。因而，招聘通常包括招募、甄选与录用三个必不可少的环节。简单而言，招聘是在合适的时间为合适的岗位寻找到合适的人选。

招聘过程建立在两项基础性工作的基础上：一是企业的人力资源规划，二是岗位/工作分析。其中，人力资源规划是对企业人力资源需求和供应的分析与预测，它为招聘提供了“量”的要求，从而确定配备、补充或晋升的规模。岗位/工作分析则主要分析组织中各岗位的职责、工作任务、工作关系等，以及何种素质的人才能胜任这一岗位，即任职资格。它为招聘提供了“质”的要求，从而明确谁适合该岗位。人力资源规划的结果能够确定组织究竟缺哪些岗位；岗位/工作分析的结果能够使管理者了解什么样的人应该被招聘进来填补这些空缺岗位。

（二）人员招聘的标准

人员招聘是落实人员配备计划的一个重要步骤，必须依据一定的标准进行选择，总体来说应该是德才兼备。人员选聘的标准具体包括以下几点。

1. 优良的人品

优良的人品是每个组织成员都应具备的基本素质。尤其是对管理人员来说，担任管理职务意味着拥有一定的职权，而组织不可能随时对权力的运用进行严密、细致、有效的监督，权力能否正确运用在很大程度上只能取决于管理人员的自觉、自律行为。因此，管理人员必须是值得信赖的，并且要具有正直而高尚的道德品质。对于一般员工来说，良好的品德意味着能够坚持真理、实事求是、诚实待人。品行优良意味着能够脚踏实地地工作。总之，优良的品质应该成为员工的基本要求，特别是在一个学习型的团队组织中，如果员工没有优良的人品就会使团队人员无法合作。所以，很多企业选人的标准是人品大于能力，能力大于学历。

2. 职位要求

职位要求应当既能满足实现组织目标的要求，也能满足个人的需要。通常，组织结构设计中的职位说明书就是一种关于职位要求的文件，它通过职务分析确定某一职务的具体要求，内容包括该职位所承担的主要任务、履行的职责、享有的职权、与其他职务之间的关系，有时还包括应达成的目标或预期的成果。所以，职位要求明确地指明了每个工作岗位需要什么样的人才，因而可以避免或减少“大材小用”或“小材大用”的现象，在选聘时可以使最适当的人员得到最适当的职位，避免人力资源的浪费。

3. 强烈的事业心

员工要取得良好的工作成绩，不仅取决于他的人品、知识、能力水平，还取决于他做好这项工作的意愿是否强烈，是否有强烈的事业心，即是否有足够的动力促使其努力工作。员工的工作动力来自组织的激励机制。例如，组织中较高的地位、名誉及与之相对应的报酬，都具有很强的激励作用。对大多数员工来说，通过自己的知识和技能及与他人的合作来实现自我价值，可以获得心理上的极大满足感。能力低下、自信心不足、事业心不强或对权力不感兴趣的人，自然也就不会有效、负责地使用权力，也就难以达到理想的工作效果。所以，在人员选聘时有必要对应聘者的敬业精神、事业心进行鉴别和测试。

4. 个人素质

个人素质在人员选聘中是一个非常重要的方面，对于管理人员来说，个人素质是很重要的，因为个人素质与管理能力密切相关，它虽然不是管理能力的决定因素，但管理能力的大小是以素质为基础的。个人素质包括身体素质、智力素质、道德素质、文化素质、专业素质、创新素质、工作经验等。

5. 管理能力

能力通常是指完成一定活动的本领。它是引起个体绩效差异的持久性个人心理特征。能力是在个人素质基础之上，经过教育和培养，并在实践活动中依靠智慧和经验而形成和发展起来的。所谓管理能力，是指完成管理活动的本领。管理能力包括三类：第一类是与人处事能力，即同员工共事的能力，它是组织协作、配合的能力；第二类是决策能力，即遇到问题能从大处着眼，认清形势，统筹规划，果断地做出正确决策的能力；第三类是认识、分析与解决问题的能力。由于管理能力是在实践中形成和发展起来的，因此，在根据是否具有管理能力这一标准来选聘管理人员时，就必须根据管理人员在工作中认识、分析问题及综合处理问题时表现出来的管理能力来进行评价。

资料卡

素质冰山模型

美国著名心理学家麦克里兰于1973年提出了著名的素质冰山模型。所谓冰山模型，就是将人员个体素质的不同表现方式划分为水面以上的冰山部分和水面以下的冰山部分。

水面以上的冰山部分包括基础知识和基本技能，是外在表现，是容易了解与测量的部分，相对而言较容易通过培训来改变和发展。而水面以下的冰山部分包括社会角色、自我形象、特质和动机，是人内在的、难以测量的部分，它们不太容易受到外界的影响而得到改变，但却对人员的行为与表现起着关键性的作用。

在考查一个人的素质或招聘人才时，不能局限于对技能和知识的考查，而应从求职动机、个人品质、价值观、自我认知和角色定位等方面进行综合考虑。如果没有良好的求职动机、品质、价值观等相关素质的支撑，能力越强，知识越全面，对企业的负面影响就越大。

（三）人员招聘的原则

组织生存与发展关键在于员工的素质，人员招聘是一项重要的管理活动，是为组织选拔优秀人才的关键，在人员招聘过程中，要遵循以下几项基本原则。

1. 效率优先原则

效率优先原则即力争用尽可能少的选聘费用和时间录用到高素质、适合组织岗位需要的人员。效率优先原则体现在选聘之中，就是要根据不同的招聘要求，灵活选择适当的招聘形式和方法，在保证应聘人员质量的前提下，尽可能地降低成本。

2. 双向选择原则

所谓双向选择原则，是指组织根据自身的业务要求能自主地选择所需的人员，而应聘人员也可以自主地选择是否到该单位或岗位工作，双方都无权强制对方。这一原则不仅可以促使组织不断地提高工作效率，不断改善自身的组织形象，还能促使劳动者为自己从事的职业或应聘的岗位而努力提高知识和技术业务等方面的素质。

3. 公开竞争、择优录用原则

在实行公开竞争时，空缺的职务对任何人都是开放的。只有进行公开公平竞争，组织才有可能选到最合适的人选。招聘时，无论对组织内部的人还是外部的人都应一视同仁，机会均等。当然，要进行公开竞争，前提是人才必须能够流动，人才不流动，也就无所谓公开竞争。在人才合理流动的前提下，鼓励组织内外部所有人才进行公开竞争，这时组织有效地进行人员配备就具有极其重要的意义。组织经营成功的关键在于其组织成员的素质，组织成员素质的好坏将直接影响组织的经济效益和社会效益。因此，组织在招聘的过程中，应吸引优秀人才，增强组织的竞争优势。

动画
狮王门卫的招聘

（四）人员招聘的程序

人员招聘的程序根据行业的不同会有些变化，结合各种组织的共性特点，大致有以下五个步骤，如图 10-1 所示。

1. 对人员需求的预测

当对人员需求进行预测时，要根据组织的特点把组织的主要业务活动放在中心位置，这就要求组织成员具备较高的技能，通过定编定员的方法来确定需招聘的员工数，并通过各部门的报告来确定空缺情况。

2. 制订人员招聘计划

人员招聘计划是指在人员配备计划的指导下，在预期设定的职位分类和定编定员的基础上，参考人员需求预测结果，以内部或外部的候选人作为人才库而制订的一个填补未来职位的用人计划。

3. 确定招聘方式

招聘的方式有内部征召和外部招聘两种。内部征召人员来自组织原有的内部员工；外部招聘人员来自组织的外部。在填补职位空缺时，不论是内部征召还是外部招聘，都各有利弊。

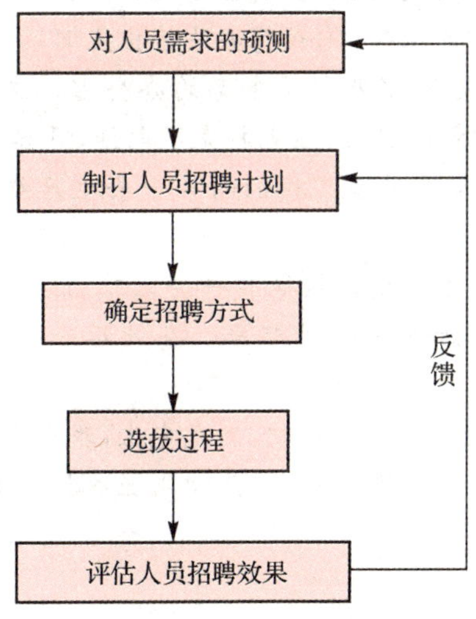

图 10-1 人员招聘的程序

4. 选拔过程

首先要填写申请表;然后根据具体职位需要对应聘者进行测试,测试的类型有多种,如算术测试、心理人格测试、书写能力测试、管理能力测试、知识测试、职业技能测试等;接着进行面试,面试的主要目的是对应聘者的性格和各方面能力有一个综合的评价,面试的效果取决于面试的方式和面试人员的能力,是一种更深入的测试,通过面试组织招聘人员可以获得笔试无法提供的信息;再下一步就要对应聘者进行背景考察、身体检查;最后就是确定人选,组织在确定理想的人选后,发出招聘结果通知。

5. 评估人员招聘效果

人员招聘效果好与差需要进行评价。把评价分析报告反馈到人员招聘计划和下一轮对人员需求的预测,有利于以后人员招聘工作取得更好的效果。人员招聘效果的评估一般采用录用比、招聘完成比和应聘比来测定。

(1) 录用比。录用比=录用人数÷应聘人数×100%。录用比的数值越小,相对来说录用者的素质就可能越高;反之录用者的素质则可能越低。

(2) 招聘完成比。招聘完成比=录用人数÷计划招聘人数×100%。招聘完成比等于或大于100%,则说明在数量上全面或超额完成了招聘计划。

(3) 应聘比。应聘比=应聘人数÷计划招聘人数×100%。应聘比越大,说明发布招聘信息的效果越好,同时说明录用人员的素质有可能较高。

一次面试过程

杰克是一家电子零件制造厂的生产经理,他负责工厂中监督人员的聘用,人事经理负责初步的甄选。

一个星期三的下午,杰克接到人事经理彼特的电话。彼特说:"杰克,你不是要我物色一个人,填补那个监督人员职位的空缺吗?我刚与一位年轻人谈过话,他可能就是你要找的人选。他有很丰富的工作经验,看起来头脑非常灵活。"杰克回答说:"太好了,彼特,我盼着见到他。"彼特接着说:"他现在就在这儿,你要跟他谈谈吗?"杰克犹豫了一会儿,然后说:"哎呀,我今天肯定很忙,但我想办法挤出点时间。请他到我这里来吧。"

片刻之后,申请职位者艾伦比来到了杰克的办公室。杰克说:"请进,艾伦比,我打完几个电话后就跟你谈。"5分钟以后,杰克打完了电话,开始同艾伦比谈话。几分钟后,杰克的门打开了,一位监督人员叫道:"我们的第一条生产线出了点小问题需要得到你的帮助。"

"好,"杰克回答,并对艾伦比说,"请等我一会儿。"约过了10分钟,杰克回来了。对话继续了一会儿,可又有电话铃声响了起来。在此后一个小时内不断有这样的中断发生。

最后艾伦比看了一下表说道:"很抱歉,杰克先生,我得去接我的孩子了。"

招聘应该是一项有计划的管理活动,企业招聘应有周密的策划和时间安排,而不是像杰克这样毫无头绪。

(五) 人员招聘的途径

人员招聘有两种途径:一种途径是从组织内部征召,另一种途径是从组织外部招聘。组织招聘者应将职位的分类和编制与人员招聘途径相联系,以判定高素质人员的来源,从而根据组织发展的需要来选择合适的人员。

1. 内部征召

内部征召是从组织内部挑选适合的人员加以聘用。具体有内部提升、内部职位转换两种形式。内部征召一般通过内部竞聘上岗、推荐选拔、工作布告、人员调动的方法从企业的内部获得需要的人员。

内部征召的优点包括:内部征召费用较低,手续简便,同时使过去对组织成员的培养成本获得补偿;组织对应聘的内部人员做了长期细致的考查,对其能力和素质、优点和缺点等情况很熟悉,可判断其是否适合新的工作岗位;内部人员对组织的基本情况非常熟悉,能够比较快地胜任新的工作;内部提升为内部成员提供了良好的发展机会,内部调动有助于丰富组织成员的工作经验;内部征召提供了组织内公平竞争的机会,有利于调动内部成员的工作积极性。

内部征召的缺点包括:组织内部所能提供的人员有限,尤其是关键的主管人员,不容易找到一流的人才;组织成员习惯了组织内长期积累的行为方式,创新意识不浓,容易造成自我封闭、"近亲繁殖";竞争可能会造成内部人员之间关系紧张,如没有获得晋升的人的积极性会受到挫伤等。

2. 外部招聘

外部招聘就是根据组织制定的标准和程序从组织外部选拔符合空缺职位要求的员工。选择员工具有动态性,特别是一些高级员工和专业技术岗位,组织常常将选择的范围扩展到全国甚至全球劳动力市场。外部招聘一般通过广告、人才招聘会、网络招聘、猎头组织、校园招聘、内部推荐或人事外包等方法,从组织外部获得需要的人员。

外部招聘的优点主要有:扩大了选择的范围,有较广泛的人才来源,有利于获得组织所需的一流人才,同时覆盖面广,有利于提高组织的知名度;可以吸收外部的"新鲜血液",为组织发展注入新的活力,防止组织的僵化和停滞;外部应聘者大都具有较强的实践经验,可节约在人员培训方面所花费的大量费用;可避免组织内没有提升的人的积极性受挫,避免造成因嫉妒心理而引起的情绪不快和组织成员之间的不团结。

外部招聘的缺点主要有:对组织内部那些希望得到这一工作的人来说,是一个较为沉重的打击,会影响他们的积极性和士气;应聘者对组织的情况不了解,并不一定能立即胜任工作;组织对来自外部的应聘者不了解,容易导致选人失当。

由于两种招聘途径各有优劣,所以组织往往把内部征召和外部招聘结合起来,将从外部招聘来的人员先放到较低的职位上,然后根据其表现再进行提升和岗位调整。

(六) 人员甄选的方法

人员甄选是指从应聘者中选出最适合组织岗位要求的人员的过程。通过对应聘者进行甄别、筛选,可确保最合适的候选人得到这一职位。为了保证人员招聘工作的有效性和可行性,应当采取科学的方法来组织甄选工作。人员甄选常采用笔试、面试、心理测试和评价中心等方法对应聘者的知识、素质、能力等方面进行考查,判断其是否胜任其工作岗位。

1. 笔试

笔试是指通过纸笔测验的形式,对应聘者的基础知识、专业知识、管理知识、综合分析能力和文字表达能力进行衡量的一种方式。根据内容的不同，笔试可以分为文化知识考试、专业知识考试和具体业务知识考试。笔试可考查应聘者的专业知识结构是否合理，对应聘者的知识结构、实践经验和工作熟练程度做出初步判断。

笔试的优点是一次能够出几十道乃至上百道试题，试题类型较多，对知识、技能和能力考核的深度和广度都较高，因此花费时间少、效率高，应聘者的心理压力较小，较易发挥水平，成绩评定比较客观。

缺点主要表现在不能全面地考查应聘者的工作态度、品德修养及组织管理能力、口头表达能力和操作技能等。因此，笔试虽然有效，但还必须和其他测评方法结合使用。在企业招聘中，笔试成绩往往作为筛选依据，合格者才能继续参加面试或下一轮测试。

2. 面试

面试是通过主考官与应聘者面对面的信息沟通，考查应聘者是否具备与职位相符的能力和个性品质的一种人员甄选技术。面试具有直观、深入、灵活、互动的特点，不仅可以评价出应聘者的学识水平，还能评价出应聘者的能力、才智及个性心理特征等。

面试的要领有以下几点：

(1) 面试准备。主考官应当提前做好面试准备，特别是要审查应聘者的申请表和履历表，设计面试问题，还要安排合适的面试地点。

(2) 建立和谐气氛。在面试开始时首先要营造一个轻松的气氛，以便减少应聘者的紧张情绪。

(3) 提问。提出的问题应该使应聘者做出详尽的回答，即一定要问开放性的问题，并倾听应聘者的回答，鼓励他们充分表达自己的想法。

(4) 结束面试。在面试结束之际，应留有时间回答应聘者的问题，然后以尽可能诚实礼貌的方式结束面试。如果认为应聘者可以被录用，就告诉他大概什么时间可以得到录用通知，对于不准备录用的应聘者，也告诉他如果录用，会发通知给他。

(5) 回顾面试。应聘者离开后，主考官应当检查面试记录，回顾面试的场面。主考官应该根据应聘者现有的技能和兴趣来评价其能够做什么，根据应聘者的兴趣和职业目标来评价其愿意做什么，并在评价表上写出主考官的评价。

3. 心理测验

心理测验是观察应聘者有代表性的少数行为，依据一定的原则或通过数量分析，对贯穿于行为活动中的能力、个性、动机等心理特征进行分析推论的过程。在人员甄选中较常用的心理测试有能力测验、人格测验、职业兴趣测验等。

(1) 能力测验。能力是直接影响活动效率，使活动、任务得以顺利进行的心理特征。我们通常所说的一个人解决问题速度快、任务完成的质量高、活动效果好等，都是指这个人的能力强。能力总是在具体活动中体现出来的。

(2) 人格测验。人格测验是为了了解被测试者的情绪、性格、态度、工作动机、品德、价值观等方面。人格是一个人能施展才能，有效完成工作的基础。一个人如果在人格方面有缺陷，肯定会使其拥有的才能大打折扣。

(3) 职业兴趣测验。一个人职业上的成功，不仅受到能力的制约，还与其兴趣和爱好有密切关系。职业兴趣作为职业素质的一个方面，往往是一个人职业成功的重要条件。了解职业兴趣的主要途径就是采用职业兴趣测验量表或问卷。

4. 评价中心

评价中心是在西方企业中流行的选拔和评估管理人员，尤其是中层管理人员的一种人员素质测评体系。它是一种综合性的人员测评方法，包括前面所介绍的人格测验、能力测验、面试等方法，但评价中心最突出的特点在于它使用了情景性测验方法对被测评者的特定行为进行观察和评价。这种方法通常是将被测试者置于一个模拟的工作情景中，采取多种评价技术，由多个评价者观察被评价者在这种模拟工作情景中的行为表现，用来识别被评价者未来的工作潜能。因此，这种方法有时也被称为情景模拟的方法。评价中心所采用的情景性测验包括多种形式，主要有公文处理、无领导小组讨论、角色扮演、管理游戏、演讲辩论、场景模拟、案例分析等。

资料
GE“不拘一格”选人才

二、人员培训

人员培训是指组织为适应业务发展和人才培养的需要，对员工进行有计划、有针对性的培养和训练，使其适应新的要求，更能胜任现职工作或将来能担任更重要的职务。人员培训适应新技术革命所带来的知识结构、技术结构、管理结构等方面的深刻变化。

人员培训是现代组织人员配备职能的重要组成部分。组织发展最基本、最核心的制约因素就是人力资源。适应外部环境变化的能力是组织具有生命力的重要标志。要增强组织的应变能力，关键是不断提高人员素质，组织通过培训与开发的手段，掌握用人的原则，推动组织发展。与此同时，帮助每一位组织成员很好地完成各自的职业发展道路。

（一）人员培训的程序

人员培训通常分为分析培训需求、制订培训计划、实施培训计划、评估培训效果等阶段，如图 10-2 所示。

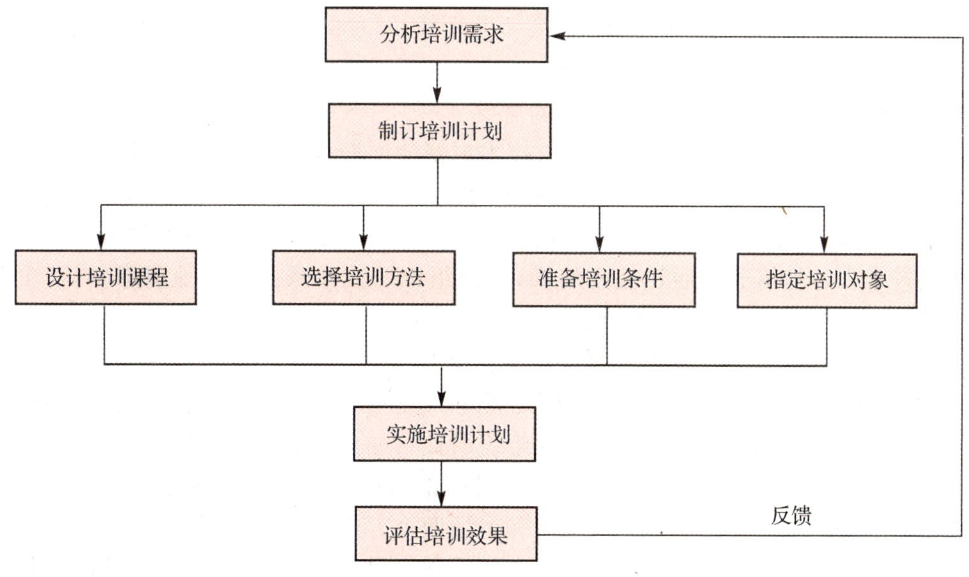

图 10-2　人员培训的程序

1. 分析培训需求

人员培训必须有针对性，否则就是“劳民伤财”。因此，在培训中要确定轻重缓急，根据需求的不同进行培训。分析培训需求通常包括以下步骤：对组织进行检查以确定完整的、有针对性的培训和发展需求；进行工作分析以确定某一工作岗位所包含的任务及完成这些任务所需要的知识、技能及态度；对员工进行评估，找出他们工作中的不足，以确定培训重点；明确特定的培训需求。

2. 制订培训计划

组织对人员的培训计划是以分析培训需求为基础的。对现职人员来说，它考虑的是目前职务对主管人员的要求。实际工作成绩与要求达到的成绩之间的差距，就是个人的培训需要。职务要求与现有的才能之间的差距，就是职务的培训需要。这两方面的培训需求，就构成了组织培训计划的主体。此外，组织还要根据对未来组织内外环境变化的预测来确定对未来主管人员的要求，这些要求作为未来组织发展的需要，也应纳入培训计划。人员培训计划一般包括培训目标、时间、地点、内容、对象、经费预算等内容。

3. 实施培训计划

计划制订出来以后，就要实施培训计划，即对人员进行正式培训。内部员工培训的方法有两种：一种是在职培训，另一种是脱产培训。

4. 评估培训效果

评估培训效果是培训工作的最后一个环节。评估的目的是考查培训计划执行得如何，即是否实现了培训的目标，从中总结经验，吸取教训，使以后的培训工作更加完善和更富有针对性。评估结果要反馈到分析培训需求和制订培训计划环节。

（二）人员培训的意义

人是生产力诸要素中最重要、最活跃的因素。一个组织小到家庭、企事业单位，大到国家，其命运如何归根结底取决于人员素质的高低。人员素质的提高，一方面需要个人在实践中不断地学习和锻炼，更重要的是需要有组织、有计划的培训。现代的竞争就是人才的竞争。技术进步需要人去推动，人的知识需要不断更新，同时也对员工自身的成长与发展提出了更高的要求。

1. 人员培训是迎接新技术革命挑战的需要

随着科学技术的迅猛发展，知识更新、技术更新的周期越来越短，而技术在竞争中的地位显得越来越重要。从本质上来讲，新技术革命正在改变社会劳动力的成分，不断增加着对专业技术人员新的需求。技术创新成为企业赢得竞争的关键一环，而技术创新的关键在于对一流的技术人才的培养。通过技术培训，可使组织的技术队伍不断地更新知识、更新技术、更新观念，走在新技术革命的前列。

2. 人员培训是提高员工素质和增强组织竞争力的根本途径之一

现代社会快速发展的一个重要趋势就是新知识、新技术、新工艺、新产品的不断涌现，特别是知识、技术的更新速度明显加快，导致组织所拥有的人力资源相对贬值，员工不能更好地胜任工作。与此同时，市场竞争激烈，这对员工的素质和职业能力提出了更高更新的要求。组织的竞争力来源于人才、技术、产品和市场四个方面，而人才是最根本的因素。培训可以提高员工的素质，使其知识技能、工作态度等跟上时代发展的步伐，从而适应工作岗位发展变化的新要求，增强自身的人力资本，提高整体素质和组织竞争力。

3. 人员培训是实现人事和谐的重要手段

随着社会的进步，事对人的要求越来越高、越来越新，人与事的结合处在动态的矛盾之中。总的趋势是各种职位对人员的智力素质和非智力素质的要求都在迅速提高。例如，一个人十年前可能是一位很称职的厂长，而在市场竞争异常激烈的今天，他可能在观念、知识和能力上都已不适应厂长职务的新要求，其他人员也是如此。这种人与事的不协调是绝对的，是事业发展的必然结果。要解决这一矛盾，一要进行人员调动，二要进行人员培训。人员调动是通过"因事选人"的方法来实现人事和谐的，而人员培训则是通过"使人适应事"的方法实现人事和谐的，即通过必要的培训手段，使员工更新观念、增长知识和提高能力，重新适应职位要求，显然，这是实现人事和谐的根本手段。

4. 人员培训是提高效率的重要途径

人员通过有效的培训，在生产过程中能减少所需工作时间，从而降低人力成本；也可减少废品或材料的浪费，从而降低生产成本。由此可见，生产的数量、品质和效率都与员工的知识、技术与能力有密切的关系。而培训可增加员工的知识，提高其能力，最终提高劳动生产率和工作效率。

5. 人员培训是调动员工积极性的有效方法

人员在社会中分工不同、层次不同、岗位不同，但都渴望不断充实自己、完善自己，使自己的潜能充分发掘出来。这种自我实现的需要一旦得到满足，将会产生深刻而又持久的工作动力。大量事实证明，安排人员参加培训、到先进企业学习、去外资企业任职、到国外进修、到高等学校深造等，都是满足员工这种需求的途径。经过培训的人员，不仅提高了素质和能力，也改善了工作动机和工作态度及工作动力。所以说，培训是调动员工积极性的有效方法。

6. 人员培训是员工个人发展的需要

培训一方面可使员工具有担任现职工作所需的学识技能，另一方面可使员工事先储备将来担任更重要职位所需的学识和技能，以便一旦高级职务出现空缺即可及时填补，避免延误时间与工作。现代的培训执行的是组织与个人双赢的理念，即组织在谋求整体利益、追求最佳绩效的同时，也要把员工个人的成长、员工自身人力资本增值和员工个人的职业发展放在重要的位置。从员工自身发展来看，随着经济的发展，在组织里工作的员工所追求的目标已经或正在超越生理、安全等低层次需要，逐渐迈向高层次目标，强烈要求实现自我价值。组织的培训工作恰恰能够满足员工自身发展的要求。通过参加培训，员工自身的知识、技术、能力等就会得到提升；随着自身素质的提高，员工就能够更好地适应环境变化所提出的挑战，能够跟上时代发展的步伐，从而实现自我价值和自我成长。

资料卡

IBM 的员工培训

IBM 非常注重在职员工的培训，公司确立了非常完备的员工培训制度和实施计划。培训形式除传统的教师培训外，广泛采用网上培训。IBM 建立了自己的网上大学，员工可以根据自己的时间情况随时安排学习，这解决了他们的学习培训与现实工作的矛盾冲突。课程形式既有教材学习，也有真实或虚拟项目的训练，均有较强的实用性。

IBM 提倡员工边工作边学习，或者在业余时间参加各类课程学习，以提高工作效率和个人发展潜力。员工可以提出自己需要去参加哪些内容培训，只要与工作有关、合理，公司一般都会同意并给予经费。公司还欢迎员工主动与经理讨论自己的学习计划，以保证学习计划与个人的业务发展、公司业务环境相符合。

（三）人员培训的内容

不论是哪种类型的培训，都是围绕工作需要和提高工作绩效展开的。因此，培训的具体内容主要包括以下几个方面。

1. 思想素质培训

力求通过学习，使员工懂得马克思主义的基本原理，掌握与理解党和国家在某一时期的方针政策，遵纪守法，爱岗敬业，培养崇高的道德情操，树立远大理想，从而端正工作态度。学习内容包括马克思主义原理、党和国家的方针政策、社会伦理道德、爱国主义和理想教育等。另外，每个组织都有自身特定的文化氛围及与其相适应的行为方式，如价值观、组织精神和组织风貌等。要想最大限度地提高组织绩效，必须使全体员工认同并自觉融入这一氛围之中。组织必须通过有针对性的培训，使员工逐渐融入组织整体，建立起组织与员工之间的相互信任关系，培养员工对组织的忠诚度和积极的工作态度，增强组织观念、团队意识、责任心和敬业精神。

2. 业务知识培训

业务知识培训包括基础理论知识培训和业务知识培训。组织应通过培训使员工具备完成本职工作所需要的基础知识，了解与本组织业务活动有关的知识和基本情况，各方面的知识面要尽可能的宽，内容主要包括经济学、社会学、心理学、文化与伦理学、管理学、市场营销学、战略管理、人力资源管理、财务管理、组织行为学等。在进行具体培训时，应针对不同的培训对象和不同的目标在上述内容上有所侧重，同时也要尽可能多地增加一些与以上内容相联系的其他相关知识。

3. 能力培训

能力培训包括管理能力培训和技能培训。

管理能力是管理知识运用到管理实践中的反映，主要是针对管理人员而言的。管理既是一门科学，又是一门艺术，具有很强的实践性。因此，管理能力培训就是让管理人员运用管理科学的基本原理和方法，提高在实际工作中认识问题、分析问题和解决问题的能力与技巧。但是不同层次的管理人员的工作性质、职责和职权范围等都不一样，所需的管理能力和技巧等也就不一样。所以，培训时还要注意根据层次的不同特点来进行，基层管理人员是第一线的管理人员，在他们的工作中，技术能力是很重要的。此外，他们大多以前没有系统地学习过管理的基本理论，因此对基层管理人员培训的重点应该是技术培训和管理基本理论及方法的学习。中层管理人员一般是从生产实践的基层当中提升上来的，对于管理基础知识不仅有所了解，而且有了成功的实践。中层管理人员一般是部门负责人，他们的工作内容主要是信息沟通、人际交往、组织协调和决策等，这些工作都要求较高的人事协调能力。因此，中层管理人员培训的重点应该是人事协调能力的提高。高层管理人员处于组织的最高层，他们要照顾全局的利益，正确分析环境的变化，为组织未来的发展做出预测和决策。为了做好这些工作，就需要有较高的战略分析和规划决策的能力。因此，高层主管人员培训的重点是提高综合分析问题的能力。

技能培训是指针对员工从事本职工作需要掌握的技能而进行的培训。具体来说，其主要包括各项业务操作技能，如技术能力、人际交往能力、谈判技能、计算机运用技能、外语技能等。其培训目的是使员工掌握从事本职工作的必备技能，并以此培养、开发员工的潜能。

（四）人员培训的类别

1. 岗前培训

新员工在进入组织之前，每个人的工作经历、价值观念、文化背景等各不相同。新员工虽然在招聘阶段对组织形象、产品、市场及要承担的工作职责、薪酬待遇等有一定的了解，但这些了解大都是比较片面和零碎的。

新员工对于工作环境的期望与他们在组织中实际的工作环境还有相当大的差距。因此，管理者必须对新员工进行岗前培训，帮助他们积极适应新环境。岗前培训包括对新进员工的工作和组织情况做正式的介绍，让他们了解单位的历史、现状、未来发展计划，以及到组织后的具体工作、工作环境、工作要求等。同时，新员工进入组织之前，一般面临着许多困惑，如自己能否被群体所接受，工资、福利、假期、政策和自己所期望的是否有差距及有多大差距，与同事的交往是否适宜、愉快，等等。这些都需要通过员工培训来解决。

2. 在职培训

在职培训是让员工通过实际操作学会工作和完成任务，通常是安排一位有经验的员工或管理者直接指导被培训员工从事一项新的工作。被培训员工通过观察有经验的员工或培训者，学习某项工作，或通过实际操作获得技能。这要求有经验的员工或培训者提供一个角色模型，并从原来常规的工作中脱离出来，为被培训者提供教育和指导。在职培训的方式很灵活，包括职位轮换、学徒制等。

3. 脱产培训

脱产培训是指员工离开当前工作岗位所进行的培训，这种培训方式已经被很多组织采用。有些企业每年会组织一些专门的脱产培训，包括一些拓展训练、理论学习和具有中国特色的军训等。脱产培训的作用除了可以让被培训员工掌握一些技术和方法，还能够有效地融合企业内部的各个团队，加强员工之间的凝聚力。

另外，某些工作本身的性质也使得很多组织不得不采取脱产培训，如大多数的飞机乘客都绝对同意飞机驾驶员应在模拟室里进行培训，而不应该在实际飞行的驾驶舱中进行培训；同样，公共汽车司机在实际上路之前，必须在障碍物训练课程中进行培训。对以上工作来说，发生错误的后果十分严重，这时采用脱产培训的方式比较合适。脱产培训经常采取的一些技巧包括讲授法、研讨法、案例研究方法、管理游戏、角色扮演、行为示范等。

任务三 绩效管理与薪酬管理

一、绩效管理

（一）绩效管理的概念

绩效管理是指各级管理者和员工为了达成组织目标共同参与的绩效计划制订、绩效辅导沟通、绩效考核、绩效结果应用、绩效目标提升的持续循环过程。绩效管理的目的是持续提升个人、部门和组织的绩效。

绩效管理在组织的整个管理活动中有十分重要的作用，具体包括确保员工的目标与组织的目标一致，对员工的工作表现提供正式的反馈，调动员工的积极性，为制订薪酬计划、晋升等决策提供依据，确认员工的培训需要，帮助员工改进工作、提高效率。

组织中影响绩效的主要因素有员工技能、外部环境、内部条件及激励效应四种。

员工技能是指员工具备的核心能力，是内在的因素，经过培训和开发是可以提高的；外部环境是指组织和个人面临的不受组织控制的因素，是客观因素；内部条件是指组织和个人开展工作所需的各种资源，也是客观因素，在一定程度上人们可以改变内部条件的制约；激励效应是指组织和个人为达成目标而工作的主动性、积极性，激励效应是主观因素。

在影响绩效的四种因素中，只有激励效应是最具有主动性、能动性的因素，人的主动性、积极性提高了，组织和员工才会尽力争取内部资源的支持，同时组织和员工的技能水平才会逐渐得到提高。因此，绩效管理就是通过适当的激励机制激发人的主动性、积极性，实现组织和员工内部条件的改善，提升技能水平，进而提升个人和组织的绩效。

老鼠偷油

三只老鼠一同去偷油喝，它们找到了一个油瓶，但是瓶口很高，够不到。三只老鼠商量一只踩着另一只的肩膀，叠罗汉轮流上去喝。当最后一只老鼠刚刚爬到最高位置时，不知什么原因，油瓶倒了，惊动了人，三只老鼠逃跑了。回到老鼠窝，它们开会讨论为什么失败。

第一只老鼠说："我没有喝到油，并且油瓶倒了，是因为我觉得第二只老鼠抖了一下。"第二只老鼠说："我是抖了一下，是因为最底下的老鼠也抖了一下。"第三只老鼠说："没错，我好像听到有猫的声音，我才发抖的。"于是三只老鼠哈哈一笑，那看来这不是我们的责任了。

绩效考核的目的是改善绩效，而不是分清责任，当绩效出现问题的时候，大家的注意力应该放在如何改善绩效而不是划清责任。

（二）绩效管理的流程

绩效管理由绩效计划制订、绩效辅导、绩效考核、绩效反馈与改进四部分组成。其中，绩效考核是绩效管理活动中最重要也是最关键的一个环节。绩效考核的质量和效率对整个绩效管理活动具有决定性的影响。同时，高质量、高效率的绩效管理工作是做好绩效考核工作的前提条件和重要保障。

1. 绩效计划制订

绩效计划的制订一般包括以下步骤：

（1）准备阶段。准备阶段包括工作分析、目标分解、确定目标及标准。首先对总体目标进行分解，并确定考核标准；然后进行工作分析，确定目标岗位的关键职责及其内容，形成员工的绩效指标与目标。

（2）沟通阶段。沟通阶段应就拟定的绩效指标和目标与员工进行沟通，并达成共识。现代绩效管理强调员工参与和正式承诺的重要性。研究发现，当人们亲身参与了某项政策的制定过程时，人们一般会倾向于坚持立场。因此，绩效目标的设定应注重员工的意见及其认可，而有效的沟通是基本的手段。

（3）确认阶段。获得员工的认可与承诺，并最终形成绩效任务书。绩效管理的目的是帮助组织、部门和个人朝着一个共同的目标努力。经过个人确认的目标充分尊重了员工的意见,可以促进员工为实现承诺的目标努力工作。

2. 绩效辅导

绩效辅导阶段主要通过持续的绩效沟通对员工的行为给予指导,同时通过绩效信息收集为绩效评价进行准备。

3. 绩效考核

绩效考核是指对绩效进行测定并把员工的实际绩效与期望的绩效标准进行比较。在绩效管理过程中,考核是一个连续的过程,是依据设定的评估方法和标准进行的正式评价。

4. 绩效反馈与改进

绩效反馈的目的是通过向员工提供反馈信息,使得双方对考核的结果形成一致的看法,制订出下一个考核阶段的工作计划,对下一阶段工作的期望达成一致。本环节既是上一阶段绩效管理的结束,又是下一阶段绩效管理的开始,起着承上启下的重要作用。

(三)绩效考核的内容

绩效考核的内容主要包括业绩考评、能力考评、态度考评三项。

1. 业绩考评

业绩考评是对组织人员负责的工作的结果或履行职务的结果的考查与评价。它是对组织成员贡献程度的衡量,直接体现出员工在组织中价值的大小,与员工所负责的工作的重要性、复杂性和困难程度呈正相关关系。通过反馈系统的反馈,业绩考评比其他考评更能体现组织的效率。

2. 能力考评

能力考评用来考评员工在工作中发挥出来的能力。例如,在工作中判断是否正确、工作效率如何、工作中协调能力怎样等。根据被考评者在工作中表现出来的能力,参照标准和要求,对被考评者所担任的职务与其能力是否匹配做出评定。能力考评可以继续细分为智能、体能、专业能力、管理能力等方面的考评。

3. 态度考评

态度考评用来考评员工为某项工作而努力的程度,如责任心、主动性、执行力、协作性等。态度是工作能力向业绩转换的中介,在很大程度上决定了能力向业绩的转化。当然,同时还应考虑到工作完成的内部条件和外部条件。态度反映“功劳”和“苦劳”之间的关系,最大限度地使只有“苦劳”的人成为有“功劳”的人是组织的责任,也是有效利用人力资源的诀窍。

(四)绩效考核的方法

1. 排序法

排序法是按员工工作成绩的好坏进行排序考核的一种方法。排序法可以分为简单排序法和成对比较法。简单排序法是对一批考核对象根据他们的工作状况排列顺序,工作较好的排名在前,工作较差的排名在后;成对比较法是对员工进行两两比较,任何两位员工都要进行一次比较。两名员工比较之后,相对较好的员工记“1”,相对较差的员工记“0”。所有的员工相互比较完毕后,将每个人的得分相加,总分越高,绩效考核的成绩越好。

2. 强制分布法

强制分布法是按预先规定的比例将员工分配到各个绩效类别上的方法。这种方法根据统计学正态分布原理,即俗称的“中间大、两头小”的分布规律,预先确定评价等级及各等级在总数中所占的百分比，然后按照员工绩效的优劣程度将其列入其中某一等级。例如，要求考核者将10%的人评定为优秀级，40%的人评为优良级，30%的人评为合格级，最后将20%的人评为差级。

3. 要素评定法

要素评定法是把定性考核和定量考核结合起来的方法。这种考核方法的操作形式是给出不同等级的定义和描述，然后针对每个评价要素或绩效指标按照给定的等级进行评估，最后得出总的评价。

4. 目标管理法

目标管理法是以目标的设置和分解、目标的实施及完成情况的检查、奖惩为手段，通过员工的自我管理来实现企业的经营目的的一种管理方法。目标管理法是一种综合性的绩效管理方法，体现了领导者与下属之间的双向互动过程。

资料
GE的"360度评价"

5. 360度考核法

360度考核法是从多角度进行的比较全面的绩效考核方法，也称全方位考核法或全面评价法。它的基本原理是：员工的工作是多方面的，工作业绩也是多维度的，不同个体对同一工作得出的印象是不相同的。因此，通过上级主管、同事、下属和顾客等多个方面来考核，更能全方位、准确地考核员工的工作业绩。同时，员工通过评价了解各方面的意见，更能清楚自己的长处和短处。

6. 关键绩效指标法

关键绩效指标法是以组织年度目标为依据，通过对员工工作绩效特征的分析确定反映组织、部门和员工个人一定期限内综合业绩的关键性量化指标，并以此为基础进行绩效考核。

两熊赛蜜

黑熊和棕熊喜食蜂蜜，都以养蜂为生。它们各有一个蜂箱，养着同样多的蜜蜂。有一天，它们决定比赛看谁的蜜蜂产的蜜多。

黑熊想，蜜的产量取决于蜜蜂每天对花的"访问量"，于是它买来了一套昂贵的测量蜜蜂"访问量"的绩效管理系统。在它看来，蜜蜂接触的花的数量就是其工作量。每过完一个季度，黑熊就公布每只蜜蜂的工作量。同时，黑熊还设立了奖项，奖励"访问量"最高的蜜蜂，但它从不告诉蜜蜂它是在与棕熊比赛，它只是让它的蜜蜂关注"访问量"。

棕熊与黑熊想的不一样。它认为蜜蜂能产多少蜜，关键在于它们每天采回多少花蜜——花蜜越多，酿的蜂蜜也越多。于是它直截了当地告诉蜜蜂它在和黑熊比谁的蜜蜂产的蜜多。它花了不多的钱买了一套绩效管理系统，测量每只蜜蜂每天采回花蜜的数量和整个蜂箱每天酿出蜂蜜的数量，并把测量结果张榜公布。它也设立了一套奖励制度，重奖当月采花蜜最多的蜜蜂。如果本月的蜂蜜总产量高于上个月，那么所有蜜蜂都会受到不同程度的奖励。

一年过去了，两只熊查看比赛结果，黑熊的蜂蜜不及棕熊的一半。

激励是手段，激励员工之间竞争固然必要，但激发起所有员工的团队精神更为重要。绩效考核是专注于活动还是专注于最终成果，管理者需细细思量。

二、薪酬管理

(一)薪酬管理的概念

薪酬是指组织对为实现组织目标而付出劳动的员工以法定货币和法定形式定期或不定期支付给员工的一种劳动报酬。

薪酬具有狭义与广义之分。狭义的薪酬是指劳动者在向组织提供有效劳动后,从组织获得的全部显性现金收入。在企业中表现为具体的若干项目,如工资、奖金、津贴等。现在,一般意义上的薪酬指广义的薪酬,也称为整体薪酬或全面薪酬,是指员工从事组织所需要的劳动而得到的以货币形式和非货币形式所表现的补偿,是组织支付给员工的劳动报酬。与传统的工资概念所不同的是,薪酬还包含了非货币形式的报酬。

(二)薪酬设计的原则

1. 公平性原则

公平性原则是薪酬设计的核心原则,所谓"不患寡而患不均"正是针对公平性原则而言的。薪酬设计的公平性原则,按分类方式的不同可分为外部公平性、内部公平性和个人公平性,以及横向公平和纵向公平。

外部公平性是指同一行业或同一地区或同等规模的不同组织中类似职务的工资应该基本相同,因为要求的技能、知识、贡献大致相同,否则将留不住人才。内部公平性是指同一组织中不同的职务所得的工资应与贡献成正比。个人公平性是指个人的薪酬变动应与个人绩效或团队绩效、个人资历等因素紧密结合,体现对工作差异的补偿。

横向公平即组织内所有员工之间的薪酬标准、尺度应该是一致的;纵向公平即组织设计薪酬时必须考虑到历史的延续性,一个员工过去的投入产出比和现在乃至将来都应该基本一致,而且应该是有所增长的。

2. 激励性原则

激励性原则就是强调组织在设计薪酬时必须充分考虑薪酬的激励作用,即薪酬的激励效果。这里涉及薪酬(人力资源投入)与激励效果(产出)之间的比例关系,各级岗位的工资不仅要与贡献成正比,还要拉开距离,建立激励机制。

3. 竞争性原则

竞争性原则即强调组织在设计薪酬时必须考虑到同行业薪酬市场的薪酬水平和竞争对手的薪酬水平,保证组织的薪酬水平在市场上具有一定的竞争力,能充分地吸引和留住所需要的战略性、关键性人才。

4. 经济性原则

经济性原则就是强调组织设计薪酬时必须充分考虑自身发展的特点和支付能力。它包括两个方面的含义:从短期来看,组织的销售收入在扣除各项非人工费用和成本后,要能够支付所有员工的薪酬;从长期来看,组织在支付所有员工的薪酬及补偿所用非人工费用和成本后要有盈余,这样才能支撑组织的可持续发展。

5. 合法性原则

我国各类组织的工资制度必须符合国家的政策与法律。

红烧肉的魅力

一位老板有一大批货要在半天内搬到码头发货，可手下就几个伙计。这天一早，老板亲自下厨做饭，开饭时他给伙计盛好，还亲自捧到每个人手里。伙计老王接过碗，正要往嘴里扒，一股浓香扑鼻而来。他急忙用筷子扒开一个小洞，发现有三块油光发亮的红烧肉藏在米饭之中。这顿饭，老王吃得特别香，他边吃边想：老板看得起我，今天要多出点力。于是他每次都把货装得满满的，来回飞奔着……整个上午，其他伙计也像他一样卖力，一天的活儿，一个上午就干完了。中午，老王不解地偷偷问伙计老张："你今天怎么这么卖力？"一问才知道，原来老板在大家碗里都放了肉。众伙计恍然大悟，难怪吃早饭时，大家都不声不响地吃得那么香。

故事中的老板是一个激励高手，他让藏在每个伙计碗里的红烧肉变成了开启伙计干劲的金钥匙。他这么做，意在激励每个人，而这位老板的做法妙在他的激励不是公开宣布的，而是让每个伙计都感到这份激励只是针对自己的。这个故事验证了薪酬激励保密性的积极意义。

（三）薪酬的形式

薪酬可以分为两大部分：一部分是直接以货币报酬形式支付的工资，包括基本薪酬、奖金、绩效工资、激励工资、津贴、加班费、佣金、利润分红等；另一部分则体现为间接货币报酬的形式，即间接地通过福利（如养老金、医疗保险）及服务（带薪休假等）支付的薪酬。

1. 直接薪酬

（1）基本薪酬。基本薪酬是根据员工所承担或完成的工作或者员工所具备的完成工作的技能向员工支付的稳定性报酬，是员工收入的主要部分，也是计算其他薪酬性收入的基础。

在西方国家，传统上来讲基本薪酬分为薪金和工资两种类型。薪金是管理人员和专业人士（白领员工）的劳动报酬。一般实行年薪制或月薪制，这些员工的薪金额并不直接取决于工作日内的工作时间的长短，加班没有加班工资。工资则是体力劳动者（蓝领员工）的劳动报酬，一般实行小时工资制、日工资制或月工资制。员工所得工资额直接取决于工作时间的长短。法定工作时间以外的加班，必须支付加班工资。但是现在随着蓝领与白领的工作界限日益模糊，并且许多企业为了培养员工的团队精神，不再把员工分成薪水阶层和工资阶层。

（2）奖金。奖金是为了奖励那些已经实现或超标实现某些绩效标准的完成者，或为了激励追求者去完成某些预定的绩效目标，而在基本工资基础上支付的可变的、具有激励性的报酬。奖金是对员工超额工作部分或工作绩效突出部分所支付的奖励性报酬，旨在鼓励员工提高工作效率和工作质量。它是对员工过去工作行为和已取得成就的认可，通常随员工业绩的变化而调整。

（3）津贴。津贴是对劳动者在特殊条件下的额外劳动消耗或额外费用支出给予补偿的一种工资形式。津贴分配的唯一依据是劳动所处的环境和条件的优劣，而不与劳动者劳动的技术业务水平及劳动成果直接对应和联系。津贴是一种补充性的工资分配形式，有相对均等分配的特点。

(4) 股票、股权或期权。股票、股权或期权是一种长期激励手段，目的是让员工为企业长期发展而努力工作。

2. 间接薪酬

(1) 福利。这部分薪酬通常不与员工的劳动能力和提供的劳动量相关，而是一种源自员工组织成员身份的福利性报酬。一部分福利为法定福利，具有政府强制性，如失业保险、社会保险等；另外一部分是自愿性的非固定福利，可由组织自行设置福利项目以作为对法定福利的补充，如各种员工服务及企业补充养老保险、医疗保险之类的福利项目。

(2) 服务。服务是指组织为员工及其家庭提供补助或帮助，包括报销学费（非公司培训项目）、交通服务（支付交通费用或提供班车）、住房福利（提供宿舍、住房补贴或公积金计划）、饮食福利（免费午餐、午餐补贴）、健康防护计划（如体检、举办员工运动健身活动等）、家庭援助计划、灵活的工作时间和请假制度（如弹性工作制）等。组织所提供的服务实际上是为了帮助员工更好地平衡工作和生活质量之间的关系。

人员配备就是根据组织结构中所规定的职务数量和要求，对所需要的人员进行恰当而有效的选择、使用、考评和培训的职能活动。

人员配备的职责主要是确定人员配备计划、职位分类与定编定员、人员选聘、人员培训、人员考核和制定薪酬制度、职业生涯规划等。

人员招聘主要有内部征召和外部招聘两种途径，两者各有利弊。人员甄选主要有笔试、面试、心理测验和评价中心等方法。人员培训的具体内容主要包括思想素质培训、业务知识培训、能力培训三个方面。培训工作也要遵循一定的程序，采用科学的方法进行。

绩效管理是指各级管理者和员工为了达成组织目标共同参与的绩效计划制订、绩效辅导沟通、绩效考核、绩效结果应用、绩效目标提升的持续循环过程。

绩效管理的目的是持续提升个人、部门和组织的绩效。组织中影响绩效的主要因素有员工技能、外部环境、内部条件及激励效应四种。

绩效管理活动由绩效计划制订、绩效辅导、绩效考核、绩效反馈与改进四部分组成。绩效考核的内容主要包括业绩考评、能力考评、态度考评三项。

绩效考核的方法包括排序法、强制分布法、要素评定法、目标管理法、360 度考核法、关键绩效指标法。

薪酬是指组织对为实现组织目标而付出劳动的员工以法定货币和法定形式定期或不定期支付给员工的一种劳动报酬。薪酬设计的原则包括公平性原则、激励性原则、竞争性原则、经济性原则和合法性原则。薪酬的形式有基本薪酬、奖金、津贴、股票、股权或期权等直接薪酬形式和福利、服务等间接薪酬方式。

巩固与提高

一、单项选择题

1. 对一个组织来说，(　　)是各类资源中最重要的资源。

A. 人力资源　　B. 物质资源　　C. 财政资源　　D. 信息资源

2. 下列不属于内部征召的弊端的是(　　)。

A. 可能造成"近亲繁殖"　　B. 组织对晋升者的情况不能深入了解

C. 选择余地小,候选人不足　　D. 可能造成内部矛盾冲突

3. 外部招聘的缺点主要是(　　)。

A. 难以在质与量两方面均满足对管理人员的需要

B. 可选择的人员范围较大

C. 有可能打击未被提升者的积极性

D. 容易造成"近亲繁殖"的现象

4. 下列属于外部招聘方法的是(　　)。

A. 推荐选拔　　B. 工作布告　　C. 人员调动　　D. 人才招聘会

5. (　　)直接影响组织人员的输入和引进质量,是人员配备工作的基础。

A. 绩效管理　　B. 人员招聘　　C. 人员配置　　D. 薪酬管理

6. 学徒制属于(　　)手段。

A. 岗前培训　　B. 在职培训　　C. 脱产培训　　D. 其他培训

7. 在影响绩效的四个因素中,(　　)是最具有主动性、能动性的因素。

A. 员工技能　　B. 外部环境　　C. 内部条件　　D. 激励效应

8. (　　)是指对绩效进行测定并把员工的实际绩效与期望的绩效标准进行比较。

A. 绩效计划制订　　B. 绩效辅导　　C. 绩效考核　　D. 绩效反馈与改进

9. 薪酬设计的(　　)原则强调组织设计薪酬时必须充分考虑自身发展的特点和支付能力。

A. 经济性　　B. 激励性　　C. 竞争性　　D. 公平性

10. 下列薪酬的形式属于间接薪酬的是(　　)。

A. 福利　　B. 奖金　　C. 津贴　　D. 股票

二、多项选择题

1. 人员配备的原则包括(　　)。

A. 因事择人　　B. 用人所长　　C. 因人设岗　　D. 因材起用

E. 动态平衡

2. 招聘通常包括(　　)环节。

A. 招募　　B. 培训　　C. 甄选　　D. 评估

E. 录用

3. 人员甄选的方法包括(　　)。

A. 笔试　　B. 面试　　C. 心理测验　　D. 工作布告

E. 评价中心

4. 员工培训的方式主要有(　　)。

A. 新进员工培训　　B. "师带徒"培训　　C. 职位轮换　　D. 拓展训练

E. 企业文化培训

5. 绩效考核的方法包括(　　)。

A. 排序法　　B. 强制分布法　　C. 要素评定法　　D. 360 度考核法

E. 关键绩效指标法

三、简答题

1. 什么是人员配备？人员配备的原则有哪些？
2. 人员配备的职责包括哪些？人员配备有什么重要性？
3. 什么是人员招聘？人员招聘有哪些标准和原则？
4. 人员招聘的途径有哪些？各有什么优缺点？
5. 人员甄选的方法有哪些？
6. 人员培训的程序是什么？人员培训有何意义？
7. 人员培训的内容包括哪些？按照培训的手段进行分类，人员培训可分为哪几类？
8. 什么是绩效管理？组织中影响绩效的主要因素有哪些？
9. 绩效管理活动由哪几部分构成？绩效考核的内容和方法有哪些？
10. 什么是薪酬管理？薪酬设计有哪些原则？薪酬的形式有哪些？

四、案例分析题

远翔机械有限公司人员招聘的难题

远翔机械有限公司最近几年在物色中层管理干部中遇到了一些困难。该公司的业务是制造、销售高精度自动机床，目前重组成六个半自动制造部门。高级管理层相信这些部门经理有必要了解生产线和生产过程，因为许多管理决策需要在此基础上做出。传统上，公司一直严格地从内部提升中层管理人员，但后来发现这些从基层提拔的中层管理人员缺乏相应的适应新职责的知识和技能。因此，公司决定从外部招聘一些工商管理专业的优秀毕业生。通过一个职业招募机构，公司从许多工商管理专业的优秀毕业生中录用了一些，先分配到基层管理岗位，以备经过一阶段锻炼以后提升为中层管理人员。但在两年之中，所有的这些人都离开了该公司。公司只好又回到以前的政策，从内部提拔，但又遇到了与过去同样的素质欠佳的老问题。不久就有几个重要职位的中层管理人员退休，亟待称职的后继者来填补有关空缺。面对这一问题，公司想请咨询专家来出些主意。

【问题】

1. 你认为造成该公司招聘中层管理人员困难的原因是什么？
2. 从公司内部提拔基层管理人员到中层和从外部招聘专业对口的应届毕业生，各有何利弊？
3. 如果你是咨询专家，你会给公司提出什么建议？

参考文献

[1] 孙陶然. 有效管理的 5 大兵法[M]. 北京:中国友谊出版公司,2018.

[2] 赵伟. 沟通力就是执行力[M]. 北京:台海出版社,2018.

[3] 刘艳. 管理学基础[M]. 北京:中国人民大学出版社,2016.

[4] 段圣贤,肖宏华,史道敏. 管理学基础[M]. 北京:中国财政经济出版社,2016.

[5] 于显洋. 组织社会学[M]. 3 版. 北京:中国人民大学出版社,2016.

[6] 彦涛. 不可不学的管理学 32 定律[M]. 上海:立信会计出版社,2015.

[7] 郭立夫,郭文强,李北伟. 决策理论与方法[M]. 2 版. 北京:高等教育出版社,2015.

[8] 沈友耀,胡来龙. 管理学基础[M]. 北京:北京出版社,2014.

[9] 覃常员,李波波,景春. 管理学基础[M]. 长春:东北师范大学出版社,2014.

[10] 肖海林. 企业战略管理:理论、要径和工具[M]. 2 版. 北京:中国人民大学出版社,2013.

[11] 周跃进. 项目管理[M]. 2 版. 北京:机械工业出版社,2017.

[12] 张德,潘文君. 企业文化[M]. 2 版. 北京:清华大学出版社,2013.

[13] 刘昕. 人力资源管理[M]. 3 版. 北京:中国人民大学出版社,2018.